Kohlhammer | Deutscher Gemeindeverlag

SCHRIFTENREIHE
DES FREIHERR-VOM-STEIN-INSTITUTES
WISSENSCHAFTLICHE FORSCHUNGSSTELLE
DES LANDKREISTAGES NORDRHEIN-WESTFALEN
AN DER UNIVERSITÄT MÜNSTER

BAND 59

Simone Schütte-Leifels

Die Grundsätze der Sozialhilfe nach der Reform

Verlag W. Kohlhammer
Deutscher Gemeindeverlag

Die Rechtswissenschaftliche Fakultät der Westfälischen Wilhelms-Universität Münster hat diese Arbeit als Dissertation angenommen.

D 6

2007
Deutscher Gemeindeverlag GmbH
Verlagsort: 70565 Stuttgart
Gesamtherstellung Deutscher Gemeindeverlag GmbH/Verlag W. Kohlhammer GmbH, Stuttgart

ISBN 978-3-555-01399-2

Vorwort

Das Recht der sozialen Existenzsicherung hat durch die im Rahmen der »Hartz IV«-Reformen erlassenen Gesetze SGB II und SGB XII grundlegende Veränderungen erfahren. Es bestehen nunmehr drei unterschiedliche Existenzsicherungssysteme nebeneinander: die im SGB II normierte Grundsicherung für Arbeitsuchende, die im SGB XII geregelte Grundsicherung im Alter und bei Erwerbsminderung und die Sozialhilfe nach dem SGB XII.

Die Arbeit widmet sich den neuen Sicherungssystemen und geht der Frage nach, ob und inwieweit das Recht der Existenzsicherung im Zuge der Sozialhilfereform 2005 materielle Veränderungen erfahren hat. Im Mittelpunkt der Untersuchung stehen hierbei die Strukturprinzipien, zu denen beispielsweise der Bedarfsdeckungsgrundsatz und der Selbsthilfegrundsatz zählen. Diese so genannten Grundsätze sind für das bisherige Sozialhilferecht prägend gewesen und haben auch im neuen Recht ihre Bedeutung.

Inhalte und Rechtscharakter der sozialhilferechtlichen Strukturprinzipien werden deshalb analysiert und die materiellen Veränderungen durch die gesetzgeberischen Reformen dargestellt. Hierbei wird unter anderem deutlich, dass die neuen Leistungssysteme sich entgegen der gesetzgeberischen Intention nicht gleichberechtigt als unterste Existenzsicherungssysteme gegenüberstehen. Die Untersuchung zeigt außerdem gesetzgeberische Mängel und Kritikpunkte der neuen Regelwerke auf und soll insoweit einen Beitrag zur Diskussion über die Weiterentwicklung des Rechts der Existenzsicherung leisten.

Münster, im April 2007

Professor Dr. Janbernd Oebbecke
Geschäftsführender Direktor
des Freiherr-vom-Stein-Instituts

Vorwort der Verfasserin

Die vorliegende Arbeit zu den Grundsätzen der Sozialhilfe ist während meiner zweijährigen Tätigkeit als wissenschaftliche Referentin am Freiherr-vom-Stein-Institut in Münster entstanden. Mein besonderer Dank gilt dessen Geschäftsführendem Direktor, Herrn Professor Dr. Janbernd Oebbecke, der die Arbeit in vorbildlicher Weise betreut hat und zu jeder Zeit für Rücksprachen zur Verfügung stand. Herrn Professor Dr. Heinz-Dietrich Steinmeyer danke ich für die zügige Erstellung des Zweitgutachtens.

Der Landkreistag Nordrhein-Westfalen bot mir für meine wissenschaftliche Tätigkeit mit dem Freiherr-vom-Stein-Institut hervorragende Arbeits- und Forschungsbedingungen. Dafür danke ich stellvertretend dem Hauptgeschäftsführer des Landkreistages NRW Herrn Dr. Martin Klein sowie dessen Vorgänger Herrn Dr. Alexander Schink, nunmehr Staatssekretär im Ministerium für Umwelt und Naturschutz, Landwirtschaft und Verbraucherschutz des Landes Nordrhein-Westfalen. Gedankt sei ferner Frau Dr. Dörte Diemert, Leiterin des Freiherr-vom-Stein-Instituts, die mir stets eine aufmerksame Ansprech- und Diskussionspartnerin war und mir immer mit gutem Rat zur Seite stand. Aus der Reihe der wissenschaftlichen Referenten gilt mein besonderer Dank Frau Dr. Andrea Becker, Frau Dr. Inken Pehla und Frau Dr. Nicoline Faber für die stete Gesprächsbereitschaft und die kollegiale Zusammenarbeit.

Ein Extra-Dankeschön gilt Frau Hiltrud Martellock für die Korrekturdurchsicht des Manuskripts und Herrn Hans-Jürgen Richard für die Unterstützung bei der Drucklegung dieser Schrift. Bei der Literaturbeschaffung waren mir die studentischen Hilfskräfte Frau Sarah Annika Scherz, Herr Jan Lüdde und Frau Julia Thöle immer eine verlässliche Hilfe.

Frau Julia Schütte sei für den hilfreichen Beistand in der Endphase der Arbeit gedankt. Meinem Mann Hubertus Schütte danke ich für seine geduldige und liebevolle Unterstützung. Er war mir in allen Phasen dieser Arbeit ein wichtiger Rückhalt. Meine Eltern Gebhard und Ruth Leifels ermöglichten mir das Studium und haben mich in jeder Lebensphase in liebevoller Weise gefördert und unterstützt. Dafür danke ich ihnen sehr. Ihnen ist diese Schrift gewidmet.

Münster, im April 2007

Simone Schütte-Leifels

Inhaltsübersicht

Einleitung 1

Erster Teil: Darstellung der sozialhilferechtlichen Strukturprinzipien . 5

§ 1: Die sozialhilferechtlichen Strukturprinzipien unter Geltung des BSHG 5

§ 2: Historischer Ursprung und Entwicklung der Strukturprinzipien 14

§ 3: Der Rechtscharakter der sozialhilferechtlichen Prinzipien 77

Zweiter Teil: Auswirkungen der Sozialhilfereform 2005 auf die sozialhilferechtlichen Strukturprinzipien 95

§ 4: Der Bedarfsdeckungsgrundsatz 95

§ 5: Der Individualisierungsgrundsatz 194

§ 6: Der Selbsthilfegrundsatz 208

§ 7: Der Grundsatz der institutionellen Subsidiarität 259

§ 8: Der Kenntnisgrundsatz 276

§ 9: Der Grundsatz »Keine Sozialhilfe für die Vergangenheit« 285

Zusammenfassung der Ergebnisse in Leitsätzen 297

Inhaltsverzeichnis

Abkürzungsverzeichnis XIX

Einleitung 1

A. Untersuchungsinteresse 1

B. Gang der Darstellung 2

Erster Teil: Darstellung der sozialhilferechtlichen Strukturprinzipien 5

§ 1: Die sozialhilferechtlichen Strukturprinzipien unter Geltung des BSHG 5

A. Der Bedarfsdeckungsgrundsatz 5

B. Der Individualisierungsgrundsatz 6

C. Der Selbsthilfegrundsatz 8

D. Der Grundsatz der institutionellen Subsidiarität 9

E. Der Kenntnisgrundsatz 10

F. Der Grundsatz »Keine Sozialhilfe für die Vergangenheit« 12

§ 2: Historischer Ursprung und Entwicklung der Strukturprinzipien 14

A. Das Spätmittelalter 14

B. Der Übergang zur Neuzeit 16

I. Anfänge städtischer Sozialpolitik 16

II. Die Fürsorgereformen des 16. Jahrhunderts 20

1. Entwicklung eines Bedarfsdeckungsgrundsatzes 22
2. Entwicklung eines Individualisierungsgrundsatzes 23
3. Entwicklung eines Selbsthilfegrundsatzes 23
4. Entwicklung eines Kenntnisgrundsatzes 24

C. Das Zeitalter des Absolutismus 25

I. Weiterentwicklung eines Selbsthilfegrundsatzes in der geschlossenen Armenpflege 26

II. Weiterentwicklung eines Selbsthilfegrundsatzes in der offenen Armenpflege 28

D. Das Zeitalter der Industrialisierung ... 29

I. Die offene Armenpflege im Elberfelder System ... 29

1. Weiterentwicklung eines Bedarfsdeckungsgrundsatzes ... 30
2. Weiterentwicklung eines Individualisierungsgrundsatzes ... 32
3. Weiterentwicklung eines Selbsthilfegrundsatzes ... 33

II. Die geschlossene Armenpflege ... 34
III. Die Armenpflege auf dem Lande ... 35
IV. Entwicklung eines Grundsatzes der institutionellen Subsidiarität ... 36

E. Die Weimarer Republik ... 39

I. Die »vorläufigen« Reichsgrundsätze ... 40

1. Weiterentwicklung eines Bedarfsdeckungsgrundsatzes ... 40
2. Weiterentwicklung eines Individualisierungsgrundsatzes ... 41
3. Weiterentwicklung eines Selbsthilfegrundsatzes ... 41
4. Weiterentwicklung eines Kenntnisgrundsatzes ... 42

II. Die »endgültigen« Reichsgrundsätze ... 42

1. Weiterentwicklung eines Bedarfsdeckungsgrundsatzes ... 42
2. Weiterentwicklung eines Individualisierungsgrundsatzes ... 48
3. Weiterentwicklung eines Selbsthilfegrundsatzes ... 50
4. Weiterentwicklung eines Kenntnisgrundsatzes ... 52
5. Weiterentwicklung eines Grundsatzes der institutionellen Subsidiarität ... 53

a) Aktivitäten der freien Wohlfahrtspflege ... 53
b) Herausbildung eines Subsidiaritätsprinzips ... 56

F. Die NS-Zeit ... 58

I. Weiterentwicklung eines Bedarfsdeckungsgrundsatzes ... 59
II. Weiterentwicklung eines Individualisierungsgrundsatzes ... 61
III. Weiterentwicklung eines Selbsthilfegrundsatzes ... 61
IV. Weiterentwicklung eines Grundsatzes der institutionellen Subsidiarität ... 62

1. Die Situation bis zum Zweiten Weltkrieg ... 62
2. Die Situation während des Zweiten Weltkrieges ... 67

G. Die Zeit bis zum Erlass des BSHG 1962 ... 68

I. Weiterentwicklung eines Bedarfsdeckungsgrundsatzes ... 69
II. Weiterentwicklung eines Individualisierungsgrundsatzes ... 70
III. Weiterentwicklung eines Selbsthilfegrundsatzes ... 71
IV. Weiterentwicklung eines Grundsatzes der institutionellen Subsidiarität ... 72

V. Weiterentwicklung eines Kenntnisgrundsatzes 74
VI. Entwicklung eines Grundsatzes »Keine Sozialhilfe für die Vergangenheit« 75

§ 3: Der Rechtscharakter der sozialhilferechtlichen Prinzipien 77

A. Die sozialhilferechtlichen Strukturprinzipien als Rechtsprinzipien 77

I. Einleitung 77
II. Definition des Begriffs »Rechtsprinzip« 77
III. Rechtsprinzipiencharakter der sozialhilferechtlichen »Prinzipien« . . 85

1. Der Bedarfsdeckungsgrundsatz 85

a) Der Bedarfsdeckungsgrundsatz und der Selbsthilfegrundsatz . 85
b) Der Bedarfsdeckungsgrundsatz und die übrigen Strukturprinzipien 87

aa) Der Kenntnisgrundsatz 87
bb) Der »Keine Sozialhilfe für die Vergangenheit«-Grundsatz 88
cc) Der Grundsatz der institutionellen Subsidiarität 88

c) Der Bedarfsdeckungsgrundsatz und andere Rechtsprinzipien . 88

2. Übergesetzlicher Bezug 89

B. Die sozialhilferechtlichen Prinzipien als Gestaltungsmittel 91

Zweiter Teil: Auswirkungen der Sozialhilfereform 2005 auf die sozialhilferechtlichen Strukturprinzipien 95

§ 4: Der Bedarfsdeckungsgrundsatz 95

A. Der Bedarfsdeckungsgrundsatz im SGB XII 95

I. Die Hilfe zum Lebensunterhalt nach den §§ 27–40 95

1. Die Hilfe zum Lebensunterhalt außerhalb von Einrichtungen . . . 97

a) Die Regelsatzfestsetzung 97

aa) Das »Warenkorb-Modell« 98
bb) Das »Statistik-Modell« 101

(1) Die seit dem 01.01.2005 geltenden Regelsätze 105
(2) Rechtmäßigkeit der Regelsatzfestsetzung 109

b) Das geschlossene Regelsatzsystem 120

aa) Rechtslage unter Geltung des BSHG 120
bb) Rechtslage unter Geltung des SGB XII 123

c) Rechtmäßigkeit der Leistungspauschalierung 125

aa) Gesamtpauschale 126
bb) Ansparpauschale 131

II. Der notwendige Lebensunterhalt in Einrichtungen 132

1. Der in der Einrichtung erbrachte notwendige Lebensunterhalt, § 35 Abs. 1 133
2. Der weitere notwendige Lebensunterhalt, § 35 Abs. 1, 2 135
3. Ergänzendes Darlehen, § 35 Abs. 3 i.V. m. § 37 139

III. Die Grundsicherung im Alter und bei Erwerbsminderung, §§ 41 ff. 142

1. Leistungen in Einrichtungen 143
2. Anspruchsausschluss nach § 41 Abs. 3 und § 43 Abs. 2 145

B. Der Bedarfsdeckungsgrundsatz im SGB II 146

I. Das Arbeitslosengeld II, § 19 147
II. Das Sozialgeld, § 28 150

C. Unterschiedliche Behandlung von Sozialgeldempfängern und haushaltsangehörigen Sozialhilfeempfängern bei der Hilfe zum Lebensunterhalt 151

I. Vergleichbarkeit von Sozialgeldempfängern und haushaltsangehörigen Sozialhilfeempfängern 152
II. Vorliegen einer Ungleichbehandlung durch dieselbe Rechtssetzungsgewalt 152

1. Höhe der monatlichen Regelsätze bzw. des monatlichen Sozialgeldes 152
2. Ungleichbehandlung im Rahmen der einmaligen Leistungen . . . 153

a) Möglichkeit der Sachleistung 153
b) Möglichkeit der Darlehensgewährung 156

3. Ungleichbehandlung im Rahmen der Gewährung ergänzender Darlehen 157

a) Möglichkeit der Darlehensgewährung in Form einer Sachleistung 157
b) Zwingender Rechtsanspruch versus gebundene Ermessensentscheidung 158

c) Tilgungsmöglichkeiten des Darlehens ... 158
d) Höhe der Tilgungsrate ... 159

4. Ungleichbehandlung durch unterschiedliche Möglichkeiten der Leistungskürzung ... 160

a) Verletzung einer Meldepflicht oder Versäumnis eines Untersuchungstermins ... 161
b) Umfang der Belehrungspflicht bei unwirtschaftlichem Verhalten ... 161
c) Zwingende Absenkung versus gebundene Ermessensentscheidung ... 162
d) Umfang der möglichen Leistungsabsenkung ... 163

aa) Gegenstand der Einschränkung ... 163
bb) Umfang einer erstmaligen Leistungsabsenkung ... 164
cc) Möglichkeit der Gewährung ergänzender Sachleistungen oder geldwerter Leistungen ... 166
dd) Möglichkeit einer zusätzlichen Leistungskürzung bei wiederholter Pflichtverletzung ... 166

e) Dauer der Leistungsabsenkung ... 169

5. Ungleichbehandlung im Rahmen der Vermutung der Bedarfsdeckung ... 169

a) Gegenstand der Vermutung ... 169
b) Mitglieder der Haushaltsgemeinschaften ... 170
c) Umfang der gesetzlichen Vermutung ... 171

6. Ungleichbehandlung bei der Leistung für Mehrbedarfe ... 173

a) Mehrbedarf für werdende Mütter ... 173
b) Mehrbedarf für allein Erziehende ... 173
c) Mehrbedarf für behinderte Hilfebedürftige ... 175

7. Zwischenergebnis ... 176

III. Verfassungsrechtliche Rechtfertigung der Ungleichbehandlungen ... 178

1. Sachlicher Differenzierungsgrund ... 178
2. Begründbarkeit der Differenzierungskriterien aus dem Differenzierungszweck ... 180
3. Legitimität von Differenzierungszweck und Differenzierungskriterium ... 181
4. Verhältnismäßigkeit der jeweiligen Ungleichbehandlung ... 183

a) Festgestellte Ungleichbehandlungen im Rahmen der einmaligen Leistungen ... 183

b) Festgestellte Ungleichbehandlungen im Rahmen der Gewährung ergänzender Darlehen 187
c) Ungleichbehandlung im Rahmen der unterschiedlichen Möglichkeiten der Leistungskürzung 189
d) Ungleichbehandlung im Rahmen der Vermutung der Bedarfsdeckung 192
e) Ungleichbehandlung im Rahmen der Leistung für Mehrbedarfe 193

§ 5: Der Individualisierungsgrundsatz 194

A. Die Geltung des Individualisierungsgrundsatzes in den neuen Gesetzeswerken 194
B. Umformulierung des Individualisierungsgrundsatzes im SGB XII und Auswirkungen auf die Anspruchszuordnung 194
C. Anwendung des Individualisierungsgrundsatzes in den neuen Gesetzen SGB XII und SGB II 199

I. Anwendung des Individualisierungsgrundsatzes auf den unterschiedlichen Ebenen eines »Sozialhilfefalles« 199

1. Die Bedarfsermittlung/-feststellung und Hilfegestaltung 199
2. Anspruchszuordnung 204

II. Der Individualisierungsgrundsatz und die Regelsatzleistungen bzw. Regelleistungen 205

§ 6: Der Selbsthilfegrundsatz 208

A. Der Selbsthilfegrundsatz im SGB XII 208

I. Der Selbsthilfegrundsatz bei der Hilfe zum Lebensunterhalt 208

1. Selbsthilfe durch Einsatz der eigenen Arbeitskraft 208
2. Selbsthilfe durch Einsatz von Einkommen und Vermögen 210
3. Selbsthilfe durch die Hilfe Anderer 212

II. Der Selbsthilfegrundsatz bei der Grundsicherung im Alter und bei Erwerbsminderung 213

B. Der Selbsthilfegrundsatz im SGB II 215

I. Die allgemeinen Selbsthilfeobliegenheiten des § 2 217
II. Die erwerbsbezogenen Selbsthilfeobliegenheiten des § 2 217

1. Aktive Mitwirkung zur Eingliederung in Arbeit, § 2 Abs. 1 S. 2 218
2. Übernahme zumutbarer Arbeitsgelegenheiten, § 2 Abs. 1 S. 3 219
3. Einsatz der eigenen Arbeitskraft, § 2 Abs. 2 S. 2 221

C. Das Leitbild des aktivierenden Sozialstaates 222

I. Der Ursprung des Konzepts vom aktivierenden Sozialstaat 223
II. Der Inhalt des aktivierenden Staatskonzepts 225
III. Konkretisierung des aktivierenden Staatskonzepts in den neuen Gesetzeswerken 229

1. Das aktivierende Staatskonzept im SGB XII 229

a) Allgemeines 229
b) Die Regelungen im Einzelnen 230

aa) Aktivierende Leistungen 230

(1) Beratung und Unterstützung, Aktivierung, § 11 230
(2) Leistungsabsprache, § 12 231

bb) Passive Leistungen mit aktivierendem Ansatz 233

(1) Die Regelsatzleistungen, § 28 233
(2) Das trägerübergreifende Persönliche Budget, § 57 . . 234

cc) Sanktionen 236

c) Das Verhältnis des Förderns zum Fordern 239

2. Das aktivierende Staatskonzept im SGB II 240

a) Allgemeines 240
b) Die Regelungen im Einzelnen 240

aa) Aktivierende Leistungen 240

(1) Grundsatz des Förderns, § 14 240
(2) Eingliederungsvereinbarung, § 15 242
(3) Leistungen zur Eingliederung in Arbeit, § 16 248

bb) Passive Leistungen mit aktivierendem Ansatz, § 20 und § 28 249
cc) Sanktionen 249

c) Das Verhältnis des Förderns zum Fordern 251

D. Auswirkungen des aktivierenden Sozialstaatskonzepts auf den Inhalt des Selbsthilfegrundsatzes 254

I. Auswirkungen auf den im Selbsthilfegrundsatz enthaltenen Solidaritätsgedanken 254
II. Auswirkungen auf den im Selbsthilfegrundsatz enthaltenen Gedanken der Persönlichkeitsentfaltung 256

§ 7: Der Grundsatz der institutionellen Subsidiarität 259

A. Der Grundsatz der institutionellen Subsidiarität im SGB XII 259
B. Der Grundsatz der institutionellen Subsidiarität im SGB II 263
C. Inhaltliche Veränderungen des Grundsatzes der institutionellen Subsidiarität aufgrund des Konzepts vom aktivierenden Sozialstaat 264

I. Die »neue Subsidiarität« der 90er Jahre 266
II. Die institutionelle Subsidiarität im Lichte des aktivierenden Sozialstaatskonzepts 267

1. Inhaltliche Neuausrichtung der institutionellen Subsidiarität 267
2. Bestandsaufnahme des bürgerschaftlichen Engagements in der Bundesrepublik Deutschland 272

a) Allgemeines bürgerschaftliches Engagement 272
b) Bürgerschaftliches Engagement in der Arbeitsmarkt- und Sozialpolitik 274

§ 8: Der Kenntnisgrundsatz 276

A. Der Kenntnisgrundsatz im SGB XII 276
B. Der Kenntnisgrundsatz im SGB II 280

§ 9: Der Grundsatz »Keine Sozialhilfe für die Vergangenheit« 285

A. Der Grundsatz »Keine Sozialhilfe für die Vergangenheit« im SGB XII 285

I. Relevanz des Grundsatzes »Keine Sozialhilfe für die Vergangenheit« 285
II. Ausnahmen vom Grundsatz »Keine Sozialhilfe für die Vergangenheit« 288

1. Notwendigkeit einer Zulassung von Ausnahmen vom Grundsatz »Keine Sozialhilfe für die Vergangenheit« 288
2. Die einzelnen Fallgruppen 290

a) Säumiges Verhalten des Leistungsträgers 290
b) Einlegung eines erfolgreichen Rechtsmittels 291
c) Vorliegen eines Eilfalles 292

3. Umfang des Anspruchs auf Kostenerstattung 294

B. Der Grundsatz »Keine Sozialhilfe für die Vergangenheit« im SGB II . . 295

I. Relevanz des Grundsatzes »Keine Sozialhilfe für die Vergangenheit« . . . 295

II. Ausnahmen vom Grundsatz »Keine Sozialhilfe für die Vergangenheit« . . . 296

Zusammenfassung der Ergebnisse in Leitsätzen . . . 297

Literaturverzeichnis . . . 307

Sachverzeichnis . . . 321

Abkürzungsverzeichnis

BFV	Bezirksfürsorgeverband
BMfSFJ	Bundesministerium für Familie, Senioren, Frauen und Jugend
DAF	Deutsche Arbeitsfront
DGT	Deutscher Gemeindetag
DV	Deutscher Verein für öffentliche und private Fürsorge
HAVW	Hauptamt für Volkswohlfahrt
LPK	Lehr- und Praxiskommentar
NSV	Nationalsozialistische Volkswohlfahrt
RGr	Reichsgrundsätze über Voraussetzung, Art und Maß der öffentlichen Fürsorge
RStGB	Reichsstrafgesetzbuch
RFV	Reichsverordnung über die Fürsorgepflicht
RMBliV	Reichsministerialblatt der inneren Verwaltung
UWG	Unterstützungswohnsitzgesetz
Vorbem.	Vorbemerkung
WHW	Winterhilfswerk des Deutschen Volkes

Im übrigen richten sich die Abkürzungen nach Kirchner, Hildebert, Abkürzungsverzeichnis der Rechtssprache, 5. Aufl., Berlin 2003.

Einleitung

A. Untersuchungsinteresse

Seit einem guten Jahr sind die im Zuge der »Hartz IV«-Reformen erlassenen Gesetze SGB II und SGB XII nun in Kraft. Keine vorherige Reform hat das Recht der sozialen Existenzsicherung so grundlegend verändert wie diese Reform, so dass zu Recht von der umfassendsten Sozialreform der Nachkriegszeit gesprochen werden kann.[1] Und keine andere Reform hat die Gemüter je zuvor so sehr erhitzt wie es die Hartz IV-Gesetze getan haben.[2]

Das SGB II – die Grundsicherung für Arbeitsuchende – wurde als Art. 1 des Vierten Gesetzes für moderne Dienstleistungen am Arbeitsmarkt erlassen. Es trat am 01.01.2005 in Gänze in Kraft und setzte das Ziel um, die beiden steuerfinanzierten Fürsorgesysteme Arbeitslosenhilfe und Sozialhilfe in einem einheitlichen Leistungssystem zusammenzufassen, um so Doppelzuständigkeiten zu vermeiden und eine schnelle und passgenaue Eingliederung des Hilfebedürftigen in den Arbeitsmarkt zu erreichen. Dementsprechend stellt das SGB II für alle erwerbsfähigen Hilfebedürftigen und die mit ihnen in Bedarfsgemeinschaft lebenden nicht erwerbsfähigen Angehörigen, soweit letztere nicht aufgrund einer vollen Erwerbsminderung den Vorschriften über die Grundsicherung im Alter und bei Erwerbsminderung unterfallen, das anzuwendende Leistungssystem der Existenzsicherung dar.

Die Leistungen der Grundsicherung im Alter und bei Erwerbsminderung, die bislang eigenständig in dem am 01.01.2003 in Kraft getretenen Gesetz über eine bedarfsorientierte Grundsicherung im Alter und bei Erwerbsminderung (GSiG) geregelt waren, wurden im Zuge der Sozialreform in das Sozialhilferecht integriert. Sie sind nun im Vierten Kapitel des SGB XII normiert. Einen Anspruch auf diese Grundsicherungsleistungen haben hilfebedürftige Personen, die entweder über 65 Jahre alt sind oder die volljährig und voll erwerbsgemindert sind und bei denen unwahrscheinlich ist, dass die volle Erwerbsminderung behoben werden kann. Im Anwendungs-

1) So der damalige nordrhein-westfälische Minister für Wirtschaft und Arbeit am 14. Dezember 2004, abrufbar im Internet unter www.pressearchiv.nrw.de, abgerufen am 16.06.2006.

2) Erwähnt seien hier nur die zahlreichen Montagsdemonstrationen, die durchaus vergleichbar mit den Protestaktionen im Rahmen der deutschen Wende 1989 waren. Darüber hinaus finden sich allein in der Internet-Suchmaschine Google mehr als 90.000 Einträge zum Stichwort »Hartz« und die Gesellschaft für deutsche Sprache erklärte den Begriff »Hartz IV« zum Wort des Jahres 2004.

bereich der Sozialhilfe verbleiben danach nur noch diejenigen Hilfebedürftigen, die nicht bereits den anderen beiden Leistungssystemen unterfallen. Dies sind hilfebedürftige nicht erwerbsfähige Personen, die auch nicht in Bedarfsgemeinschaft mit einem erwerbsfähigen Hilfebedürftigen leben. Somit bestehen im früheren Anwendungsbereich der Arbeitslosenhilfe und Sozialhilfe seit dem 01.01.2005 drei unterschiedliche Systeme der Existenzsicherung nebeneinander, die sich nach dem Willen des Gesetzgebers gegenseitig ausschließen. Die Zuordnung der Hilfeberechtigten zu dem jeweils anwendbaren Leistungsrecht erfolgt in erster Linie über das Kriterium der Erwerbsfähigkeit.

Aufgrund dieser tiefgreifenden Reformprozesse stellt sich die Frage, ob und inwieweit das Recht der Existenzsicherung auch materielle Veränderungen erfahren hat, die ihm unter Umständen einen ganz neuen Charakter verleihen. Um dies festzustellen, sollen die Strukturprinzipien[3] des Sozialhilferechts in den Blick genommen und die neuen Existenzsicherungssysteme anhand dieser Strukturprinzipien beleuchtet werden. Denn diese Prinzipien – oder auch Grundsätze – des Sozialhilferechts haben das Sozialhilferecht und die ihm eigene Wesensart über lange Jahre hinweg geprägt. An einer Abweichung oder gar Aufgabe dieser Strukturprinzipien in den neuen Gesetzeswerken können somit Veränderungen im Leistungssystem der Existenzsicherung sichtbar gemacht werden.

B. Gang der Darstellung

Zu Beginn der Arbeit (§ 1) werden die jeweiligen sozialhilferechtlichen Grundsätze kurz vorgestellt. Dabei wird noch auf die ihnen unter Geltung des BSHG zukommende Ausgestaltung abgestellt; das BSHG stellt insoweit den Ausgangspunkt dar, von dem Veränderungen des Rechts betrachtet werden. Im Anschluss an die Darstellung eines jeden Strukturprinzips wird dessen historischer Ursprung und seine Entwicklung bis zur Schaffung des BSHG nachgezeichnet (§ 2).

Der nächste Teil der Arbeit (§ 3) widmet sich dem Rechtscharakter der einzelnen Strukturprinzipien. Es wird insbesondere der Frage nachgegangen, inwieweit es sich bei ihnen um Rechtsprinzipien im rechtstechnisch zu verwendenden Sinne handelt.

---

3) Die Begriffe »Prinzip« und »Grundsatz« werden im Folgenden synonym verwandt.

Der folgende Teil der Arbeit nimmt die sozialhilferechtlichen Strukturprinzipien nach der Sozialhilfereform 2005 in den Blick. Insoweit wird deren Ausgestaltung in den neuen Gesetzeswerken SGB XII und SGB II im Bereich der jeweiligen Hilfe zum Lebensunterhalt bzw. den Leistungen zur Sicherung des Lebensunterhalts untersucht (§ 4), da dieser Leistungsbereich die eigentliche Existenzsicherung darstellt. Dabei wird mit Hilfe der Strukturprinzipien sowohl das Verhältnis der einzelnen Leistungssysteme zueinander aufgezeigt als auch die die neuen Leistungssysteme jeweils prägenden Charakteristika dargestellt. Da der Schwerpunkt der Arbeit in dem Aufzeigen von Veränderungen innerhalb der Existenzsicherungssysteme aufgrund der Sozialhilfereform besteht, wird den Fragen einer Verfassungskonformität einzelner neuer Regelungen nicht nachgegangen.

In einem letzten Teil (§ 5) erfolgt eine Zusammenfassung der Ergebnisse.

Erster Teil: Darstellung der sozialhilferechtlichen Strukturprinzipien

Es werden im Folgenden die einzelnen sozialhilferechtlichen Prinzipien inhaltlich kurz vorgestellt, im Anschluss daran folgt die Darstellung der historischen Entwicklung der Strukturprinzipien bis zum In-Kraft-Treten des BSHG am 01.06.1962.[4]

§ 1: Die sozialhilferechtlichen Strukturprinzipien unter Geltung des BSHG

A. Der Bedarfsdeckungsgrundsatz

Der Bedarfsdeckungsgrundsatz ergibt sich bereits aus dem Wesen der Sozialhilfe als einer öffentlichen, aus allgemeinen Steuermitteln finanzierten Nothilfe, die für einen einzelnen Hilfesuchenden in einer individuellen Notlage **zur Deckung eines konkreten individuellen Bedarfs** geleistet wird, der durch vorrangig einzusetzende Mittel nicht gedeckt werden kann[5]. Danach haben die Leistungen der Sozialhilfe im Einzelfall den sozialhilferechtlichen Bedarf des Hilfesuchenden vollumfänglich abzudecken[6]. Der sozialhilferechtlich anerkannte Bedarf war bislang in den verschiedenen Leistungsvorschriften des BSHG näher konkretisiert.[7] Gesetzlich verankert war der Bedarfsdeckungsgrundsatz bislang in den §§ 22 Abs. 3 S. 1, 101a S. 3 BSHG.[8] Aus dem Bedarfsdeckungsgrundsatz als Verpflichtung zur Deckung eines konkreten und individuellen Bedarfs folgen weitere sozialhilferechtliche Grundsätze: Zum einen ergibt sich aus der Tatsache, dass der sozialhilferechtliche Bedarf durch die Leistungen abgedeckt werden soll, dass keine über diesen Bedarf hinausgehenden Unterstützungsleistungen

4) BGBl. I, S. 815.

5) *BVerwG,* Urteil v. 10.05.1979, BVerwGE 58, 68 (70 f.); *Schulte/Trenk-Hinterberger,* Sozialhilfe, S. 126.

6) *Schellhorn/Schellhorn,* BSHG, Einführung, Rn. 14; *Krahmer,* in: LPK-BSHG, Einleitung, Rn. 22; *Roscher,* in: LPK-BSHG, § 3, Rn. 1; *Rothkegel,* Strukturprinzipien, S. 14; *Rothkegel,* ZfSH/SGB 2000, 259.

7) *Roscher,* in: LPK-BSHG, § 3, Rn. 7.

8) Siehe jetzt § 28 Abs. 3 S. 1 SGB XII.

dem Hilfesuchenden gewährt werden dürfen[9]. Dieses »Verbot der Vermögensmehrung« kam bislang besonders deutlich in § 93 a Abs. 1 S. 3 a. E. BSHG[10] zum Ausdruck. Zum anderen folgt aus dem Umstand, dass sich eine in der Vergangenheit liegende Notlage grundsätzlich nicht durch eine gegenwärtige Leistung überwinden lässt, dass Sozialhilfe grundsätzlich nicht für die Vergangenheit begehrt werden kann.[11] Dieser als Gegenwärtigkeitsprinzip des Sozialhilferechts bekannte Grundsatz verlangt folglich, dass zwischen der Bedürftigkeit des Hilfesuchenden und seinem sozialhilferechtlichen Bedarf Zeitidentität besteht[12] und somit grundsätzlich keine Übernahme von in der Vergangenheit begründeten Schulden des Hilfesuchenden erfolgt.[13] Eine weitere Ausgestaltung des Bedarfsdeckungsgrundsatzes ist das Faktizitätsprinzip, das besagt, dass bei der Hilfegewährung auf den aktuellen und tatsächlich vorhandenen Bedarf des Hilfesuchenden abgestellt wird, unabhängig davon, welche Ursachen diese Notlage herbeigeführt haben.[14] Ein Verschulden des Hilfeempfängers ist demzufolge im Rahmen der Gewährung von Sozialhilfe grundsätzlich irrelevant.[15] Eine weitere Konsequenz des Bedarfsdeckungsgrundsatzes ist das »Alles-oder-nichts«-Prinzip, wonach in aller Regel Leistungen in Höhe des komplett vorhandenen Bedarfs gewährt werden müssen und die Leistung eines bloßen Kostenzuschusses unzulässig ist.[16]

B. Der Individualisierungsgrundsatz

Der bislang in § 3 BSHG[17] konkretisierte Individualisierungsgrundsatz besagt, dass die geleistete Sozialhilfe sich nach Art, Form und Maß nach der Besonderheit des Einzelfalles, insbesondere nach der Person des Hilfeempfängers, der Art seines Bedarfs und den örtlichen Verhältnissen

9) *Rothkegel,* Strukturprinzipien, S. 14, Krahmer, in: LPK-BSHG, Einleitung, Rn. 22; *Rothkegel,* ZfSH/SGB 2000, 259.

10) Siehe jetzt § 76 Abs. 1 S. 3 a. E. SGB XII.

11) *BVerwG,* Urteil v. 10.05.1979, BVerwGE 58, 68 (71); *Rothkegel,* Strukturprinzipien, S. 17 f., *Roscher,* in: LPK-BSHG, § 3, Rn. 8.

12) *Rothkegel,* Strukturprinzipien, S. 17 f.; *Rothkegel,* ZfSH/SGB 2000, 259 (261).

13) *Krahmer,* in: LPK-BSHG, Einleitung, Rn. 22; *Roscher,* in: LPK-BSHG, § 3, Rn. 8; *Rothkegel,* Strukturprinzipien, S. 39.

14) *Roscher,* in: LPK-BSHG, § 3, Rn. 8.

15) *Rothkegel,* Strukturprinzipien, S. 18 f.; *Rothkegel,* ZfSH/SGB 2000, 259 (261); *Schellhorn,* BSHG, Einführung, Rn. 14.

16) *Rothkegel,* Strukturprinzipien, S. 37 ff.; *Rothkegel,* ZfSH/SGB 2000, 259 (268).

17) Vgl. jetzt § 9 SGB XII.

richten muss.[18] Durch die Geltung des Individualisierungsgrundsatzes wird die Sozialhilfe insbesondere von der Sozialversicherung abgegrenzt. Denn während dort Leistungen nur bei Vorliegen bestimmter Tatbestandsvoraussetzungen gewährt werden, nimmt die Sozialhilfe die konkrete und gegenwärtige Notlage des Hilfesuchenden in den Blick und ist damit in der Lage, auf untypische Situationen eine adäquate und angemessene Hilfe zu leisten.[19] Nach allgemeiner Ansicht konkretisiert der Individualisierungsgrundsatz den Bedarfsdeckungsgrundsatz dergestalt, dass er Art, Form und Maß der konkreten Hilfeleistung vorgibt.[20] Er konkretisiert folglich das »Wie« der jeweiligen Bedarfsdeckung im Einzelfall und ist insoweit als »Unterfall« oder »Spielart« des Bedarfsdeckungsgrundsatzes zu verstehen. Durch die Anwendung des Individualisierungsgrundsatzes fallen somit diejenigen Möglichkeiten der – theoretisch durchaus möglichen – Bedarfsdeckung aus dem Pool der Hilfeleistungen heraus, die im konkreten Fall den jeweiligen Besonderheiten des Einzelfalles nicht genügen. Auf der anderen Seite wird aber auch der Individualisierungsgrundsatz durch die Verpflichtung auf den sozialhilferechtlichen Bedarf – und nur auf diesen – und somit durch den Bedarfsdeckungsgrundsatz eingeschränkt.[21] Denn aufgrund der Geltung des Bedarfsdeckungsgrundsatzes wird nicht alles, was dem Hilfesuchenden in seiner konkreten Situation gut tun würde, geleistet, sondern nur das, was den Besonderheiten des Einzelfalles entspricht und gleichzeitig auch den sozialhilferechtlichen Bedarf des Hilfesuchenden deckt. Die im konkreten Einzelfall dem Hilfesuchenden zu gewährenden Sozialhilfeleistungen bilden somit die Schnittmenge aus dem sozialhilferechtlichen Bedarf und den Besonderheiten des konkreten Einzelfalles.

Der Individualisierungsgrundsatz ist im Rahmen der Bearbeitung eines »Sozialhilfefalles« dabei auf drei unterschiedlichen Ebenen zu beachten:[22] Erstmals kommt er bei der Feststellung der konkreten Notlage und zwar sowohl bei der Feststellung der Sozialhilfebedürftigkeit als auch bei der Festlegung des sozialhilferechtlichen Bedarfs zur Anwendung. Weiter ist er bei der die Notlage zu behebenden individuellen Hilfegestaltung von Bedeu-

---

18) *Krahmer,* in: LPK-BSHG, Einleitung, Rn. 24; *Roscher,* in: LPK-BSHG, § 3, Rn. 1.

19) Vgl. *Roscher,* in: LPK-BSHG, § 3, Rn. 2; *Schulte/Trenk-Hinterberger,* Sozialhilfe, S. 113 f.

20) *Rothkegel,* Strukturprinzipien, S. 41; *Rothkegel,* ZfSH/SGB 2000, 259 (270).

21) *Roscher,* in: LPK-BSHG, § 3 Rn. 4.

22) Vgl. dazu *Giese,* ZfSH 1981, 321 (321); *Rothkegel,* Strukturprinzipien, S. 42 ff.; *ders.,* in: Rothkegel, Sozialhilferecht, Teil II, Kap. 3, Rn. 89 ff.; *Schulte/Trenk-Hinterberger,* Sozialhilfe, S. 114 f.

tung und zuletzt wirkt er in die Individualität der Anspruchszuordnung hinein, die die höchstpersönliche Rechtsnatur des Sozialhilfeanspruchs begründet. Diese Höchstpersönlichkeit des Sozialhilfeanspruchs besagt, dass jeder einzelne Hilfsbedürftige einen eigenen Anspruch auf Sozialhilfe hat. Der Individualisierungsgrundsatz findet darüber hinaus Anwendung sowohl im Rahmen von Ermessensentscheidungen als auch als Auslegungshilfe von unbestimmten Rechtsbegriffen,[23] wie zum Beispiel der Begriffe »Angemessenheit«, »Zumutbarkeit«, »Vertretbarkeit«, die gerade im Bereich des Sozialhilferechts, das durch weite und offene Tatbestände auf die Vielzahl der möglichen Notsituationen reagieren können will, vermehrt auftauchen.

C. Der Selbsthilfegrundsatz

Dieser unter Geltung des BSHG in § 2 BSHG[24] konkretisierte Grundsatz besagt, dass die Sozialhilfe subsidiär sowohl gegenüber jeder möglichen Selbsthilfe des Hilfesuchenden (§ 2 Abs. 1 Alt. 1) als auch gegenüber tatsächlich erfolgender Hilfeleistung durch dritte Personen (§ 2 Abs. 1 Alt. 2) als auch gegenüber Leistungsverpflichtungen dritter Personen (§ 2 Abs. 2 S. 1) als auch gegenüber bestimmten Ermessensleistungen anderer (§ 2 Abs. 2 S. 2) ist.[25] Der Selbsthilfegrundsatz macht damit deutlich, dass die Sozialhilfe die unterste Stufe unseres Sozialleistungssystems bildet.[26] Leistet der Träger der Sozialhilfe vor, obwohl vorrangige Ansprüche des Hilfeempfängers gegen Dritte oder andere Leistungsträger vorhanden sind, so wurde der Nachrang der Sozialhilfe nachträglich durch Übergang des jeweiligen Anspruchs des Sozialhilfeempfängers auf den Sozialhilfeträger hergestellt, vgl. §§ 90, 91 BSHG, § 104 SGB X. Gerade auch aus dieser Möglichkeit der nachträglichen Herstellung des Nachranges ergab sich, dass die Sozialhilfe als unterstes soziales Sicherungssystem nicht zur Entbindung der anderen Sozialleistungsträger von ihren vorrangigen Leistungsverpflichtungen dienen sollte.[27] Dieser Gedanke drückt sich auch in § 46 Abs. 2

---

23) *Roscher,* in: LPK-BSHG, § 3, Rn. 9 f.; *Schulte/Trenk-Hinterberger,* Sozialhilfe, S. 115.

24) Vgl. § 2 SGB XII.

25) *Krahmer,* in: LPK-BSHG, Einleitung, Rn. 23; *Rothkegel,* Strukturprinzipien, S. 92; *Schulte,* NJW 1989, 1241 (1242); *Schulte/Trenk-Hinterberger,* Sozialhilfe, S. 109.

26) So auch *Friedrich,* Selbsthilfe, S. 211.

27) Siehe auch *Schoch,* Sozialhilfe, S. 86.

SGB I aus, wonach ein Verzicht des Hilfesuchenden auf vorrangige Sozialleistungen zu Lasten des Sozialhilfeträgers unwirksam ist. Aufgrund der Subsidiarität der Sozialhilfe hat der Hilfesuchende auch kein Wahlrecht zwischen einer grundsätzlich bestehenden Selbsthilfemöglichkeit und der Inanspruchnahme von Sozialhilfe.[28] Neben dieser Nachrangigkeit der Sozialhilfe im Verhältnis zu anderen Sozialleistungen besagt dieser Grundsatz weiter, dass alle Möglichkeiten der Selbsthilfe des Hilfesuchenden gegenüber der Inanspruchnahme von Sozialhilfe vorrangig sind. Zu diesen Formen der Selbsthilfe zählen: der Einsatz eigenen Einkommens (bislang §§ 11 Abs. 1, 28, 76 ff. BSHG) und Vermögens (§§ 11, 28, 88, 89 BSHG), die Verwirklichung von Ansprüchen gegen Dritte (§§ 90 f. BSHG, §§ 102 ff. SGB X) und der Einsatz der eigenen Arbeitskraft (§§ 18 ff. BSHG). Letzterer wurde unter Geltung des BSHG allerdings nur bei der Hilfe zum Lebensunterhalt gefordert und mit Ausnahme bei der Blindenhilfe nicht bei den übrigen Hilfen in besonderen Lebenslagen.

Aus dem Selbsthilfegrundsatz in Verbindung mit § 1 Abs. 2 S. 2 BSHG begründete sich bislang die Obliegenheit des Hilfesuchenden, sich selbst aus seiner Notlage zu befreien und damit seine Obliegenheit zur Selbsthilfe,[29] insbesondere zum Einsatz der eigenen Arbeitskraft.

D. Der Grundsatz der institutionellen Subsidiarität

Der Grundsatz der institutionellen Subsidiarität betrifft den Nachrang staatlicher Hilfe gegenüber den Hilfeleistungen der Träger der Freien Wohlfahrtspflege. Dieser Subsidiaritätsgedanke fand bislang seinen Niederschlag in § 10 BSHG[30], der sich mit dem Rangverhältnis der öffentlichen und privaten Träger befasste. So hatte nach § 10 Abs. 4 BSHG die persönliche Hilfe der Träger der Freien Wohlfahrt Vorrang vor der Hilfeleistung durch die Sozialhilfeträger. Diese Vorrangstellung galt allerdings nicht bezüglich der Hilfe durch Geldleistungen. Die Absätze 2 und 3 des § 10 BSHG gestalteten das Verhältnis der Sozialhilfeträger zu den Trägern der Freien Wohlfahrtspflege im Sinne eines Kooperationsverhältnisses aus, das als eine partnerschaftliche Zusammenarbeit gekennzeichnet werden konnte.[31] Weiter war in § 10 Abs. 3 S. 2 BSHG die Unterstützungspflicht der Verbände

28) *BVerwG,* Urteil vom 05.05.1983, NJW 1983, 2954 (2955).

29) *Rothkegel,* Strukturprinzipien, S. 96.

30) Siehe jetzt § 5 SGB XII.

31) *Münder,* in: LPK-BSHG, § 10 Rn. 28; *Fuchs,* ZfSH/SGB 1993, 393 (398).

der freien Wohlfahrtspflege durch die Sozialhilfeträger niedergelegt. Freie Träger im Sinne des § 10 BSHG waren dabei zum einen die Kirchen und Religionsgemeinschaften des öffentlichen Rechts sowie die Verbände der freien Wohlfahrtspflege.[32]

E. Der Kenntnisgrundsatz

Der bislang in § 5 BSHG niedergelegte Kenntnisgrundsatz besagt, dass Sozialhilfe einsetzt, sobald der zuständige Sozialhilfeträger oder die von ihm beauftragten Stellen Kenntnis vom Vorliegen der Voraussetzungen der Sozialhilfegewährung haben. Kenntnis bedeutet dabei, dass dem Sozialhilfeträger die das Vorliegen der zur Hilfegewährung berechtigenden Voraussetzungen bekannt sind.[33] Wird einem nicht zuständigen Träger der Sozialhilfe oder einer nicht zuständigen Gemeinde im Einzelfall bekannt, dass Sozialhilfe beansprucht wird, so waren bislang nach § 5 Abs. 2 BSHG die darüber bekannten Umstände dem zuständigen Träger der Sozialhilfe oder der von ihm beauftragten Stelle unverzüglich mitzuteilen und vorhandene Unterlagen zu übersenden. Für das Einsetzen der Sozialhilfe ist in einem solchen Fall bei Vorliegen der Voraussetzungen der Hilfegewährung die Kenntnis der nicht zuständigen Stelle maßgebend. Die Kernaussage des Kenntnisgrundsatzes ist damit die Tatsache, dass die Leistung von Sozialhilfe antragsunabhängig zu erfolgen hat, wenn dem zuständigen Sozialhilfeträger oder der von ihm beauftragten Stelle die gesetzlichen Leistungsvoraussetzungen bekannt sind.[34] Der Kenntnisgrundsatz beinhaltet somit das Offizialprinzip.[35] Mit Erlangung der notwendigen Kenntnis durch die zuständige Stelle entsteht damit das Sozialhilferechtsverhältnis.[36] Auch wenn in der Praxis im Regelfall Anträge des Hilfesuchenden verwandt werden, so kommt diesen unter Geltung des Kenntnisgrundsatzes doch lediglich die Bedeutung zu, den Sozialhilfeträger auf den Sozialhilfefall aufmerksam zu

---

32) *Münder,* in: LPK-BSHG, § 10, Rn. 9.

33) Vgl. *Rothkegel,* ZfSH/SGB 2000, 3 (5) spricht insoweit von einer *»qualifizierten Kenntnis«*; a. A. *Paul,* ZfF 2002, 217 (219), der eine Kenntnis auch von einem nur möglichen Sozialhilfefall als ausreichend erachtet. Eine Leistungsgewährung aufgrund einer Kenntnis von einer nur möglichen Notlage aber widerspricht dem Bedarfsdeckungsgrundsatz, insbesondere in seiner Ausgestaltung als Faktizitätsgrundsatz, und dem Individualisierungsgrundsatz.

34) *Rothkegel,* ZfSH/SGB 2000, 3 (3); *Rothkegel,* Strukturprinzipien, S. 55; *Krahmer,* in: LPK-BSHG, Einleitung, Rn. 32.

35) Vgl. *Dauber,* in: Mergler/Zink, SGB XII, § 18, Rn. 2 und 4.

36) *Rothkegel,* ZfSH/SGB 2000, 3 (3); *Rothkegel,* Strukturprinzipien, S. 55.

machen und ihm unter Umständen schon die notwendige Kenntnis im Sinne des bisherigen § 5 BSHG vollständig zu vermitteln. Ein konstitutives Element zur Begründung des Sozialhilferechtsverhältnisses und damit zur Hilfeleistung aber ist ein solcher Antrag in keinem Falle.[37] Mit Kenntniserlangung im Sinne des bisherigen § 5 BSHG ist der zuständige Sozialhilfeträger damit verpflichtet, ein Verwaltungsverfahren im Sinne des § 8 SGB X einzuleiten.[38] Der Kenntnisgrundsatz ist insoweit Ausdruck des im Sozialhilferechts geltenden Amtsprinzips, vgl. § 20 SGB X, als mit Kenntniserlangung und Einleitung des Verwaltungsverfahrens die Amtsermittlungspflicht des Sozialhilfeträgers nach § 20 SGB X begründet wird. Aus dem Kenntnisgrundsatz i. V. m. dem Amtsermittlungsgrundsatz ergibt sich somit, dass die zuständige Behörde bereits mit Kenntniserlangung von Amts wegen verpflichtet ist, den kompletten Sachverhalt eigenständig zu ermitteln, wenn erkennbar wird, dass sie tätig werden muss, weil die Voraussetzungen für eine Sozialhilfegewährung unter Umständen vorliegen.[39] Die Kenntniserlangung löst folglich die Amtsermittlungspflicht des Sozialhilfeträgers aus.[40] Aus dem Kenntnisgrundsatz i. V. m. dem Amtsermittlungsprinzip ergibt sich weiter, dass der Sozialhilfeträger bei Bekanntwerden eines Hilfebedarfs verpflichtet ist, alle Hilfemöglichkeiten zu prüfen und den Sozialhilfefall im Ganzen zu regeln, der so genannte Gesamtfallgrundsatz.[41] Aus dem Kenntnisgrundsatz folgt darüber hinaus, dass die zuständige Behörde bei Kenntniserlangung von zum Sozialhilfebezug berechtigenden Tatsachen unverzüglich handeln muss, also zu gewährleisten hat, dass die Sozialhilfe als Soforthilfe geleistet wird (*»Grundsatz der Soforthilfe«*[42]). Obwohl der Kenntnisgrundsatz eine Unterstützung gegen den Willen des jeweiligen Bedürftigen möglich machen würde, wird eine solche Zwangsunterstützung durch den Menschenwürdegrundsatz, Art. 1 Abs. 1 GG, sowie durch Art. 2 Abs. 1 GG ausgeschlossen. Dieser im Sozialhilferecht besonders relevante Schutz der Menschenwürde kommt in § 9 SGB I zum Ausdruck, er war bislang darüber hinaus auch in § 1 Abs. 2 S. 1 BSHG normiert. Auf diese Weise ist sichergestellt, dass die Sozialhilfe sich

37) *BVerwG,* Urteil v. 08.07.1982, BVerwGE 66, 90 (92).

38) Vgl. *Armborst/Conradis,* in: LPK-SGB XII, Anh. Verfahren, Rn. 5.

39) *Schoch,* Sozialhilfe, S. 103.

40) *Rothkegel,* in: Rothkegel, Sozialhilferecht, Teil II, Kap. 4, Rn. 14.

41) *BVerwG,* Urteil v. 10.11.1965, BVerwGE 22, 319 (320 f.); *Schoch,* Sozialhilfe, S. 103.

42) *Roscher,* in: LPK-BSHG, § 5, Rn. 1 f.

nicht wieder zu einem repressiven armenpolizeilichen Instrument wandeln kann.[43]

F. Der Grundsatz »Keine Sozialhilfe für die Vergangenheit«

Aus dem Wesen der Sozialhilfe als einer Hilfe in einer gegenwärtigen Notlage[44] folgt der vom Bundesverwaltungsgericht ebenfalls als Grundprinzip des Sozialhilferechts anerkannte[45] Grundsatz, dass grundsätzlich »Keine Sozialhilfe für die Vergangenheit« geleistet wird. Auch wenn dieser Grundsatz, von dem vereinzelt Ausnahmen zulässig sind, auf den ersten Blick mit dem in § 5 BSHG niedergelegten Kenntnisgrundsatz identisch zu sein scheint, so hat er dennoch einen eigenen Anwendungsbereich.[46] Denn der Grundsatz »Keine Sozialhilfe für die Vergangenheit« bestimmt das Schicksal eines Sozialhilfeanspruchs vom Zeitpunkt seiner Kenntnis durch die zuständigen Behörden bis zum Zeitpunkt einer wie auch immer lautenden Bewilligungsentscheidung dieser Behörden bzw. bis zu einer gerichtlichen Tatsachenverhandlung. Dieser Grundsatz, der eng mit dem Prinzip, dass einer in der Vergangenheit liegenden Notlage nicht durch gegenwärtige Hilfeleistungen abgeholfen werden kann (Gegenwärtigkeitsprinzip), verbunden ist, grenzt die für das Bestehen eines Sozialhilfeanspruchs notwendige Voraussetzung der Gegenwärtigkeit einer Notlage ein, das heißt der Gegenwärtigkeit von sozialhilferechtlichem Bedarf und Bedürftigkeit. Zwar ist die Kenntnis im Sinne des § 5 BSHG vom Vorliegen einer Notlage ebenfalls eine materiellrechtliche Voraussetzung eines Sozialhilfeanspruchs. Doch ist diese Kenntnis der weiteren, für den Grundsatz »Keine Sozialhilfe für die Vergangenheit« maßgebenden Voraussetzung, nämlich des Fortbestehens der Notlage im Zeitpunkt der letzten Behördenentscheidung, vorgeschaltet. § 5 BSHG sagt nämlich nichts darüber aus, bis wann eine einmal bekanntgewordene sozialhilferechtliche Notlage bestehen muss, um einen Anspruch auf Sozialhilfe auszulösen. Genau dies aber ist Aufgabe des Grundsatzes »Keine Sozialhilfe für die Vergangenheit«. So bestimmt sich ausschließlich nach diesem Grundsatz, ob eine dem Sozialhilfeträger bekanntgewordene Notlage auch dann noch einen Anspruch auf Sozialhilfe auslöst, wenn diese Notlage vor der Entscheidung durch den zuständigen

43) *Rothkegel,* ZfSH/SGB 2000, 3 (3); *Roscher,* in: LPK-BSHG/Roscher, § 5, Rn. 4.
44) *BVerwG,* Urteil v. 14.09.1972, BVerwGE 40, 343 (346).
45) *BVerwG,* Urteil v. 19.06.1980, BVerwGE 60, 236 (238).
46) Siehe dazu *Rothkegel,* ZfSH/SGB 2000, 3 (8 f.).

Sozialhilfeträger schon wieder entfallen ist.[47] Zusammen mit dem Kenntnisgrundsatz gibt dieser Grundsatz »Keine Sozialhilfe für die Vergangenheit« somit die sozialhilferechtliche und der Bewilligungsentscheidung zugrunde zu legende Zeitspanne an: eine gegenwärtige und damit sozialhilferechtlich relevante Notlage besteht danach nur zwischen dem Zeitpunkt der Kenntniserlangung im Sinne des § 5 BSHG und der letzten Behördenentscheidung bzw. der letzten gerichtlichen Tatsachenverhandlung. Bis zu dieser letzten Bewilligungsentscheidung muss die sozialhilferechtliche Notlage nach diesem Grundsatz fortbestehen, ansonsten gehört sie der Vergangenheit an und ihr kann – schon logisch – nicht mehr mit einer sozialhilferechtlichen Hilfeleistung abgeholfen werden.[48] Dies bringt auch die in diesem Zusammenhang angeführte Wendung *»gelebt ist gelebt«*[49] oder *»in praeteritum non vivitur«*[50] zum Ausdruck. Besonders deutlich wird dies, wenn man sich die Tatsache vor Augen führt, dass in einem solchen Fall eine Hilfeleistung in Form einer – der Geld- und Sachleistung gemäß § 8 Abs. 1 BSHG gleichberechtigten – persönlichen Hilfe ganz offensichtlich ins Leere ginge. Nichts anderes hat aber dann auch für die Hilfen in Form der Geld- oder Sachleistungen zu gelten, die nur andere Ausgestaltungen der Hilfeleistungen sind, die sich aber alle aus dem gleichen Anspruch auf Sozialhilfe ergeben.[51]

47) Ebenso *Rothkegel,* ZfSH/SGB 2000, 3 (8).

48) Vgl. *BVerwG,* Urteil v. 30.04.1992, NVwZ 1993, 369 (370); *Paul,* ZfSH/SGB 1996, 124 (125).

49) *Paul,* ZfSH/SGB 1996, 124 (125).

50) *Rothkegel,* ZfSH/SGB 2000, 3 (8); *Graulich,* ZfS 1983, 52 ff.

51) *Rothkegel,* ZfSH/SGB 2000, 3 (8).

§ 2: Historischer Ursprung und Entwicklung der Strukturprinzipien

Eine Untersuchung der Entstehungsgeschichte unserer heutigen sozialhilferechtlichen Prinzipien ist nicht nur zur Gewinnung eines sozialgeschichtlichen Überblicks erforderlich. Ihre Bedeutung liegt vielmehr in der Herleitung der Gründe, die zur Entstehung eines jeden Prinzips beitrugen, im Aufzeigen ihres geschichtlichen Ursprungs. Es wird darzulegen sein, dass keines der Prinzipien bloßer Selbstzweck ist, sondern dass die jeweilige Entstehung in den gesellschaftlichen und wirtschaftlichen Realitäten der damaligen Zeit begründet ist. Das wiederum ist eine unerlässliche Voraussetzung zur Erfassung der Bedeutung sowohl der einzelnen Prinzipien in der heutigen Zeit als auch unseres heutigen gesamten Sozialhilferechts. Auch wenn im Rahmen der folgenden Untersuchung die heute geläufigen Bezeichnungen unserer Prinzipien verwandt werden, so sei darauf hingewiesen, dass dies nur der Einfachheit halber geschieht; keinesfalls soll damit jedoch die Aussage verbunden sein, dass unsere heutigen Strukturprinzipien zur damaligen Zeit schon als solche mit ihrem heutigen Inhalt galten oder gar schon als solche bezeichnet wurden.

A. Das Spätmittelalter

Die Ursprünge der bürgerlichen Armenfürsorge und damit auch unserer heutigen Sozialhilfeprinzipien liegen in den sich seit dem 11. Jahrhundert entwickelnden Städten.[52] Dabei stellte im Spätmittelalter Armut keine bloße Randerscheinung dar, sondern der überwiegende Teil der städtischen Bevölkerung musste als arm eingestuft werden, so dass Armut ein grundlegendes Problem der mittelalterlichen Städte war.[53]

Da im Spätmittelalter für die absolut Bedürftigen jegliche Formen sozialer Sicherung, wie etwa durch die Zünfte oder Bruderschaften gar nicht oder nur in sehr beschränktem Umfang in Betracht kamen, stellte die Almosengabe für den größten Teil der Hilfebedürftigen die einzige soziale Unterstützung dar. Der Anspruch jedes einzelnen Bedürftigen auf materielle Hilfe

---

52) *Sachße/Tennstedt,* Geschichte der Armenfürsorge, Bd. 1, S. 23.

53) *Sachße/Tennstedt,* Geschichte der Armenfürsorge, Bd. 1, S. 27 f.

durch die Gesellschaft verkörperte sich damit im Betteln, und er wurde in den Almosenlehren sozialtheoretisch und theologisch untermauert.[54]

Doch trotz der existenziellen Bedeutung des Almosens für die Bedürftigen stand bei der Almosenhingabe nicht der Empfänger und dessen konkrete Notlage, sondern der Almosengeber im Vordergrund der mittelalterlichen Almosenlehren und gesellschaftlichen Betrachtung. Denn neben dem allgemeinen christlichen Gebot, vom zeitlichen Besitz an die Armen Almosen zu geben, bildete die im Almosen selbst liegende sündenvergebende Kraft für den Spender nach den mittelalterlichen Almosenordnungen den primären Sinn dieser sozialen Hilfeleistung.[55] Somit ging es bei den Spenden und in den Almosenlehren keineswegs um die bedarfsgerechte Versorgung der Armen, sondern die tatsächlich eintretende Unterstützung der Armen stellte eine Reflexwirkung der eigennützigen Motive der Spender dar.[56] Demzufolge orientierte sich die Almosenvergabe nicht an rationellen Verteilungskriterien, sondern es erhielt jedermann, der darum bat, unabhängig davon, ob Bedürftigkeit auch tatsächlich vorlag, ein Almosen. Es gab weder Maßstäbe und Kriterien, anhand derer das jeweilige Vorliegen von Bedürftigkeit hätte geprüft werden können, noch Einrichtungen, die eine derartige Bedürftigkeitsprüfung vorgenommen hätten.[57]

Da weder alle tatsächlich Bedürftigen auch Almosen empfingen, noch der Bedarf der Almosen Empfangenden durch diese Unterstützungen gedeckt wurde,[58] kann weder gesamtgesellschaftlich noch bezogen auf das einzelne Individuum von einer Bedarfsdeckung gesprochen werden. Von der Existenz eines Bedarfsdeckungsgrundsatzes im heute verstandenen Sinne konnte folglich bis in das 15. Jahrhundert hinein noch keine Rede sein.

Aufgrund des Fehlens der elementaren Voraussetzung des Bedarfsdeckungsgrundsatzes, nämlich der Feststellung von bestehender Bedürftigkeit, orientierte sich die gewährte Unterstützung auch nicht an der individuellen Notlage des jeweiligen Bedürftigen. Mithin kam auch ein Individualisierungsgrundsatz im heute verstandenen Sinn bis in das 15. Jahrhundert hinein nicht einmal ansatzweise zur Anwendung.

---

54) *Fischer,* Städtische Armut und Armenfürsorge, S. 43.

55) *Berger,* Ehrenamtliche Tätigkeit in der Sozialarbeit, S. 30 f.; *Fischer,* Städtische Armut und Armenfürsorge, S. 146; *Foerstl,* Das Almosen, S. 23, 27.

56) *Sachße/Tennstedt,* Geschichte der Armenfürsorge, Bd. 1, S. 29; in diesem Sinne auch *Geremek,* Geschichte der Armut, S. 62.

57) *Sachße/Tennstedt,* Geschichte der Armenfürsorge, Bd. 1, S. 28.

58) *Fischer,* Städtische Armut und Armenfürsorge, S. 150 f.

Das Fehlen jeglicher Institutionen der Bedürftigkeitskontrolle hatte auch Konsequenzen auf das Bestehen einer Arbeitspflicht der Bedürftigen und damit auf den Ursprung unseres heutigen Selbsthilfegrundsatzes. Zwar existierte bereits im Spätmittelalter eine Verpflichtung der bedürftigen Armen zum Einsatz der eigenen Arbeitskraft. Allerdings spielte eine solche Arbeitspflicht bis in das 15. Jahrhundert hinein lediglich in den Almosenlehren eine Rolle,[59] nicht aber in der Fürsorgepraxis der Gemeinden.[60] Darüber hinaus war die große Gruppe der Bettelorden generell von einer solchen Arbeitspflicht befreit. Dies alles trug dazu bei, dass sich die Verpflichtung zur Selbsthilfe durch Arbeit in der Praxis zum damaligen Zeitpunkt noch nicht durchsetzen konnte. Die Folge war, dass nicht nur die arbeitsunfähigen Bedürftigen und solche, deren Arbeitsertrag nicht das zum Leben Notwendige abdecken konnte, um Almosen bettelten, sondern dass es daneben eine große Gruppe von Berufsbettlern gab. In der Gesellschaft des Spätmittelalters galt das Betteln daher als legitime Erwerbsform und war keiner gesellschaftlichen Ächtung ausgesetzt.[61] Mithin war zum damaligen Zeitpunkt auch noch nicht der Ursprung unseres heutigen Selbsthilfegrundsatzes gelegt.

B. Der Übergang zur Neuzeit

I. Anfänge städtischer Sozialpolitik

Ein Wandel des Almosenwesens zeichnete sich, sowohl was den obrigkeitlichen Umgang mit den bedürftigen Armen als auch die gesellschaftliche Bewertung des Almosens anging, langsam im 15. Jahrhundert, schwerpunktmäßig dann im ausgehenden 15. Jahrhundert und im beginnenden 16. Jahrhundert dergestalt ab, dass in dieser Zeit die Anfänge einer beginnenden städtischen Sozialpolitik begründet sind.

---

59) So galt in den mittelalterlichen Almosenlehren neben dem Vorhandensein materieller Armut das Fehlen jeglicher Selbsthilfemöglichkeiten, und als solche insbesondere mangelnde Erwerbsmöglichkeiten als Voraussetzung für den Empfang des Almosens. Es stellte sonach die fehlende Selbsthilfemöglichkeit in Form der Erwerbstätigkeit ein negatives Tatbestandsmerkmal der zum Almosenempfang berechtigenden Bedürftigkeit dar; vgl. *Fischer,* Städtische Armut und Armenfürsorge, S. 44.

60) *Fischer,* Städtische Armut und Armenfürsorge, S. 45; *Scherpner,* Theorie der Fürsorge, S. 29 f.

61) *Sachße/Tennstedt,* Geschichte der Armenfürsorge, Bd. 1, S. 29; *Scherpner,* Theorie der Fürsorge, S. 32.

Denn in diese Zeit hinein fällt die Wende von einer Unterstützung in Form reiner Caritas zu einer an sozialpolitischen Notwendigkeiten orientierten Hilfeleistung der bedürftigen Armen. Hervorgerufen und begünstigt wurde dieser Vorgang durch zwei gesellschaftliche Entwicklungen:

Zum einen begannen sich während des 15. Jahrhunderts im gesamten Reich die städtischen Magistrate zu Obrigkeiten umzubilden.[62] Damit einher ging der Auf- und Ausbau eines strukturierten Verwaltungsapparates und der Beginn von bürokratischen Arbeitsprozessen innerhalb der so gebildeten Verwaltung.

Zum anderen verschärfte sich in vielen deutschen Städten die Armut qualitativ durch eine grundlegende Bevölkerungsumschichtung. Diese war die Folge des Wegzuges reicher und der Ansiedlung armer, vorwiegend ländlicher, Bevölkerungsgruppen. Hinzu kam die Tatsache, dass der überwiegende Teil dieser zugezogenen Bedürftigen handwerklich unqualifiziert war, was wiederum zu einer Abschottung der Zünfte gegenüber diesen Personengruppen führte.[63] Diese gesamte Entwicklung mündete in der zweiten Hälfte des 15. Jahrhunderts in eine gesellschaftliche Kluft zwischen den in der zünftig-handwerklichen Ordnung lebenden Bürgern und den städtischen armen Bevölkerungsgruppen. Daraus resultierte eine wachsende Abwehrhaltung der städtischen Mittelschicht gegenüber dem Bettelwesen insgesamt, die die beginnende Bettlergesetzgebung und Bettlerpolitik der Magistrate befürwortete und antrieb.[64] Weiter gab es zur damaligen Zeit, gefördert durch die unkritische und keineswegs an der tatsächlichen Not orientierten Almosenvergabe der Kirchen und Klöster, eine große Anzahl an Berufsbettlern, die durch ihre ausgefeilten Betteltechniken eine Bedrohung für die wahren Bedürftigen darstellten.[65] Die bürgerlich-handwerkliche Mittelschicht befürchtete zudem von diesen Bettlern, die die zünftig-handwerklichen Normen und Wertvorstellungen wie Fleiß, Frömmigkeit, Sparsamkeit etc. nicht für sich gelten ließen, eine Zersetzung der bürgerlichen Moral.[66]

Die Folge dieser beiden unterschiedlichen, jedoch weitgehend parallel verlaufenden Entwicklungen waren erstmals zielgerichtete obrigkeitliche Maßnahmen, mit denen die Kontrolle und die Organisation des Bettelwesens

62) *Fischer,* Städtische Armut und Armenfürsorge, S. 165.

63) *Fischer,* Städtische Armut und Armenfürsorge, S. 166 ff., 174 f.

64) *Fischer,* Städtische Armut und Armenfürsorge, S. 165.

65) *Fischer,* Städtische Armut und Armenfürsorge, S. 153 f.; siehe auch *Geremek,* Geschichte der Armut, S. 67.

66) *Fischer,* Städtische Armut und Armenfürsorge, S. 188 f.

und damit der Schutz *»gemeiner burgerschaft«* bezweckt waren. Gleichzeitig setzte sich im letzten Viertel des 15. Jahrhunderts ein zunehmendes Interesse an der sozialen Situation der Bedürftigen und damit eine Berücksichtigung der jeweiligen individuellen Notlage durch die vermehrt gebildeten städtischen Obrigkeiten durch.[67] Zu Recht kann daher in diese Zeit der Ursprung der städtischen Sozialpolitik datiert werden.[68]

Allerdings war zum damaligen Zeitpunkt noch keine grundlegende Reform des gesamten Almosenwesens geplant. Es wurden vielmehr lediglich den traditionellen Almosenempfang begleitende Maßnahmen ins Leben gerufen, durch die eine gerechte Verteilung der Almosen sichergestellt werden und eine Konzentration der Unterstützung auf die tatsächlich Bedürftigen erfolgen sollte.[69] Ergebnisse dieser neuen Zielsetzungen waren die beginnende Einrichtung von festen Institutionen der Bedürftigkeitsprüfung, begleitet von sich herauskristallisierenden einheitlichen Unterstützungskriterien sowie die Bildung einer dem Rat unterstehenden sanktionsfähigen Bettlerpolizei.

Eine derartige Einrichtung zum Schutze der wahrhaft bedürftigen Bettler war die Einführung der so genannten »Bettelzeichen«. Dieses Mittel zur Auswahl der Bedürftigen setzte sich in der zweiten Hälfte des 15. Jahrhunderts in nahezu allen Städten des Reiches durch; erstmals ist in der ältesten deutschen Bettelordnung, nämlich der Nürnberger von 1370, von diesem Bettelzeichen die Rede.[70] Jede Stadt schuf sich jeweils eigene Bettelzeichen und verpflichtete die als bedürftig anerkannten Bettler, dieses Zeichen zu tragen, denn nur das Bettelzeichen berechtigte die Bettler, sich das Lebensnotwendige selbst zu erbetteln.[71] Der Ausgabe dieser Bettelzeichen ging eine Bedürftigkeitsprüfung der einheimischen Bettler – nur diese kamen überhaupt zum Empfang des Bettelzeichens in Betracht – voraus, die zur Bestimmung der wahrhaft Bedürftigen diente.[72] Zielsetzung dieser Kontrolle war vor allem, einer Benachteiligung der tatsächlich der Unter-

67) Auf dem Gebiet bürgerlicher Stiftungstätigkeit war ein derartiges Interesse an den konkreten Notlagen der Bedürftigen bereits zu Beginn des 15. Jahrhunderts zu verzeichnen, vgl. dazu die Beispiele bürgerlicher Stiftungen in Freiburg in: *Fischer,* Städtische Armut und Armenfürsorge, S. 155 ff.

68) *Fischer,* Städtische Armut und Armenfürsorge, S. 157, 161 f.; siehe auch *Scherpner,* Theorie der Fürsorge, S. 45 f.

69) *Fischer,* Städtische Armut und Armenfürsorge, S. 313.

70) *Geremek,* Geschichte der Armut, S. 61; *Sachße/Tennstedt,* Geschichte der Armenfürsorge, Bd. 1, S. 30; *Scherpner,* Theorie der Fürsorge, S. 46.

71) *Fischer,* Städtische Armut und Armenfürsorge, S. 233.

72) *Fischer,* Städtische Armut und Armenfürsorge, S. 235.

stützung Bedürftigen durch die »falschen«, das heißt die arbeitsfähigen, aber arbeitsunwilligen Bettler entgegenzuwirken.[73] Bei dieser Bedürftigkeitskontrolle sollte jeder Bettler offenbaren, *»in was stands, wesenns und vermüglichkeit des leibs und ob es eelich oder ledig sey, und wivil kind es habe, dadurch zuversteen, ob sie des bettels notturfftig sein oder nit«*[74]. Somit wurde erstmals die individuelle Notlage der Betroffenen sowie deren Selbsthilfemöglichkeiten unter Beleuchtung ihrer jeweiligen familiären Situation[75] von Magistraten in den Blick genommen. Es ist jedoch davon auszugehen, dass zum damaligen Zeitpunkt weitgehend präzise und einheitliche Untersuchungskriterien zur Auswahl dieser Bedürftigen fehlten und es sich mehr um eine grobe Überprüfung handelte und weiterhin zum größten Teil auf den subjektiven Eindruck des Untersuchenden abgestellt wurde.[76]

Dieser Auswahlprozess, der mit der traditionellen, kirchlichen Almosenpraxis brach, stellte ein Fortschreiten der Bürokratisierung der Fürsorge dar, was durch die beginnende Herausbildung eines Verwaltungsapparates und die Schaffung von festen Einrichtungen der Bedürftigkeitsprüfung erst möglich geworden war.[77]

Sichtbar wurde dieser sich herausbildende Verwaltungsapparat auch an der reichsweiten Schaffung städtischer Bettlerpolizeien, die kontrollierten, dass nur die tatsächlich Bedürftigen Almosen erbettelten.

Im Rahmen dieser beginnenden Sozialgesetzgebung und Sozialpolitik fungierte folglich das Almosen als Mittel der Sozialdisziplinierung. Denn Ziel all dieser städtischen Maßnahmen war die Aussonderung allein der »würdigen« Bedürftigen, das heißt derjenigen, die nicht bloß arbeitsunwillig waren und die im Übrigen ihre Verhaltensweisen den stadtbürgerlichen Normen anpassten. Allein diese waren zum Betteln berechtigt. Darüber

---

73) Vgl. *Fischer,* Städtische Armut und Armenfürsorge, S. 229; so sollte beispielsweise gerade diese in Straßburg zwischen 1464 und 1506 eingerichtete Bettlerpolizei nur denjenigen Bettlern das Betteln gestatten, die *»one das almusen nit könnent oder mögent erneren.«*

74) *Nürnberger Bettelordnung von 1478,* abgedruckt in *Baader,* Nürnberger Polizeiordnungen, S. 316 (317).

75) Vgl. etwa die *Nürnberger Bettelordnung von 1478,* abgedruckt in *Baader,* Nürnberger Polizeiordnungen, S. 317: Danach wurde beispielsweise einem Bedürftigen mit einem gesunden Kind über acht Jahren in Nürnberg das Betteln unter Berufung auf die Arbeitsfähigkeit des Kindes und somit der Selbsthilfemöglichkeit des Bedürftigen verwehrt.

76) *Fischer,* Städtische Armut und Armenfürsorge, S. 236.

77) *Sachße/Tennstedt,* Geschichte der Armenfürsorge, Bd. 1, S. 33.

hinaus wurde die generelle Arbeitspflicht der Armen immer stärker betont. In Nürnberg sollten etwa alle Bettler, denen das Betteln zwar erlaubt war, die aber nicht gänzlich erwerbsunfähig waren, an ihrem Bettelort spinnen oder einer anderen sinnvollen Tätigkeit nachgehen.[78]

Insgesamt lässt sich somit feststellen, dass trotz aller Mängel und Lückenhaftigkeit dieser erstmaligen individuellen Bedürftigkeitskontrollen unter Beachtung bestehender Selbsthilfemöglichkeiten der Grundstein für eine Geltung eines Bedarfsdeckungs-, eines Individualisierungs- und eines Selbsthilfegrundsatzes gelegt war.

II. Die Fürsorgereformen des 16. Jahrhunderts

Im Gegensatz zu diesen die traditionelle Fürsorgepraxis lediglich begleitenden Maßnahmen standen die grundlegenden Fürsorgereformen, die in der ersten Hälfte des 16. Jahrhunderts in zahlreichen deutschen Städten stattfanden. Ziel dieser Reformen war eine der individuellen Notlage angemessene Unterstützung der arbeitsunfähigen Gemeindemitglieder, wobei die Hilfe erstmals auf eine dauerhafte Überwindung der Notlage zielte.[79] Weiter sollte eine gerechtere Verteilung des Almosens erfolgen, indem dieses nur den wahrhaft Bedürftigen zu Gute kommen sollte.[80]

Mittel zur Verwirklichung dieser Reformziele sollte die Unterstützung der als bedürftig Anerkannten aus einer zentralen Almosenkasse sein. Da diese, der städtischen Aufsicht unterliegende Unterstützung das bisherige Betteln überflüssig machen sollte, war als Folge dieser zentralen Almosenkasse ein allgemeines Bettelverbot weiteres Mittel der jeweiligen Reform.[81] Wiederum wurde in Nürnberg 1522 die erste deutsche Armenordnung, die diese Unterstützung aus einer zentralen städtischen Almosenkasse vorsah, eingeführt.[82] Straßburg setzte eine identische Fürsorgereform im September 1523 mit dem In-Kraft-Treten der »Ordnung des gemeinen almusens« um.[83] In Basel wurden im September 1530 diese Reforminhalte

78) *Nürnberger Bettelordnung von 1478,* abgedruckt in *Baader,* Nürnberger Polizeiordnungen, S. 317; siehe auch *Scherpner,* Theorie der Fürsorge, S. 47.

79) *Fischer,* Städtische Armut und Armenfürsorge, S. 270; *Scherpner,* Theorie der Fürsorge, S. 87.

80) *Winckelmann,* Fürsorgewesen der Stadt Straßburg, Bd. 1, S. 81.

81) *Fischer,* Städtische Armut und Armenfürsorge, S. 263 f.

82) *Sachße/Tennstedt,* Geschichte der Armenfürsorge, Bd. 1, S. 31.

83) *Fischer,* Städtische Armut und Armenfürsorge, S. 266 f.

umgesetzt.[84] Weitaus langsamer dagegen verlief die Entwicklung in den nicht-reformierten Städten. Dort stießen die städtischen Reformbemühungen auf den Widerstand der Kirchen und Klöster bei den Versuchen, deren Vermögen einer einheitlichen Unterstützungskasse zuzuführen.

Mit der Umsetzung der jeweiligen, inhaltlich in allen Städten jedoch identischen Fürsorgereformen, orientierte sich der Umfang der in Nahrung und Kleidung aus den Almosenkassen gewährten Unterstützungen erstmals an der bestehenden Bedürftigkeit. Man war bestrebt, den individuellen Bedarf des jeweiligen Bedürftigen tatsächlich zu decken, auch wenn die vorhandenen finanziellen Mittel dazu oftmals nicht ausreichten. Darüber hinaus wurde die Unterstützung stark abstrahiert, da sie nunmehr nicht mehr unmittelbar zwischen gebendem und empfangendem Bürger vollzogen wurde. Dies in Verbindung mit der Tatsache, dass nun die tatsächlich bestehende Not zum Maßstab der Hilfe gemacht wurde, trugen dazu bei, dass Bedürftigkeit objektiv bestimmt werden musste, da nicht mehr das subjektive Empfinden des Almosengebers ausschlaggebend sein konnte. Das hatte die Bildung von einheitlichen Unterstützungskriterien zur Folge sowie eine gerechtere und auch kalkulierbarere Unterstützung. Neben den konkreten Lebensverhältnissen und der jeweiligen Familiensituation stellten so etwa der Umfang der Erwerbsmöglichkeit, die Arbeitsfähigkeit und der zu erzielende Arbeitsertrag ganz entscheidende Unterstützungskriterien dar.[85] Weiteres relevantes Unterstützungskriterium im Sinne unseres heutigen Selbsthilfegrundsatzes war, dass der die öffentliche Unterstützung Erbetende keinerlei Verwandte besass, die ihm in der Notlage helfen konnten.[86] Darüber hinaus wurden die arbeitsfähigen Kinder der Bedürftigen schriftlich erfasst, um ihnen durch die bestellten Almosenpfleger zu einer Anstellung zu verhelfen.[87]

Somit koppelte man nach Einführung einer »gemeinen« Almosenkasse und einem allgemeinen Bettelverbot die Unterstützung an eine permanente und erstmals auch nach festen Unterstützungskriterien durchgeführte Kontrolle

---

84) *Fischer,* Städtische Armut und Armenfürsorge, S. 274.

85) *Fischer,* Städtische Armut und Armenfürsorge, S. 237 ff. und S. 313 f.; *Sachße/Tennstedt,* Geschichte der Armenfürsorge, Bd. 1, S. 31, 64.

86) *Winckelmann,* Fürsorgewesen der Stadt Straßburg, Bd. 1, S. 95.

87) Nürnberger Armenordnung von 1522, abgedruckt in *Sachße/Tennstedt,* Geschichte der Armenfürsorge, Bd. 1, S. 67 (69).

der jeweiligen Bedürftigen. Damit erhielten die Bedürftigen erstmals eine ihrer individuellen Notlage angemessene Unterstützung.[88]

Auch in den nicht-reformierten Städten setzte sich eine solche, der konkreten Situation der Bedürftigen adäquate Unterstützung durch: Beispielhaft sei auf Freiburg hingewiesen, wo vor Vergabe der Bettelzeichen seit 1556 eine gründliche Auswahl der wahrhaft Bedürftigen durch den Rat, die eingesetzten Armenpfleger und auch durch die Zünfte erfolgte. Zwar hingen von dieser, auf die individuelle Notlage abstellenden, Bedürftigkeitsprüfung in den nicht-reformierten Städten noch nicht das Maß und die Art der städtischen Unterstützung ab, sondern lediglich die Vergabe der Bettelzeichen. Auch die Beachtung einer grundsätzlichen Arbeitspflicht wurde nicht ausschließlich in den reformierten Städten eingeführt. Vielmehr fanden diese Kriterien in den nicht-reformierten Gemeinden im Rahmen der Bedürftigkeitsprüfung vor Vergabe der Bettelzeichen ebenfalls Anwendung.[89]

1. Entwicklung eines Bedarfsdeckungsgrundsatzes

Es kann somit festgestellt werden, dass die jeweiligen, in allen deutschen Städten im Laufe des 16. Jahrhunderts durchgeführten Fürsorgereformen einen Meilenstein bei der Anwendung einer bedarfsdeckenden Fürsorge darstellten. Mithin reichen die Wurzeln unseres heutigen Bedarfsdeckungsgrundsatzes in diese Zeit hinein. All die genannten Faktoren, wie Bildung eines Verwaltungsapparates, distanzierte Haltung des handwerklichen Bürgertums gegenüber den Bettlern, die in Bemühungen zum Schutz der *»gemeinen burgerschaft«* mündeten,[90] und konstruktive Reformideen zur Erzielung einer gerechteren Verteilung und Überwindung der individuellen Not, schufen somit einen »Vorgänger« unseres heutigen Bedarfsdeckungsgrundsatz. Diesem »Bedarfsdeckungsgrundsatz« der damaligen Zeit war erstmals eine umfassende Prüfung der Bedürftigkeit unter Beachtung der individuellen Notlage als kennzeichnendes Merkmal zu eigen. Darüber hinaus war mit ihm erstmalig der Umfang der Hilfeleistung am Lebensnotwendigen orientiert.[91] Dies stellt einen herausragenden Wandel in der mittelalterlichen Fürsorgepraxis dar, der bis in unsere Zeit hineinwirkt.

---

88) *Fischer,* Städtische Armut und Armenfürsorge, S. 236 f.

89) *Fischer,* Städtische Armut und Armenfürsorge, S. 237.

90) *Fischer,* Städtische Armut und Armenfürsorge, S. 235; *Sachße/Tennstedt,* Geschichte der Armenfürsorge, Bd. 1, S. 38.

91) *Fischer,* Städtische Armut und Armenfürsorge, S. 316.

2. Entwicklung eines Individualisierungsgrundsatzes

Gleichzeitig wurde auch der Beachtung der Individualität einer jeden Notlage Vorschub geleistet. Diese Berücksichtigung der individuellen Notlage kam dabei in den nicht-reformierten Städten mit der zeitlich gegenüber den reformierten Städten verzögerten Reform der Fürsorge allerdings in gleichem Umfang wie in diesen zum Tragen.[92] Die Anfänge zur Beachtung eines Individualisierungsgrundsatzes innerhalb der städtischen Fürsorgetätigkeit waren damit ebenfalls gelegt.

3. Entwicklung eines Selbsthilfegrundsatzes

Weiter wurzelt auch unser heutiger Selbsthilfegrundsatz in dieser Zeit, in der ein Wandel vom Almosenempfang als legitimer, nicht an einer bestehenden Erwerbsunfähigkeit ihres Empfängers orientierten Unterstützungsform hin zum Almosenempfang als subsidiärer Unterstützungsform vollzogen wurde. Damit oblag erstmals jedem Bedürftigen die Verpflichtung, bei bestehender Arbeitsfähigkeit und Arbeitsmöglichkeit einer Erwerbstätigkeit nachzugehen. Das Vorliegen von Arbeitsunfähigkeit war nunmehr auch in der Praxis Voraussetzung für den Empfang von öffentlichen Unterstützungsleistungen und die freie Wahl zwischen Almosenempfang und anderer Erwerbstätigkeit stand dem das Almosen Erbittenden nun nicht mehr offen.[93] Allerdings stießen diese Versuche der Einführung und Durchsetzung einer allgemeinen Arbeitspflicht seitens der städtischen Obrigkeiten auch auf zahlreiche Schwierigkeiten, die nicht unerwähnt bleiben sollen. Zum einen fehlten, von vereinzelten Versuchen abgesehen,[94] Maßnahmen, mit Hilfe derer den arbeitsfähigen Bedürftigen gezielt die Erfüllung ihrer Arbeitspflicht hätte möglich gemacht werden können. Ein bedeutender Aspekt ist darüber hinaus, dass gerade bei den Armen die Arbeit nur zur Deckung ihres lebensnotwendigen Bedarfs diente,[95] sie also

---

92) So ist etwa aus der Freiburger Almosenordnung von 1582 ersichtlich, dass sich auch dort der Umfang der Hilfeleistung nach der individuellen Notlage zu bemessen hatte, vgl. Freiburger Almosenordnung vom 18.02.1582, abgedruckt bei *Retzbach,* Freiburger Armenpflege im 16. Jahrhundert, S. 156. So wurde die Unterstützung *»alle wochen zwei maln, als den einen tag das brod und den andern das gelt«* ausgeteilt, wobei sich der Umfang dieser Leistungen *»je nach gestaltsame eines ieden armutseligkeit oder vile der kinder, also das allweg zwei kinder sovil als einem alten menschen zuzetailen sein möchte[..].«* bemaß.

93) *Sachße/Tennstedt,* Geschichte der Armenfürsorge, Bd. 1, S. 14 f.

94) Siehe dazu *Winckelmann,* Fürsorgewesen der Stadt Straßburg, Bd. 1, S. 96.

95) *Scherpner,* Theorie der Fürsorge, S. 30 ff.

nur dann arbeiteten, wenn es unbedingt erforderlich wurde. Dieses *»Prinzip der Nahrung«*, das sie ihrem wirtschaftlichen Handeln zugrunde legten, wurde durch die mittelalterliche religiöse Erhöhung der Armut begünstigt.[96] Die Folge war, dass trotz offiziell bestehender Arbeitspflicht weiterhin arbeitsfähige Bedürftige vereinzelt das Almosen erhielten.

4. Entwicklung eines Kenntnisgrundsatzes

Weiter liegen auch die Ursprünge unseres heutigen Kenntnisgrundsatzes in der Zeit der Einführung dieser jeweiligen Fürsorgereformen begründet. Denn während den vorausgegangenen Bedürftigkeitskontrollen und Haussuchungen seitens der eingerichteten Bettlerpolizeien ein rein repressiver Charakter zugekommen war, erfolgte mit In-Kraft-Treten der jeweiligen Fürsorgereformen auch eine unaufgeforderte Kenntnisverschaffung über die Bedürftigkeit der städtischen Armen durch die zuständigen Obrigkeiten. So war in der Nürnberger Armenordnung von 1522 niedergelegt, dass die Almosenpfleger verschämte Arme, also solche Personen, die sich schämten zu betteln, von sich aus besuchten, sie extra verzeichneten und ihnen gebührende Hilfe entsprechend ihrer Bedürftigkeit zukommen ließen.[97] Die Anfänge sowohl des Amtsprinzips als auch des Kenntnisgrundsatzes im Fürsorgewesen liegen also in dieser Zeit begründet. Als Grund für die Entstehung dieser Grundsätze kann das Ziel der Fürsorgereformen gesehen werden, wie es in der Vorrede der Straßburger *»ordnung des gemeinen almusens«* deutlich wird: Danach war *»ohne lange religiöse Begründung als Ziel der Neuordnung [...] die verderbliche, vielfach geradezu betrügerische Bettelei abzuschaffen und für die wirklich notleidenden Mitbürger in angemessener Weise zu sorgen, wie es die ›brüderliche Liebe‹ erfordere«*[98]. Gerade eine gerechte Verteilung des Almosens aber machte es erforderlich, dass alle wahrhaft Bedürftigen von Amts wegen ermittelt wurden und eine antragsunabhängige Hilfe geleistet wurde.

---

96) Siehe dazu *Geremek,* Geschichte der Armut, S. 31, 49.

97) *Nürnberger Armenordnung von 1522,* abgedruckt in *Sachße/Tennstedt,* Geschichte der Armenfürsorge, Bd. 1, S. 67 (S. 70). Ähnlich gestaltete sich die Situation in Straßburg, wo 1530 das Amt eines Diakons eingeführt wurde, der von Amts wegen die städtischen Armen besuchte und würdige Arme, die bislang bei er Unterstützung übersehen worden waren, dem Almosen empfahl; siehe hierzu ausführlich *Winckelmann,* Fürsorgewesen der Stadt Straßburg, Bd. 1, S. 92 ff.

98) *Winckelmann,* Fürsorgewesen der Stadt Straßburg, Bd. 1, S. 81.

C. Das Zeitalter des Absolutismus

Trotz Schwierigkeiten bei ihrer Umsetzung blieben auch im absolutistischen Staat die Arbeitsverpflichtung der arbeitsfähigen Bedürftigen und die Abschaffung der noch immer verbreiteten Bettelei die Hauptziele aller Fürsorgemaßnahmen. Vor allem die Verpflichtung zur Selbsthilfe erfuhr eine Weiterentwicklung hin zu einer noch stärkeren Betonung der Arbeitspflicht nach Ende des 30jährigen Krieges, also ab Mitte des 17. Jahrhunderts. Die Arbeitsfähigkeit und die im Falle ihrer Bejahung bestehende Arbeitspflicht stellten das alles entscheidende Unterstützungskriterium bei der Prüfung der Unterstützungsberechtigung der einheimischen Bedürftigen dar. § 5 der Leipziger Armenordnung von 1704 normierte etwa, dass *»[...] Alte und Verlebte, Krancke, Gebrechliche Preßhaffte, welche dieses ihres Alters, Schwachheit und Leibes-Gebrechen halber nichts verdienen können; ferner Waysen-Kinder, Witwen, Hauß-Arme und solche, die zwar gesunder Gliedmaßen sind, aber wegen anderer Umstände als Vielheit unerzogener Kinder, im Witwen-Stande entgehender Nahrung und sofort anderer Hülffs-Leistung darneben bedürfen, [werden] in diese gemeinsame Versorgung mitleidend bezogen; diejenigen aber, so liderlich und verschwenderisch, werden zu ihrer Besserung und damit sie nicht durch Müßiggang und Üppigkeit sich und andere in Elend und Unglück stürzen durch obrigkeitliches Einsehen auf Art und Weise, die ihrem Stande gemäß, zur Gebühr gebracht«*[99]. Damit war die nunmehr erfolgende Untersuchung und Kontrolle der Bedürftigen vornehmlich darauf ausgerichtet, die würdigen, d.h. die arbeitsunfähigen und erwerbsbehinderten von den Schwindlern, also den unwürdigen Bettlern zu trennen. Das macht deutlich, dass die Erwerbsfähigkeit und damit unser heutiger Selbsthilfegrundsatz zur damaligen Zeit im Rahmen der »Würdigkeit« der Unterstützungsberechtigung und somit im Rahmen eines zu berücksichtigenden Verschuldenskriteriums Eingang in eine Bedürftigkeitsprüfung fand. Im Rahmen einer bestehenden Arbeitsfähigkeit waren die Bedürftigen danach ebenso »unwürdig« Unterstützungsleistungen zu empfangen, wie andere Unangepasste, die den bürgerlichen Tugenden wie Fleiß, Pünktlichkeit, Ordnung etc. zuwider lebten[100]. Durch Anwen-

99) *Leipziger Armenordnung von 1704,* abgedruckt in *Sachße/Tennstedt,* Geschichte der Armenfürsorge, Bd. 1, S. 107 f.

100) Dies bringen auch die Inhalte der meisten damaligen Armenordnungen zum Ausdruck, wonach sich die Unterstützten *»ingezogen, still, fromblich, ehrlich und unverwislich halten damit si dhein ergernus geben«*; vgl. *Fischer,* Frühbürgerliche Sozialpolitik, S. 88.

dung restriktiver Maßnahmen wie Almosenentzug bei Arbeitsverweigerung wurde versucht, die bedürftigen Armen im Sinne dieser bürgerlichen Werte und Normen zu erziehen.[101] Aufgrund der noch immer weit verbreiteten religiösen Überhöhung von Armut und Bettelei, der schlechten gesundheitlichen Verfassung der Bedürftigen, fehlender Arbeitsbeschaffungspolitik und eines zur Durchsetzung der Bettelverbote notwendigen, aber noch unzureichenden Kontrollapparates waren diese Versuche allerdings weitgehend erfolglos. Unter anderem auch aufgrund dieser Erfolglosigkeit versuchte man der Arbeitsverpflichtung durch langfristig angelegte restriktive Maßnahmen Geltung zu verschaffen.

I. Weiterentwicklung eines Selbsthilfegrundsatzes in der geschlossenen Armenpflege

Eine solche Maßnahme zur Umsetzung der Arbeitspflicht war die Errichtung von Zucht- und Arbeitshäusern. In Deutschland entstand das erste Zucht- und Arbeitshaus in Bremen zwischen 1609 und 1613,[102] gefolgt von Einrichtungen in weiteren Hansestädten. Im Laufe des 17. Jahrhunderts erfolgten diese Zucht- und Arbeitshausgründungen im gesamten Reich, vorwiegend in der Zeit nach dem Dreißigjährigen Krieg. Die Zucht- und Arbeitshäuser dienten der Verwirklichung unterschiedlicher gesellschaftlicher Zwecke. Zum einen sollten sie eine *armenpolizeiliche* Funktion erfüllen, nämlich die Abschaffung der noch immer weit verbreiteten Bettelei; sah doch gerade das Bürgertum in den Armen eine Bedrohung sowohl der Ruhe, Ordnung und Sicherheit als auch der eigenen privilegierten Stellung. Neben dieser armenpolizeilichen Funktion kam den Zucht- und Arbeitshäusern auch eine gravierende Bedeutung im Rahmen der merkantilistischen Wirtschaftsförderung zu. So verfolgten die einzelnen Länder im Reich nach dem Dreißigjährigen Krieg eine Wirtschaftspolitik, die auf den merkantilistischen Wirtschaftslehren basierte.[103] Infolgedessen betrieben die einzelnen Territorien des Reiches eine staatliche Gewerbeförderung mit dem Ziel, die Steuereinnahmen auszuweiten und ihren politischen Herrschaftsanspruch abzusichern. Zur Erreichung dieser Ziele förderten in Deutschland die einzelnen absolutistisch-merkantilistischen Staaten die Etablierung privater

---

101) *Fischer,* Frühbürgerliche Sozialpolitik, S. 88.

102) Vorbild waren die bereits im 16. Jahrhundert entstandenen Zucht- und Arbeitshäuser in England und den Niederlanden, vgl. *Sachße/Tennstedt,* Geschichte der Armenfürsorge, Bd. 1, S. 113.

103) *Gömmel,* Wirtschaft im Zeitalter des Merkantilismus, S. 55.

Gewerbebetriebe und Industrien. Als Reflexwirkung dieser Maßnahmen der Gewerbeförderung war die soziale Disziplinierung der unteren Bevölkerungsklassen und die Herausbildung einer Lohnarbeiterschaft zu verzeichnen. In diesem Zusammenhang versuchte das Bürgertum, der gesamten Gesellschaft, insbesondere den Bedürftigen, seine Wertvorstellungen von Ordnung, Pünktlichkeit und Strebsamkeit aufzuoktroyieren. Arbeit galt nun als Tugend, der der Müßiggang als absolut negativer Kontrapunkt gegenüber gestellt wurde. Im Rahmen dieser gesellschaftlichen Umorientierung kam dem Zucht- und Arbeitshaus die Funktion einer Erziehungs- und Disziplinierungsanstalt zu, in der sich ihre Insassen auch einfache handwerkliche Qualifikationen aneigneten. Neben der Disziplinierung zum Arbeiter erhielten die Insassen somit in den Anstalten Hilfestellungen, um sich zukünftig ihren Lebensunterhalt durch eigene Arbeit erwirtschaften zu können. Jedoch war die Sozialdisziplinierung der Armen das vorherrschende Motiv dieser Einrichtungen. Diese beiden Ausrichtungen der Zucht- und Arbeitshäuser kamen auch in einigen ihrer Hausinschriften zum Ausdruck. So lautete die Inschrift des Leipziger Zuchthauses *»Et improbis coercendis et quos deseruit sanae mentis usura custodiendis«* (Zur Zähmung der Unehrlichen und zur Bewahrung derer, die der Gebrauch des gesunden Verstandes im Stich gelassen hat).[104] Das Zähmen, also die Disziplinierung der Insassen, stand somit auch nach damaliger Auffassung der Versorgung und Arbeitsbeschaffung, also dem Bewahren, gegenüber. In diesem doppelten Ansatz ist die besondere Leistung der Zucht- und Arbeitshäuser des 17. und 18. Jahrhunderts in Bezug auf die Erzeugung einer disziplinierten Lohnarbeiterschaft zu sehen.[105] Dabei war die Arbeit das gemeinsame Mittel dieser unterschiedlichen Ziele.

Da das Bürgertum, insbesondere das Stadtbürgertum als zur Herrschaft strebende Klasse, die Grundzüge der Politik vorgab und auf diesem Wege versuchte, der gesamten Gesellschaft ihre kaufmännisch-handwerklichen Normen und Wertvorstellungen aufzuzwingen, erscheint es nur konsequent, wenn die Arbeit als höchste Tugend, als Lösungsmodell zur Bewältigung all der sich im Zucht- und Arbeitshaus tummelnden unterschiedlichen Problemlagen herangezogen wurde. Damit trug die Institution »Zucht- und Arbeitshaus« wesentlich zur Entwicklung und Geltung unseres heutigen Selbsthilfegrundsatzes bei.

---

104) *Marzahn,* Zucht- und Arbeitshaus, S. 7.

105) *Sachße/Tennstedt,* Geschichte der Armenfürsorge, Bd. 1, S. 123.

Das Zucht- und Arbeitshaus setzte als sozialpolitisches Lösungsmodell dabei drei unterschiedliche Methoden zur Durchsetzung der bürgerlichen Tugenden ein, insbesondere der Geltung einer generellen Arbeitspflicht. Erstens disziplinierte es seine Insassen, die weder an die regelmäßige Verrichtung einer Arbeit, noch an andere bürgerliche Werte, wie Pünktlichkeit, Ordnung oder Fleiß gewöhnt waren. Zweitens vermittelte das Zucht- und Arbeitshaus seinen Insassen handwerkliche Qualifikationen, die sie in die Lage setzten, sich nach ihrer Entlassung ihren Lebensunterhalt selbst zu erwirtschaften. Sie wurden also zum einen zur Selbsthilfe gezwungen, zum anderen wurden ihnen in gewissem Umfang auch die notwendigen Hilfestellungen zur Selbsthilfe gegeben. Und drittens verdeutlichte das Zucht- und Arbeitshaus der gesamten Gesellschaft, welche Lebens- und Verhaltensweisen erwünscht, welche dagegen unerwünscht und sogar sanktioniert wurden.[106] Diese generalpräventive Wirkung hatte zur Folge, dass sich die arbeitsfähigen Bedürftigen nunmehr bereits im Vorfeld von den arbeitsunfähigen herauskristallisierten und sich um Arbeit bemühten, um so der Einweisung ins Zucht- und Arbeitshaus zu entgehen.[107] Damit wurde faktisch der Nachrang öffentlicher Hilfeleistung vor einer möglichen und zumutbaren Selbsthilfe hergestellt.

Insgesamt gelang es also mit Hilfe der genannten drei unterschiedlichen Aspekte des Zucht- und Arbeitshauses, die generell bestehende Pflicht zur Selbsthilfe vor Inanspruchnahme öffentlicher Hilfeleistungen sowohl innerhalb als auch außerhalb der Zwangsanstalt durchzusetzen. Damit wurde die Arbeitspflicht und die daraus resultierende Verpflichtung zur Selbsthilfe zum grundsätzlich geltenden Prinzip der damals praktizierten Armenfürsorge.

II. Weiterentwicklung eines Selbsthilfegrundsatzes in der offenen Armenpflege

Eine bedeutende Weiterentwicklung erfuhr der Selbsthilfegrundsatz ab dem letzten Drittel des 18. Jahrhunderts im Rahmen von Reformansätzen im

106) *Marzahn,* Zucht- und Arbeitshaus, S. 65.

107) So waren beispielsweise im Laufe des 17. Jahrhunderts im östlichen und mittleren Preußen einschließlich des bevölkerungsreichen Schlesiens höchstens 5000–6000 Personen in einem Zucht- und Arbeitshaus gewesen; vgl. *Eichler,* Zucht- und Arbeitshäuser, S. 146 f. Zur generalpräventiven Wirkung siehe auch *Ritz/Stamm,* Funktionen staatlicher Sozialpolitik, S. 120, 124; *Sachße/Tennstedt,* Geschichte der Armenfürsorge, Bd. 1, S. 116.

Armenwesen, die von einigen deutschen Städten ausgingen. In diesem Zusammenhang wurden in zahlreichen deutschen Städten so genannte **Armenanstalten** gegründet[108], und es wurde so die zuvor allein im stationären Bereich der Zucht- und Arbeitshäuser geltende Arbeitspflicht auch auf die offene Armenpflege ausgedehnt. Das grundlegende Prinzip dieser Armenanstalten war dabei die Verbindung von Hausarmenpflege, Arbeitszwang und Arbeitserziehung, wobei auch hier das Ziel die dauerhafte Befähigung der Armen zur Selbsthilfe sein sollte.[109] Als Mittel zur Erzielung dieser Selbsthilfebefähigung bedienten sich die Armenanstalten der Unterstützung der Armen durch Zuweisung von Arbeit. Daneben wurde eine Schule eingerichtet, in der alte und handwerklich ungelernte Arme das Spinnen erlernen konnten. Somit wurde auch im Bereich der offenen Armenpflege die grundsätzliche Verpflichtung zur Selbsthilfe durch den Einsatz der eigenen Arbeitskraft durchgesetzt und mit organisierten Arbeitsbeschaffungs- und Hilfeprogrammen verbunden. Insgesamt ist damit festzustellen, dass die Arbeitspflicht und damit verbunden eine generelle Selbsthilfeverpflichtung zu einem überragenden Prinzip im Zeitalter des Absolutismus wurden. Die Gründe dafür liegen, wie bereits ausgeführt, in der damaligen Vormachtstellung des städtischen Bürgertums und damit in der Geltung der handwerklich-kaufmännischen Werte und Normen, zu denen insbesondere die grundsätzliche Arbeitspflicht aller arbeitsfähigen Bürger gehörte.

D. Das Zeitalter der Industrialisierung

I. Die offene Armenpflege im Elberfelder System

Am 01.01.1853 führte die Gemeinde Elberfeld eine neue Armenordnung ein, das sogenannte »Elberfelder System«. Dessen Ziel war die Beseitigung der Armutsursachen und eine dauerhafte Eingliederung der arbeitsfähigen Hilfebedürftigen in das Arbeitsleben.[110] Im Gegensatz dazu waren die Armen bei allen vorausgegangenen Fürsorgesystemen immer in diesen

108) So 1779 in Bremen, 1783 in Lübeck, 1788 in Hamburg, 1800 in Wuppertal und 1805 in Braunschweig.

109) *Berger,* Ehrenamtliche Tätigkeit in der Sozialarbeit, S. 41*; Sachße/Tennstedt,* Geschichte der Armenfürsorge, Bd. 1, S. 126.

110) Erklärtes Ziel des Elberfelder Systems war danach die *»Förderung des wirklichen Wohlstands der Hilfsbedürftigen.«*; vgl. *Sachße/Tennstedt,* Geschichte der Armenfürsorge, Bd. 1, S. 215.

verblieben, indem sie innerhalb des jeweiligen Systems beschäftigt wurden und das vorrangige Ziel die Durchsetzung eines strikten Arbeitszwanges gewesen war.[111]

1. Weiterentwicklung eines Bedarfsdeckungsgrundsatzes

Bis zur Jahrhundertwende hatten die meisten großen deutschen Städte diese Armenordnung übernommen. Mit der weiten Verbreitung des »Elberfelder Systems« und dessen Geltung in den meisten deutschen Städten und Gemeinden um die Jahrhundertwende[112] erfuhr das Existenzminimum und mit ihm die Deckung des tatsächlich bestehenden notwendigen Lebensbedarfs wieder eine größere Beachtung. Denn das Existenzminimum wurde ab der zweiten Hälfte des 19. Jahrhunderts und insbesondere um die Jahrhundertwende mit der jeweiligen Einführung des »Elberfelder Systems« in den einzelnen Gemeinden als Mindestbetrag der Bedürftigen bei der Hilfegewährung durch die Einführung eines Tarifsystems zugrunde gelegt.[113] Dabei wurde dieser Mindestbetrag in Form von unterschiedlichen Tarifsätzen, die nach Altersklassen gestaffelt waren, festgelegt. Im Falle eigenen Einkommens wurde die Differenz zwischen diesem Einkommen und dem zustehenden Tarif als Unterstützungsleistung gewährt; ein Procedere, das bis in die heutige Zeit angewandt wird. Die Geltung dieser festen Tarifsätze trug mit dazu bei, dass eine genaue Ermittlung der wirtschaftlichen und sonstigen persönlichen Verhältnisse der Bedürftigen durch die Armenpfleger notwendig wurde, um sichergehen zu können, dass der jeweilige konkrete Bedarf, und auch nur dieser, durch die Unterstützungsleistung gedeckt wurde. Es erfolgte damit eine Bedarfsdeckung unter Zugrundelegung der individuellen Notlage.

Beeinträchtigt wurde diese am Existenzminimum orientierte Unterstützung jedoch zunehmend mit der Herausbildung einer gezielten Arbeiterpolitik, insbesondere der Entstehung einer Arbeiterversicherung. Denn von da an trat die Armenfürsorge und die in dieser erstrebte und am Existenzminimum orientierte Bedarfsdeckung in ein Spannungsverhältnis zum Äquivalenzprinzip, das innerhalb der Arbeiterversicherung galt. Somit wurde das zwar

---

111) *Berger,* Ehrenamtliche Tätigkeit in der Sozialarbeit, S. 46.

112) So wurde das Elberfelder System 1863 in Barmen und in Krefeld eingeführt und um die Jahrhundertwende war es in nahezu jeder größeren deutschen, vor allem den rheinischen Städten etabliert; vgl. *Berger,* Ehrenamtliche Tätigkeit in der Sozialarbeit, S. 56 ff., 61 f.

113) *Berger,* Ehrenamtliche Tätigkeit in der Sozialarbeit, S. 48 f.

am Existenzminimum orientierte, aber dennoch flexible Bedarfsprinzip letztlich vom unteren Lohnniveau der Arbeiter aus bemessen.[114] Auch stellte dieses im Rahmen der Unterstützungssätze und -tabellen festgelegte Existenzminimum immer einen Höchstsatz dar, bis zu welchem eine öffentliche Unterstützung erfolgen konnte. Für eine Unterstützung über diesen Höchstsatz hinaus aber mussten besondere Umstände wie Krankheit oder ähnliches vorliegen.[115] Die Folge war, dass die gewährte Unterstützung regelmäßig unterhalb des Existenzminimums lag, welches darüber hinaus auch nicht nach Kriterien wie einer ausreichenden Ernährung oder der Sicherung eines gesundheitlichen Mindeststandards bemessen wurde, sondern ausschließlich vom damaligen unteren Lohnniveau abhängig war.[116]

Darüber hinaus gab es noch keine einheitliche Regelung die Unterstützungshöhe und Unterstützungsart betreffend. Zwar stellte das Reichsgesetz über den Unterstützungswohnsitz vom 06.06.1871 die erste reichseinheitliche Regelung betreffend die Armenfürsorge dar.[117] Dieses Gesetz, das am 01.07.1871 in den meisten deutschen Ländern in Kraft trat,[118] übertrug zwar in seinem § 8 den jeweiligen Landesgesetzgebern die Befugnis zum

114) *Sachße/Tennstedt,* Geschichte der Armenfürsorge, Bd. 1, S. 264.

115) *Sachße/Tennstedt,* Geschichte der Armenfürsorge, Bd. 2, S. 27; *Münsterberg,* Generalbericht über die Tätigkeit des Deutschen Vereins, S. 119 ff.

116) Allerdings hatte die Entstehung einer Arbeiterversicherung auch positiven Einfluss auf die Armenfürsorge, speziell auf die Bedarfsdeckung der Bedürftigen. Denn die Arbeiterversicherung schuf für ihre Versicherten zahlreiche Einrichtungen, wie Krankenhäuser, Sanatorien und ähnliches, was auf die Armenfürsorge einen Konkurrenzdruck dergestalt ausübte, dass diese Einrichtungen nunmehr auch für die Adressaten der Armenfürsorge geschaffen wurden, vgl. *Sachße/Tennstedt,* Geschichte der Armenfürsorge, Bd. 1, S. 265.

117) Dieses Reichsgesetz führte das Prinzip des Unterstützungswohnsitzes, der durch zweijährigen Aufenthalt in einer Gemeinde erworben werden konnte, als Bezugspunkt für zu gewährende Unterstützungsleistungen ein. Es knüpfte damit an die in Preußen bereits seit dem 31.12.1842 mit Geltung des Gesetzes über die Verpflichtung zur Armenpflege bestehende Rechtslage an und schaffte das bis dahin noch in den anderen deutschen Ländern geltende Heimatprinzip ab. Durch das Unterstützungswohnsitzgesetz wurde erstmals eine öffentlich-rechtliche Unterstützungspflicht der jeweils zuständigen Gemeinde bzw. des subsidiär zuständigen Landarmenverbandes begründet, der jedoch kein subjektiv-öffentlicher Anspruch des Bedürftigen auf diese Unterstützungsleistung gegenüberstand, vgl. *Kelch,* Aenderung des Gesetzes über den Unterstützungswohnsitz, S. 9 f.

118) Das Gesetz über den Unterstützungswohnsitz vom 06.06.1870 trat im Königreich Württemberg und im Großherzogtum Baden erst durch das Gesetz vom 08.11.1871 am 01.01.1873 als Reichsgesetz in Kraft, in Bayern, Helgoland und in Elsaß-Lothringen wurde das Gesetz nicht eingeführt. Vgl. dazu *Krech,* Das Reichsgesetz über den Unterstützungswohnsitz, S. 1; *Kelch,* Aenderung des Gesetzes über den Unterstützungswohnsitz, S. 9.

Erlass einer Regelung über *»die Art und das Maaß der im Falle der Hülfsbedürftigkeit zu gewährenden öffentlichen Unterstützung«*[119]. Da die Länder jedoch keine entsprechenden Gesetze erließen, war die konkrete Ausgestaltung den jeweiligen nach § 2 Unterstützungswohnsitzgesetz zuständigen Orts- und Landarmenverbänden eigenständig überlassen. Dies hatte zur Folge, dass zwischen den Hilfeleistungen der unterschiedlichen Gemeinden, insbesondere zwischen Stadt- und Landgemeinden, erhebliche Unterschiede bei der Hilfegewährung, vor allem hinsichtlich deren Höhe bestanden.[120] Dieses Dilemma änderte sich erst zur Zeit der Weimarer Republik mit der Einführung der Fürsorgerichtsätze.[121]

2. Weiterentwicklung eines Individualisierungsgrundsatzes

Als weiteres erfolgreiches Mittel des Elberfelder Systems war die individuelle Betreuung der Bedürftigen zu nennen. Möglich wurde diese durch eine veränderte Organisation des Armenwesens mittels derer eine Begrenzung der Betreuungsfälle je eingesetztem Armenpfleger erreicht wurde.[122] Dadurch war diesen eine gründliche Prüfung und Kontrolle jedes einzelnen Falles möglich und es konnte eine zielgenaue, auf den konkreten Einzelfall abgestimmte Unterstützung durch den dazu ermächtigten Armenpfleger erfolgen.[123] Dabei erforderte die Tatsache, dass die Unterstützung nach festen Tarifsätzen bemessen wurde, von den Armenpflegern die genaue Ermittlung der jeweiligen Lebens- und insbesondere Wirtschaftsverhältnisse.[124] Auch der Umstand, dass die Hilfe nur für jeweils vierzehn Tage gewährt wurde, förderte eine individuelle Betreuung der Bedürftigen.[125]

Diese frühe Form der Beachtung unseres heutigen Individualisierungsgrundsatzes hat mit dazu beigetragen, dass das Elberfelder System so überaus erfolgreich war und im In- und Ausland adaptiert wurde.[126]

---

119) Vgl. § 8 UWG, abgedruckt in *Krech,* Das Reichsgesetz über den Unterstützungswohnsitz, S. 8.

120) *Sachße/Tennstedt,* Geschichte der Armenfürsorge, Bd. 2, S. 23.

121) Siehe dazu unten S. 46 f.

122) *Berger,* Ehrenamtliche Tätigkeit in der Sozialarbeit 45, 52; *Sachße/Tennstedt,* Geschichte der Armenfürsorge, Bd. 1, S. 215 f.

123) *Berger,* Ehrenamtliche Tätigkeit in der Sozialarbeit, S. 46.

124) *Berger,* Ehrenamtliche Tätigkeit in der Sozialarbeit, S. 55.

125) *Sachße/Tennstedt,* Geschichte der Armenfürsorge, Bd. 1, S. 216.

126) *Berger,* Ehrenamtliche Tätigkeit in der Sozialarbeit, S. 56 ff.

3. Weiterentwicklung eines Selbsthilfegrundsatzes

Weiter bediente sich die jeweilige Gemeinde als Mittel zur Erreichung der Ziele des neuen Fürsorgesystems gezielter Hilfeleistungen zur Selbsthilfe und einer sehr individuellen Betreuung der von ihr zu versorgenden Bedürftigen.

So sollten die Arbeitsunfähigen unterstützt, die arbeitsfähigen Armen aber zur Arbeit angewiesen werden, um zur Selbsthilfe befähigt zu werden. Im Unterschied zu früheren Arbeitsmaßnahmen stellte nun die Vermittlung der arbeitsfähigen Bedürftigen an private Arbeitgeber den Normalfall dar, was die dauerhafte Wiedereingliederung der Bedürftigen in den normalen Arbeitsprozess zur Folge hatte.[127] Als zusätzlicher Anreiz zur Arbeit wurde durch die gewährte Unterstützungsleistung nur das bloße Existenzminimum abgedeckt. Voraussetzung für eine Unterstützung war, dass der Bedürftige arbeitsunfähig war und andere Personen zu dessen Unterhalt nicht verpflichtet und nicht im Stande waren. Auch für arbeitsunfähige Bedürftige galt somit der Nachrang öffentlicher Hilfeleistungen gegenüber Möglichkeiten der Selbsthilfe in Form der Inanspruchnahme unterhaltsverpflichteter anderer Personen. Arbeitsfähige Bedürftige durften dagegen nur dann unterstützt werden, wenn sie in ausreichendem Umfang nachwiesen, dass sie sich ernstlich und mit allen ihnen zu Gebote stehenden Mitteln, aber erfolglos um Arbeit bemüht hatten.[128] Dieser strengen Durchsetzung der Arbeitspflicht entsprach die Tatsache, dass das Elberfelder System nicht primär die wirtschaftliche Besserstellung des Hilfesuchenden zum Ziel hatte, sondern das Bestreben, die Unterstützungsbedürftigen wieder in das Arbeitsleben zu integrieren und damit zur Aufrechterhaltung der öffentlichen Ordnung und Sicherheit und zur Entlastung der kommunalen Kassen beizutragen.[129]

Insgesamt hatte sich die Armenfürsorge seit dem 19. Jahrhundert, mit Beginn einer einsetzenden Arbeiterpolitik, einem Wandel unterzogen. Indem diese beginnende Arbeiterpolitik alle abhängig Beschäftigten vor den Risiken des Lebens, damit vor einem Absinken in Armut schützen wollte, wurde die Armenfürsorge zum untersten sozialen Netz für all jene Bedürftigen, denen dieser Schutz – in der Regel aufgrund einer fehlenden Arbeitsanstellung – versagt blieb. Diese bis in die heutige Zeit bestehende Nachrangigkeit gegenüber allen anderen sozialen Sicherungssystmen spiegelt sich

127) *Sachße/Tennstedt,* Geschichte der Armenfürsorge, Bd. 1, S. 217.
128) Zitiert nach *Berger,* Ehrenamtliche Tätigkeit in der Sozialarbeit, S. 54.
129) *Berger,* Ehrenamtliche Tätigkeit in der Sozialarbeit, S. 55.

auch in einer Einschätzung des Frankfurter Sozialpolitikers Karl Flesch aus dem Jahre 1901 wider. Er wies darauf hin, dass der moderne Staat drei große Institutionen ausgebildet habe, *»durch welche jedem im Staat, auch dem Erwerbsunfähigen, dem Altersschwachen, dem Kranken, die Fristung des Lebens ermöglicht sein soll. Diese sind der Arbeitsvertrag, das Privateigentum, die Familie. Wem keine dieser drei Institutionen zu Gebote steht, weil er – mit oder ohne Schuld – arbeitslos, ohne Vermögen, Ersparnisse usw. und ohne Eltern oder Kinder ist, die sich seiner annehmen, der verfällt der Armenpflege [...]; sie ist insofern das Supplement unserer gesamten staatlichen und gesellschaftlichen Organisation.«*[130]

Zwar wurde insbesondere seit den achtziger Jahren des 19. Jahrhunderts das Elberfelder System in anderen großen Städten nicht mehr in seiner ursprünglichen, sondern in einer modifizierten Form übernommen. Diese Modifikationen betrafen jedoch vorwiegend die Organisation des Armenwesen. Diese organisatorischen Modifikationen wurden weiter voran getrieben und die Armenfürsorge fand 1905 in dem von dem Straßburger Beigeordneten Rudolf Schwander ausgearbeiteten so genannten Straßburger System eine grundsätzliche Neuordnung. Es wurde in diesem Straßburger System vor allem die Notwendigkeit beruflicher und damit auch bezahlter Kräfte neben den bislang eingesetzten ehrenamtlichen hervorgehoben. Weiter wurde die Entscheidungsgewalt bei einem zentralen Armenamt gebündelt.[131] Doch auch dieses Straßburger System bedeutete, unter dem Aspekt der Individualisierung betrachtet, keinen Rückschritt. Vielmehr wurden trotz gravierender organisatorischer Neuerungen die mit dem Elberfelder System geschaffenen Standards einer individuellen Betreuung und Beratung jedes einzelnen Bedürftigen damit zumindest beibehalten, wenn nicht sogar durch den Einsatz auch beruflicher Kräfte und die Zuweisung der Bedürftigen an einen Armenpfleger nach rein fachlichen Kriterien weiter ausgebaut.

II. Die geschlossene Armenpflege

Das Elberfelder System, das nur für die offene Armenpflege galt, wurde ergänzt durch eine nachrangig eingreifende geschlossene Armenpflege. Nachrangig war diese Form der Unterstützung aufgrund der Tatsache, dass es in Deutschland oder auch in den einzelnen deutschen Staaten keine

---

130) *Flesch,* Sociale Ausgestaltung, S. 4.

131) Siehe dazu ausführlich *Sachße/Tennstedt,* Geschichte der Armenfürsorge, Bd. 2, S. 25 f.

zentrale Gewalt gab, die einheitliche Grundsätze zur Ausgestaltung des Armenwesens hätte aufstellen können, sondern die Art und Weise der Fürsorge den jeweils verpflichteten Orts- und Landarmenverbänden überlassen blieb. Eine konsequente Verpflichtung dieser kommunalen Körperschaften aber hätte diese finanziell überfordert und zudem deren Selbstverwaltungsrecht erheblich eingeschränkt. Der Staat selbst war zudem nur bereit, die Kosten für die strafrechtliche Form der Arbeitshäuser zu übernehmen, so dass eine konsequente und einheitliche Durchführung des Arbeitshausprinzips in Deutschland nicht stattfand.[132]

Insgesamt verlor das Arbeitshaus gegen Ende des 19. Jahrhunderts auch an ökonomischer Bedeutung. Es diente nicht mehr der Produktivitätssteigerung privater Unternehmer und der gesamten Wirtschaft, sondern der Disziplinierung und Bestrafung von arbeitslosen Bedürftigen.[133] Dem lag ein weitverbreitetes Misstrauen gegen Missbrauch von Unterstützungsleistungen und der pauschalierte Verdacht bestehender Arbeitsunwilligkeit und Faulheit zugrunde. Dies spiegelte sich auch in den Arbeitsprozessen der Arbeitshäuser wider, die größtenteils sinnlos waren, die Bedürftigen nicht mehr zu selbstständiger Arbeit befähigten und einen bloßen Selbstzweck darstellten.[134]

III. Die Armenpflege auf dem Lande

Auf dem Land bestanden im Rahmen der Armenpflege noch weitere Möglichkeiten zur Durchsetzung der Arbeitspflicht. Dort gab es zur Versorgung der Bedürftigen zum einen die so genannte »Reihenpflege«. Bei dieser wurden die Bedürftigen reihum bei den Einwohnern der Gemeinde für eine gewisse Zeit untergebracht, ehe sie zu ihrer nächsten Unterkunftsstelle verbracht wurden. Von ihrem jeweiligen »Gastgeber« wurden die Armen unterstützt, mussten im Gegenzug dafür aber hart bei diesem arbeiten. Faktisch stellte diese Form der Unterstützung eine inhumane Art der Zwangsarbeit dar, die noch gefürchteter als das Arbeitshaus war. Zum anderen konnten die Bedürftigen auch in Armenhäusern untergebracht werden, und sie mussten sich dann bei den Gemeindeeinwohnern selbst

132) *Sachße/Tennstedt,* Geschichte der Armenfürsorge, Bd. 1, S. 248 f.

133) Hinsichtlich den möglichen Formen der Arbeitshauseinweisung – der armenpolizeilichen und der strafrechtlichen – vgl. ausführlich *Sachße/Tennstedt,* Geschichte der Armenfürsorge, Bd. 1, S. 245 ff.

134) *Sachße/Tennstedt,* Geschichte der Armenfürsorge, Bd. 1, S. 255.

Nahrung und Kleidung erarbeiten.[135] Somit wurde die Durchsetzung einer generell bestehenden Verpflichtung aller arbeitsfähigen Bedürftigen, sich ihren Lebensunterhalt selbst zu erwirtschaften sowohl in der offenen Fürsorge, im Rahmen des Elberfelder Systems, als auch in der geschlossenen Fürsorge durch Einweisung in eine Arbeitsanstalt durchgesetzt.

IV. Entwicklung eines Grundsatzes der institutionellen Subsidiarität

Im 19. Jahrhundert liegen auch die Ursprünge einer freien Wohlfahrtspflege, die neben der öffentlichen Wohlfahrtspflege besteht und agiert, begründet. Die Gründe, die eine private Fürsorgetätigkeit entstehen ließen, waren zahlreich und vielschichtig. So spielten politische Ereignisse, wie die Einführung der allgemeinen Militärpflicht 1813/14 in Preußen und 1866 in den übrigen deutschen Staaten, die preußischen Befreiungskriege, der preußisch-österreichische Krieg oder der deutsch-französische Krieg von 1870/71 eine bedeutende Rolle, da sich während dieser Entwicklungen ein besonderer Bedarf an gesellschaftlichem Engagement und Mildtätigkeit ergab.[136]

Bei der religiös veranlassten freien Wohlfahrtspflege ist zum einen die katholische Caritasbewegung zu nennen. So fallen in die erste Hälfte des 19. Jahrhunderts zahlreiche Gründungen von Caritasvereinen. Hier sind vor allem die Vinzenz- und Elisabethvereine zu nennen, die sich der Hausarmenpflege widmeten.[137] Die zweite Hälfte des 19. Jahrhunderts war gekennzeichnet von einer organisatorischen Verfestigung der einzelnen Caritasvereine und einer Konzentration auf die Krankenpflege, besonders in Form der Anstaltspflege.[138] Am 09.11.1897 wurde der *»Caritasverband für das katholische Deutschland«* gegründet, der als Dachverband die örtlichen Caritasvereine zusammenschloss.[139] Bis zum Beginn des Ersten Weltkrieges wurde die Organisation des Deutschen Caritasverbandes als legitime Vertretung der katholischen kirchlichen Wohlfahrtspflege Deutschlands weiter ausgebaut. Daneben wurde der Tätigkeitsbereich der

135) Vgl. zum Vorstehenden *Sachße/Tennstedt,* Geschichte der Armenfürsorge, Bd. 1, S. 251.

136) Daneben riefen auch religiöse Erneuerungsbestrebungen und die bürgerliche Frauenbewegung privates Engagement hervor; *Sachße/Tennstedt,* Geschichte der Armenfürsorge, Bd. 1, S. 222 f.

137) *Sachße/Tennstedt,* Geschichte der Armenfürsorge, Bd. 1, S. 227.

138) *Sachße/Tennstedt,* Geschichte der Armenfürsorge, Bd. 1, S. 227.

139) *BMI,* Die Freie Wohlfahrtspflege, S. 67; *Gatz,* Caritas und soziale Dienste, S. 329; *Hammerschmidt,* Wohlfahrtsverbände im NS-Staat, S. 70.

Krankenpflege weiter ausgeweitet, und es wurden zahlreiche Fachverbände gegründet.[140]

Auf der Seite der evangelisch motivierten Privatwohlfahrt sind neben einzelnen Vereinstätigkeiten Anfang des 19. Jahrhunderts vor allem die Gründung des »Rauhen Hauses« 1833 durch Johann Hinrich Wichern, ein Rettungshaus für verwahrloste Kinder, und die Gründung des ersten Diakonissenhauses 1836 in Kaiserswerth durch Theodor Fliedner von Bedeutung.[141] Weiter wurde 1849 der *»Central-Ausschuß für die Innere Mission der Deutschen Evangelischen Kirche«* gegründet.[142] Bis zum Ersten Weltkrieg hatte die Innere Mission ebenfalls elf Fachverbände gebildet.[143]

Auch innerhalb der jüdischen Gemeinden gab es eine wohlorganisierte jüdische Wohlfahrtspflege, die Mitte des 19. Jahrhunderts von der Gründung zahlreicher Einrichtungen der geschlossenen Wohlfahrtspflege begleitet wurde. Zwar fehlte bei der jüdischen Wohlfahrtspflege noch ein Zusammenschluss der einzelnen Vereine und Organisationen auf Reichsebene, jedoch war man auch hier um die Jahrhundertwende bestrebt, die einzelnen Wohlfahrtseinrichtungen zu Zentralen oder Verbänden auf Gemeinde- oder sogar auf Landesebene zusammenzuführen.[144]

Im Rahmen der bürgerlichen Privatwohltätigkeit war während des 19. Jahrhunderts ein großes Engagement der Frauen zu verzeichnen. So wurde am 12.04.1867 der Preußische Vaterländische Frauenverein gegründet, am 12.08.1871 folgte die Gründung des Deutschen Frauenbundes, eines Zusammenschlusses aller bisherigen deutschen Landesvereine.[145] Diese Frauenvereine widmeten sich in erster Linie der Krankenpflege, daneben aber auch der Fürsorge für Waisen und verwahrloste Kinder sowie der Linderung außerordentlicher Notstände.

---

140) *Sachße/Tennstedt,* Geschichte der Armenfürsorge, Bd. 1, S. 228; eine Übersicht über sämtliche sozial-caritativen Vereine und Verbände sowie über die Fachverbände gibt *BMI,* Die Freie Wohlfahrtspflege, S. 66 ff.

141) *BMI,* Die Freie Wohlfahrtspflege, S. 26, *Hammerschmidt,* Wohlfahrtsverbände im NS-Staat, S. 63; *Sachße/Tennstedt,* Geschichte der Armenfürsorge, Bd. 1, S. 229.

142) *BMI,* Die Freie Wohlfahrtspflege, S. 28; *Hammerschmidt,* Wohlfahrtsverbände im NS-Staat, S. 65.

143) Eine Übersicht über die einzelnen Fachverbände und ihre Untergliederungen gibt *BMI,* Die Freie Wohlfahrtspflege, Abb. 11.

144) Vgl. *Sachße/Tennstedt,* Geschichte der Armenfürsorge, Bd. 1, S. 232 f., so wurde beispielsweise 1899 der Verband für jüdische Wohlfahrtspflege gegründet, der alle jüdischen Wohlfahrtsorganisationen Berlins zusammenfasste. Weiter wurde 1901 der Hilfsverein der deutschen Juden zur Linderung der Ostjudennot gegründet.

145) *Sachße/Tennstedt,* Geschichte der Armenfürsorge, Bd. 1, S. 224.

Weiter sind im Rahmen bürgerlichen Engagements die Vereine vom Roten Kreuz zu nennen. Begründer dieser Vereine war Henri Dunant, der 1859 die Hilfe und Pflege von Verwundeten zu seiner Aufgabe machte.[146] 1864 entstand das Rote Kreuz als Abzeichen.[147] In der Folge wurden zahlreiche Rote Kreuz-Vereine gegründet, die sich am 20.04.1869 zum deutschen Zentralkomitee vom Roten Kreuz zusammenschlossen.[148] Ziel und Aufgabe dieser Rot Kreuz-Vereine war der neutrale Dienst an Kranken und Verwundeten im Krieg.[149]

Die freie Wohlfahrtspflege hatte oft eine Vorreiterrolle inne, indem sie in Wohltätigkeitsbereichen tätig war, die die öffentliche Wohlfahrtspflege sich noch nicht erschlossen hatte, wie zum Beispiel die Krankenpflege oder die ergänzende Fürsorge für Kinder und Jugendliche.[150] In den Bereichen, wo sie konkurrierend neben die private Wohlfahrtspflege trat, kann das Verhältnis als ein *»friedlich-chaotisches Mit- und Nebeneinander«*[151] gekennzeichnet werden.

Zu dem Verhältnis von freier und öffentlicher Wohlfahrtspflege nahm auch die Sozialenzyklika »Rerum novarum« von Papst Leo XIII von 1891 Stellung. Dort heißt es: *»Insoweit sie (die mannigfachen Genossenschaften, Vereine und geistlichen Orden, welche auf dem Boden der Kirche entsprossen sind, Gründungen der Kirche und der frommen Gesinnung ihrer Kinder sind) aber die Religion berühren, hat ausschließlich die Kirche über sie zu verfügen. Die Regierungen besitzen keinerlei Recht über sie und sind auch nicht bevollmächtigt, ihre äußere Verwaltung an sich zu ziehen; sie sind ihnen im Gegenteil den Tribut der Achtung und des Schutzes schuldig; sie haben die Pflicht, für dieselben einzutreten, um gegebenenfalls Unrecht von ihnen abzuwehren.«*[152]

Eine gesetzliche Festschreibung des Verhältnisses der freien Wohlfahrtspflege gegenüber der öffentlichen lag jedoch noch nicht vor.

---

146) *BMI,* Die Freie Wohlfahrtspflege, S. 116.

147) *Sachße/Tennstedt,* Geschichte der Armenfürsorge, Bd. 2, S. 162.

148) *Sachße/Tennstedt,* Geschichte der Armenfürsorge, Bd. 1, S. 224.

149) Als weitere Resultate bürgerlicher Privatwohltätigkeit sind die in den 60er und 70er Jahren des 19. Jahrhunderts zahlreich gegründeten Vereine gegen Bettelei oder zur Unterstützung armer Reisender zu nennen, die sich insbesondere der Wandererfürsorge widmeten, vgl. *Sachße/Tennstedt,* Geschichte der Armenfürsorge, Bd. 1, S. 237.

150) *Sachße/Tennstedt,* Geschichte der Armenfürsorge, Bd. 1, S. 242.

151) *Sachße/Tennstedt,* Geschichte der Armenfürsorge, Bd. 2, S. 157.

152) *Leo XIII,* in: Katholische Soziallehre, S. 61.

E. Die Weimarer Republik

Die damalige Fürsorge erfuhr eine wesentliche Weiterentwicklung in Richtung der heute geltenden Grundsätze der Bedarfsdeckung, der individuellen Hilfeleistung und auch der Selbsthilfeverpflichtung mit In-Kraft-Treten der Reichsgrundsätze über Voraussetzung, Art und Maß der öffentlichen Fürsorge. Grundlage für den Erlass dieser Reichsgrundsätze war § 6 Abs. 2 der Verordnung über die Fürsorgepflicht vom 13.02.1924, die am 01.04.1924 in Kraft getreten war.[153] Dieser Reichsfürsorgeverordnung (RFV) lag zum einen die Tatsache zugrunde, dass nach Art. 7 Nr. 5 WRV dem Reich nunmehr die (ausschließliche) Gesetzgebungskompetenz über das Armenwesen und die Wandererfürsorge zukam, und es nach Art. 9 Nr. 1 WRV die Gesetzgebungskompetenz über die Wohlfahrtspflege hatte, soweit ein Bedürfnis für den Erlass einheitlicher Vorschriften bestand. Zum anderen war seit Kriegsbeginn ein immer komplexeres und zersplittertes System verschiedener Sonderfürsorgebereiche neben der traditionellen kommunalen Armenpflege entstanden, die durch diese einheitliche Fürsorgeverordnung wieder zusammengeführt wurden.

Auf der Grundlage des vom Reichstag am 08.12.1923 verabschiedeten Gesetzes, das die Reichsregierung ermächtigte, die im Hinblick auf die *»Not von Volk und Reich«* erforderlichen Maßnahmen zu treffen,[154] wurde am 13.02.1924 diese RFV erlassen. Diese regelte die organisatorische Ausgestaltung des Fürsorgewesens, schuf jedoch noch keine einheitlichen Regelungen hinsichtlich des materiellen Fürsorgerechts, insbesondere also die Art und den Umfang der Unterstützung betreffend. Vielmehr bestimmte § 6 Abs. 1 RFV, der insoweit den außer Kraft gesetzten § 8 Unterstützungswohnsitzgesetz hinsichtlich Art und Maß der zu gewährenden öffentlichen Fürsorge inhaltsgleich übernommen hatte, dass *»Voraussetzung, Art und Maß der zu gewährenden Fürsorge [...] im Rahmen der reichsrechtlichen Vorschriften das Land«* bestimmte. Zur Schaffung eines reichseinheitlichen materiellen Fürsorgerechts wurde der Reichsregierung jedoch in § 6 Abs. 2 RFV die Befugnis eingeräumt, *»mit Zustimmung des Reichsrates [...] Grundsätze hierüber«* aufzustellen. Bis zum Erlass dieser Reichsgrundsätze bestimmte somit weiterhin das jeweilige Land sowohl das Vorliegen von Hilfsbedürftigkeit als auch die Art und das Maß der zu gewährenden Fürsorge.

153) RGBl. I, S. 100.
154) RGBl. I, S. 1179.

Die Reichsregierung erließ am 27.03.1924 erstmals Reichsgrundsätze i. S. d. § 6 Abs. 2 RFV.[155] Diese sollten allerdings nur vorläufig bis zum 01.07.1924 gelten und stellten demzufolge nur eine rudimentäre Regelung dar. Allerdings wurde die Geltung dieser Reichsgrundsätze zweimal verlängert, so am 26.06.1924 bis zum 01.11.1924[156] und am 27.10.1924 bis zum 01.01.1925,[157] dem Zeitpunkt des In-Kraft-Tretens der »endgültigen« Reichsgrundsätze über Voraussetzung, Art und Maß der öffentlichen Fürsorge vom 04.12.1924.[158]

I. Die »vorläufigen« Reichsgrundsätze

1. Weiterentwicklung eines Bedarfsdeckungsgrundsatzes

Für den Bedarfsdeckungsrundsatz relevant ist hinsichtlich dieser vorläufigen Reichsgrundsätze, dass sie als Umfang der im Falle der Hilfsbedürftigkeit zu gewährenden Unterstützung *»als Mindestmaß«* den unentbehrlichen Lebensunterhalt ansetzten, zu dem insbesondere *»Obdach, Nahrung, Kleidung, die erforderliche Pflege in Krankheitsfällen und nach dem Ableben ein angemessenes Begräbnis«* zählten.[159]

Bereits diese vorläufigen Reichsgrundsätze gingen allerdings von jeweils unterschiedlichen Leistungsempfängergruppen mit unterschiedlichen »Bedarfen« aus. Denn nach Nr. 3 dieser Reichsgrundsätze galten hinsichtlich der Fürsorge für Kriegsbeschädigte, Kriegshinterbliebene, Sozial- und Kleinrentner die bisherigen Bestimmungen mit Ausnahme der Höchstsätze für Klein- und Sozialrentner weiter fort. Nach diesen Bestimmungen wurde diesen Personen eine *»erhöhte Bedarfsdeckung«* gewährt, die insbesondere deren soziales Abgleiten verhindern sollte und demgemäß deren frühere Lebensverhältnisse im Rahmen der zu gewährenden Unterstützungsleistungen mit berücksichtigte.

155) RGBl. I, S. 379.

156) Verlängert durch Verordnung v. 26.06.1924, RGBl. I, S. 660.

157) Verlängert durch Verordnung v. 27.10.1924, RGBl. I, S. 756.

158) RGBl. I, S. 765 ff.

159) Vgl. Nr. 1 der Grundsätze über Voraussetzung, Art und Maß öffentlicher Fürsorgeleistungen vom 27.03.1924; RGBl. I, S. 379; abgedruckt in *Baath,* Verordnung über die Fürsorgepflicht, S. 32.

2. Weiterentwicklung eines Individualisierungsgrundsatzes

Ein Vorgänger unseres heutigen Individualisierungsgrundsatzes wurde ebenfalls in den vorläufigen Grundsätzen über Voraussetzung, Art und Maß öffentlicher Fürsorgeleistungen vom 27.03.1924 reichseinheitlich kodifiziert, indem Nr. 4 dieser Grundsätze lautete: *»Art und Maß der Fürsorge richtet sich nach dem Einzelfalle«*[160]. Nr. 4 dieser Reichsgrundsätze entsprach damit seinem Wortlaut nach in Grundzügen dem späteren § 3 Abs. 1 S. 1 HS 1 BSHG. Weiter tauchte auch in Nr. 7 der vorläufigen Reichsgrundsätze der Inhalt des heutigen Individualisierungsgrundsatzes auf, der bestimmte, dass bei der Unterstützung Arbeitsfähiger nach § 19 RFV durch Anweisung angemessener Arbeit oder durch Abhängigmachen der Unterstützungsleistungen von der Ableistung solcher Arbeit ebenfalls *»die persönlichen Verhältnisse, insbesondere die berufliche Ausbildung und bisherige soziale Lage des Hilfsbedürftigen«*[161] zu berücksichtigen seien.

3. Weiterentwicklung eines Selbsthilfegrundsatzes

Unser heutiger Selbsthilfegrundsatz fand eine bedeutsame Weiterentwicklung mit In-Kraft-Treten der Verordnung über die Fürsorgepflicht am 01.04.1924.[162] Denn die RFV normierte in § 19 RFV eine generelle Arbeitspflicht dergestalt, dass die Unterstützung Arbeitsfähiger *»in geeigneten Fällen durch Anweisung angemessener Arbeit gemeinnütziger Art gewährt«* werden konnte *»oder von der Leistung solcher Arbeit abhängig gemacht werden«* konnte, *»es sei denn, dass dies eine offensichtliche Härte bedeuten würde oder ein Gesetz dem entgegensteht«*[163]. § 19 RFV stellte damit die erste reichsrechtlich gewährte Befugnis dar, die Unterstützung durch Anweisung von – den Kräften der Hilfsbedürftigen – entsprechenden Arbeiten zu gewähren. Demgegenüber hatten vor In-Kraft-Treten der RFV nur derartige landesgesetzliche Befugnisse bestanden. Damit erlangte die Arbeitspflicht und mit ihr die Verpflichtung zur Selbsthilfe reichseinheitlich herausragende Bedeutung. Diese Arbeitspflicht wurde durch den in § 20 RFV normierten

160) Vgl. Grundsätze über Voraussetzung, Art und Maß öffentlicher Fürsorgeleistungen vom 27.03.1924, RGBl. I, S. 379, abgedruckt in *Baath,* Verordnung über die Fürsorgepflicht, S. 32 f.

161) Vgl. Nr. 7 der Reichsgrundsätze vom 27.03.1924, abgedruckt in *Baath,* Verordnung über die Fürsorgepflicht, S. 33.

162) RGBl. I, S. 100.

163) Vgl. § 19 RFV, abgedruckt in *Baath,* Verordnung über die Fürsorgepflicht, S. 91.

Arbeitszwang weiter verschärft, denn nach § 20 RFV konnten so genannte Arbeitsscheue und Personen, die ihren gesetzlichen Unterhaltspflichten nicht nachkamen, in *»einer vom Lande als geeignet anerkannten Anstalt oder sonstigen Arbeitseinrichtung zur Arbeit untergebracht werden«*[164].

Die vorläufigen Reichsgrundsätze normierten dann keine weiteren erwähnenswerten Neuerungen hinsichtlich dieser Verpflichtung zur Selbsthilfe. Weiter regelte die RFV den allgemeinen Nachrang öffentlicher Unterstützungsleistungen vor Verpflichtungen dritter Personen. So bestimmte § 21 RFV, der den §§ 61, 62 Unterstützungswohnsitzgesetz im Wesentlichen entsprach, dass Unterstützungsverpflichtungen Dritter von der RFV unberührt blieben, und § 21 Abs. 2 RFV regelte einen Erstattungsanspruch des in Vorleistung getretenen Fürsorgeverbandes gegenüber Dritten, gegen die der Unterstützte Rechtsansprüche hatte. Eine wichtige Regelung den Nachrang betreffend stellte § 22 RFV dar. Dieser normierte die Ersatzpflicht von Kindern gegenüber einem Fürsorgeverband als über den bürgerlich-rechtlichen Anspruch des § 1603 BGB hinausgehend, schuf insoweit also einen Ersatzanspruch der Fürsorgeverbände, der über den Unterhaltsanspruch des Unterstützten gegen seine Kinder hinaus ging.

4. Weiterentwicklung eines Kenntnisgrundsatzes

Auch eine Antragsunabhängigkeit der Fürsorgeleistungen wurde in den vorläufigen Reichsgrundsätzen erstmals niedergelegt, indem Nr. 1 dieser Reichsgrundsätze bestimmte, dass im Falle der Hilfsbedürftigkeit **erforderlichenfalls auch ohne Antrag** die Leistung des unentbehrlichen Lebensbedarfs gewährt werde.

II. Die »endgültigen« Reichsgrundsätze

1. Weiterentwicklung eines Bedarfsdeckungsgrundsatzes

Die bereits in den vorläufigen Reichsgrundsätzen enthaltene unterschiedliche Bedarfsdeckung hinsichtlich einzelner Personengruppen bauten die »endgültigen« Reichsgrundsätze über Voraussetzung, Art und Maß der öffentlichen Fürsorge weiter aus. So klassifizierten diese Reichsgrundsätze vier unterschiedliche Gruppen von Unterstützungsempfängern:

---

164) Vgl. § 20 RFV, abgedruckt in *Baath,* Verordnung über die Fürsorgepflicht, S. 91 f.

1) Zum einen gab es den »normalen« Hilfsbedürftigen, unter den nach § 5 RGr die Personen subsumiert wurden, die ihren notwendigen Lebensbedarf für sich und ihre unterhaltsberechtigten Angehörigen nicht oder nicht ausreichend aus eigenen Kräften und Mitteln beschaffen konnten und diesen Unterhalt auch nicht von anderer Seite, insbesondere von Angehörigen erhielten.[165] Nach § 1 Abs. 1 S. 1 RGr. wurde diesen Hilfsbedürftigen der notwendige Lebensbedarf gewährt.[166]

2) Daneben wurde den Kriegsbeschädigten und Kriegshinterbliebenen i. S. d. § 20 RGr weiterhin nach § 19 RGr Soziale Fürsorge nach den Versorgungsgesetzen Kriegsbeschädigter und Kriegshinterbliebener gewährt.

3) Als dritte Gruppe von Hilfsbedürftigen sahen die Reichsgrundsätze Kleinrentner i. S. d. § 14 RGr, Sozialrentner nach § 16 RGr und ihnen nach § 17 RGr Gleichstehende vor. Diesen war ebenso wie den Kriegsopfern eine gehobene Fürsorge zu gewähren. Nach § 14 Abs. 1 RGr war bei der Prüfung ihrer Hilfsbedürftigkeit, der Art und des Umfanges der Hilfe **auf ihre früheren Lebensverhältnisse Rücksicht zu nehmen**, wobei auch die allgemeine Verschlechterung der Lebenshaltung des deutschen Volkes zu beachten war.[167]

4) Als vierte Gruppe sahen die Reichsgrundsätze im § 13 so genannte Arbeitsscheue und unwirtschaftlich handelnde Personen vor, denen lediglich eine beschränkte Fürsorge gewährt wurde. Diese beschränkte Fürsorge lag unter *»dem Maß des sonst zu gewährenden notwendigen Lebensbedarfs«* und umfasste das zur Fristung des Lebens Unerlässliche, wobei unter Umständen nur Anstaltspflege in Betracht kommen konnte.[168]

Es wurden somit in den Reichsgrundsätzen unterschiedliche Bedarfe festgesetzt, die durch die öffentliche Unterstützung zu decken waren. Für den heutigen Bedarfsdeckungsgrundsatz bedeutsam ist, dass dabei der notwendige Lebensbedarf mehr als das nackte Existenzminimum umfasste. So

---

165) Vgl. § 5 der RGr, abgedruckt in *Baath,* Verordnung über die Fürsorgepflicht, S. 39.

166) Vgl. § 1 Abs. 1 S.1 der RGr, abgedruckt in *Baath,* Verordnung über die Fürsorgepflicht, S. 35. Zum Umfang dieses notwendigen Lebensunterhalts vgl. § 6 RGr; dieser »notwendige Lebensunterhalt« umfasste neben der Hilfe zum Lebensunterhalt i. S. d. späteren §§ 11 ff. BSHG auch Hilfeleistungen, die den späteren Hilfen in besonderen Lebenslagen, §§ 27 ff. BSHG, entsprachen.

167) Vgl. § 14 RGr, abgedruckt in *Baath,* Verordnung über die Fürsorgepflicht, S. 56.

168) Vgl. Amtliche Erläuterungen zu § 13, Nr. 2, abgedruckt in *Baath,* Verordnung über die Fürsorgepflicht, S. 55; *Sachße/Tennstedt,* Geschichte der Armenfürsorge, Bd. 2, S. 151.

führten die Amtlichen Erläuterungen zu § 6 RGr in ihrer Nr. 1 aus, dass unter dem notwendigen Lebensbedarf nicht lediglich das zum Lebensunterhalt unbedingt Notwendige verstanden wurde, *»sondern darüber hinaus auch das, was zur Erhaltung der Gesundheit und Arbeitsfähigkeit geboten ist; auch sollen die werdende Mutter und das Kind ausreichend geschützt werden«*.

In Nr. 5 der Amtlichen Erläuterungen zu § 6 RGr wurde darüber hinaus ausgeführt, dass sich der notwendige Lebensbedarf an denjenigen Leistungen zu orientieren hatte, die eine in den einfachsten Verhältnissen lebende Familie, die von ihrer Hände Arbeit lebte, ihren Angehörigen zu bieten vermochte.[169] Damit wurde die Höhe des notwendigen Lebensbedarfs durch das Lohnabstandsgebot beeinflusst. Allerdings ergab sich aus der Amtlichen Begründung Nr. 1 zu § 10 Abs. 1 RGr, dass der notwendige Lebensbedarf des § 6 RGr eine Höchstgrenze und keineswegs eine Mindestgrenze darstellte.[170] Weiter flossen bei dieser (Ermessens-) Entscheidung auch die Finanzlage und die allgemeine Lebenshaltung des Volkes, also fiskalische Interessen, in die Abwägung mit ein.

Die Reichsgrundsätze lehnten eine damals in durchaus breitem Umfang geforderte Einheitsfürsorge ausdrücklich ab, nach der alle Hilfebedürftigen ohne Rücksicht auf die Art und die Ursache ihrer Notlage gleichbehandelt hätten werden sollen. Vielmehr sollte durch diese unterschiedliche Ausgestaltung des Umfangs der Unterstützungsleistungen die Unterstützung *»für Hilfsbedürftige, die durch die besonderen Dienste, die sie oder ihr Ernährer der Allgemeinheit geleistet haben, oder die auf Grund einer Vorsorge, die Recht oder Sitte verlangt oder anerkennt, einen Anspruch erworben haben, Rechte und Richtmaße der Fürsorge in der Regel höher bemessen werden [...] als bei denjenigen, denen die Fürsorge lediglich kraft ihres Daseins zugestanden wird«*[171]. Im Unterschied zum heutigen Recht war somit

169) Vgl. Nr. 5 der Amtlichen Erläuterungen zu § 6 RGr, abgedruckt in *Baath,* Verordnung über die Fürsorgepflicht, S. 46 f.

170) Vgl. Amtliche Begründung Nr. 1 zu § 10 RGr: *»Der Lebensbedarf ist nur insoweit zu gewähren, als er im Einzelfall erforderlich ist. Was als erforderlich zu gelten hat, ist ohne Engherzigkeit, aber mit der ernsten Verantwortung zu prüfen, die bei Verwendung öffentlicher Mittel unter den gegenwärtigen Verhältnissen besonders geboten ist;«*, abgedruckt in *Baath,* Verordnung über die Fürsorgepflicht, S. 52.

171) Vgl. *Baath,* Verordnung über die Fürsorgepflicht, S. 34 f.

keineswegs unerheblich, welche Gründe den Hilfsbedürftigen in seine Notlage geführt hatten.[172]

Bedeutsam ist diese Ausgestaltung der unterschiedlichen Bedarfshöhen in den Reichsgrundsätzen insofern, als das BSHG sowohl den Begriff des *»notwendigen Lebensbedarfs«* in Gestalt des *»notwendigen Lebensunterhalts«* in § 11 BSHG als auch den Gedanken einer eingeschränkten Hilfe im Falle der Arbeitsverweigerung in § 25 BSHG aufgriff.[173]

Obwohl es also für Klein- und Sozialrentner, Kriegsbeschädigte und Kriegshinterbliebene die dargestellten Vorschriften über eine gehobene Fürsorge in den Reichsgrundsätzen gab, wurden diese Differenzen zwischen den unterschiedlichen Fürsorgearten in den Reichsgrundsätzen nicht beziffert. Dies führte zu einer unterschiedlichen Fürsorgepraxis der verschiedenen Fürsorgeverbände.[174] Durch ein Initiativgesetz des Reichstages sollte diese unterschiedliche Unterstützungspraxis abgeschafft und § 6 RFV durch folgende Freilassungsklausel ergänzt werden: *»Bei der Festsetzung von Unterstützungen öffentlich-rechtlicher Art bleiben von dem Einkommen der Hilfsbedürftigen aus den Bezügen aufgrund der sozialen Versicherungsgesetze und der Fürsorgegesetze mindestens drei Viertel des Betrages, bis zu 270 Reichsmark, außer Ansatz«.* Nachdem jedoch aufgrund massiver Proteste des Deutschen Vereins, des Reichsrates und der kommunalen Spitzenverbände dieses Initiativgesetz von der Reichsregierung dem Reichspräsidenten nicht zur Verkündung vorgelegt worden war, erließ die Reichsregierung durch Verordnung vom 07.09.1925[175] den § 33 a RGr.[176]

172) Dem lag die Tatsache zugrunde, dass infolge des Ersten Weltkrieges und der sich an ihn anschließenden Inflation Bevölkerungsgruppen hilfsbedürftig wurden, die zuvor dem bürgerlichen Mittelstand angehört hatten und die allein aufgrund dieser gesellschaftlichen, keineswegs von ihnen selbst zu vertretenden Gründe, unterstützungsbedürftig geworden waren. Da das Reich für diese Art von Armut die Verantwortung trug, wurden im Gegenzug dazu unterschiedliche Leistungsumfänge der öffentlichen Unterstützung festgelegt.

173) Auch das SGB XII hat den Begriff des »notwendigen Lebensunterhalts« in den §§ 27, 28 übernommen, und sowohl das SGB XII als auch das SGB II sehen die Möglichkeit von Leistungskürzungen im Fall einer Arbeitsverweigerung vor, vgl. § 39 SGB XII und § 31 SGB II.

174) *Sachße/Tennstedt,* Geschichte der Armenfürsorge, Bd. 2, S. 180.

175) Verordnung zur Aenderung der Reichsgrundsätze über Voraussetzung, Art und Maß der öffentlichen Fürsorge, RGBl. I, S. 332.

176) Siehe hierzu *Baath,* Verordnung über die Fürsorgepflicht 1928, S. 18 sowie Vor. zu § 6 RFV, S. 57, *Sachße/Tennstedt,* Geschichte der Armenfürsorge, Bd. 2, S. 181.

Durch Gesetz vom 08.06.1926[177] wurde diese Regelung als Absätze 3 und 4 in § 6 RFV und damit in die RFV eingefügt, und deshalb § 33 a RGR durch eine Verordnung vom selben Tage aufgehoben.[178] § 6 Abs. 3 RFV lautete danach: *»Die oberste Landesbehörde oder die von ihr bestimmten Stellen setzen den örtlichen Verhältnissen angepasste Richtsätze für die Bemessung des notwendigen Lebensunterhalts der Hilfsbedürftigen fest. Für Sozial- und Kleinrentner und ihnen Gleichstehende müssen diese Sätze so bemessen sein, daß der Hilfsbedürftige gegenüber der allgemeinen Fürsorge eine angemessene Mehrleistung erhält. Diese Mehrleistung soll, soweit nicht nach § 84 des Aufwertungsgesetzes vom 16. Juli 1925 und § 26 des Gesetzes über die Ablösung öffentlicher Anleihen vom gleichen Tage (Reichsgesetzblatt I S. 117 und 137) eine weitergehende Erhöhung einzutreten hat, in der Regel wenigstens ein Viertel des allgemeinen Richtsatzes betragen.«* Und Absatz 4 derselben Vorschrift führte weiter aus: *»Die oberste Landesbehörde oder die von ihr bestimmten Stellen setzen ferner den örtlichen Verhältnissen angepaßte Einkommenssätze fest, bei deren Nichterreichung eine Wöchnerin Wochenfürsorge stets dann erhält, wenn nicht Tatsachen die Annahme rechtfertigen, dass die Hilfe nicht benötigt wird.«*[179] Auch wenn § 6 Abs. 3 und 4 RFV nichts über die Höhe der festzusetzenden Richtsätze aussagten, so war doch damit der Beginn gelegt für eine Hilfegewährung unter Zugrundelegung von Richtsätzen und folglich die Inkaufnahme einer gewissen Beschneidung des Individualisierungsgrundsatzes. Das bis heute praktizierte System der Hilfebemessung im Wege von Regelsätzen fand somit Eingang in das Gesetz. Zwar delegierten die obersten Landesbehörden ihre Kompetenz zum Erlass dieser Richtsätze an die jeweiligen kommunalen Fürsorgeverbände, so dass keine reichs- oder landeseinheitlichen Richtsätze zustande kamen. Jedoch wurde durch Publikation der jeweiligen Richtsätze eine Transparenz und damit auch ein gewisser Kontrollmechanismus geschaffen.

Die Richtsätze stellten allerdings keine verbindliche Festlegung der zu gewährenden Unterstützung dar. Vielmehr gaben sie *»auf Grund praktischer Erfahrung den Durchschnittssatz für die Bemessung des notwendigen*

177) Gesetz vom 08.06.1926 über Abänderung der Reichsverordnung über die Fürsorgepflicht, RGBl. I, S. 255.

178) Vgl. *Baath,* Verordnung über die Fürsorgepflicht 1928, S. 18 und Nr. 1 der Amtlichen Erläuterung zu § 33 a RGr, abgedruckt in *Baath,* Verordnung über die Fürsorgepflicht 1928, S. 115.

179) Vgl. § 6 Abs. 3 und 4 RFV, abgedruckt in *Baath,* Verordnung über die Fürsorgepflicht 1928, S. 54 f.

Lebensbedarfs an, der für eine große Zahl von Einzelfällen zweifellos die Regel bilden kann.«[180] Die Richtsätze stellten daher weder Höchst- noch Mindestsätze der Unterstützungsleistung dar.[181]

Hinsichtlich der Höhe der auf diese Weise festgesetzten Richtsätze ergibt sich aus einem Bericht des Statistischen Reichsamtes aus dem Jahre 1938, dass regelmäßig als Grundlage bei der Festsetzung dieser Richtsätze die frühere Unterstützungspraxis zugrunde gelegt und nur vereinzelt versucht wurde, sich dabei auch an einem physischen Existenzminimum zu orientieren. Auch seien die Richtsätze oft *»willkürlich und ohne Rücksicht auf die Richtsatzgestaltung in Nachbarbezirken mit gleichartigen Lebensbedingungen festgesetzt«*[182] worden. Allerdings wurden ab dem Jahre 1927 und verstärkt in den Jahren 1928/29 die Richtsätze allgemein hochgesetzt. Dieses insgesamt hohe Niveau der Fürsorge wurde erst durch Einsetzen der Weltwirtschaftskrise 1930 wieder gesenkt.

Insgesamt kann die Zeit der Weimarer Republik hinsichtlich der Gestaltung der Richtsätze in zwei Perioden eingeteilt werden: Zum einen die Zeit von 1926–1930, die durch einen stetigen Ausbau und schnelle Erhöhung der Richtsätze geprägt war. Zum anderen die Zeit von 1930–1932, in die die Wirtschaftskrise und die damit einhergehende angespannte Finanzlage der Kommunen fiel.[183] Während dieser Zeit wurden die Richtsätze aufgrund der kommunalen Finanzmisere stetig gesenkt.[184] Auch wurden die Richtsätze nunmehr als Normal- oder Höchstsätze aufgefasst, die nun nicht mehr überschritten wurden. Daneben fand eine vermehrte Unterstützung in Form von Sach- anstelle von Geldleistungen statt; es wurden weiter Sonderleistungen gestrichen, ein eventueller Einsatz von eigenem Einkommen sorgfältiger geprüft und Unterhaltspflichtige verstärkt herangezogen.[185]

Alle diese Maßnahmen führten dazu, dass zu Ende der Weimarer Republik die Unterstützungsleistungen unterhalb des Existenzminimums lagen und von einer ausreichenden Bedarfsdeckung daher nicht mehr gesprochen werden konnte.[186]

---

180) *Muthesius,* Fürsorgerecht, S. 57

181) *Muthesius,* Fürsorgerecht, S. 57.

182) Statistik des Deutschen Reichs, S. 1, 15.

183) Vgl. *Schoen,* Armenfürsorge im Nationalsozialismus, S. 35 ff.

184) *Sachße/Tennstedt,* Geschichte der Armenfürsorge, Bd. 3, S. 88.

185) *Schoen,* Armenfürsorge im Nationalsozialismus, S. 38; *Sachße/Tennstedt,* Geschichte der Armenfürsorge, Bd. 3, S. 90.

186) *Schoen,* Armenfürsorge im Nationalsozialismus, S. 180.

2. Weiterentwicklung eines Individualisierungsgrundsatzes

Auch der bis heute geltende Individualisierungsgrundsatz erfuhr im Rahmen der »endgültigen« Reichsgrundsätze über Voraussetzung, Art und Maß der öffentlichen Fürsorge vom 04.12.1924[187] in § 10 Abs. 1 RGr eine ausführliche Kodifikation. § 10 Abs. 1 RGr bezog sich auf den notwendigen Lebensbedarf und somit auf die »normale« Fürsorge und bestimmte, dass das, was im Einzelfall im Rahmen des notwendigen Lebensbedarfs (§ 6 RGr) an Hilfe zu gewähren war, sich nach der Besonderheit des Falles zu richten hatte, namentlich nach Art und Dauer der Not, nach der Person des Hilfsbedürftigen und den örtlichen Verhältnissen. Dabei bezog sich die Pflicht zur für den konkreten Einzelfall angemessenen Hilfeleistung sowohl auf den Umfang als auch auf die Art und Weise der Unterstützung. Im Gegensatz zur gehobenen Fürsorge waren im Rahmen der individuellen Betrachtung hier nicht die früheren Lebensverhältnisse des Betroffenen zu berücksichtigen.[188]

Aus der Verpflichtung der Fürsorge zur Berücksichtigung der individuellen Verhältnisse und der individuellen Notlage wurde zum damaligen Zeitpunkt erstmals auch das Verbot einer schematischen Fürsorge hergeleitet.[189]

Der Individualisierungsgrundsatz erfuhr 1926 durch die Schaffung des § 6 Abs. 3 RFV[190] und die damit erfolgende Einführung von Richtsätzen zwar eine grundlegende Einschränkung. Damit war jedoch keine Abkehr vom Individualisierungsgrundsatz verbunden. Denn da die Richtsätze nur einen Anhaltspunkt bei der Hilfegewährung darstellten, aber keineswegs eine fixe Höchst- oder Mindestgrenze der zu gewährenden Leistungen darstellten, war die Berücksichtigung der individuellen Verhältnisse nach § 10 RGr weiterhin möglich.[191]

Allerdings trat diese Möglichkeit der Berücksichtigung der persönlichen Notlage und damit das Abweichen von den Richtsätzen immer mehr in den Hintergrund. In der Praxis wurden diese Richtsätze vielmehr zu *»festen Unterhaltssätzen, deren Anwendung auf den Einzelfall nach einem ganz bestimmten Berechnungssystem vor sich geht, das jedem Versuch, wirklich*

---

187) RGBl. I, S. 765 ff.

188) Vgl. Amtliche Begründung Nr. 1 und 2 zu § 10 RGr, abgedruckt in *Baath,* Verordnung über die Fürsorgepflicht, S. 52.

189) *Eylert,* Schematisierende materielle Sozialhilfeleistungen, S. 72.

190) Siehe oben S. 46 f.

191) *Muthesius,* Fürsorgerecht, S. 57.

zu individualisieren, sehr enge Grenzen zieht und mit einer persönlichen Gestaltung der Fürsorge nichts mehr zu tun hat.«[192] Diese Praxis verstärkte sich während der Weltwirtschaftskrise und der damit verbundenen Zunahme von Fürsorgeempfängern. Die Fürsorge wandelte sich aufgrund der immer größer werdenden Zahl ihrer Empfänger und der damit einhergehenden Finanzkrise der Kommunen von einer individuellen Hilfe hin zu einer standardisierten *»Massenversorgung auf niedrigstem Niveau«*[193]. Mit Fortschreiten der Wirtschaftskrise entwickelte sich der Individualisierungsgrundsatz mehr und mehr zu einer *»Leerformel«*,[194] die das Gegenteil ihres ursprünglichen Zieles bewirkte. Vielmehr ermöglichte der Individualisierungsgrundsatz damals das Unterschreiten der Richtsätze, da durch das Abstellen auf die individuellen Verhältnisse ein Abweichen von den Durchschnittssätzen möglich war.[195]

Weitere Einschränkungen erfuhr der Individualisierungsgrundsatz durch die bereits dargestellte Existenz einer gehobenen Gruppenfürsorge, durch die Möglichkeit, bestimmte Einkommensteile von der Anrechnung im Rahmen der Bedürftigkeitsprüfung außer Ansatz zu lassen,[196] sowie durch die in § 15 a RGr festgelegte Mindestunterstützung für Kleinrentner und für diesen gleichgestellte Personen.

Wichtig hinsichtlich der Individualität der Anspruchszuordnung, also der dritten Ebene, auf der der Individualisierungsgrundsatz wirkt, ist es festzustellen, dass erstmals in der RFV die Grundzüge für unsere heutige Höchstpersönlichkeit des Unterstützungsanspruchs jedes einzelnen Bedürftigen niedergelegt wurden. Denn nach § 7 RFV richtete sich der für die Zuständigkeit des Fürsorgeverbandes ausschlaggebende gewöhnliche Aufenthalt nur noch nach der Person des Hilfsbedürftigen selbst; die Vorschriften über das Teilen des Unterstützungswohnsitzes und über die daraus hergeleitete armenrechtliche Familiengemeinschaft, wie sie das Unterstützungswohnsitzgesetz vorsahen, waren beseitigt. Damit wurde jeder einzelne Bedürftige zum eigenständigen Empfänger von Fürsorgeleistungen, nicht mehr nur über seine Mitgliedschaft in einem Familienverband. Allerdings räumte die RFV

192) *Scherpner,* Theorie der Fürsorge, S. 163.

193) *Sachße/Tennstedt,* Geschichte der Armenfürsorge, Bd. 3, S. 84.

194) *Schoen*, Armenfürsorge im Nationalsozialismus, S. 49.

195) *Sachße/Tennstedt,* Geschichte der Armenfürsorge, Bd. 3, S. 90; siehe auch *Eylert,* Schematisierende materielle Sozialhilfeleistungen, S. 73.

196) *Muthesius,* Fürsorgerecht, S. 62.

den Bedürftigen noch keinen subjektiven Anspruch gegen den Fürsorgeverband auf öffentliche Unterstützung ein.

3. Weiterentwicklung eines Selbsthilfegrundsatzes

Die Verpflichtung zur Selbsthilfe erhielt durch die Reichsgrundsätze über Voraussetzung, Art und Maß öffentlicher Fürsorgeleistungen vom 04.12.1924[197] eine bedeutsame Kodifikation. So fand sich die Selbsthilfeverpflichtung schon in § 1 Abs. 2 RGr, der bestimmte, dass die Fürsorge den Hilfsbedürftigen in den Stand setzen sollte, sich und seinen unterhaltsberechtigten Angehörigen den Lebensbedarf selbst zu beschaffen.[198] Diese Norm entsprach dem späteren § 1 Abs. 2 S. 2 HS 1 BSHG und setzte somit fest, dass die Fürsorge »Hilfe zur Selbsthilfe« darstellen sollte. Sowohl mit diesem in § 1 Abs. 2 RGr niedergelegten Prinzip der »Hilfe zur Selbsthilfe« als auch mit der bereits erwähnten Befugnis zur Arbeitsanweisung in § 19 RFV korrespondierte § 7 RGr.[199] Nach dieser Vorschrift hatte jeder Hilfsbedürftige, auch der nicht voll arbeitsfähige, die Pflicht, seine Arbeitskraft zur Beschaffung des notwendigen Lebensbedarfs für sich und seine unterhaltsberechtigten Angehörigen einzusetzen, wobei die Fürsorge ihm dazu, soweit möglich, Gelegenheit bieten sollte. Diese Arbeit musste dem Hilfsbedürftigen gemäß § 7 Abs. 2 RGr allerdings nach seinem Lebensalter, Gesundheitszustand, häuslichen Verhältnissen und seiner beruflichen Ausbildung billigerweise zugemutet werden können. Gleichzeitig stellte die Amtliche Erläuterung Nr. 2 zu § 7 Abs. 2 RGr heraus, dass eine Pflicht der Fürsorgeverwaltung bestand, von ihrer Befugnis zur Unterstützung durch Arbeitsanweisung gemäß § 19 RFV Gebrauch zu machen.[200]

Weiter betraf § 8 RGr[201] die Verpflichtung zur Selbsthilfe, der bestimmte, dass das gesamte Vermögen und Einkommen eines Hilfebedürftigen zu den Mitteln gerechnet wurde, die dieser einsetzen musste, ehe ihm öffentliche

197) RGBl. I, S. 765 ff.

198) Vgl. § 1 Abs. 2 RGr, abgedruckt in *Baath,* Verordnung über die Fürsorgepflicht, S. 35.

199) Abgedruckt in *Baath,* Verordnung über die Fürsorgepflicht, S. 48 f.

200) Vgl. Nr. 2 der Amtlichen Erläuterung zu § 7 Abs. 2 RGr, abgedruckt in *Baath,* Verordnung über die Fürsorgepflicht, S. 49.

201) Abgedruckt in *Baath,* Verordnung über die Fürsorgepflicht, S. 49 f.

Unterstützung gewährt wurde. Damit stellte § 8 RGr eine Vorgängernorm des späteren § 11 BSHG dar.[202]

Ausdruck der Selbsthilfeverpflichtung war auch die Regelung der beschränkten Fürsorge für Arbeitsscheue und sich offensichtlich unwirtschaftlich verhaltende Personen in § 13 RGr. Nr. 1 der Amtlichen Erläuterung zu § 13 RGr führte aus, dass es gegenüber dem Hilfsbedürftigen, der sich unter Anwendung besonderer Tatkraft bemühte, sich selbst zu erhalten, ebenso wie gegenüber der Allgemeinheit ein Gebot der Billigkeit sei, bei Arbeitsscheuen und offenbar unwirtschaftlichen Personen die Fürsorge weitgehend zu beschränken.[203] Hier stand also nicht der Gedanke der Hilfe für den *»arbeitsscheuen«* Bedürftigen durch Herabsenkung der Leistungen im Vordergrund, sondern ein Strafcharakter. Demgegenüber kam dem späteren und mit § 13 RGr inhaltlich verwandten § 25 BSHG in erster Linie Hilfscharakter zu.[204]

Der Gedanke der Arbeitspflicht spiegelte sich auch in dem durch Verordnung vom 01.08.1931 neu eingefügten § 7 Abs. 4 RGr wider. In dieser Norm wurde die öffentliche Fürsorgeunterstützung für diejenigen Arbeitslosen, denen die Arbeitslosenunterstützung nach §§ 90, 92, 93, 93 c des Gesetzes über Arbeitsvermittlung und Arbeitslosenversicherung vom 16.07.1927 in der Fassung vom 26.07.1930 und vom 05.06.1931 entzogen

---

202) Modifikationen dieses Nachrangprinzips galten jedoch gemäß § 15 RGr für Kleinrentner sowie nach § 16 RGr i. V. m. § 15 RGr für Sozialrentner, nach § 17 RGr i. V. m. 15 RGr für diesen Gleichstehende und gemäß § 18 Abs. 1 RGr i. V. m. § 15 RGr sowie nach § 23 RGr für Kriegsbeschädigte und Kriegshinterbliebene; vgl. diesbezüglich Nr. 1 der Amtlichen Erläuterung zu § 15 RGr und § 23 RGr, abgedruckt in *Baath,* Verordnung über die Fürsorgepflicht, S. 56 f. und S. 62. Eine weitere Besserstellung erfuhren die Personengruppen, die der gehobenen Fürsorge unterfielen mit In-Kraft-Treten der Verordnung zur Änderung der Reichsgrundsätze über Voraussetzung, Art und Maß der öffentlichen Fürsorge vom 29. März 1928 (RGBl. I, S. 138). So bestimmte beispielsweise Art. 1 dieser Verordnung, dass in § 15 Abs. 1 RGr das *»soll«* durch ein *»darf«* ersetzt wurde, so dass den Fürsorgeverbänden nun nicht einmal mehr ein Regelermessen bei der Berücksichtigung von Vermögen der Kleinrentner und der sonstigen Personen der gehobenen Fürsorge zustand, sondern dieses grundsätzlich außer Ansatz blieb. Im Zusammenhang mit Kriegsopfern waren bezüglich der Selbsthilfeverpflichtung darüber hinaus die §§ 24–26 RGr relevant, die Hilfen zur Wiedererlangung der Erwerbsfähigkeit sowie bei der Berufsausbildung und -ausübung sowohl von Kriegsbeschädigten als auch von Kriegshinterbliebenen vorsahen.

203) Vgl. Nr. 1 der Amtlichen Erläuterung zu § 13 RGr, abgedruckt in *Baath,* Verordnung über die Fürsorgepflicht, S. 55.

204) *Krahmer,* in: LPK-BSHG, § 25, Rn. 1; *Schellhorn/Schellhorn,* BSHG, § 25, Rn. 2; *Schoch,* Sozialhilfe, S. 234; *Schulte/Trenk-Hinterberger,* Sozialhilfe, S. 213.

oder versagt worden war, für die Dauer der Sperrfrist abhängig gemacht von der Ableistung von Pflichtarbeit. Gleichzeitig wurde diesen Hilfsbedürftigen für die Dauer der Sperrfrist nach § 13 Abs. 1 S. 2 RGr nur die beschränkte Fürsorgeleistung gewährt.[205]

Aufgrund der Wirtschaftskrise zählten gegen Ende der Weimarer Republik wieder vermehrt arbeitsfähige und arbeitswillige Bedürftige zu den Empfängern öffentlicher Wohlfahrtspflege. Angesichts einer Arbeitslosenzahl von 5,575 Millionen im Jahr 1932[206] entwickelte sich der Selbsthilfegrundsatz, ähnlich wie der Individualisierungsgrundsatz, zu einer bloßen *»Leerformel«*[207]. Denn es war arbeitswilligen Bedürftigen aufgrund der katastrophalen Arbeitsmarktlage nicht möglich, ihren Lebensunterhalt selbst zu erwirtschaften.

4. Weiterentwicklung eines Kenntnisgrundsatzes

Auch unser heutiger Kenntnisgrundsatz erfuhr durch die Reichsgrundsätze vom 04.12.1924 eine Weiterentwicklung. Denn im Vergleich zu Nr. 1 der vorläufigen Reichsgrundsätze war die Aussage des § 2 dieser endgültigen Reichsgrundsätze schon wesentlicher deutlicher. Denn § 2 Abs. 1 HS 2 RGr bestimmte, dass die Fürsorge grundsätzlich nicht von einem Antrag abhängig sei. Nr. 1 der Amtlichen Erläuterung zu den §§ 2 und 3 RGr führte insoweit als Begründung aus, dass der Bedürftige der ihm zustehenden Hilfe nicht aus Unkenntnis oder aus Scheu verlustig gehen solle. Aus diesem Grund dürfe die Fürsorge gerade nicht von einem Antrag abhängig gemacht werden, sondern müsse vielmehr notfalls auch von Amts wegen einsetzen. Nach diesen Ausführungen entband selbst ein Verzicht des Bedürftigen auf die ihm zustehende Hilfe die Fürsorgeverbände nicht von ihrer Pflicht zur Leistung der Unterstützung. Wie aus Nr. 3 der Amtlichen Erläuterungen zu §§ 2 und 3 weiter hervorgeht, ging man jedoch davon aus, dass der Unterstützung im Regelfall ein Antrag des Bedürftigen auf dieselbige voranging.[208]

---

205) Vgl. § 7 Abs. 4 RGr und § 13 Abs. 1 S. 2 RGr, abgedruckt in *Baath/Kneip,* Verordnung über die Fürsorgepflicht, S. 378 f. und S. 397.

206) *Schoen,* Armenfürsorge im Nationalsozialismus, S. 61.

207) *Schoen,* Armenfürsorge im Nationalsozialismus, S. 49.

208) Vgl. Nrn. 1 und 3 der Amtlichen Erläuterungen zu §§ 2 und 3 RGr, abgedruckt in *Baath,* Verordnung über die Fürsorgepflicht, S. 37 f.

5. Weiterentwicklung eines Grundsatzes der institutionellen Subsidiarität

a) *Aktivitäten der freien Wohlfahrtspflege*

Die Zeit der Weimarer Republik bedeutete auch für die freie Wohlfahrtspflege und deren Verhältnis zur öffentlichen Wohlfahrt einen entscheidenden Einschnitt. Schon während des Ersten Weltkrieges war die Existenz und der Aufgabenbereich der freien Wohlfahrtsträger gefährdet gewesen. So war etwa die Zuständigkeit für die Entwicklung neuer, durch den Krieg erforderlich gewordener Fürsorgeformen auf die örtlich zuständigen kommunalen Wohlfahrtseinrichtungen übergegangen. Weiter waren durch die Bundesratsverordnungen von 1915 und 1917 erstmals privatwohltätige Sammlungen einer öffentlichen Aufsicht unterstellt worden.[209] Dies alles hatte zur Folge, dass die schon bestehenden Spitzenverbände der Freien Wohlfahrt sich weiter ausgebaut hatten und dass neue Spitzenverbände gegründet worden waren.

So hatte die Innere Mission während des Ersten Weltkrieges ihre Fürsorgetätigkeiten enorm ausgedehnt, 1915 hatten sich die zur Kaiserswerther Generalkonferenz gehörenden deutschen Diakonissenmutterhäuser im Kaiserswerther Verband vereint, die bislang nicht organisierten Diakonievereine und Mutterhäuser hatten sich in der *»Zehlendorfer Konferenz«* verbunden und 1918 hatte sich aus zwölf großen Frauenverbänden die *»Vereinigung evangelischer Frauenverbände«* gebildet, die erste Gesamtvertretung aller evangelischen Frauenverbände.[210] Der Caritasverband für das katholische Deutschland war 1916 von der deutschen Bischofskonferenz als *»die legitime Zusammenfassung der Diözesanverbände zu einer einheitlichen Organisation«*[211] anerkannt worden. 1917 hatte auch die Jüdische Wohlfahrtspflege auf Reichsebene einen Spitzenverband herausgebildet; am 09.09.1917 war die *»Zentralwohlfahrtsstelle der deutschen Juden e.V.«* gegründet worden.[212] Ihr Ziel war die Koordination der jüdischen Wohlfahrtseinrichtun-

209) *Sachße/Tennstedt,* Geschichte der Armenfürsorge, Bd. 2, S. 159. Eine weitere Schwächung hatte die freien Wohlfahrtspflege dadurch erfahren, dass zahlreiche ihrer Heime und Anstalten beschlagnahmt und in Lazarette umfunktioniert worden waren.

210) *Sachße/Tennstedt,* Geschichte der Armenfürsorge, Bd. 2, S. 157 f.

211) *Wollasch,* Caritas 1972, S. 62.

212) *BMI,* Die Freie Wohlfahrtspflege, S. 148; *Hammerschmidt,* Wohlfahrtsverbände im NS-Staat, S. 93.

gen mit denen anderer Träger und die jüdische Interessenvertretung in Wohlfahrtsangelegenheiten gegenüber dem Reich und anderen Verbänden der freien Wohlfahrtspflege.

Diese zahlreichen Vereine und Verbände sahen sich jedoch während der Weimarer Republik mit neuen Herausforderungen konfrontiert. Denn infolge des Krieges und der fortschreitenden Inflation hatten zum einen viele von ihnen ihr gesamtes Vermögen verloren, zum anderen ließ auch ihre Finanzierung mittels Spenden erheblich nach.[213] Darüber hinaus drohte der Freien Wohlfahrtspflege ihre Existenzberechtigung aufgrund der Tatsache entzogen zu werden, dass der Staat sich nunmehr in einen Wohlfahrtsstaat gewandelt hatte mit der Folge, dass die Wohlfahrtspflege zum staatlichen politischen Programm geworden war.[214] Diese unterschiedlichen Gefährdungslagen hatten einen festeren organisatorischen Zusammenschluss der Verbände in ihrem jeweiligen Spitzenverband zur Folge, über den die jeweilige Interessenvertretung mehr Gewicht bekam.

Im einzelnen ergaben sich bei den Verbänden folgende Veränderungen:

Am 10.09.1920 wurde auf dem Kongress für Innere Mission in Breslau der *»Centralverband der Inneren Mission«* gegründet. 1921 schlossen sich die bayerischen Diösezanverbände dem Caritasverband an, der von da an den Namen *»Deutscher Caritasverband«* (DCV) trug.[215] Nach dem Krieg seiner originären Aufgabe, des Dienstes am Verwundeten, beraubt, trat das Deutsche Rote Kreuz nach dem Krieg ebenfalls als Spitzenverband der freien Wohlfahrtspflege auf.[216] So wurde am 05.05.1919 in Paris die Liga der Rotkreuzgesellschaften gegründet; am 25. Januar 1921 schlossen sich alle deutschen Landesvereine und Landesfrauenvereine zum Deutschen Roten Kreuz e.V. mit Sitz in Berlin zusammen. Das Deutsche Rote Kreuz machte sich die Förderung der Volksgesundheit zur Aufgabe und beanspruchte weiterhin für sich den Gedanken der Neutralität; nunmehr

213) *Sachße/Tennstedt,* Geschichte der Armenfürsorge, Bd. 2, S. 160.

214) *Sachße/Tennstedt,* Geschichte der Armenfürsorge, Bd. 2, S. 160.

215) *Hammerschmidt,* Wohlfahrtsverbände im NS-Staat, S. 85, 90.

216) Es erhoffte sich dadurch in erster Linie eine Partizipation an der staatlichen Förderung der freien Wohlfahrtspflege; vgl. *Sachße/Tennstedt,* Geschichte der Armenfürsorge, Bd. 2, S. 162.

allerdings nicht mehr der Neutralität gegenüber dem Feinde, sondern gegenüber den Konfessionen und Weltanschauungen.[217]

Als vierter Wohlfahrtsverband der Weimarer Republik wurde am 13.12.1919 der Hauptausschuß für Arbeiterwohlfahrt (AWO) durch die dem rechten Flügel der SPD zuzurechnende Marie Juchacz gegründet.[218]

Als ein weiterer Reichsspitzenverband ist schließlich die Gründung des heutigen Paritätischen Wohlfahrtsverbandes zu nennen. Aufgrund der nach dem Krieg erwähnten schwierigen Situation für Einrichtungen und Anstalten der freien Wohlfahrtspflege schlossen sich reichsweit die selbstständigen nicht-staatlichen und nicht-städtischen, aber auch nicht organisierten Krankenanstalten am 03.02.1920 zur *»Vereinigung der freien privaten gemeinnützigen Kranken- und Pflegeanstalten Deutschlands«* zusammen.[219] Da sich diesem, auf die Krankenpflege beschränkten, Reichsfachverband nach und nach auch Vereine und Einrichtungen der Erziehungs- und Wirtschaftsfürsorge anschlossen, wurde am 07.04.1924 die *»Vereinigung der freien gemeinnützigen Wohlfahrtseinrichtungen Deutschlands«* gegründet. Dieser Verband erhielt am 06.12.1924 die Bezeichnung *»Fünfter Wohlfahrtsverband«*, weil er in der Aufzählung der Spitzenverbände der freien Wohlfahrtspflege in der Regel an fünfter Stelle genannt wurde.[220] Am 05.11.1932 schließlich erhielt der Verband seinen heutigen Namen *»Deutscher Paritätischer Wohlfahrtsverband e.V.«*. Das Ziel des Deutschen Paritätischen Wohlfahrtsverbandes war die Verbindung von Einrichtungen und Anstalten der freien Wohlfahrtspflege unter Beachtung ihrer jeweiligen Eigenart zur Zusammenarbeit im Dienst der Nächstenliebe.

Am 22.12.1924 wurden die Bemühungen der Verbände, sich in Spitzenverbänden zu organisieren, abgeschlossen, als die *»Deutsche Liga der freien Wohlfahrtspflege«* gegründet wurde. Diese Liga stellte einen fachgebietsübergreifenden Dachspitzenverband der Träger der freien Wohlfahrtspflege

217) *Buck*, Entwicklung der freien Wohlfahrtspflege, S. 144; *Hammerschmidt*, Wohlfahrtsverbände im NS-Staat, S. 93; *Sachße/Tennstedt*, Geschichte der Armenfürsorge, Bd. 2, S. 162.

218) *Hammerschmidt*, Wohlfahrtsverbände im NS-Staat, S. 93.

219) *BMI*, Die Freie Wohlfahrtspflege, S. 105; *Sachße/Tennstedt*, Geschichte der Armenfürsorge, Bd. 2, S. 162.

220) *BMI*, Die Freie Wohlfahrtspflege, S. 105; *Buck*, Entwicklung der freien Wohlfahrtspflege, S. 161 f.; *Hammerschmidt*, Wohlfahrtsverbände im NS-Staat, S. 93; *Sachße/Tennstedt*, Geschichte der Armenfürsorge, Bd. 2, S. 163.

dar.[221] Mitglieder der Liga waren die Spitzenverbände Deutscher Caritasverband, der Centralausschuß der Inneren Mission, die Zentralwohlfahrtsstelle der Deutschen Juden, der 5. Wohlfahrtsverband und der Zentralwohlfahrtsausschuß der christlichen Arbeiterschaft. 1926 trat auch das Deutsche Rote Kreuz der Deutschen Liga bei, nur die AWO positionierte sich bewusst außerhalb.[222]

b) Herausbildung eines Subsidiaritätsprinzips

Die Zeit der Weimarer Republik war für die freie Wohlfahrtspflege vor allem deshalb von entscheidender Bedeutung, da sich in dieser Zeit die duale Struktur von öffentlicher und freier Wohlfahrt entwickelte, die bis in die heutige Zeit kennzeichnend ist für das Verhältnis dieser beiden Wohlfahrtszweige.

Die Stellung der freien Wohlfahrtspflege innerhalb der neu geschaffenen Republik wurde erstmals 1919 in einer gemeinsamen Resolution der Vertreter der freien Wohlfahrtspflege unter Leitung des Deutschen Vereins für öffentliche und private Fürsorge thematisiert. In dieser Resolution wurden die Unverzichtbarkeit der freien Wohlfahrtspflege und ihre Vorteile gegenüber der öffentlichen Wohlfahrt hervorgehoben. Weiter wurde gefordert, dass die freie Wohlfahrt der öffentlichen zumindest gleichberechtigt gegenüberstehen müsse und der Staat die freie Wohlfahrtspflege zu schützen habe.[223]

---

221) *Hammerschmidt,* Wohlfahrtsverbände im NS-Staat, S. 94; *Sachße/Tennstedt,* Geschichte der Armenfürsorge, Bd. 2, S. 166. Gemäß ihrer Satzung war es Ziel und Aufgabe der Liga *»durch Austausch von Erfahrungen eine zweckmäßige Zusammenarbeit und gegenseitige Unterstützung der Mitglieder zu vermitteln, zur wissenschaftlichen Erforschung der Notstände, ihrer Ursachen und der Mittel zu ihrer Abhilfe bei(zu)tragen, an der Gesetzgebung, soweit sie die Wohlfahrtspflege berührt, mit(zu)arbeiten, den Kampf gegen Mißbrauch von Formen und Namen der freien Wohlfahrtspflege zu eigennützigen Zwecken (zu) unterstützen und die Stellung der freien Wohlfahrtspflege im öffentlichen Leben (zu) wahren und dauernd (zu) festigen, insbesondere darauf hin(zu)wirken, dass öffentliche und freie Wohlfahrtspflege in Formen zusammenarbeiten, die der Selbständigkeit beider gerecht werden,«* vgl. Führer durch die Wohlfahrtspflege, S. 60 f.

222) *Sachße/Tennstedt,* Geschichte der Armenfürsorge, Bd. 3, S. 132.

223) Die Resolution ist abgedruckt in Zeitschrift für das Armenwesen 1920, 32 f.

Die weitere Entwicklung der freien Wohlfahrtspflege wurde dann durch das seit 1920 vom Zentrum geführte Reichsarbeitsministerium gesteuert.[224]

So wurde vor allem in Anbetracht der Finanznot der öffentlichen Hand die freie Wohlfahrtspflege gefördert und unter Anwendung des Subsidiaritätsprinzips eine duale Ausgestaltung des Wohlfahrtssektors geschaffen.[225] Dieses Subsidiaritätsprinzip wurde in der RFV und im RJWG erstmals gesetzlich verankert. Damit wurde der freien Wohlfahrtspflege der Vorrang vor der kommunalen Wohlfahrtspflege eingeräumt, einher ging damit ein staatlicher Schutz der freien Wohlfahrtspflege.

So regelte die Verordnung über die Fürsorgepflicht vom 13.02.1924 in ihrem § 5, dem Vorgänger des späteren § 10 BSHG, erstmals reichseinheitlich das Verhältnis von öffentlicher und privater Wohlfahrtspflege.[226] Dabei stellte § 5 Abs. 4 RFV die Selbstständigkeit beider Wohlfahrtsbereiche fest. Die Abs. 1 und 2 des § 5 RFV sahen die Möglichkeit einer Übertragung öffentlicher Fürsorgeaufgaben an Verbände oder Einrichtungen der freien Wohlfahrtspflege vor. Eine wichtige Normierung in diesem Zusammenhang stellte auch § 5 Abs. 3 RFV dar, der die so genannte Sperrklausel enthielt und besagte, dass eigene Einrichtungen der Fürsorgeverbände dann nicht geschaffen werden sollten, soweit geeignete Einrichtungen der freien Wohlfahrtspflege vorhanden waren. Damit trug die Regelung des § 5 RFV insgesamt zu einer Aufwertung der Bedeutung der freien Wohlfahrtspflege bei.

Es fand sich in dieser Regelung das Subsidiaritätsdenken der katholischen Soziallehre wieder, wie es in der Enzyklika *»Quadragesimo anno«* von 1931 dann später festgeschrieben wurde. Die diesbezüglich einschlägige Formulierung lautete: *»Wie dasjenige, was der Einzelmensch aus eigener Initiative und mit seinen eigenen Kräften leisten kann, ihm nicht entzogen*

224) Damaliger Reichsarbeitsminister war Heinrich Brauns, der viele Jahre lang als Direktor der Zentralstelle des Volksvereins für das katholische Deutschland tätig gewesen war und daher in enger Beziehung zum Verbandskatholizismus stand. Weitere Förderung erfuhr die freie Wohlfahrtspflege durch den Ministerialdirektor Erwin Ritter aus dem Reichsarbeitsministerium. Für die Kooperation zwischen dem Reichsarbeitsministerium und den Spitzenverbänden der freien Wohlfahrtspflege war des Weiteren Julia Dünner zuständig, die aus der katholischen Frauenbewegung stammte und gerade im Bereich der freien Wohlfahrtspflege, insbesondere der katholischen Caritas, besonders versiert war.

225) *Sachße/Tennstedt,* Geschichte der Armenfürsorge, Bd. 2, S. 169.

226) Siehe auch die insoweit einschlägigen Vorschriften §§ 6, 11 des am 01.04.1924 In-Kraft-getretenen Reichsjugendwohlfahrtsgesetzes, abgedruckt in *Weber,* Jugendfürsorge, S. 84, *ders.,* Jugendfürsorge, S. 31 f.

und der Gesellschaftstätigkeit zugewiesen werden darf, so verstösst es gegen die Gerechtigkeit, das, was die kleineren und untergeordneten Gemeinwesen leisten und zum guten Ende führen können, für die weitere und übergeordnete Gemeinschaft in Anspruch zu nehmen.«[227]

Dieser Subsidiaritätsgedanke der katholischen Soziallehre erhielt durch die Sozialpolitik des Reichsarbeitsministeriums allerdings einen veränderten Inhalt insoweit, als sie auf die Förderung privater und bürokratisch gestalteter Wohlfahrtsorganisationen abzielte.[228]

In der 3. Verordnung zur Durchführung des Gesetzes über die Ablösung öffentlicher Anleihen vom 04. Dezember 1926 wurden folgende sieben Reichsspitzenverbände genannt, die damit gesetzlich als solche anerkannt wurden:

- der »Centralverband der Inneren Mission«
- der »Deutsche Caritasverband«
- die »Zentralwohlfahrtsstelle der deutschen Juden«
- der »Deutsche Paritätische Wohlfahrtsverband«
- das »Deutsche Rote Kreuz«
- der »Zentralwohlfahrtsausschuß der christlichen Arbeiterschaft«
- der »Hauptausschuss der Arbeiterwohlfahrt«.

F. Die NS-Zeit

Nach dem Machtantritt der Nationalsozialisten blieben sowohl die Reichsfürsorgeverordnung als auch die sie ergänzenden Reichsgrundsätze ohne wesentliche Änderungen in Kraft.[229] Der Grund dafür war, dass die Wohlfahrtspflege im Parteikonzept der Nationalsozialisten bis zu deren Machtantritt eine sehr untergeordnete Bedeutung innegehabt hatte. Demzufolge fehlte es den Nationalsozialisten an eigenen, typisch nationalsozialistischen Vorstellungen und Konzepten.[230]

227) *Pius XI,* Texte zur katholischen Soziallehre, S. 91 ff.

228) *Sachße/Tennstedt,* Geschichte der Armenfürsorge, Bd. 2, S. 172.

229) *Syrup,* 100 Jahre Staatliche Sozialpolitik, S. 531; *Schoen,* Armenfürsorge im Nationalsozialismus, S. 95.

230) *Schoen,* Armenfürsorge im Nationalsozialismus, S. 68 ff., 168.

Zwar änderten sich die rechtlichen Grundlagen der Fürsorgeleistungen nicht, jedoch wurde öffentliche Fürsorge unter den Nationalsozialisten vor einem anderen Hintergrund und mit einer anderen Ausrichtung geleistet. Denn während in der Weimarer Republik der einzelne Hilfebedürftige im Vordergrund der Betrachtung gestanden hatte und das Ziel der Fürsorge gewesen war, diese individuelle Notlage des Hilfebedürftigen zu beheben, ihm ein menschenwürdiges Leben zu ermöglichen und ihn zur Selbsthilfe zu befähigen, so stellten die Nationalsozialisten auf das *»Volksganze«* ab. Die Wohlfahrtspflege hatte sich demzufolge zur *»Volkspflege«* gewandelt; der einzelne Hilfebedürftige wurde an seinem *»völkischen Wert«* gemessen.[231] Die Konsequenz dieser nationalsozialistischen Ausrichtung war, dass auch das Kriterium der Hilfsbedürftigkeit rassisch neu definiert wurde. Hilfebedürftigkeit lag danach nur noch bei solchen Personen vor, die wertvolle Mitglieder dieser rassisch definierten Volksgemeinschaft waren.[232]

I. Weiterentwicklung eines Bedarfsdeckungsgrundsatzes

Das durchschnittliche Niveau der Richtsätze stabilisierte sich ab etwa 1933. Auch wenn dieses noch immer sehr niedrig angesetzt war, so wurde in der Öffentlichkeit jedoch keine Diskussion über die Unterstützungshöhe geführt.[233] Erst ab 1936 mehrten sich kritische Stimmen, die eine Erhöhung der Richtsätze forderten.[234] Dies war unter anderem in der Tatsache begründet, dass die Richtsätze für die Bemessung des notwendigen Lebensunterhalts auf dem Niveau stehen geblieben waren, auf das sie im Krisenjahr 1931/32 herabgesetzt worden waren.[235] Hatten diese Unterstützungsleistungen schon 1931/32 nicht oder nur knapp ausgereicht, um das Existenzminimum abzudecken, so hatte sich die Lage der Hilfebedürftigen infolge der steigenden Lebenshaltungskosten bis 1936 noch weiter verschärft.[236]

---

231) *Sachße/Tennstedt,* Geschichte der Armenfürsorge, Bd. 3, S. 51 f., 83; *Schoen,* Armenfürsorge im Nationalsozialismus, S. 75.

232) *Sachße/Tennstedt,* Geschichte der Armenfürsorge, Bd. 3, S. 97.

233) *Schoen,* Armenfürsorge im Nationalsozialismus, S. 175.

234) Die Diskussion um eine Erhöhung der Richtsätze wurde in erster Linie zwischen dem DGT und der DAF geführt, siehe dazu ausführlich *Schoen,* Armenfürsorge im Nationalsozialismus, S. 181 ff.

235) *Schoen,* Armenfürsorge im Nationalsozialismus, S. 180.

236) *Sachße/Tennstedt,* Geschichte der Armenfürsorge, Bd. 3, S. 96; *Schoen,* Armenfürsorge im Nationalsozialismus, S. 191.

Bis 1940 veränderte sich die Richtsatzhöhe jedoch nicht. Die Leistungen wurden vielmehr äußerst niedrig gehalten und dürften das Existenzminimum nicht abgedeckt haben.[237]

Allerdings wurde – entsprechend der nationalsozialistischen Auslegung und Anwendung des Individualisierungsgrundsatzes[238] – aufgrund der am 18.07.1940 erlassenen *»Richtlinien für die Beurteilung der Erbgesundheit«* die Zahl der Empfänger gehobener Fürsorge um etwa 250 000 »erbtüchtige« Parteien erweitert. Diese ehemaligen Empfänger der einfachen Fürsorge erhielten nun aufgrund ihres besonderen Wertes für die deutsche Volksgemeinschaft den um mindestens 15 % erhöhten Richtsatz der gehobenen Fürsorge.[239] Damit wurde die gehobene Fürsorge quantitativ die Regelfürsorge.

Ab 1940, als im Rahmen des Vierjahresplanes durch die Richtsätze nicht abzudeckende Bedarfslücken evident wurden, arbeitete man dann an einer Erhöhung und Angleichung der Richtsätze. Am 31.10.1941 wurde in einem gemeinsamen Runderlass des RMdI und des RAM der Aufbau der Richtsätze neu festgelegt.[240] Dieser Richtsatz-Erlass konkretisierte den Bedarfsdeckungsgrundsatz, indem er bestimmte, dass die Richtsätze *»den Betrag vollständig abzudecken (hatten), der gemäß den örtlichen Lebens- und Preisverhältnissen zur Deckung des notwendigen Lebensbedarfs (...) erforderlich war.«*[241] Dieser Erlass, der erstmals in der Geschichte zu einem reichseinheitlichen Aufbau der Richtsätze führte, hatte zur Folge, dass in allen Bezirksfürsorgeverbänden die Richtsätze – zum Teil ganz erheblich – erhöht und die vormals bestehenden gravierenden Unterschiede zwischen den einzelnen Bezirksfürsorgeverbänden größtenteils eingeebnet wurden.[242] Gleichzeitig erfuhr der Individualisierungsgrundatz durch die Einführung dieses national einheitlichen Unterstützungssystems mit standardisiertem Existenzminimum und schematisierender Ausgestaltung eine weitere Einschränkung.[243]

---

237) *Schoen,* Armenfürsorge im Nationalsozialismus, S. 191.

238) Vgl. dazu unten, S. 61.

239) *Sachße/Tennstedt,* Geschichte der Armenfürsorge, Bd. 3, S. 249.

240) *Sachße/Tennstedt,* Geschichte der Armenfürsorge, Bd. 3, S. 248.

241) *Sachße/Tennstedt,* Geschichte der Armenfürsorge, Bd. 3, S. 248.

242) *Sachße/Tennstedt,* Geschichte der Armenfürsorge, Bd. 3, S. 248 f.

243) *Leibfried/Hansen/Heisig,* NP 1984, 3 (7 f., 15 ff.).

II. Weiterentwicklung eines Individualisierungsgrundsatzes

Der Inhalt dieses formal in den Reichsgrundsätzen und der Reichsfürsorgeverordnung unverändert gebliebenen Fürsorgegrundsatzes hatte sich bereits mit der Ausrichtung der nationalsozialistischen Wohlfahrtspflege auf das *»Volksganze«* gewandelt. Denn der Individualisierungsgrundsatz ermöglichte eine Unterstützung der Bedürftigen gemäß ihres »völkischen Wertes«, nach ihrem Wert für die letztlich ausschließlich zählende Volksgemeinschaft. Damit wurde die bereits in der mittelalterlichen Armenfürsorge praktizierte Unterscheidung zwischen »würdigen« und »unwürdigen« Armen mit nationalsozialistischem Inhalt neu belebt. Mit dieser Unterscheidung der Armen nach ihrem Wert für die Volksgemeinschaft ging in den Jahren bis 1939 eine umfangreiche Sondergesetzgebung einher. Durch diese wurden *»unwürdige«* Arme, wie *»Minderwertige«, »Asoziale«, »Verwahrloste«,* Juden, Behinderte, von der kommunalen Wohlfahrtspflege ausgeschlossen und damit von den öffentlichen Hilfeleistungen ausgegrenzt.[244] Sie wurden sodann einer jeweiligen Sondergesetzgebung unterworfen. Mit Abschluss dieser Sondergesetzgebung konnte ab 1939 die Höhe der zu leistenden Unterstützung dann am »Würdigkeitsprinzip« ausgerichtet werden.

Weiter ermöglichte der Individualisierungsgrundsatz noch immer die Unterschreitung der Richtsätze, wovon angesichts der anhaltenden angespannten Finanzlage der Kommunen auch durchweg Gebrauch gemacht wurde.[245]

III. Weiterentwicklung eines Selbsthilfegrundsatzes

Weiter erfuhr die Verpflichtung zur Selbsthilfe durch den Einsatz der eigenen Arbeitskraft eine besondere Betonung. Denn das Ziel der nationalsozialistischen Politik war es, nach und nach wohlfahrtspflegerische Tätigkeit durch sozialpolitische zu ersetzen. Schwerpunkt der nationalsozialistischen Sozialpolitik waren Maßnahmen zur Arbeitsbeschaffung und zum Arbeitseinsatz.[246] Dementsprechend rasch wurde nach 1933 die Zahl der Arbeitslosen und damit auch der Fürsorgeempfänger abgebaut.[247] Die

244) Vgl. »VO über öffentliche Fürsorge für Juden« v. 19.11.1938, sowie »10. Verordnung zum Reichsbürgergesetz vom 4. Juli 1939«.

245) *Schoen,* Armenfürsorge im Nationalsozialismus, S. 190.

246) *Schoen,* Armenfürsorge im Nationalsozialismus, S. 56, 68.

247) Die Zahl der laufend unterstützten Fürsorgeberechtigten fiel von 4.838.600 am 31.3.1933 auf 1.462.100 am 31.12.1938. Die Zahl der fürsorgebedürftigen Arbeitslosen fiel von 3.122.900 am 31.3.1933 auf 82.800 am 31.12.1938.

kommunalen Wohlfahrtsämter übernahmen in enger Zusammenarbeit mit den Arbeitsämtern neue Aufgaben und waren neben ihren traditionellen Tätigkeitsbereichen auch für die Vermittlung der Fürsorge-, Notstands-, Unterstützungs-, Werkstätten- und Pflichtarbeiter zuständig. Diese Arbeitsvermittlungen erfüllten auch erzieherische Zwecke und sollten Erwerbslose an eine geregelte Tätigkeit gewöhnen.[248] Besondere Bedeutung in diesem Zusammenhang hatten das *»Gesetz zur Ordnung der nationalen Arbeit«* und das *»Gesetz zur Regulierung des Arbeitseinsatzes«*, aufgrund derer nicht arbeitende Personen, die der öffentliche Fürsorge unterfielen, zur Arbeit verpflichtet werden konnten.[249] Aufgrund dieser Maßnahmen verblieben in der öffentlichen Fürsorge nur noch nicht arbeitsfähige, aber erbgesunde Personen. Diesen wurden im Rahmen von Werkkursen oder ähnlichen Maßnahmen Fertigkeiten und Tätigkeiten vermittelt, um ihnen die Eingliederung in den Arbeitsmarkt zu ermöglichen.[250]

IV. Weiterentwicklung eines Grundsatzes der institutionellen Subsidiarität

1. Die Situation bis zum Zweiten Weltkrieg

Das Verhältnis von öffentlicher zu freier Wohlfahrtspflege und mit ihm der in § 5 RFV unverändert niedergelegte Grundsatz der institutionellen Subsidiarität erfuhren mit dem nationalsozialistischen Machtantritt gravierende Veränderungen.

Die freie Wohlfahrtspflege zur Zeit der nationalsozialistischen Herrschaft wurde entscheidend dominiert von der Nationalsozialistischen Volkswohlfahrt e.V. (NSV). Diese war bereits im September 1931 in Berlin gegründet worden. Durch eine Verfügung Hitlers vom 03.05.1933 wurde die NSV ausdrücklich anerkannt und deren enger Bezug zur NSDAP, nämlich als eine Organisation innerhalb der Partei, herausgestellt. Diese Verfügung bildete den Ausgangspunkt für den darauf folgenden reichsweiten Ausbau

---

248) *Schoen,* Armenfürsorge im Nationalsozialismus, S. 93.

249) *Schoen,* Armenfürsorge im Nationalsozialismus, S. 97; eine sehr repressive Maßnahme stellte in diesem Zusammenhang die Praxis der Arbeitsämter dar, die Herbergen und Wandererarbeitsstätten nach arbeitsunwilligen Wanderern durchsuchten und diese dann zwangsweise in den Arbeitsprozess integrierten, vgl. *Schoen,* Armenfürsorge im Nationalsozialismus, S. 99.

250) *Schoen,* Armenfürsorge im Nationalsozialismus, S. 100.

der NSV.[251] Die NSV proklamierte von Anfang an ihren uneingeschränkten Führungsanspruch in der Wohlfahrtspflege und Fürsorge sowohl innerhalb der Partei als auch gegenüber den Trägern der freien Wohlfahrt.[252] Die NSV wurde Ende des Jahres 1933 dem bei der Reichsleitung der NSDAP im November 1933 neu gebildeten *»Amt für Volkswohlfahrt«* unterstellt, das Ende 1934 zum Hauptamt (HAVW) aufrückte.

Am 25.07.1933 wurde die NSV durch eine Verfügung des RMdI und des RAM als Spitzenverband der freien Wohlfahrtspflege anerkannt und nahm damit an der finanziellen Förderung durch Staat, Länder und Gemeinden teil. Am 27.07.1933 wurde sie auch in die *»Liga der freien Wohlfahrtspflege«* aufgenommen.[253] Aufgrund der der NSDAP-Struktur entsprechenden vertikalen Gliederung der NSV und ihrer immensen staatlichen Unterstützung, entwickelte sich diese – nach der Deutschen Arbeitsfront (DAF) – zur zweitgrößten Massenorganisation während der Zeit des Nationalsozialismus.[254]

Hatten zum Zeitpunkt der »Machtergreifung« die Verbände der freien Wohlfahrt, insbesondere die konfessionell geprägten, dem neuen Regime und auch der NSV durchaus positiv gegenüber gestanden, so war schon seit dem Frühjahr 1933 auch der gesamte Wohlfahrtsbereich von der politischen »Gleichschaltung« der Nationalsozialisten betroffen. Sowohl die Gemeinden als zuständige Träger der öffentlichen Wohlfahrtspflege wurden gleichgeschaltet als auch die ersten Verbände und Vereinigungen der freien Wohlfahrtspflege. Es wurden die AWO und die Zentralwohlfahrtsstelle der christlichen Arbeiterschaft aufgelöst. Der Zentralwohlfahrtsstelle der deutschen Juden wurde ihr Status als Spitzenverband der freien Wohlfahrtspflege aberkannt und sie schied aus der deutschen Liga aus. Andere Wohlfahrtsvereinigungen lösten sich selber auf, um einer »Gleichschaltung« zu entgehen oder aber wurden der NSV unterstellt.[255] Dagegen blieb die Stellung der konfessionellen Verbände vorerst unangetastet. In einem gemeinsamen Runderlass des RMdI und des RAM vom 25.07.1933 wurden sogar

251) *Hammerschmidt,* Wohlfahrtsverbände im NS-Staat, S. 154; *Sachße/Tennstedt,* Geschichte der Armenfürsorge, Bd. 3, S. 111.

252) Dieser Führungsanspruch war in § 2 ihrer Satzung niedergelegt, vgl. *Sachße/Tennstedt,* Geschichte der Armenfürsorge, Bd. 3, S. 111.

253) *Hammerschmidt,* Wohlfahrtsverbände im NS-Staat, S. 154; *Sachße/Tennstedt,* Geschichte der Armenfürsorge, Bd. 3, S. 114.

254) *Sachße/Tennstedt,* Geschichte der Armenfürsorge, Bd. 3, S. 118.

255) *Sachße/Tennstedt,* Geschichte der Armenfürsorge, Bd. 3, S. 134.

die IM, der DCV und der DRK neben der NSV ausdrücklich als Spitzenverbände der freien Wohlfahrtspflege anerkannt.[256] Am 27.07.1933 wurde dann die Liga der freien Wohlfahrtspflege unter dem neuen Namen *»Reichsgemeinschaft der freien Wohlfahrtspflege«* neu gebildet.[257] Die konfessionellen Verbände erfuhren allerdings bereits im Sommer 1933 eine einschneidende Herabstufung ihrer Position, indem die NSV das bislang von den konfessionellen Verbänden durchgeführte Winterhilfswerk (WHW) an sich zog. Dessen Erfolg verhalf der NSV im Folgenden nicht nur innerhalb der Bevölkerung zu wachsendem Ansehen, sondern festigte auch seine Stellung innerhalb der NSDAP.[258] Zwar scheiterte die NSV 1934 noch mit ihrer Offensive, eine Einstellung der aufgrund des Finanzausgleichsgesetzes von 1923 gezahlten Reichszuschüsse an die freie Wohlfahrtspflege zu erreichen.[259] Bis 1937 wurden dann aber die kommunalen Zuschüsse an die freie Wohlfahrtspflege weitgehend eingestellt oder nur noch ausschließlich an die NSV gezahlt.[260]

Am 16.03.1940 wurde die letzte offizielle Verbindung zwischen der NSV und der konfessionellen Wohlfahrtspflege gelöst, indem die *»Reichsarbeitsgemeinschaft der freien Wohlfahrtspflege«* aufgelöst wurde.

Die Ausrichtung der nationalsozialistischen Wohlfahrtspflege am *»Volksganzen«* wirkte sich auch im Betätigungsfeld und Leistungsangebot der NSV aus: so gewährte die NSV in erster Linie Leistungen der offenen

256) *Sachße/Tennstedt,* Geschichte der Armenfürsorge, Bd. 3, S. 135.

257) *Sachße/Tennstedt,* Geschichte der Armenfürsorge, Bd. 3, S. 135.

258) *Sachße/Tennstedt,* Geschichte der Armenfürsorge, Bd. 3, S. 135.

259) Siehe dazu ausführlich *Hansen,* Wohlfahrtspolitik im NS-Staat, S. 105 f.

260) Darüber hinaus wurde der freien Wohlfahrtspflege das Recht, öffentliche Sammlungen durchzuführen immer mehr eingeschränkt; 1937 wurden Sammlungstage schließlich gar nicht mehr genehmigt. Als Ausgleich erhielten die konfessionellen Verbände anfangs noch Ausgleichszahlungen aus den Erträgen des WHW, diese wurden allerdings 1939 ebenfalls eingestellt. Die NSV war von diesen Sammlungsverboten dagegen ausgeschlossen; vgl. *Hansen,* Wohlfahrtspolitik im NS-Staat, S. 106; *Sachße/Tennstedt,* Geschichte der Armenfürsorge, Bd. 3, S. 136 f. Neben diesen Angriffen auf die Finanzausstattung der konfessionellen Verbände, startete die NSV im April 1938 auch einen Affront auf deren Eigenständigkeit, indem die schon aus dem Jahr 1936 stammende Forderung der NSV, die Spitzenverbände der freien Wohlfahrtspflege unter die Aufsicht und Kontrolle der NS-Volkswohlfahrt zu stellen, in einem Entwurf eines *»Gesetzes über die freie Wohlfahrtspflege«* niedergelegt wurde. Dieses Gesetzesvorhaben wurde jedoch mit Kriegsausbruch nicht weiter verfolgt, da die Regierung während des Krieges auf die Pflegekräfte und Pflegeeinrichtungen der konfessionellen Verbände angewiesen war; siehe dazu *Hansen,* Wohlfahrtspolitik im NS-Staat, S. 107 f.; *Sachße/Tennstedt,* Geschichte der Armenfürsorge, Bd. 3, S. 138 f.

und halboffenen Fürsorge, überließ dagegen die für sie uninteressante, da mit Schwachen und »Minderwertigen« befasste Anstaltspflege weiterhin den konfessionellen Verbänden. Überschneidungen und damit Konflikte gab es allerdings vor allem im Bereich des Kindergarten- und des Schwesternwesens, da diese Wohlfahrtsbereiche auch unter rassenbiologischen Aspekten für die NSV interessant waren.[261]

Insgesamt kann zum Verhältnis der NSV gegenüber den konfessionellen Wohlfahrtsverbänden zusammengefasst werden, dass diese zwar erheblich in ihrer Arbeit beeinträchtigt wurden, ihre Eigenständigkeit jedoch gewahrt blieb. Dies begründet sich zum einen in der Tatsache, dass gerade nach Kriegsausbruch das Reich es sich aufgrund der militärischen Erfordernisse nicht leisten konnte, die konfessionellen Verbände gänzlich zu verdrängen. Zum anderen hatte sich die NSV auch in erheblichem Umfang in bislang unbesetzten Tätigkeitsbereichen engagiert, in denen sie daher nicht in Konkurrenz zur konfessionellen Wohlfahrtspflege getreten war.[262]

Daneben versuchte die NSV ihren uneingeschränkten Führungsanspruch in der Wohlfahrtspflege auch gegenüber der öffentlichen Wohlfahrt durchzusetzen. Die Durchsetzung dieses Führungsanspruchs beinhaltete sowohl einen Zugriff auf die kommunalen Finanzen als auch auf die kommunalen Fürsorgekompetenzen. Grundlage einer Offensive auf die Kommunalfinanzen bildete dabei gerade das in § 5 RFV verankerte Prinzip der Subsidiarität der öffentlichen Fürsorge, das eine Subventionierung der Einrichtungen und Leistungen der freien Wohlfahrtspflege bestimmte. Denn die NSV beanspruchte diese Subventionierung ausschließlich für sich und reizte diesen Grundsatz über Gebühr aus, indem sie den Gemeinden sowohl die Kosten von eigenen NSV Maßnahmen aufbürdete als auch die Finanzierung von auf die NSV übertragenen Anstalten. Weiter wurden Gemeinden zu einer

261) In beiden Bereichen konnten die konfessionellen Verbände jedoch bis Kriegsbeginn nicht aus ihrer Position verdrängt werden. Während das Reich mit Kriegsausbruch mehr denn je auf die Schwesterntätigkeit der konfessionellen Verbände angewiesen war und diese Verbände daher nicht aus diesem Wohlfahrtsbereich hinaus gedrängt werden konnten, sah die Situation im Bereich der Kindergärten anders aus. Denn durch einen Runderlass des RMdI und des Stellvertreters des Führers vom 21.03.1941 wurde die Übernahme der konfessionellen Kindergärten durch die NSV verfügt; siehe hierzu ausführlich *Hansen,* Wohlfahrtspolitik im NS-Staat, S. 236 ff.; *Sachße/Tennstedt,* Geschichte der Armenfürsorge, Bd. 3, S. 140.

262) *Sachße/Tennstedt,* Geschichte der Armenfürsorge, Bd. 3, S. 140 ff. Zwar versuchte das RMdI in den Jahren 1934/35 mittels verschiedener Erlasse, diese Methoden der NSV zu unterbinden, jedoch waren derartige Erlasse nachrangig gegenüber der lokalen Praxis der jeweiligen NSV-Führung.

Mitgliedschaft in der NSV verpflichtet, sie mussten der NSV Personal, Gebäude und Sachmittel unentgeltlich zur Verfügung stellen. All dies führte zu einer ernsthaften Gefährdung der kommunalen Finanzen.[263]

Da § 5 Abs. 2 RFV die Möglichkeit der Übertragung von Aufgaben des Fürsorgeverbandes durch diesen an Verbände oder Einrichtungen der freien Wohlfahrtspflege vorsah, bildete diese Norm auch die Grundlage des Angriffs der NSV auf die kommunalen Fürsorgekompetenzen.[264] Zwar blieben die formalen Zuständigkeitsregelungen im Bereich der kommunalen Wohlfahrtsaufgaben bis 1938 unverändert, jedoch wurden auf lokaler Ebene die kommunalen Zuständigkeiten tatsächlich immer mehr ausgehöhlt, indem die NSV allmählich Aufgaben der kommunalen Wohlfahrts- und Jugendämter wahrnahm.[265] Die Aussage des Leiters der Staatsrechtlichen Abteilung des Stabes des Stellvertreters des Führers, Ministerialdirektor Walther Sommer, vom 13.06.1938, dass es vielleicht besser wäre, die ganze Fürsorge der NSV zu übertragen, hielt sich als Gerücht beharrlich über ein Jahr hinweg und trug zu einer massiven Verunsicherung der Gemeinden bei der Erfüllung ihrer Fürsorgetätigkeit bei.[266] Diesbezügliche Klarheit wurde erst durch die *»Münchner Vereinbarung«* vom 16.10.1939 zwischen dem Leiter des HAVW Erich Hilgenfeldt und dem Vorsitzenden des DGT und Leiter des Hauptamtes für Kommunalpolitik Karl Fiehler geschaffen. Bei dieser Besprechung erklärte Hilgenfeldt, dass er zu keinem Zeitpunkt die Absicht besessen habe, die gesetzlichen Fürsorgeaufgaben der Gemeinden ganz oder teilweise auf die NSV zu übertragen. Vielmehr ging es Hilgenfeldt vornehmlich um die Bereiche der Gemeindeschwesternstationen und der Kindergärten. Die Zuständigkeit für letztere wurde in dieser *»Münchner Vereinbarung«* weitgehend auf die NSV übertragen.[267]

Die Versuche der NSV, eine feste Verbindung zur kommunalen Wohlfahrtspflege durch den Deutschen Verein für öffentliche und private Fürsorge (DV) herzustellen, da der DV sowohl von der kommunalen als auch von der

---

263) *Sachße/Tennstedt,* Geschichte der Armenfürsorge, Bd. 3, S. 144 f.

264) Diesbezüglich strebte die NSV insbesondere Kompetenzübertragungen im Bereich der Jugendhilfe, der Gemeindeschwesternstationen und des Kindergartenwesens an, da gerade in diesen Bereichen »aufbauende Volkspflege« geleistet werden konnte; siehe dazu *Hansen,* Wohlfahrtspolitik im NS-Staat, S. 121; *Sachße/Tennstedt,* Geschichte der Armenfürsorge, Bd. 3, S. 146.

265) *Sachße/Tennstedt,* Geschichte der Armenfürsorge, S. 146 f.

266) Zu den Einzelheiten diese Diskussion betreffend siehe *Hansen,* Wohlfahrtspolitik im NS-Staat, S. 126 ff.

267) *Hansen,* Wohlfahrtspolitik im NS-Staat, S. 148 f.

freien Wohlfahrtspflege getragen wurde, scheiterten, als der DV durch seine neue Satzung vom 14.08.1934 auf eine reine wissenschaftliche Forschungsstelle reduziert wurde. Es wurde daraufhin am 22.01.1936 der *»Reichszusammenschluß für öffentliche und freie Wohlfahrtspflege und Jugendhilfe«* von DGT und HAVW gegründet, der eine Arbeitsgemeinschaft der beiden Zweige der Wohlfahrtspflege unter Leitung des Vorsitzenden des HAVW bildete. Doch auch mittels dieser Arbeitsgemeinschaft, gelang es der NSV nicht, die kommunalen Wohlfahrtskompetenzen an sich zu ziehen; dieser Reichszusammenschluss entfaltete nach 1938 daher keinerlei Aktivitäten mehr.[268]

Es ist daher festzustellen, dass die NSV, trotz ihrer enormen Expansion seit der »Machtergreifung«, den von ihr propagierten und beanspruchten Führungsanspruch auf dem gesamten Wohlfahrtssektor nicht vollständig erreichte.

2. Die Situation während des Zweiten Weltkrieges

Mit Kriegsausbruch wuchs die Bedeutung der NSV weiter an, da sie zusätzlich neue Aufgaben erhielt. Sie leistete Flüchtlingshilfe an der Ost- und Westfront, sorgte für die »Volksdeutschen« in den überfallenen Ländern und leistete volksfürsorgerische Aufbauarbeit im Generalgouvernement und im Reichsprotektorat.[269]

Nach der erwähnten Auflösung der Arbeitsgemeinschaft der freien Wohlfahrtspflege bestand zwischen den konfessionellen Verbänden und der NSV keine formelle Verbindung mehr, und die Beziehungen von IM und DCV zur NSV gestalteten sich jeweils unterschiedlich. So hatte die Fuldaer Bischofskonferenz 1939 den Caritasverband zur uneingeschränkten Wahrung seines Besitzstandes verpflichtet, und es wurde 1940 in einer Vorlage an die Bischofskonferenz selbstbewusst die Selbstständigkeit und Selbstverwaltung der kirchlichen Liebestätigkeit hervorgehoben.[270] Demgegenüber versuchte die Innere Mission ihre Eigenständigkeit dadurch zu bewahren, dass sie sich am 12.08.1940 der Deutschen Evangelischen Kirche eingliederte. Diese Strategie der Inneren Mission aber war nicht uneingeschränkt erfolgreich, sondern durch den damit verbundenen Rechtsträgerwechsel der

268) *Sachße/Tennstedt,* Geschichte der Armenfürsorge, Bd. 3, S. 148 f.

269) *Hansen,* Wohlfahrtspolitik im NS-Staat, S. 197; *Sachße/Tennstedt,* Geschichte der Armenfürsorge, Bd. 3, S. 252 ff.

270) *Hansen,* Wohlfahrtspolitik im NS-Staat, S. 199.

Einrichtungen wurde die NSV erst auf diese konfessionellen Einrichtungen aufmerksam.[271]

Die NSV baute während des Krieges auch ihren Einfluss auf die öffentliche Fürsorge weiter aus und durchdrang deren Tätigkeitsbereiche und Strukturen noch mehr. Dies hatte zur Folge, dass die alten kommunalen Befürchtungen einer Übernahme des gesamten Wohlfahrtsapparates durch die NSV erneut geschürt wurden.[272]

Die Stellung der NSV wurde am 22.08.1944 endgültig gefestigt, als Hitler in einer Verfügung die NSV zum *»Träger und Repräsentanten der Volkspflege«* bestimmte.[273]

Hinsichtlich des Grundsatzes der institutionellen Subsidiarität ist damit insgesamt von Bedeutung, dass die NSV diesen in der RFV niedergelegten Grundsatz überinterpretierte, um ihren Führungsanspruch gegenüber der kommunalen Wohlfahrtspflege durchzusetzen und diese faktisch auszuschalten. Weiter ist in diesem Zusammenhang festzustellen, dass es während der nationalsozialistischen Ära eine freie Wohlfahrtspflege, wie sie sich bis zur »Machtergreifung« im Deutschen Reich herausgebildet hatte, nicht mehr gab. Vielmehr existierten nur noch die konfessionellen Verbände, deren Auflösung für den Zeitpunkt nach Kriegsende geplant war.

G. Die Zeit bis zum Erlass des BSHG 1962

Nach der Kapitulation am 08.05.1945 war aufgrund der materiellen Not der deutschen Bevölkerung ein Wiederaufbau der sozialen Sicherungssysteme und insbesondere der Fürsorgeeinrichtungen und -leistungen dringend

---

271) *Hansen,* Wohlfahrtspolitik im NS-Staat, S. 200.

272) *Hansen,* Wohlfahrtspolitik im NS-Staat, S. 201 ff. Zur Sicherung der Position der öffentlichen Fürsorge gab Karl Fiehler im Mai 1942 dem DGT und später auch dem Hauptamt für Kommunalpolitik den Auftrag, ein *»Volkspflegegesetz«* auszuarbeiten. In diesem Gesetz sollten nationalsozialistische erbbiologische und rassistische Grundsätze verankert und so die NSV in Fürsorgefragen überboten und der eigene Zuständigkeitsbereich gesichert werden. Die Beratungen und Planungen mündeten jedoch nicht einmal in einem Gesetzesentwurf und stellten auch kein adäquates Mittel dar, um den Machtbereich der NSV zu gefährden; ausführlich zum »Volkspflegegesetz« *Hansen,* Wohlfahrtspolitik im NS-Staat, S. 325 ff.; *Sachße/Tennstedt,* Geschichte der Armenfürsorge, Bd. 3, S. 254 f.

273) Verfügung des Führers Nr. 11/44 vom 22.08.1944, abgedruckt in *Hammerschmidt,* Wohlfahrtsverbände im NS-Staat, S. 366; *Hansen,* Wohlfahrtspolitik im NS-Staat, S. 350, siehe auch S. 359 ff. hinsichtlich der Bemühungen um einen entsprechenden »Stopperlaß«.

erforderlich. Dabei bildeten, nachdem alles nationalsozialistische Sonderrecht aufgehoben worden war, die unverändert fortgeltenden Bestimmungen der RFV und der RGr aus der Weimarer Zeit die rechtliche Grundlage für jegliche Fürsorgetätigkeit.[274] Damit blieben auch die den Individualisierungsgrundsatz normierenden §§ 1 und 10 der RGr, die den Selbsthilfegrundsatz normierenden § 21 RFV und § 5 RGr sowie der den Grundsatz der institutionellen Subsidiarität konkretisierende § 5 RFV und der den Kenntnisgrundsatz konkretisierende § 2 Abs. 1 HS 2 RGr unverändert in Kraft.

I. Weiterentwicklung eines Bedarfsdeckungsgrundsatzes

Allerdings wurde 1945 die bisherige gehobene oder Gruppenfürsorge abgeschafft und durch eine so genannte Einheitsfürsorge ersetzt.[275] Damit gab es im Fürsorgerecht keine unterschiedlichen Arten von anerkanntem Bedarf mehr.[276]

Darüber hinaus wurde die Bestimmung der Leistungshöhe auf den Deutschen Verein für öffentliche und private Fürsorge übertragen. War dieser Bereich damit der politischen Öffentlichkeit entzogen, so blieb der kommunale Einfluss über deren Gremienmitglieder im DV dennoch erhalten.[277]

Weiter wurde durch Artikel VII des Fürsorgeänderungsgesetz vom 20.08.1953 (FÄG)[278] § 11a RGr neu eingefügt, der die Leistungsgewährung durch laufende Beihilfen und durch einmalige Beihilfen vorsah, eine

---

274) Dies wird auch daran deutlich, dass in den ersten Fürsorgerechtskommentaren der Nachkriegszeit die früheren Kommentierungen zur RFV und zu den RGr aus der Zeit der Weimarer Republik einfach übernommen wurden. Vgl. *Jehle,* Fürsorgerecht, 1. Aufl. von 1950 und ebenso *ders.,* Fürsorgerecht, 2. Aufl. von 1954; siehe auch *Stolleis,* Geschichte des Sozialrechts, S. 209.

275) RMBliV, S. 1951.

276) Allerdings bildeten sich in der Folgezeit wieder neue Gruppen, die von der Einheitsfürsorge ausgenommen wurden: so durch das Soforthilfegesetz v. 08.08.1949 (WiGBl. S. 205) die Gruppe der Flüchtlinge, Sach- und Währungsgeschädigten und der politisch Verfolgten oder durch das Gesetz v. 13.06.1950 (BGBl. S. 204) durch die darin vorgesehene Unterhalsbeihilfe für Angehörige von Kriegsgefangenen.

277) *Stolleis,* Geschichte des Sozialrechts, S. 215.

278) Gesetz über die Änderung und Ergänzung fürsorgerechtlicher Bestimmungen v. 20.08.1953, BGBl. I, S. 967 ff.

Form der Bedarfsdeckung, die auch unter Geltung des BSHG vorgesehen und sich auch in den neuen Gesetzen SGB II und SGB XII wiederfindet.

Ebenso wurde durch die, ebenfalls durch die Artikel VII und VIII des FÄG in die Reichsgrundsätze eingefügten, §§ 11b – 11f und § 23 Abs. 3 RGr für bestimmte Personengruppe wegen deren erhöhter Hilfsbedürftigkeit die Leistung eines Mehrbedarfs eingeführt. Auch diese Figur des sozialhilferechtlichen Mehrbedarfs ist bis in die heutige Zeit erhalten geblieben.[279]

Aufgrund des wachsenden Wohlstands in Westdeutschland wurden dort in der Zeit zwischen 1949 und 1955 die Fürsorgerichtsätze um 50 % angehoben, so dass das Existenzminimum insgesamt großzügiger bemessen wurde. Es sollte mit diesem nunmehr nicht mehr die bloße Grundversorgung abgesichert werden, sondern ihm kam auch die Aufgabe zu, dem Bedürftigen eine Teilhabe am gesellschaftlichen Leben zu ermöglichen.[280]

Diese aus der Weimarer Republik stammende Rechtslage der Fürsorge wurde dann endgültig durch In-Kraft-Treten des BSHG abgelöst. Das BSHG war am 04.05.1961 im Bundestag beschlossen, am 30.06.1961 verkündet worden und trat am 01.06.1962 in Kraft.[281]

II. Weiterentwicklung eines Individualisierungsgrundsatzes

Gleichzeitig erlangte der Individualisierungsgrundsatz durch die Abschaffung der gehobenen Fürsorge und durch die Einführung dieser typisierten Mehrbedarfsfälle eine größere Bedeutung. Die besondere Aufgabe des Individualisierungsgrundsatzes wurde auch in der damaligen Zeit schon darin gesehen, dass durch seine Beachtung rein schematische, ausschließlich am Richtsatzsystem orientierte Fürsorgeleistungen vermieden wurden und man auf besondere individuelle Notlagen, denen die bloße Beachtung der Richtsätze nicht gerecht wurde, reagieren konnte. Der Individualisierungsgrundsatz begründete also schon damals das Verbot einer rein schematischen Fürsorge.[282]

Weiter war die Bedeutung des Individualisierungsgrundsatzes nicht mehr ausschließlich auf den Bereich der Leistungsgewährung bezogen, sondern er wirkte vielmehr in dem diesem vorgelagerten Komplex der Prüfung der

279) Vgl. § 23 BSHG, § 21 SGB II, § 30 SGB XII.

280) *Stolleis,* Geschichte des Sozialrechts, S. 220.

281) BGBl. I, S. 815.

282) *Jehle,* Fürsorgerecht 1954, Anm. 2 zu § 10 RGr.

Hilfebedürftigkeit. Diese Beachtung des Individualisierungsgrundsatzes auf den unterschiedlichen Ebenen der Behandlung eines Sozialhilfefalles ist ebenfalls bis in die heutige Zeit erhalten geblieben.

Insgesamt wurde der Individualisierungsgrundsatz schon damals als ein altbewährter, das Fürsorgerecht neben Subsidiaritätsprinzip und Einheitsfürsorge beherrschender Grundsatz eingestuft.[283] Es kann daher festgehalten werden, dass die Geltung des Individualisierungsgrundsatzes aus der Weimarer Republik übernommen und seine Bedeutung als ein »wesentliches Strukturmerkmal«[284] des Fürsorgerechts anerkannt wurde.

III. Weiterentwicklung eines Selbsthilfegrundsatzes

Weiter wurde durch Artikel V des FÄG der bisherige § 8 RGr dergestalt geändert, dass nunmehr nicht mehr lediglich das gesamte verwertbare Vermögen, sondern auch das gesamte Einkommen des Hilfebedürftigen im Rahmen einer Hilfebedürftigkeitsprüfung angerechnet wurde.[285]

Die grundsätzlich im Rahmen der Zumutbarkeit bestehende Arbeitspflicht der Hilfebedürftigen blieb ebenfalls bestehen, ebenso die Möglichkeit der Einweisung in eine Arbeitsanstalt nach § 20 RFV.[286]

Abschließend ist festzustellen, dass der Selbsthilfegrundsatz auch im Nachkriegsdeutschland unverändert weiter fortgalt. Er wurde, ebenso wie der Individualisierungsgrundsatz, als ein das Fürsorgerecht beherrschender Grundsatz und damit ebenfalls als ein diesem wesentliches Strukturmerkmal angesehen.[287]

---

283) *Jehle,* Fürsorgerecht 1954, Anm. 3 zu § 10 RGr.

284) *Eylert,* Schematisierende materielle Sozialhilfeleistungen, S. 83.

285) Vgl. auch *Jehle,* Fürsorgerecht 1954, Anm. 2 zu § 8 RGr. Gleichzeitig wurden die §§ 8 a – 8c RGr durch Artikel V des Fürsorgeänderungsgesetzes eingefügt, in denen die im einzelnen nicht verwertbaren Vermögensarten, -werte und sonstige zweckbestimmte Leistungen aufgezählt wurden.

286) Diese Form der Anstaltsunterbringung wurde auch vom späteren BSHG in dessen § 73 Abs. 2, 3 übernommen und erst 1967 vom Bundesverfassungsgericht für verfassungswidrig erklärt, vgl. *BVerfG,* Urteil v. 18.07.1967, BVerfGE 22, 180 (181: *»Die zwangsweise Anstalts- oder Heimunterbringung eines Erwachsenen, die weder dem Schutz der Allgemeinheit noch dem Schutz des Betroffenen selbst, sondern ausschließlich seiner ›Besserung‹ dient, ist verfassungswidrig.«*).

287) *Jehle,* Fürsorgerecht 1954, Anm. 1 zu § 21 RFV.

IV. Weiterentwicklung eines Grundsatzes der institutionellen Subsidiarität

Hinsichtlich des Grundsatzes der institutionellen Subsidiarität ist anzuführen, dass sich der gesamte Sektor der freien Wohlfahrt aufgrund der erlittenen Unterdrückung durch die Nationalsozialisten neu organisieren musste. Den Verbänden der freien Wohlfahrt kam vor allem im *»politischen Vakuum«*[288] der Nachkriegszeit gewachsene Bedeutung zu, insbesondere da die beiden großen Kirchen zur Zeit der moralischen Orientierungslosigkeit der Bevölkerung über einen richtungsgebenden Wertekatalog verfügten.[289]

Die Innere Mission schuf aufgrund der Teilung Deutschlands auch eine geteilte Geschäftsstelle, indem für die Bundesrepublik der Central-Ausschuß West in Bethel eingerichtet wurde und der Central-Ausschuss Ost in Berlin verblieb.[290] Im Rahmen der geschlossenen Fürsorge baute die Innere Mission ihre Tätigkeit verstärkt aus; sie verfügte bereits 1955 im Gebiet der Bundesrepublik, der sowjetischen Besatzungszone, des Saarlandes und Berlins wieder über 3757 Anstalten und Heime.[291]

Weiter wurde im August 1945 das Hilfswerk der Evangelischen Kirche in Deutschland als ein Organ der Kirche gegründet. Das Hilfswerk half zum einen der materiellen Not der Bevölkerung ab, zum anderen hatte es sich den kirchlichen Wiederaufbau zum Ziel gesetzt. Daneben widmete sich das Hilfswerk der Flüchtlingsarbeit, dem sozialen Wohnungsbau und der Auswandererfürsorge. 1957 schlossen sich die Innere Mission und das Hilfswerk in landeskirchlichen Werken zusammen; 1975 vereinten sie sich im Diakonischen Werk der Evangelischen Kirche.[292]

Der Deutsche Caritasverband war nach dem Zweiten Weltkrieg die zweite überregionale Organisation, die sofort arbeitsfähig war. Hatte der Verband 1933 insgesamt 3971 Einrichtungen der geschlossenen Fürsorge besessen, so konnte die durch Beschlagnahmungen, Zweckentfremdungen, Kriegszerstörungen und Verluste in den ehemaligen Ostgebieten erheblich minimierte

288) *Stolleis,* Geschichte des Sozialrechts, S. 219.

289) *Stolleis,* Geschichte des Sozialrechts, S. 219.

290) *BMI,* Freie Wohlfahrtspflege, S. 28.

291) 1930 hat die Zahl der Anstalten und Heime der Inneren Mission 4508 betragen, diese Zahl war bis 1945 dann auf etwa 2000 Einrichtungen durch Beschlagnahmung, Zweckentfremdung, Kriegsschäden und Verluste in den ehemaligen Ostgebieten zurückgegangen. Vgl. hierzu *BMI,* Freie Wohlfahrtspflege, S. 37.

292) Vgl. zum Hilfswerk *BMI,* Freie Wohlfahrtspflege, S. 51 ff.

Zahl bis 1947 wieder auf 3587 Anstalten anwachsen, bis 1955 sogar auf 4732 Einrichtungen in der Bundesrepublik, in der sowjetisch besetzten Zone und im Saargebiet.[293] Auch in der offenen Fürsorge konnte der Caritasverband sein Tätigkeitsfeld erheblich ausbauen.[294]

Nachdem der Deutsche Paritätische Wohlfahrtsverband 1933/34 aufgelöst worden war, reorganisierte sich dieser nach dem Ende des Zweiten Weltkrieges zunächst auf Länderebene und wurde am 08.10.1949 als Spitzenverband der freien Wohlfahrtspflege offiziell wiedergegründet.[295] Auch dieser Verband weitete seine Tätigkeitsbereiche schnell aus: er unterhielt 1955 bereits 595 Einrichtungen der geschlossenen Fürsorge, 757 Einrichtungen der halboffenen Fürsorge sowie 101 Ausbildungsstätten für Aufgaben der Wohlfahrts- und Krankenpflege.[296]

1950 wurde das Deutsche Rote Kreuz wieder neu gegründet, und im Februar 1951 wurde es durch die Bundesregierung, ein Jahr später dann auch durch das Internationale Komitee vom Roten Kreuz anerkannt. Es verfügte 1955 bereits über 510 Einrichtungen der geschlossenen Fürsorge, dazu kamen 1813 Einrichtungen der halboffenen Fürsorge, wie Kindergärten oder Kinderkrippen.[297]

Weiter wurde im Frühjahr 1946 der Hauptausschuss der Arbeiterwohlfahrt gebildet, der die Arbeit in den westlichen Besatzungszonen zusammenfasste und koordiniere.[298] Die Arbeiterwohlfahrt sah ihre Aufgabe vor allem in der Zusammenarbeit mit öffentlichen Fürsorgestellen und der Bereitstellung von ehrenamtlichen Helfern. 1955 belief sich die Zahl der für die Sozialarbeit in den Ortsausschüssen zuständigen ehrenamtlichen Helfern bereits auf 78000. Zur gleichen Zeit verfügte die Arbeiterwohlfahrt im Bundesgebiet über 11 Ausbildungsstätten, über 272 Einrichtungen der geschlossenen, 2455 der halboffenen und 3961 der offenen Fürsorge.[299]

Abschließend sei noch die jüdische Wohlfahrtspflege angesprochen. 1951 wurde die *»Zentralwohlfahrtsstelle der Juden in Deutschland e.V.«* gegründet, die als Spitzenverband der freien Wohlfahrtspflege auch Mitglied der

---

293) Vgl. *BMI,* Freie Wohlfahrtspflege, Übersicht 13, S. 72 und S. 74.

294) Vgl. zu den Tätigkeiten und diesbezüglichen Zahlen *BMI,* Freie Wohlfahrtspflege, S. 72 ff.

295) *BMI,* Freie Wohlfahrtspflege, S. 105 f.

296) *BMI,* Freie Wohlfahrtspflege, S. 107 f.

297) Zu den Zahlen im einzelnen siehe *BMI,* Freie Wohlfahrtspflege, S. 136.

298) *BMI,* Freie Wohlfahrtspflege, S. 15.

299) Zu den Zahlen vgl. *BMI,* Freie Wohlfahrtspflege, S. 16 ff.

»Arbeitsgemeinschaft der Spitzenverbände der freien Wohlfahrtspflege« war. 1954 verfügte die jüdische Gemeinschaft in der Bundesrepublik über insgesamt 16 Anstalten der geschlossenen Fürsorge, 13 halboffene Einrichtungen und 30 Beratungsstellen der offenen Fürsorge. Dem stand eine Bevölkerungszahl von etwa 22000 Juden in Deutschland gegenüber.[300]

Insgesamt ist also festzustellen, dass sich relativ zügig nach dem Ende des Zweiten Weltkrieges die freie Wohlfahrtspflege reorganisierte und ihre Tätigkeitsfelder und Einrichtungen ausweitete. Das hatte zur Folge, dass dem in § 5 RFV verankerten Prinzip der institutionellen Subsidiarität in der Praxis wieder Bedeutung zukam und es sich bei dieser Vorschrift nicht mehr um eine bloße *»Leerformel«* handelte.

V. Weiterentwicklung eines Kenntnisgrundsatzes

Hinsichtlich des Kenntnisgrundsatz ist anzumerken, dass die Amtlichen Erläuterungen zu § 2 RGr aus der Weimarer Republik inhaltlich übernommen worden waren und man weiterhin davon ausging, dass die Ermittlung der jeweiligen Verhältnisse des Hilfebedürftigen und gegebenenfalls eine Hilfeleistung ohne vorherige Antragstellung Ausfluss des geltenden Amtsprinzips seien.[301]

Weiter nahm man sowohl während der Weimarer Republik als auch in den ersten Jahren der Bundesrepublik die Möglichkeit einer Zwangsunterstützung an, denn die insoweit inhaltlich aus der Weimarer Republik übernommene Nr. 1 der Amtlichen Erläuterungen zu §§ 2 und 3 RGr bestimmte, dass *»ein Verzicht des Hilfebedürftigen auf Hilfe sie (die Fürsorge) nicht von ihrer Pflicht [entbindet].«* Und Nr. 2 der Amtlichen Erläuterungen zu §§ 2 und 3 RGr führte aus: *»§ 2 bricht mit der Praxis, welche davon ausging, daß Armenhilfe nur auf Ansuchen zu gewähren sei und ›nicht aufgedrängt werden dürfe‹.«*[302] Demgegenüber herrscht nunmehr Einigkeit, dass die Würde des Menschen, Art. 1 Abs. 1 GG, und die Freiheit der Person, Art. 2 GG, eine Unterstützung gegen den Willen des Bedürftigen verbieten.[303]

---

300) Vgl. *BMI,* Freie Wohlfahrtspflege, S. 149 ff.

301) Vgl. Nrn. 1 und 2 der Amtlichen Erläuterungen zu §§ 2 und 3 RGr, abgedruckt in *Jehle,* Fürsorgerecht 1954, S. 74.

302) Vgl. Nrn. 1 und 2 der Amtlichen Erläuterungen zu §§ 2 und 3 RGr, abgedruckt in *Jehle,* Fürsorgerecht 1954, S. 74.

303) Vgl. oben, S. 11.

VI. Entwicklung eines Grundsatzes »Keine Sozialhilfe für die Vergangenheit«

Eine echte Neuerung im Recht der öffentlichen Fürsorge erfolgte dann mit der Anerkennung eines subjektiv-öffentlichen Rechts auf die gesetzlich vorgesehenen Fürsorgeleistungen. Erstmals wurde ein solcher Anspruch des Hilfebedürftigen vom Bayerischen Verwaltungsgerichtshof anerkannt, der diesbezüglich ausführte: *»[...] mit den Grundforderungen des modernen Rechts- und Sozialstaates [ist es] jedenfalls nicht zu vereinbaren, die Hilfsbedürftigen in eine Rolle von Menschen zurückzudrängen, deren Anwartschaft auf Fürsorge sich nur indirekt als Reflexwirkung daraus ergäbe, dass die Fürsorgeverbände gegenüber dem Staat zur Bekämpfung der Armut verpflichtet sind«*[304]. Andere Verwaltungsgerichte schlossen sich dieser neuen Rechtsprechung an,[305] die ihren Abschluss in der Entscheidung des Bundesverwaltungsgerichts vom 24.06.1954 fand, in der dem Hilfebedürftigen ein subjektiv-öffentliches Recht auf die gesetzlich vorgesehenen Fürsorgeleistungen eingeräumt wurde.[306]

Mit Einräumung eines solchen subjektiven öffentlichen Rechts auf Fürsorge kam auch der Grundsatz »Keine Sozialhilfe für die Vergangenheit« zur Entstehung. Zwar musste es sich auch schon zur Zeit der Weimarer Republik um eine gegenwärtige Notlage handeln, damit Fürsorgeleistungen gewährt wurden und eventuelle Ersatzansprüche der Fürsorgeverbände untereinander geltend gemacht werden konnten.[307] Und auch wenn im Unterstützungswohnsitzgesetz eine Definition von Hilfebedürftigkeit und damit dem Vorliegen einer Notlage fehlte, so kann doch aus verschiedenen Bestimmungen der Landesausführungsgesetze zum Unterstützungswohnsitzgesetz, die bei der Hilfebedürftigkeit auf den nicht gedeckten *»nothdürftigen Unterhalt«*[308] abstellten, entnommen werden, dass auch hier eine jeweils

304) *BayVGH,* Urteil v. 08.03.1949, DÖV 1949, 375.

305) Vgl. *OVG Münster,* Urteil v. 13.04.1950, DVBl 1951, 84; *OVG Hamburg,* Urteil v. 22.01.1951, DVBl 1951, 311; *OVG Lüneburg,* Urteil v. 14.03.1951, DVBl 1952, 772.

306) *BVerwG,* Urteil v. 24.06.1954, BVerwGE 1, 159 ff.

307) Vgl. Anm. 2 und 3 zu § 1 RGr, abgedruckt in *Baath,* Verordnung über die Fürsorgepflicht 1928, S. 63.

308) Vgl. § 2 des Gesetzes v. 05.05.1870, die öffentliche Armenpflege betreffend des Landes Baden (Gesetz- und Verordnungsblatt S. 287), abgedruckt in *Krech,* Unterstützungswohnsitz, S. 88; Art. 71 § 1 der Gemeindeordnung für das Herzogthum Oldenburg v. 15.04.1873 (Gesetzblatt S. 551), abgedruckt in *Krech,* Unterstützungswohnsitz, S. 95 f.

gegenwärtige Notlage vorliegen musste. Damit aber war noch nichts darüber gesagt, bis zu welchem Zeitpunkt eine solche Notlage fortbestehen musste, um als gegenwärtige gelten zu können.

Die Bestimmung dieser Zeitspanne erlangte erst mit der Einräumung eines subjektiven öffentlichen Anspruchs auf Fürsorge Bedeutung, also mit der Möglichkeit, diesen Anspruch gerichtlich geltend zu machen. Dies wird auch daran deutlich, dass anfangs nur für das Land Bayern eine solche Zeitspanne bestimmt wurde, da dort der bayerische Verwaltungsgerichtshof als erstes Gericht einen subjektiven Anspruch der Hilfesuchenden anerkannt hatte.[309] Erst nachdem ein solches subjektives Recht auf Fürsorge höchstrichterlich durch das Bundesverwaltungsgericht anerkannt worden war[310], erlangte dieser Grundsatz »Keine Sozialhilfe für die Vergangenheit« bundeseinheitlich Relevanz.[311]

War also zuvor die Gegenwärtigkeit einer Notlage punktuell von dem zuständigen Fürsorgeverband beurteilt worden und hatte mangels der Möglichkeit der gerichtlichen Geltendmachung eines Fürsorgeanspruchs auch nicht das Bedürfnis bestanden, diesen Zeitpunkt bzw. die Zeitspanne der Gegenwärtigkeit bestimmen zu müssen, so hatte sich dies mit der Einräumung eines subjekiv öffentlichen Anspruchs auf öffentliche Unterstützung geändert.

---

309) *BayVGH,* Urteil v. 08.03.1949, DÖV 1949, 375.

310) *BVerwG,* Urteil v. 24.06.1954, BVerwGE 1, 159 ff.

311) Vgl. diesbzgl. auch die Kommentierung zu § 5 RGr bei *Jehle,* Fürsorgerecht 1954, S. 82.

§ 3: Der Rechtscharakter der sozialhilferechtlichen Prinzipien

A. Die sozialhilferechtlichen Strukturprinzipien als Rechtsprinzipien

I. Einleitung

Die dargestellten Rechtsfiguren, wie der Bedarfsdeckungsgrundsatz oder der Nachranggrundsatz, werden sowohl von der Rechtsprechung als auch dem Schrifttum durchgehend als »Grundsätze des Sozialhilferechts«[312], »Strukturprinzipien«[313] oder auch »Grundsatzbestimmungen des BSHG«[314] bezeichnet.

Fraglich ist an dieser Stelle daher, ob es sich bei diesen sozialhilferechtlichen Instituten auch tatsächlich um Rechtsprinzipien handelt, oder ob dieser Gebrauch des Prinzipienbegriffs sich nicht mit dem in der Rechtswissenschaft verwendeten deckt und insofern nur eine sprachliche Ungenauigkeit darstellt.

Bei der Untersuchung dieser Fragestellung wird im folgenden der Begriff des **Rechtsprinzips** verwandt, der als Synonym für den des »Rechtsgrundsatzes« gebraucht wird. Dies entspricht der Praxis der gesamten rechtswissenschaftlichen Literatur, die zwischen diesen beiden Begriffen keine Unterscheidung vornimmt[315].

II. Definition des Begriffs »Rechtsprinzip«

Im Mittelpunkt aller wissenschaftlichen Arbeiten, die sich mit dem Begriff des »Rechtsprinzips« befassen, steht die Unterscheidung zwischen Rechtsprinzipien und Rechtsregeln sowie ihr Verhältnis zueinander. Anhänger der in diesem Zusammenhang vertretenen so genannten Übereinstimmungsthese sind der Ansicht, dass zwischen Rechtsregeln und Rechtsprinzipien kein logischer Unterschied bestehe, so dass beide Normarten grundsätzlich

312) So *Müller-Tochtermann,* JuS 1962, 449 ff.

313) So *Rothkegel,* in: Rothkegel, Sozialhilferecht, S. 43 ff.; *ders.,* Strukturprinzipien, S. 7, 9 f.; *Schoch,* Sozialhilfe, S. 45.

314) So *Schlüsche,* ZfF 1972, 123 ff.

315) Vgl. *Esser,* Grundsatz und Norm; *Penski,* JZ 1989, 105 (105).

identische Eigenschaften aufweisen könnten. Demgegenüber vertreten Befürworter einer schwachen Trennungsthese die Meinung, dass zwar zwischen Regeln und Rechtsprinzipien ein Unterschied bestehe, dieser jedoch nur gradueller und keineswegs qualitativer Art sei. Gänzlich anders dagegen stufen Vertreter der strengen Trennungsthese den Unterschied zwischen Rechtsregeln und Rechtsprinzipien ein, wenn sie behaupten, dass beide Normarten jeweils eine völlig unterschiedliche »logische Struktur«[316] aufwiesen.[317]

Je nachdem, welche der drei Thesen vertreten wird, werden unterschiedliche Unterscheidungskriterien zwischen Rechtsregeln und Rechtsprinzipien angeführt, wobei die einzelnen Autoren oft mehrere Kriterien nebeneinander anwenden, was insgesamt zu einer unübersichtlichen Vielzahl führt. So werden beispielsweise als Abgrenzungskriterien genannt: Das Kriterium des Bezugs zur Rechtsidee[318] oder des Bezugs zu einem obersten Rechtsgesetz[319], das Kriterium der Entstehungsweise und damit einhergehend die Unterscheidung zwischen *»geschaffenen«* und *»gewachsenen«* Normen,[320] das Kriterium der Bedeutung für die Rechtsordnung,[321] das Merkmal, ob die Norm selbst Weisung und damit Regel oder aber *»Grund, Kriterium und Rechtfertigung der Weisung«*[322] ist. Auch wird als Unterscheidungskriterium die *»Bestimmbarkeit der Anwendungsfälle«*[323] angeführt, die *»Explizitheit des Wertungsgehaltes«*,[324] oder es wird eine Unterscheidung danach vorgenommen, ob es sich um Argumentations- oder Verhaltensnormen handelt.[325] Das bedeutendste Unterscheidungskriterium ist das der Generalität, welches regelmäßig auch mit einem universellen Adressatenkreis einhergeht. Danach sollen Rechtsprinzipien im Gegensatz zu Regeln eine höhere Unbestimmtheit in der Verhaltensanforderung aufweisen[326].

---

316) *Alexy,* Zum Begriff des Rechtsprinzips, S. 65.

317) Vgl. zu diesen drei Thesen *Alexy,* Zum Begriff des Rechtsprinzips, S. 64 f.

318) So *Larenz,* Richtiges Recht, S. 23 ff., 26; *ders.,* Methodenlehre, S. 218, 404.

319) *H. J. Wolff,* Rechtsgrundsätze und verfassungsgestaltende Grundentscheidungen als Rechtsquellen, S. 33 (37 ff.).

320) *Eckhoff,* Guiding Standards in Legal Reasoning, S. 205 (209 f.).

321) *Larenz,* Methodenlehre, S. 461.

322) So *Esser,* Grundsatz und Norm, S. 51 f.; ebenso *Larenz,* Richtiges Recht, S. 25 f.

323) *Esser,* Grundsatz und Norm, S. 51.

324) *Canaris,* Systemdenken und Systembegriff in der Jurisprudenz, S. 50.

325) *Gross,* Standards as Law, S. 575 (578).

326) So *Penski,* JZ 1989, 105 (110), *Wache,* Der Begriff des Rechtsprinzips, S. 29.

Bei einer Auseinandersetzung um eine Definition des Prinzipienbegriffs aber müssen in jedem Falle *Alexys* Definition sowie die diesbezüglichen Ausführungen *Dworkins,* mit denen sich *Alexy* in seinem Werk *»Theorie der Grundrechte«* auseinander gesetzt und von denen aus er seine eigenen Thesen begründet hat, in den Blick genommen werden. *Dworkin,* der mit seinen Thesen in erster Linie die positivistische Theorie des Rechts angreift, vertritt eine strenge Trennungsthese und sieht den logischen Unterschied zwischen Rechtsprinzipien und Rechtsregeln darin, dass Regeln im Gegensatz zu Rechtsprinzipien auf eine *»Alles-oder-Nichts-Weise«* (all-or-nothing fashion) anwendbar seien, was bedeutet, dass, wenn die Regel gültig sei, die Rechtsfolge befolgt werden müsse und wenn die Regel nicht gültig sei, sie auch nichts zu einer Entscheidung beitrage.[327] Demgegenüber fallen nach *Dworkin* unter ein Prinzip *»alle Maßstäbe, die ohne Regeln zu sein, als Argumente für individuelle Rechte dienen können«*[328]. Nach *Dworkin* spielen Rechtsprinzipien vor allem in der juristischen Argumentation eine herausragende Rolle und sind Teile der Rechtsordnung. Sie legten, auch wenn sie äußerlich einen Tatbestand und eine Rechtsfolge aufwiesen und die tatbestandlichen Voraussetzungen erfüllt seien, die Entscheidung nicht zwingend fest, sondern enthielten nur Gründe, die für oder gegen die Entscheidung sprächen. Weiter enthielten Rechtsprinzipien im Gegensatz zu Regeln eine weitere Größe, nämlich die des Gewichts, die vor allem eine Rolle spiele, wenn zwei Rechtsprinzipien miteinander kollidierten.[329]

Aufbauend auf diesen Thesen *Dworkins* und ebenfalls unter Zugrundelegung einer strikten Trennungsthese definiert *Alexy* Rechtsprinzipien als Optimierungsgebote. Danach sind Rechtsprinzipien Normen, *»die gebieten, dass etwas in einem relativ auf die rechtlichen und tatsächlichen Möglichkeiten möglichst hohen Maße realisiert wird«*[330]. Charakteristisch für diese Rechtsprinzipien ist nach *Alexy,* dass sie in unterschiedlichen Graden erfüllt werden können, wobei *»das gebotene Maß ihrer Erfüllung nicht nur von den tatsächlichen, sondern auch von den rechtlichen Möglichkeiten abhängt«*[331]. Der Bereich des tatsächlich Möglichen ergibt sich dabei

327) *Dworkin,* Taking Rights Seriously, S. 22 ff., 71 ff., siehe dazu auch *Alexy,* Zum Begriff des Rechtsprinzips, S. 63.

328) *Alexy,* Zum Begriff des Rechtsprinzips, S. 61.

329) Vgl. dazu *Alexy,* Zum Begriff des Rechtsprinzips, S. 62 ff.

330) *Alexy,* Theorie der Grundrechte, S. 75, *ders.,* Zum Begriff des Rechtsprinzips, S. 79 ff.

331) *Alexy,* Theorie der Grundrechte, S. 76.

wiederum durch gegenläufige Rechtsprinzipien und Rechtsregeln. Im Unterschied dazu sind Regeln nach *Alexy* Normen, die stets nur entweder erfüllt oder nicht erfüllt werden können; sie enthalten somit Festsetzungen im Rahmen des sowohl tatsächlich als auch rechtlich Möglichen.[332] Nach *Alexy* wird dieser qualitative Unterschied zwischen Rechtsregeln und Rechtsprinzipien besonders deutlich im Fall von Regelkonflikten und Prinzipienkollisionen. Denn während ein Konflikt zwischen zwei anwendbaren, sich aber gegenseitig widersprechenden Regeln, nur dadurch gelöst werden könne, indem entweder in eine der Regeln eine den Konflikt beseitigende Ausnahmeklausel eingefügt oder aber mindestens eine der Regeln für ungültig erklärt werde, so handele es sich bei Prinzipienkollisionen nicht um eine derartige Frage der Gültigkeit, da nur gültige Prinzipien miteinander kollidieren könnten. Vielmehr gehe es hier um eine Vorrangfrage, also darum, welches der kollidierenden Prinzipien im konkreten Fall hinter dem anderen Prinzip zurücktreten müsse. Diese Vorrangfrage aber könne unter anderen Umständen wieder ganz anders zu beantworten sein.[333]

Es soll nunmehr eine Auseinandersetzung mit diesen unterschiedlichen Ansätzen einer Unterscheidung von Rechtsprinzipien und Rechtsregeln stattfinden, an deren Ende eine für die vorliegende Untersuchung der sozialhilferechtlichen Grundprinzipien brauchbare Definition des Prinzipienbegriffs steht. Allen bisherigen Ausführungen ist in ihrer Einordnung der Rechtsprinzipien als Normen zuzustimmen, und erst von dieser Einordnung aus ist eine sinnvolle Definition des Prinzipienbegriffs möglich.

Nach üblichem Verständnis stellt eine Norm eine rechtliche Sollensanforderung dar, die grundsätzlich aus einem Tatbestand und einer Rechtsfolge besteht.[334] Charakteristisch für eine Norm ist damit die durch sie erfolgende Festsetzung einer Anordnung bestimmten Inhalts, wobei nach *Alexy* die deontischen Grundmodalitäten: das Verbot, das Gebot und die Erlaubnis unterschieden werden.[335] Rechtsprinzipien können nur dann für eine Rechtsordnung und das Recht relevant sein, wenn sie auch im rechtlichen Bereich eine Rolle spielen, somit also eine Sollensanforderung enthalten. Gerade durch die Festsetzung eines bestimmten Sollens unterscheiden sich

---

332) *Alexy,* Theorie der Grundrechte, S. 76.
333) *Alexy,* Theorie der Grundrechte, S. 77 ff.
334) *Köbler,* Juristisches Wörterbuch, S. 291.
335) *Penski,* JZ 1989, 105 (106); *Alexy,* Theorie der Grundrechte, S. 43 f.

Rechtsprinzipien von Werten, Zielangaben und lediglich beschreibenden Aussagen.[336]

Da somit sowohl Rechtsprinzipien als auch Rechtsregeln Normen darstellen, ist *Penski* zuzustimmen, wenn er ausführt, dass der Unterschied zwischen beiden im Bereich des Normativen, also in ihrer normativen Struktur liegen müsse.[337] Weiter soll hier eine strenge Trennungsthese vertreten werden, denn es kann nicht vom Zufall abhängen, ob eine Norm als Rechtsprinzip oder als Rechtsregel einzustufen ist. Dies aber wäre insbesondere der Fall, wollte man beispielsweise ausschließlich auf die Generalität einer Norm als Unterscheidungsmerkmal abstellen, denn eine minimale Abweichung der sprachlichen Formulierung würde dann darüber entscheiden können, ob ein Prinzip oder aber eine Regel vorliegt. Auch entgeht man bei einer qualitativen Unterscheidung der beiden Normarten dem Problem, keine Lösung bei Grenzfällen finden zu können, also bei Normen, die beispielsweise zu generell formuliert sind, um noch als Regel eingestuft werden zu können, aber für ein Rechtsprinzip auch schon wieder zu speziell formuliert sind.[338] Es ist also mit *Dworkin* und *Alexy* davon auszugehen, dass zwischen Rechtsregeln und Rechtsprinzipien ein qualitativer Unterschied besteht. Fraglich ist, ob diesen beiden Autoren auch in ihren sonstigen Ausführungen, insbesondere also in den von ihnen gelieferten Definitionen von Rechtsregeln und Rechtsprinzipien zuzustimmen ist.

Gegen Dworkins Einstufung von Rechtsprinzipien als Normen, die, selbst wenn sie Tatbestand und Rechtsfolge darstellten und die tatbestandlichen Voraussetzungen gegeben seien, die Entscheidung nicht zwingend festlegten, sondern lediglich Gründe enthielten, die für oder gegen eine bestimmte Entscheidung sprechen könnten, ist gerade der oben dargelegte Normcharakter der Rechtsprinzipien ins Feld zu führen. Denn wenn Rechtsprinzipien Normen sind, also eine bestimmte Sollensanforderung festsetzen, dann sind sie bei Vorliegen der Tatbestandsvoraussetzungen auch grundsätzlich zu erfüllen. Es würde gerade dem für Normen charakteristischen Sollens

---

336) *Penski,* JZ 1989, 105 (106); *Alexy,* Theorie der Grundrechte, S. 125 ff.

337) *Penski,* JZ 1989, 105 (106).

338) Siehe zu diesem Problem *Wache,* Der Begriff des Rechtsprinzips, S. 33, der derartige Normen, *»die für Regeln zu unbestimmt sind, denen aber zugleich der für ein Prinzip erforderliche hohe Begründungswert fehlt«* als *»unfertige Regeln«* bezeichnet. Eine Abgrenzung dieser drei Normarten im Einzelfall, die sich nur nach minimalen graduellen Unterschieden richtet, dürfte allerdings nahezu unmöglich sein.

element widersprechen, wenn man in ihnen nur Gründe für eine Entscheidung sähe, die aber nicht zwingend sind.

Das gleiche Argument ist auch gegen *Alexys* Definition der Prinzipien als Optimierungsgebote anzuführen, die gebieten, dass etwas in einem relativ auf die rechtlichen und tatsächlichen Möglichkeiten möglichst hohen Maße realisiert wird. Denn wenn Rechtsprinzipien Normen sind, dann sind sie nicht nur in einem möglichst hohen Maße zu erfüllen, sondern sie besitzen Verbindlichkeit und müssen daher grundsätzlich **gänzlich** erfüllt werden. Eine andere Auffassung würde Rechtsprinzipien zu bloßen Zielangaben herabstufen; dies aber widerspräche gerade ihrem normativen Charakter.[339] *Alexy* ist jedoch im Ergebnis zuzustimmen. Denn wenn er ein Wesensmerkmal von Rechtsprinzipien darin begründet sieht, dass sie eben nur *»relativ auf ihre rechtlichen und tatsächlichen Möglichkeiten in einem möglichst hohen Maße«* verwirklicht werden, dann resultiert diese Einschränkung in rechtlicher Hinsicht aus der Möglichkeit und bei Prinzipien eben auch gehäuften Wahrscheinlichkeit der Kollision mit anderen Rechtsprinzipien. In tatsächlicher Hinsicht ist diese Einschränkung dadurch bedingt, dass Rechtsprinzipien in der Tat unbestimmt und generell formuliert sind. Diese Generalität ist jedoch kein Wesensmerkmal des Rechtsprinzips, wie es von einigen Autoren vertreten wird,[340] sondern, wie noch zu zeigen sein wird, notwendige Begleiterscheinung und somit Indiz für das Vorliegen einer Norm in Form eines Rechtsprinzips. Diese generelle Formulierungsweise aber hat zur Folge, dass die Anwendung des Rechtsprinzips eben noch nicht für konkrete Fälle und unter konkreten Bedingungen normiert ist, sondern diese konkreten Umstände und damit die tatsächlichen Grenzen der Anwendbarkeit sich erst bei der jeweiligen Anwendung im konkreten Fall ergeben.

Aus dieser von *Alexy* beschriebenen Wirkungsweise der Rechtsprinzipien im Falle von Kollisionen mit anderen Rechtsprinzipien, nämlich ihres in diesem Falle angeordneten Gebotes, die in dem jeweiligen Prinzip festgesetzte Anordnung in *»einem relativ auf die rechtlichen und tatsächlichen Möglichkeiten möglichst hohen Maße«* zu realisieren, kann jedoch auf ein Wesensmerkmal der Rechtsprinzipien rückgeschlossen werden. Denn wenn im Falle einer Prinzipienkollision die im Prinzip festgesetzte Anordnung eben nur optimal und nicht vollkommen oder gänzlich verwirklicht werden soll und

339) So im Ergebnis auch *Penski,* JZ 1989, 105 (109).

340) So aber *Penski,* JZ 1989, 105 (110), vgl. i. ü. Fn. 223.

auch nur werden kann, dann folgt daraus, dass ein Prinzip grundsätzlich einen optimierbaren Zustand ausdrücken muss[341] und nicht ganz konkret festgesetzte Anordnungen und Zielvorgaben enthält, die entweder nur ganz oder aber gar nicht realisiert werden können, wie dies wiederum aber für Regeln typisch ist.

Um diese Optimierbarkeit geht es auch nach *Alexy,* wenn er feststellt, dass Prinzipien eines *»Festsetzungsgehalts im Blick auf gegenläufige Prinzipien und tatsächliche Möglichkeiten«* entbehrten.[342] Und dieser grundsätzlich optimierbare Zustand ist es auch, der den von *Alexy* betonten unterschiedlichen prima-facie Charakter von Regeln und Prinzipien begründet.[343]

Aus der Anordnung eines optimierbaren Zustandes ergibt sich sodann auch die nächste Eigenschaft von Rechtsprinzipien: Diese Anordnung und damit das Rechtsprinzip müssen durch andere Rechtsprinzipien eingeschränkt werden können. Aufgrund dieser beschriebenen Wesensmerkmale von Rechtsprinzipien könnte eventuell die von *Koch/Rüssmann* vorgeschlagene Prinzipiendefinition zugrunde gelegt werden. Danach handelt es sich bei einer Norm um ein Rechtsprinzip, *»wenn sie einen optimierbaren Zustand ausdrückt, durch mindestens eine Vorschrift mit der gleichen Eigenschaft eingeschränkt werden kann und keiner der Vorschriften ein absoluter Vorrang zukommen soll«*[344]. Gegen diese Definition könnte eingewandt werden, dass ein Rechtsprinzip auch durch eine Rechtsregel eingeschränkt werden kann. Dieser Fall ist jedoch irrelevant, da hierbei bedacht werden muss, dass diese Rechtsregel schon das Ergebnis einer Prinzipienkollision und damit einer Abwägung für einen ganz konkreten Fall darstellt und somit an der grundsätzlich bestehenden Möglichkeit, dass ein Prinzip durch ein gegenläufiges eingeschränkt wird, nichts ändert. Diese bestehende Rechtsregel darf daher nicht darüber hinwegtäuschen, dass tatsächlich zwei gegenläufige Prinzipien miteinander kollidieren und nicht etwa eine Regel und ein Prinzip. Dies wird wieder deutlich, wenn die Rechtsregel aufgehoben würde, da dann die Kollision der beiden betreffenden Prinzipien wieder sichtbar wird, und das Ergebnis dieser Kollision wieder erneut festgelegt werden muss. Weiter ist an der von *Koch/Rüssmann* gelieferten Definition

341) So auch *Koch,* Normtheoretische Basis der Abwägung, S. 17; *Koch/Rüßmann,* Juristische Begründungslehre, S. 99.

342) *Alexy,* Theorie der Grundrechte, S. 88.

343) Zum prima-facie-Charakter von Regeln und Prinzipien s. *Alexy,* Theorie der Grundrechte, S. 87 ff.

344) *Koch,* Normtheoretische Basis der Abwägung, S. 17.

fraglich, welchen Prinzipien ein absoluter Vorrang zukommt, aufgrund dessen diese dann nicht unter die gegebene Definition zu fassen sind. Es würde sich bei derartigen Prinzipien um solche mit einer *»unbedingten Vorrangrelation«*[345] handeln. Fraglich ist allerdings, ob es solche Prinzipien überhaupt gibt.[346] Diese Frage kann hier allerdings offen bleiben, da derartige absolute Prinzipien in jedem Fall schon logisch aus der gegebenen Begriffsdefinition ausscheiden. Denn aufgrund ihres absoluten Vorrangs enthalten diese eben keine optimierbare und damit einschränkbare Sollensanforderung, sondern vielmehr eine strikte Festsetzung. Somit kann der von *Koch/Rüssmann* gegebene Definitionsbestandteil, dass keinem der Prinzipien ein absoluter Vorrang zukommen dürfe, hier vernachlässigt werden.

Es ist also festzustellen, dass immer dann ein Rechtsprinzip vorliegt, wenn es sich um eine Norm handelt, die eine optimierbare Sollensanforderung in Form eines Gebotes, Verbotes oder einer Erlaubnis enthält und die durch andere Normen, die eine identische Normstruktur aufweisen, also Rechtsprinzipien im dargestellten Sinne sind, eingeschränkt werden kann.

Dabei kommt den zahlreichen oben dargestellten Unterscheidungskriterien, wie etwa der Generalität einer Norm, der Bestimmbarkeit ihrer Anwendungsfälle oder ihres Bezuges zur Rechtsidee lediglich Indizwirkung für das Vorliegen von Rechtsprinzipien vor. Denn diese Kriterien stellen keine notwendigen Wesensmerkmale eines Rechtsprinzips dar, sondern sind dessen notwendige Begleiterscheinungen, die aus der Tatsache resultieren, dass ein Prinzip eben nur eine optimierbare Sollensanforderung festsetzt.

---

345) Diesen Begriff verwendet *Alexy,* Theorie der Grundrechte, S. 82 für derartige Prinzipien, die anderen, unabhängig von den Gegebenheiten und Bedingungen des konkreten Falles, in jeder Situation vorgehen.

346) *Alexy* verneint diese Frage ganz allgemein für sämtliche Prinzipien unseres geltenden Verfassungsrechts, und er führt weiter aus, dass auch das Prinzip der Menschenwürde, das in erster Linie als ein solch absolutes Prinzip einzustufen sei, nur auf den ersten Blick ein absolutes darstelle. Seine augenscheinliche Absolutheit resultiere jedoch daraus, dass zum einen die Menschenwürdenorm des Art. 1 Abs. 1 S. 1 GG teils als Regel und teils als Prinzip zu behandeln sei, und dass es darüber hinaus gerade für das Prinzip der Menschenwürde eine sehr umfangreiche Anzahl von Vorrangbedingungen gebe, unter denen das Prinzip der Menschenwürde gegenläufigen Prinzipien vorgehe. Des Weiteren seien absolute Prinzipien in einer Verfassung, die Grundrechte normiere, nicht denkbar, siehe hierzu *Alexy,* Theorie der Grundrechte, S. 82, 94 ff.

III. Rechtsprinzipiencharakter der sozialhilferechtlichen »Prinzipien«

Ausgehend von dieser Definition des Prinzipienbegriffs soll nun geprüft werden, inwieweit es sich bei den einzelnen sozialhilferechtlichen Strukturprinzipien tatsächlich um Rechtsprinzipien handelt.

1. Der Bedarfsdeckungsgrundsatz

Nach der oben gefundenen Definition stellt der Bedarfsdeckungsgrundsatz dann ein Rechtsprinzip dar, wenn es sich bei ihm um eine Norm handelt, die eine optimierbare Sollensanforderung in Form eines Gebotes, Verbotes oder einer Erlaubnis enthält, und die durch andere Normen, die eine identische Normstruktur aufweisen, eingeschränkt werden kann.

Der Bedarfsdeckungsgrundsatz enthält das Gebot an die Träger der Sozialhilfe, den sozialhilferechtlich anerkannten Bedarf einer hilfsbedürftigen Person vollumfänglich abzudecken. Folglich liegt also eine Sollensanforderung im geforderten Sinne vor. Diese müsste allerdings auch optimierbar sein. Das Vorliegen dieser Voraussetzung scheint fraglich zu sein, da der sozialhilferechtlich anerkannte Bedarf grundsätzlich durch Gesetz festgelegt ist. Ein sicherer Rückschluss auf das Vorliegen einer optimierbaren Norm und damit auf deren Rechtsprinzipiencharakter könnte jedoch dann gezogen werden, wenn die Norm durch eine andere eingeschränkt werden kann. Dabei muss diese Einschränkbarkeit dergestalt sein, dass kein striktes Regel-Ausnahme-Verhältnis vorliegt. Vielmehr muss das Ergebnis dieser Normenkollision von den Umständen des Einzelfalles abhängen, so dass es sich unter anderen Bedingungen wieder ganz anders darstellen kann.

a) Der Bedarfsdeckungsgrundsatz und der Selbsthilfegrundsatz

Als eine solche Norm, durch die der Bedarfsdeckungsgrundsatz eingeschränkt werden kann, könnte hier der Selbsthilfegrundsatz in Betracht kommen. Denn dieser bestimmt, dass jeder Hilfebedürftige sich grundsätzlich selbst helfen muss, insbesondere zur Überwindung der Notlage seine eigene Arbeitskraft einsetzen muss. Mit dieser Sollensanforderung in Form eines Gebotes an den jeweiligen Hilfebedürftigen aber könnte er eine dem Bedarfsdeckungsgrundsatz, der besagt, dass der Bedarf eines Hilfebedürftigen durch öffentliche Hilfeleistungen zu decken ist, gegenläufige Norm darstellen.

Eine Kollision zwischen beiden Normen ist jedoch nur dann anzunehmen, wenn man die Funktion des Selbsthilfegrundsatzes ausschließlich in einer Entlastung der öffentlichen Kassen sieht. Diese Sichtweise ist jedoch zu kurz gegriffen. Vielmehr sind beide Grundsätze ein Mittel, um die bislang in § 1 Abs. 2 BSHG[347] verankerte Aufgabe der Sozialhilfe zu erreichen, nämlich dem Hilfesuchenden die Führung eines menschenwürdigen Lebens zu ermöglichen. Bekanntermaßen gehört dazu nicht nur, dass der sozialhilferechtliche Bedarf des Hilfesuchenden gedeckt wird, sondern gerade auch, dass dieser lernt, von der Sozialhilfe unabhängig zu leben, wie es § 1 Abs. 2 S. 2 BSHG[348] ausdrücklich als Ziel formulierte. Diese Zielsetzung des Selbsthilfegrundsatzes kommt auch in einem Urteil des Bundesverwaltungsgerichts zum Ausdruck, in dem das Gericht den historischen Hintergrund des § 25 Abs. 1 BSHG[349] beleuchtete. Es führte in diesem Zusammenhang aus, dass schon unter Geltung des Unterstützungswohnsitzgesetzes die Arbeit nicht ausschließlich zur *»wirtschaftlichen Entlastung des Armenverbandes«*[350] gedient habe und dass *»auch in der Folgezeit [...] die Arbeit neben ihrem sozialethischen Wert (Art. 165 der Weimarer Reichsverfassung) Anerkennung als ein Mittel der Entfaltung der Person gefunden«*[351] habe. Das Gericht führte weiter aus, dass auch die Regelung des § 13 RGr. vom 01.08.1931, wonach Arbeitsfähigkeit und Arbeitsgelegenheit allein das fürsorgerechtliche Betreuungsverhältnis nicht beendeten, *»von der Überlegung getragen [war], dass die Aufnahme einer Arbeit ein vorzügliches Mittel sei, den Hilfesuchenden in seinem Selbsthilfestreben zu unterstützen und ihm Gelegenheit zur Entfaltung seiner Person zu geben.«*[352] Es ist daher festzustellen, dass sich der Bedarfsdeckungsgrundsatz und der Selbsthilfegrundsatz inhaltlich keineswegs widersprechen, sondern gleichermaßen dem Hilfesuchenden die Führung eines menschenwürdigen Lebens ermöglichen wollen. Kollisionen zwischen diesen beiden sozialhilferechtlichen Grundsätzen sind daher gar nicht möglich. Der Rechtsprinzipiencharakter dieser sozialhilferechtlichen Rechtsfiguren kann also auf diese Weise nicht dargetan werden.

---

347) Siehe jetzt § 1 S. 1 SGB XII.

348) So jetzt § 1 S. 2 HS 2 SGB XII.

349) Jetzt § 39 SGB XII und § 31 SGB II.

350) *BVerwG,* Urteil v. 31.01.1968, BVerwGE 29, 99 (100).

351) *BVerwG,* Urteil v. 31.01.1968, BVerwGE 29, 99 (101).

352) *BVerwG,* Urteil v. 31.01.1968, BVerwGE 29, 99 (101 f.).

b) Der Bedarfsdeckungsgrundsatz und die übrigen Strukturprinzipien

Auch mit den anderen sozialhilferechtlichen Grundsätzen kommt eine Kollision des Bedarfsdeckungsgrundsatzes nicht in Betracht. Der Individualisierungsgrundsatz scheidet schon aus dem Grunde aus, da er den Bedarfsdeckungsgrundsatz nur in Bezug auf die Person des jeweiligen Hilfesuchenden und seine konkreten Lebensverhältnisse konkretisiert.[353]

Bei den übrigen Grundsätzen, dem Kenntnisgrundsatz, dem Grundsatz der institutionellen Subsidiarität und dem Grundsatz, dass keine Sozialhilfe für die Vergangenheit zu leisten ist, scheint der Rechtsprinzipiencharakter schon auf den ersten Blick fraglich zu sein. Bei einer Kollision einer dieser Grundsätze mit dem Bedarfsdeckungsgrundsatz aber würde es sich dann nicht um eine Prinzipienkollision handeln. Da also, falls es sich bei diesen Grundsätzen eindeutig um Rechtsregeln handeln sollte, sie auch keinen weiteren Aufschluss über den Rechtsprinzipiencharakter des Bedarfsdeckungsgrundsatzes geben können, soll an dieser Stelle nunmehr der Rechtsprinzipiencharakter dieser drei Grundsätze untersucht werden.

aa) Der Kenntnisgrundsatz

Bei dem sozialhilferechtlichen Kenntnisgrundsatz ist schon das Vorliegen einer rechtlichen Sollensanforderung zweifelhaft. Könnte eine solche noch dahingehend formuliert werden, dass den Sozialhilfeträgern geboten wird, auch ohne Vorliegen eines Antrags auf Sozialhilfe immer schon dann tätig zu werden, wenn sie Kenntnis von einer sozialhilferechtlichen Notlage erlangen, so scheitert die Qualifizierung dieser sozialhilferechtlichen Rechtsfigur als Rechtsprinzip aber jedenfalls an der fehlenden Optimierbarkeit dieser Norm. Denn entweder man stellt auf die Kenntniserlangung für die Begründung eines sozialhilferechtlichen Rechtsverhältnisses ab oder aber man tut dies eben nicht. Zwischenstufen im Sinne von optimierbaren Zuständen sind in diesem Fall gerade nicht denkbar. Vielmehr handelt es sich bei dem Kenntnis»grundsatz« um eine Norm, die das formelle Sozialhilferecht regelt, nämlich die Antragsunabhängigkeit der Sozialhilfe. Ein Rechtsprinzip liegt bei diesem Institut aber jedenfalls nicht vor.[354]

---

353) Siehe dazu S. 7.

354) A. A. *Atzler,* ZfF 1992, 75 (75), der im Kenntnisgrundsatz einen Grundsatz und keine Rechtsregel sieht. Allerdings legt er seiner Einordnung ein anderes Verständnis von Grundsatz und Regel zugrunde, da er ausschließlich darauf abstellt,

bb) Der »Keine Sozialhilfe für die Vergangenheit«-Grundsatz

Ähnlich verhält es sich mit diesem »Grundsatz«. Er beinhaltet zwar eine rechtliche Sollensanforderung dergestalt, dass Sozialhilfe nur zu leisten ist, wenn bei der Entscheidungsfindung des Sozialhilfeträgers bzw. des zuständigen Gerichts noch eine sozialhilferechtliche Notlage gegeben ist. Jedoch mangelt es auch hier an der Optimierbarkeit dieser Normierung. Denn entweder ist auf die Tatsachen, so wie sie zum Zeitpunkt der letzten Behördenentscheidung bzw. der letzten mündlichen Verhandlung vorgelegen haben, abzustellen, oder aber nicht. Auch diese Norm betrifft das formelle Sozialhilferecht, sie eignet sich nicht zur Abwägung mit ihr gegenläufigen Normen. Vielmehr ist ein Konflikt mit einer gegensätzlichen Norm immer auch eine Frage ihrer Gültigkeit. Somit handelt es sich bei diesem »Grundsatz« ebenfalls nicht um ein Rechtsprinzip, sondern um eine Rechtsregel.

cc) Der Grundsatz der institutionellen Subsidiarität

Der Grundsatz der institutionellen Subsidiarität, der besagt, dass Sozialhilfe allen anderen sozialen Sicherungssystemen nachgeht, ihr also eine »Auffangfunktion« zukommt und dass die Hilfeleistungen nichtstaatlicher Gemeinschaften den staatlichen Hilfen vorgehen, regelt nur eine Frage der Zuständigkeit, von der es zwar Ausnahmen geben kann, die jedoch nicht abwägungsfähig ist. Damit handelt es sich auch bei der Figur der institutionellen Subsidiarität um eine Rechtsregel.

Da es sich bei diesen drei sozialhilferechtlichen Instituten damit um Rechtsregeln handelt, würden sie im Falle einer Kollision mit dem Bedarfsdeckungsgrundsatz keine Möglichkeit einer Abwägung eröffnen, wie sie bei einer Prinzipienkollision stattfindet. Damit sind diese drei Rechtsfiguren nicht dazu geeignet, den Rechtsprinzipiencharakter des Bedarfsdeckungsgrundsatzes zu beweisen.

c) Der Bedarfsdeckungsgrundsatz und andere Rechtsprinzipien

Auch mit anderen Rechtsprinzipien, die als solche anerkannt sind, wie beispielsweise den Grundrechten, erfolgt keine Abwägung des Bedarfs-

---

ob Ausnahmen von einer Norm zulässig sind, dann handele es sich um eine Regel, ansonsten um einen Grundsatz.

deckungsgrundsatzes oder der anderen beiden sozialhilferechtlichen Grundsätze, Individualisierungs- und Selbsthilfegrundsatz, deren Rechtscharakter noch ungeklärt ist. Vielmehr handelt es sich bei dem Sozialhilferecht um ein striktes System, das klare Subsumierungen ermöglicht und Abwägungen gerade nicht erfordert.

Weiter spricht auch die jeweilige Formulierung der gesetzlichen Verankerung der einzelnen sozialhilferechtlichen Grundsätze gegen ihren Charakter als Rechtsprinzipien. Denn diese sind ebenfalls strikt formuliert, so dass eine eindeutige Subsumierung unter die jeweilige Norm möglich ist. Dies aber ist ja gerade für Rechtsregeln charakteristisch.

Es kann damit festgestellt werden, dass es sich bei allen sozialhilferechtlichen »Grundsätzen« entgegen ihrer allseits verwendeten Bezeichnung als »Struktur*prinzipien«* oder als *»Grundsätze* des Sozialhilferechts« nicht um Rechtsprinzipien handelt, sondern um Rechtsregeln.[355] Wenn im Verlauf der weiteren Darstellung dennoch die Bezeichnung *»Grundsatz«* verwendet wird, so sei an dieser Stelle ausdrücklich darauf hingewiesen, dass damit keine Festlegung des Rechtscharakters dieser sozialhilferechtlichen Rechtsfiguren stattfindet, sondern nur dem in Rechtsprechung und Schrifttum herrschenden Sprachgebrauch Rechnung getragen wird. Korrekt wäre es demgegenüber allerdings, wenn man von sozialhilferechtlichen »Strukturregeln« oder »Leitregeln« sprechen würde.

2. Übergesetzlicher Bezug

Auch wenn die im BSHG normierten sozialhilferechtlichen »Prinzipien« damit keine Rechtsprinzipien sind, könnte zu überlegen sein, ob hinter diesen normierten Rechtsregeln nicht Rechtsprinzipien stehen, die zwar den für Rechtsprinzipien erforderlichen Normcharakter aufweisen, jedoch nicht Bestandteil unserer Rechtsordnung sind. Vielmehr könnten diese Rechtsprinzipien nur in dem Umfang und in der Ausgestaltung, wie sie durch die normierten Rechtsregeln rechtliche Anerkennung erfahren, auch ihre rechtliche Geltung entfalten, so dass man insoweit von einer »vermittelten Geltung«[356] sprechen könnte. Solche Rechtsprinzipien gelten also nicht

---

355) A. A. *Sartorius,* in: Rothkegel, Sozialhilferecht, Teil III, Kap. 14, Rn. 4–6, der zwar von einem Prinzipienbegriff im Sinne der von *Alexy* gefundenen Definition ausgeht, jedoch nicht überprüft, ob die sozialhilferechtlichen Strukturprinzipien darunter auch subsumierbar sind.

356) So *Penski,* JZ 1989, 105 (111 ff.).

allein aus sich heraus oder unmittelbar, sondern nur in dem Maße, wie sie durch positiven Setzungsakt oder Gewohnheitsrecht anerkannt werden.[357] Dabei ist es unerheblich, ob diese rechtliche Anerkennung durch die positive Normierung von Rechts*regeln* oder von Rechts*prinzipien* erfolgt. Denn auch durch gesetzte Rechtsregeln gelangen die hinter diesen stehenden übergesetzlichen Normen im normierten Umfang zur Geltung, und ihre Existenz wird damit grundsätzlich anerkannt. Solche, hinter den sozialhilferechtlichen »Strukturregeln« stehenden Rechtsprinzipien kämen insbesondere für den Bedarfsdeckungs-, den Individualisierungs- und den Selbsthilfegrundsatz in Betracht, da bei diesen grundsätzlich die Normierung einer optimierbaren Sollensanforderung möglich ist.

Da in dem Umfang und in der Ausgestaltung, wie Rechtsprinzipien aufgrund des anerkennenden Aktes rechtliche Geltung erlangt haben, sie Bestandteil des Rechts geworden sind und ihre grundsätzliche Existenz anerkannt ist, könnte dann im Offenheitsbereich des Rechts, bei der Auslegung unbestimmter Rechtsbegriffe, bei einer notwendig werdenden Abwägung usw. auf diese Rechtsprinzipien zurückgegriffen werden, und das Rechtsprinzip könnte in seiner rechtlichen Geltung auf diese Weise neben Normsetzung und Gewohnheitsrecht weiterentwickelt werden.[358]

Allerdings ist es für den Bereich des Sozialhilferechts ohne jegliche Relevanz, ob hinter den normierten sozialhilferechtlichen »Strukturregeln« noch durch diese in vermittelte Geltung gesetzte Rechtsprinzipien stehen. Denn das Sozialhilferecht ist strikt, und es existiert ein derartiger Offenheits- oder Vagheitsbereich in diesem Rechtsgebiet gerade nicht.

Es kann daher letztlich dahinstehen, ob man die Möglichkeit solcher vermittelt geltenden Rechtsprinzipien im Sinne von in gewissem Maße in Geltung gesetzten Rechtsideen anerkennt. Denn im strikt und umfassend geregelten Sozialhilferecht besteht kein Anwendungsbereich für derartige Rechtsprinzipien, so dass die Annahme ihrer Existenz in keiner Hinsicht gewinnbringend ist. Im Übrigen scheint es auch fraglich zu sein, ob

357) *Penski,* JZ 1989, 105 (111); auch das BVerfG scheint die Existenz derartiger »übergesetzlicher Rechtsnormen« für grundsätzlich möglich zu halten, wenn es in seinem Rechtsfortbildungsbeschluss vom 14.02.1973, BVerfGE 34, 269 (287) ausführt: *»Das Recht ist nicht mit der Gesamtheit der geschriebenen Gesetze identisch. Gegenüber den positiven Satzungen der Staatsgewalt kann unter Umständen ein Mehr an Recht bestehen.«*

358) *Alexy,* Begriff und Geltung des Rechts, S. 119 ff.; *Penski,* JZ 1989, 105 (114).

derartige »übergesetzliche« sozialhilferechtliche Rechtsprinzipien überhaupt miteinander kollidieren könnten, da, wie dargestellt, sie keine sich widersprechenden Anwendungsbereiche aufweisen, sondern vielmehr allesamt das gemeinsame Ziel der Sozialhilfe verfolgen: die Führung eines menschenwürdigen Lebens zu ermöglichen und auf Dauer von Sozialhilfe unabhängig zu werden.

B. Die sozialhilferechtlichen Prinzipien als Gestaltungsmittel

Die sozialhilferechtlichen Grundsätze könnten jedoch Grundsätze in einem allgemein, nicht ausschließlich rechtstechnisch verstandenen Sinne sein. Nach einer allgemeinen Definition des Begriffs »Grundsatz« ist dieser *»eine Erkenntnis, Aussage oder Regel, welche die Grundlage für nachfolgende Überlegungen, Aussagen oder Tätigkeiten bildet.«*[359]

Für eine solche Einordnung der sozialhilferechtlichen Grundsätze könnte insbesondere der Titel der Denkschrift des Reichsarbeitsministeriums vom 14.02.1923[360] sprechen, die die Grundlage für die Normierung der sozialhilferechtlichen Grundsätze in den Reichsgrundsätzen über Voraussetzung, Art und Maß der öffentlichen Fürsorge (RGr) bildete. Lautete sie doch *»Denkschrift des Reichsarbeitsministeriums über die Vorarbeiten zu einem Reichswohlfahrtsgesetz vom 14. Februar 1923 über **Ziel und Wege**[361] der Fürsorge«*. Und so scheint man der Natur der sozialhilferechtlichen Grundsätze näher zu kommen, wenn man sie als strikte Rechtsregeln auffasst, die jeweils eigene Wege und Methoden der Fürsorge darstellen, und die zusammen genommen der Fürsorge bzw. unserer heutigen Sozialhilfe ihr besonderes Gepräge, ihre Struktur geben und so zur Verwirklichung des Fürsorgeziels beitragen: nämlich der Ermöglichung der Führung eines menschenwürdigen und letztendlich auch selbstbestimmten, da von der öffentlichen Unterstützung unabhängigen, Lebens.

Diese Auffassung des Begriffs »Grundsatz« im Sinne einer Erkenntnis oder einer Regel, die die Grundlage der Fürsorge bilden soll, wird auch daran deutlich, dass der Begriff »Grundsatz« in der Geschichte der Fürsorge schon sehr früh und nicht im Sinne einer rechtlichen Qualifizierung verwandt wurde und in diesem Zusammenhang auch von »Behandlungsgrundsätzen«

359) *Wikipedia,* die freie Enzyklopädie, abrufbar im Internet unter http://de.wikipedia.org/wiki/Grundsatz, abgerufen am 16.06.2006.

360) *RAM,* Deutsche Sozialpolitik, S. 241.

361) Hervorhebung durch Verf.

die Rede war.[362] Auch in der jüngeren sozialhilferechtlichen Literatur kommt diese Funktion der Strukturprinzipien zum Ausdruck, wenn von ihnen als »Gestaltungsmittel«[363] oder als »Struktur**merkmalen**«[364] gesprochen wird.

Betrachtet man die sozialhilferechtlichen Strukturprinzipien im Sinne solcher »Gestaltungsmittel«, so wird auch erklärlich, weshalb der Bedarfs-, der Individualisierungs-, der Selbsthilfe- und der Kenntnisgrundsatz allesamt mit dem Übergang zur Neuzeit entstanden. Denn wie dargestellt[365] erfolgte mit Beginn des 16. Jahrhunderts eine Hinwendung zum und damit eine Ausrichtung der Fürsorge am einzelnen Individuum.[366] Weiter kam in diesem Zeitraum – gerade durch die Wertschätzung des Individuums – auch der Arbeit eine neue Bedeutung zu. Ihr wurde erstmals ein eigener Wert beigemessen, der sich in der natürlichen Veranlagung des Menschen zur Arbeit als einer Möglichkeit der Selbstentfaltung begründete.[367]

Mit diesem grundsätzlichen Wandel der Fürsorge und damit zu deren neuer Zielsetzung, die Führung eines menschenwürdigen Lebens zu ermöglichen, wurden unsere noch heute geltenden sozialhilferechtlichen Grundsätze der individuellen Bedarfsdeckung, der Selbsthilfeverpflichtung und der antragsunabhängigen Hilfeleistung ins Leben gerufen. Denn diese stellen allesamt fürsorgerische Gestaltungsmittel dar, die an dieser Zielsetzung ausgerichtet sind und zu ihrer Umsetzung beitragen. Sie sind gekennzeichnet von ihrer Ausrichtung auf den Wert des jeweiligen Individuums. In diesem Sinne geben sie der Fürsorge ihre Struktur als persönliche Hilfe und verdienen daher die Bezeichnung als »Strukturprinzipien« oder »Grundsätze des Sozialhilferechts«, die allerdings – wie oben aufgezeigt – nicht rechtstechnisch, sondern in einem allgemeinen Wortsinn zu verstehen ist.

Anders dagegen verhält es sich mit dem sozialhilferechtlichen Grundsatz der institutionellen Subsidiarität und dem Grundsatz, dass keine Sozialhilfe für die Vergangenheit geleistet wird. Diese Grundsätze haben gerade keinen Bezug zum einzelnen Individuum und der Achtung seiner Persönlichkeit. Dementsprechend ist deren Entstehungszeitpunkt auch nicht mit dem

---

362) *Scherpner,* Theorie der Fürsorge, S. 72.

363) *Eylert,* Schematisierende materielle Sozialhilfeleistungen, S. 120 ff.

364) *Goerlich/Dietrich,* JURA 1992, 134 (136) (Hervorhebung durch Verf.).

365) Vgl. § 2 der Darstellung.

366) *Scherpner,* Theorie der Fürsorge, S. 121.

367) *Scherpner,* Theorie der Fürsorge, S. 90 f.

Wandel der Fürsorge hin zum einzelnen Individuum verwoben und begründet, sondern von diesem Wandel unabhängig.

Zweiter Teil: Auswirkungen der Sozialhilfereform 2005 auf die sozialhilferechtlichen Strukturprinzipien

Es wird nunmehr die Ausgestaltung der sozialhilferechtlichen Strukturprinzipien in den neuen Gesetzeswerken SGB XII und SGB II im Bereich der Hilfe zum Lebensunterhalt untersucht. Dabei soll mit Hilfe der Strukturprinzipien das Verhältnis dieser unterschiedlichen Existenzsicherungssysteme zueinander sowie die das jeweilige Leistungssystem prägenden Charakteristika aufgezeigt werden.

§ 4: Der Bedarfsdeckungsgrundsatz

A. Der Bedarfsdeckungsgrundsatz im SGB XII[1]

Das Recht der Sozialhilfe enthält mit der Hilfe zum Lebensunterhalt nach dem Dritten Kapitel des SGB XII sowie mit der Grundsicherung im Alter und bei Erwerbsminderung nach dem Vierten Kapitel des SGB XII zwei nebeneinander bestehende Leistungssysteme der sozialen Existenzsicherung. Sie sollen im Folgenden darauf untersucht werden, ob und durch welche Leistungen sie die Absicherung eines Existenzminimums gewährleisten, somit also bedarfsdeckend sind.

I. Die Hilfe zum Lebensunterhalt nach den §§ 27–40

Der Bedarfsdeckungsgrundsatz ist im SGB XII in § 28 Abs. 3 S. 1 gesetzlich verankert, der bestimmt: *»Die Regelsätze werden so bemessen, dass der Bedarf nach Absatz 1 dadurch gedeckt werden kann.«* Insoweit stellt § 28 Abs. 3 S. 1 SGB XII die Nachfolgenorm des § 22 Abs. 3 S. 1 BSHG dar.

Nach § 19 Abs. 1 S. 1 SGB XII können Hilfe zum Lebensunterhalt nach den §§ 27–40 SGB XII Personen beanspruchen, *»die ihren notwendigen Lebensunterhalt nicht oder nicht ausreichend aus eigenen Kräften und Mitteln, insbesondere aus ihrem Einkommen und Vermögen, beschaffen können.«* Der sozialhilferechtliche Bedarf, der durch die Hilfe zum Lebensunterhalt gedeckt werden soll, umfasst also den **notwendigen Lebensunterhalt**. Gemäß § 27 Abs. 1 umfasst dieser notwendige Lebensunterhalt

1) §§ ohne nähere Gesetzesangabe sind im Folgenden solche des SGB XII.

»insbesondere Ernährung, Unterkunft, Kleidung, Körperpflege, Hausrat, Heizung und persönliche Bedürfnisse des täglichen Lebens«. Zu letzteren gehören nach S. 2 des § 27 Abs. 1 *»in vertretbarem Umfang auch Beziehungen zur Umwelt und eine Teilnahme am kulturellen Leben.«* § 27 Abs. 2 SGB XII bestimmt darüber hinaus, dass *»bei Kindern und Jugendlichen [...] der notwendige Lebensunterhalt auch den besonderen, insbesondere den durch ihre Entwicklung und ihr Heranwachsen bedingten Bedarf«* umfasst. Außer dieser Aufzählung einzelner Bedarfsgruppen enthält das Gesetz aber keine Definition des Begriffs *»notwendiger Lebensunterhalt«*.

Bei der aus diesem Grunde erforderlichen Auslegung des unbestimmten Gesetzesbegriffs des »notwendigen Lebensunterhalts« sind die normativen Vorgaben des Gesetzes zugrunde zu legen. Nach diesen soll dem Hilfeempfänger die Führung eines menschenwürdigen Lebens, § 1 Abs. 2 S. 1 BSHG bzw. § 1 S. 1 SGB XII, und die Teilnahme am Leben in der Gemeinschaft, § 9 SGB I, ermöglicht werden.[2] Ist es also die Aufgabe der Sozialhilfe, ihren Empfängern die Führung eines Lebens zu ermöglichen, das der Würde des Menschen entspricht, so bedeutet ein menschenwürdiges Dasein ein Leben ohne soziale Ausgrenzung. Der notwendige Lebensunterhalt umfasst demnach mehr als das physiologisch Notwendige, sondern beinhaltet den gesamten, zu einem menschenwürdigen Leben erforderlichen Bedarf.[3] Nach gefestigter Rechtsprechung des Bundesverwaltungsgerichts muss die Sozialhilfe, wenn sie ihrem Ziel, ein menschenwürdiges Leben zu ermöglichen, gerecht werden will, der sozialen Ausgrenzung des Hilfebedürftigen begegnen und ihm ermöglichen, in der Umgebung von Nichthilfeempfängern ähnlich wie diese zu leben.[4] Dabei sind *»die herrschenden Lebensgewohnheiten und Erfahrungen zu berücksichtigen, wobei hinsichtlich des Maßstabes darauf Bedacht zu nehmen ist, was sich Personen, deren Einkommen dem im Geltungsbereich der jeweiligen Regelsätze erzielten durchschnittlichen Netto-Arbeitsentgelt unterer Lohngruppen zuzüglich Kindergeld und Wohngeld entspricht, aus ihren bescheidenen Mitteln üblicherweise leisten*

---

2) Vgl. *BVerwG,* Urteil v. 12.04.1984, NVwZ 1984, 728 (730); *BVerwG,* Urteil v. 18.02.1993, NVwZ 1994, 171 (172).

3) *BVerwG,* Urteil v. 22.04.1970, BVerwGE 35, 178 (180); *BVerwG,* Urteil v. 01.10.1998, BVerwGE 107, 234 (236); *BVerwG,* Urteil v. 13.12.1990, NJW 1991, 2304 (2304).

4) *BVerwG,* Urteil v. 09.02.1995, BVerwGE 97, 376 (378); *BVerwG,* Urteil v. 01.10.1998, BVerwGE 107, 234 (236).

können.«[5] Damit garantiert die Sozialhilfe ihren Empfängern nicht lediglich ein physiologisches Existenzminimum im Sinne des zum Überleben Erforderlichen, sondern vielmehr ein *»sozio-kulturelles Existenzminimum«*,[6] das soziale Ausgrenzung verhindert und ein Leben in der Gesellschaft ermöglicht. An dieser Auslegung des Begriffs »notwendiger Lebensunterhalt« hat sich seit In-Kraft-Treten des SGB XII und der nunmehr bestehenden Zuständigkeit der Sozialgerichtsbarkeit bislang nichts geändert.[7]

Diese Auslegung des Begriffs »notwendiger Lebensunterhalt« macht deutlich, dass dieser eine *»relative und dynamische Größe«*[8] darstellt, der, da sich die herrschenden Lebensgewohnheiten kontinuierlich wandeln, immer weiter entwickelt und neu definiert werden muss. Damit aber existiert keine absolute Begriffsdefinition von *»Armut«,* sondern diese ist relativ und den gesellschaftlichen Anschauungen unterworfen.[9]

1. Die Hilfe zum Lebensunterhalt außerhalb von Einrichtungen

Gemäß § 28 Abs. 1 S. 1 SGB XII wird »der gesamte Bedarf des notwendigen Lebensunterhalts außerhalb von Einrichtungen mit Ausnahme von Leistungen für Unterkunft und Heizung und der Sonderbedarfe nach den §§ 30–34 (...) nach Regelsätzen erbracht.« Dies bedeutet, dass jeder Sozialhilfeempfänger monatlich einen pauschalen Regelsatzbetrag erhält, mit Hilfe dessen er seinen notwendigen Lebensunterhalt abzudecken hat.

a) Die Regelsatzfestsetzung

Die Festsetzung der Höhe der monatlichen Regelsätze erfolgt gemäß § 28 Abs. 2 S. 1 SGB XII durch Rechtsverordnung der jeweiligen Bundesländer. Erstmals wurden entsprechende landesrechtliche Verordnungen diese Festsetzung betreffend zum 01.01.2005 erlassen, in der Folgezeit erfolgt diese

5) *BVerwG,* Urteil v. 18.02.1993, NVwZ 1994, 171 (172); *BVerwG,* Urteil v. 18.02.1993, NVwZ 1994, 172 (172).

6) *Rothkegel,* in: Rothkegel, Sozialhilferecht, Teil III, Kap. 1, Rn. 9.

7) Die Sozialgerichte legen ihren Entscheidungen vielmehr diese Definition des »notwendigen Lebensunterhalts« weiterhin stillschweigend zugrunde; vgl. etwa *LSG Niedersachsen-Bremen,* Beschl. v. 15.02.2006, abrufbar im Internet unter www. Sozialgerichtsbarkeit.de, abgerufen am 16.06.2006.

8) *Hofmann,* in: LPK-BSHG, § 12, Rn. 4.

9) *Neumann,* NVwZ 1995, 426 (428); *Rothkegel,* in: Rothkegel, Sozialhilferecht, Teil III, Kap. 1, Rn. 10.

Festsetzung dann zum 01.07. eines jeden Jahres. Diese landesrechtlichen Verordnungen müssen nach § 28 Abs. 2 S. 1 SGB XII den Vorgaben der bundesrechtlichen Verordnung entsprechen, die gemäß § 40 SGB XII das Bundesministerium für Gesundheit und Soziale Sicherung im Einvernehmen mit dem Bundesministerium der Finanzen und dem Bundesministerium für Wirtschaft und Arbeit mit Zustimmung des Bundesrates erlässt, und die Vorschriften über Inhalt, Bemessung und Aufbau der Regelsätze nach § 28 SGB XII sowie ihre Berechnung und Fortschreibung enthält.[10]

Im Zusammenhang mit dem Bedarfsdeckungsgrundsatz sind die Regelsätze deshalb von Bedeutung, weil durch sie der gesamte Bedarf des notwendigen Lebensunterhalts gedeckt werden soll. Zur Festsetzung der Regelsätze stehen unterschiedliche Methoden zur Verfügung, die unter der Geltung des BSHG jeweils angewandt wurden und die nunmehr zum Verständnis des Regelsatzsystems dargestellt werden sollen:

aa) Das »Warenkorb-Modell«

Eine dieser Methoden ist das so genannte »Warenkorb-Modell«. Dieses Bedarfsbemessungsschema beruht auf einer idealtypischen Zusammenstellung von solchen Waren und Dienstleistungen in einem Warenkorb, die Sozialhilfeempfänger zur Führung eines menschenwürdigen Lebens und damit zur Deckung ihres notwendigen Lebensunterhalts als Mindestausstattung benötigen.[11] Bei der Aufstellung des Warenkorbs wurde der gesamte, durch die Regelsätze abzudeckende Bedarf in Bedarfsgruppen eingeteilt. Gemäß § 1 Abs. 1 S. 1 der Verordnung zur Durchführung des § 22 des Bundessozialhilfegesetzes[12] waren dies die drei Bedarfsgruppen:

- Ernährung,
- hauswirtschaftlicher Bedarf (einschließlich Haushaltsenergie),
- persönliche Bedürfnisse des täglichen Lebens.

10) Verordnung zur Durchführung des § 28 des Zwölften Buches Sozialgesetzbuch (Regelsatzverordnung – RSV) vom 03.06.2004, BGBl. I, S. 1067.

11) *Oberbracht,* Parlamentarisierung des sozialhilferechtlichen Regelsatzes, S. 29; *Rothkegel,* in: Rothkegel, Sozialhilferecht, Teil III, Kap. 8, Rn. 26.

12) Verordnung zur Durchführung des § 22 des Bundessozialhilfegesetzes (Regelsatzverordnung), zuletzt geändert durch Art. 29 des Gesetzes zur Modernisierung der gesetzlichen (GKV-Modernisierungsgesetz) vom 14.11.2003, BGBl. I, S. 2190.

Sodann wurde für jede dieser Bedarfsgruppen der regelsatzrelevante Bedarf ermittelt und festgelegt, welche Waren und Dienstleistungen geeignet waren, diesen Bedarf zu decken.[13] Am Ende dieses Verfahrens standen drei Teilwarenkörbe in Form einer Auflistung von zur Bedarfsdeckung geeigneten Waren sowie deren Menge. Diese, vom Deutschen Verein vorgenommene Auflistung aller Waren und Dienstleistungen in ihrer jeweils erforderlichen Menge war die Grundlage für die von den Landesbehörden vorzunehmende Regelsatzbestimmung. Die Landesbehörden ließen von ihren Statistischen Landesämtern die einzelnen Positionen des Warenkorbs preislich bewerten; die Addition dieser jeweiligen Einzelposten ergab sodann den Regelsatzbetrag.[14] Weiter wurde dieser Warenkorb jährlich der prognostizierten zukünftigen Preisentwicklung angepasst und es erfolgte eine so genannte Bedarfsfortschreibung. Das heißt, dass das Sozialhilfeniveau in regelmäßigen Zeitabständen dem gesellschaftlichen Wohlstand angeglichen wurde, um einer sozialen Ausgrenzung der Sozialhilfeempfänger entgegenzuwirken.[15]

Auch wenn es sich bei diesem, vom Deutschen Verein aufgestellten Warenkorb um einen fiktiven, idealtypischen Warenkorb handelte, so wurde er dennoch dem Bedarfsdeckungsgrundsatz gerecht. Denn ihm lag die Grundannahme einer möglichen Realisierbarkeit zugrunde, indem er davon ausging, dass dem jeweiligen Hilfeempfänger die Führung eines menschenwürdigen Lebens ermöglicht würde, wenn er sich an den Warenkorbberechnungen orientierte.

Das Warenkorb-Modell bildete lange Zeit in Deutschland das Bemessungssystem zur Festlegung der Regelsätze. Der erste Warenkorb wurde bereits 1955 vom Deutschen Verein erstellt,[16] es folgten weitere Warenkörbe in den Jahren 1962 und 1970. 1979 begann der Deutsche Verein dann letztmalig mit den Arbeiten für eine Novellierung des Warenkorbs. Hauptkritikpunkt an diesem ausgearbeiteten Warenkorb war die mit ihm einhergehende finanzielle Belastung, da er eine Regelsatzerhöhung um 31,3 % mit sich gebracht hätte.[17] Weiter wurde von den kommunalen Spitzenverbänden

13) *Oberbracht,* Parlamentarisierung des sozialhilferechtlichen Regelsatzes, S. 29.

14) *Oberbracht,* Parlamentarisierung des sozialhilferechtlichen Regelsatzes, S. 30.

15) *Giese,* ZfSH/SGB 1987, 505 (521); *Oberbracht,* Parlamentarisierung des sozialhilferechtlichen Regelsatzes, S. 30.

16) *Oberbracht,* Parlamentarisierung des sozialhilferechtlichen Regelsatzes, S. 26; *Rothkegel,* in: Rothkegel, Sozialhilferecht, Teil III, Kap. 8, Rn. 26.

17) *Oberbracht,* Parlamentarisierung des sozialhilferechtlichen Regelsatzes, S. 35; *Rothkegel,* in: Rothkegel, Sozialhilferecht, Teil III, Kap. 8, Rn. 28.

aber auch wegen grundlegender systematischer Bedenken die für 1980 vorgesehene Anpassung des Warenkorbs abgelehnt. Sie befürworteten anstelle des Warenkorb-Modells ein neues Bemessungssystem, das sich an dem tatsächlichen Verbraucherverhalten von mit Sozialhilfeempfängern vergleichbaren Einkommensschichten orientieren sollte.[18] Aufgrund der bestehenden Meinungsverschiedenheiten weigerten sich die Länderverwaltungen, diesen, vom Deutschen Verein ausgearbeiteten, Warenkorb zu übernehmen.[19]

Mit Erlass des 2. Haushaltsstrukturgesetzes vom 22.12.1981 beendete der Bundesgesetzgeber diese Auseinandersetzungen. § 22 BSHG wurde um einen Absatz 4 ergänzt, der mit Wirkung zum 01.07.1982 eine jährliche Regelsatzerhöhung um 3 % vorsah. Diese Erhöhung wurde durch das Haushaltsbegleitgesetz 1982 vom 20.12.1982 ab dem 01.07.1983 auf 2 % verringert. Diese Deckelung der Regelsätze, die bis zum 30.06.1985 fortgalt, hatte zur Folge, dass die Regelsätze nicht mehr auf der Grundlage eines fundierten Bedarfsbemessungsschemas basierten, sondern erheblich zu niedrig bemessen waren und daher dem Bedarfsdeckungsgrundsatz nicht gerecht wurden.[20]

Während dieser Deckelung der Regelsätze arbeiteten die Länder weiter an einer Reform des Bedarfsbemessungssystems. Zu diesem Zweck wurde von der Konferenz der Minister und Senatoren für Arbeit und Soziales der Länder (ASMK) im August 1982 eine Innerministerielle Arbeitsgruppe gegründet. Doch auch diese Arbeitsgruppe brachte keine Einigung hinsichtlich einer notwendigen Regelsatzreform zustande.[21] Als Kompromiss wurde zum 01.07.1985 der »alternative Warenkorb« als Übergangsmodell eingeführt.[22]

Die Überlegungen der Innerministeriellen Arbeitsgruppe zur Einführung eines »Statistik-Modells« veranlassten das Bundesministerium für Jugend, Familie und Gesundheit, das Institut für Sozialforschung und Gesellschaftspolitik (ISG) mit der wissenschaftlichen Ausarbeitung dieses Statistik-

---

18) *Lindlahr,* Der Landkreis 1989, 310 (310).

19) *Naegele,* TuP 1984, 242 (244); *ders.,* BldW 1985, 36 (37); *Oberbracht,* Parlamentarisierung des sozialhilferechtlichen Regelsatzes, S. 33.

20) *Oberbracht,* Parlamentarisierung des sozialhilferechtlichen Regelsatzes, S. 35.

21) *Naegele,* TuP 1984, 242 (244); *ders.,* BldW 1985, 36 (37).

22) *Lindlahr,* Der Landkreis, 1989, 310 (310); *Oberbracht,* Parlamentarisierung des sozialhilferechtlichen Regelsatzes, S. 38.

Modells zu beauftragen.[23] Aufgrund des daraufhin vom ISG erstellten Gutachtens sprach sich auch die Konferenz der obersten Landessozialbehörden für die Einführung des Statistik-Modells aus. Dieser Forderung schloss sich im September 1987 ebenfalls die tagende ASMK an, es folgten die Freien Wohlfahrtsverbände.[24] Gegen das Statistik-Modell sprachen sich dagegen die Finanz- und Innenminister sowie die kommunalen Spitzenverbände aus und gründeten ihre Kritik auf die Tatsache, dass es zum damaligen Zeitpunkt noch an einer Ableitung des regelsatzrelevanten Bedarfs für sonstige Haushaltsangehörige fehlte. Im Dezember 1987 wurde daher der Deutsche Verein mit der Ausarbeitung der Ableitung des regelsatzrelevanten Bedarfs für sonstige Haushaltsangehörige beauftragt; er legte ein entsprechendes Gutachten im Januar 1989 vor. Die Auseinandersetzungen um das neue Bedarfsbemessungssystem waren damit aber keineswegs beendet. Vielmehr befürworteten die Länderfinanzminister die Einführung des Statistikmodells nur unter der Bedingung der Kostenneutralität. Diese Konflikte führten dazu, dass sich im Oktober 1989 die Ministerpräsidentenkonferenz mit dem der Regelsatzfestsetzung zugrunde liegenden Bemessungssystem auseinander zu setzen hatte. Die Ministerpräsidenten einigten sich darauf, das Statistik-Modell in vollem Umfang, jedoch zeitlich verzögert, umzusetzen. Es wurde daher die Regelsatzverordnung entsprechend geändert, die erste Stufe der Einführung des Statistik-Modells wurde am 01.07.1990 eingeführt, die zweite am 01.07.1991.

bb) Das »Statistik-Modell«

Grundlage für die Festsetzung der Regelsätze nach dem Statistik-Modell ist das tatsächliche Ausgabe- und Verbrauchsverhalten von Haushalten in unteren Einkommensgruppen, deren Einkommen allerdings noch deutlich über der Sozialhilfeschwelle liegt. Zur Feststellung dieses tatsächlichen Ausgabe- und Verbrauchsverhaltens dienen dabei die statistischen Daten der Einkommens- und Verbrauchsstichprobe (EVS) des Statistischen Bundesamtes und die Haushaltskundenbefragung der Vereinigung Deutscher Elektrizitätswerke (VDEW).[25] Bei der EVS handelt es sich um eine im Rahmen

23) *Mehlich,* ZSR 1992, 77 (80, Fn. 7).

24) *Schellhorn,* NDV 1989, 223 (223); *Tschoepe,* NDV 1987, 433 (433).

25) *Deutscher* Verein, Neues Bedarfsbemessungssystem für die Regelsätze in der Sozialhilfe, S. 6; *Mehlich,* ZSR 1992, 77 (82); *Oberbracht,* Parlamentarisierung des sozialhilferechtlichen Regelsatzes, S. 41; *Tschoepe,* NDV 1987, 433 (435); *Schell-*

der amtlichen Statistik durchgeführte Stichprobenerhebung, die in einem fünfjährigen Turnus durchgeführt wird. Die Daten über das Verbrauchs- und Ausgabeverhalten sowie über die Zusammensetzung der jeweiligen Haushaltsgemeinschaft erfolgt dabei zum einen mittels Anschreibung aller Einnahmen und Ausgaben in Haushaltsbüchern sowie zum anderen mittels Interviews. Dem 1990 eingeführten Statistik-Modell wurde dabei die EVS von 1983 zugrunde gelegt.

Die Bedarfsbemessung nach dem Statistik-Modell vollzieht sich in drei Stufen:[26] In der ersten Stufe wird die maßgebliche Referenzgruppe festgelegt. An deren monatlichem durchschnittlichen Verbrauch orientiert sich der von den Regelsätzen umfasste Regelbedarf. Bislang wurden nur solche Haushalte in die Referenzgruppe mit aufgenommen, die 1983 zwischen 4 % und 25 % oberhalb der Sozialhilfeschwelle lagen.[27] Die Herausnahme von Sozialhilfeempfängern aus dieser Referenzgruppe ist dabei notwendig, um Zirkelschlüsse zu vermeiden.

In einer zweiten Stufe wird dann der regelsatzrelevante Verbrauch festgesetzt. Dies bedeutet, dass aus sämtlichen Ausgaben der Referenzgruppe die herausgesucht werden, die mit dem Regelsatz gedeckt werden sollen. Dabei finden allerdings solche Ausgaben keine Berücksichtigung, die bereits durch Beihilfen oder zusätzlich zu den Regelsätzen übernommen werden. Weiter werden auch solche Ausgaben nicht berücksichtigt, die über das durch die Regelsätze sicherzustellende Lebensniveau hinausgehen.

Nach der Ermittlung dieses regelsatzrelevanten Verbrauchs erfolgt auf einer dritten Stufe die Berechnung der monatlichen Aufwendungen der Referenzgruppe für eben diesen Verbrauch. Der auf diese Weise ermittelte Betrag stellt den Regelsatzbetrag dar.

Da die EVS nur Daten über das Ausgabe- und Verbrauchsverhalten ganzer Haushalte, nicht aber von den in diesen lebenden Einzelpersonen liefert, erfolgte bislang die Berechnung des Regelsatzbetrages für sonstige Haushaltsangehörige nach der so genannten modifizierten Differenzrechnung. Diese modifizierte Differenzrechnung stellte eine indirekte Ableitung des

---

horn, NDV 1989, 223 (224); *ders.,* BldW 1996, 157 (157); *Rothkegel,* in: Rothkegel, Sozialhilferecht, Teil III, Kap. 8, Rn. 33.

26) *Deutscher Verein,* Neues Bedarfsbemessungssystem für die Regelsätze in der Sozialhilfe, S. 6; *Oberbracht,* Parlamentarisierung des sozialhilferechtlichen Regelsatzes, S. 42 f.; *Rothkegel,* in: Rothkegel, Sozialhilferecht, Teil III, Kap. 8, Rn. 31 ff.

27) *Mehlich,* ZSR 1992, 77 (83).

Verbrauchsverhaltens und damit der Regelsätze dar, indem Differenzrechnungen der Ausgaben von Haushalten von allein Lebenden mit den Ausgaben von Haushalten von Ehepaaren ohne Kind und mit einem Kind durchgeführt wurden.[28] Im Gegensatz zur Bedarfsbemessung für Alleinstehende und Haushaltsvorstände erfolgte die Bedarfsbemessung bei sonstigen Haushaltsangehörigen in fünf Stufen: Nach der Festlegung von Referenzgruppen im unteren Einkommensbereich und des regelsatzrelevanten Verbrauchs erfolgte eine Bestimmung der Altersgruppen von sonstigen Haushaltsangehörigen. Im Rahmen der letzten beiden Bedarfsbemessungsstufen wurden die Aufwendungen der Referenzgruppen für diesen regelsatzrelevanten privaten Verbrauch berechnet und abschließend erfolgte eine Berechnung von Differenzbeträgen zwischen den Aufwendungen der Referenzgruppen für den regelsatzrelevanten privaten Verbrauch.[29]

Das Statistik-Modell als geltendes Bedarfsbemessungssystem wurde aber immer wieder durch eine Deckelung der Regelsätze außer Kraft gesetzt. So wurde durch Art. 7 Nr. 7 des Gesetzes zur Umsetzung des Föderalen Konsolidierungsprogramms (FKPG)[30] dem § 22 BSHG ein Absatz 4 angefügt, der eine entsprechende Deckelung vorsah. Durch das Zweite Gesetz zur Umsetzung des Spar-, Konsolidierungs- und Wachstumsprogramms (2. SKWPG) vom 21.12.1993[31] erfuhr diese Deckelung dann bereits für die Zeit ab dem 01.07.1994 eine erneute Änderung.

Durch das Gesetz zur Reform des Sozialhilferechts vom 23.07.1996[32] fand das Statistik-Modell als geltendes Bemessungssystem für die Festsetzung

---

28) Als eine modifizierte Differenzrechnung wurde diese Methode deshalb bezeichnet, weil die Sozialhilfeschwelle für die verschiedenen Referenzhaushalte nicht identisch war mit der Sozialhilfeschwelle bei Alleinstehenden. Zwar lag die Einkommensuntergrenze ebenfalls bei vier Prozent über der Sozialhilfeschwelle, jedoch lag die Einkommensobergrenze über den 25 %, wie sie bei Alleinstehenden bestand; vgl. *Deutscher Verein,* Neues Bedarfsbemessungssystem für die Regelsätze in der Sozialhilfe, S. 7; *Mehlich,* ZSR 1992, 77 (84).

29) *Deutscher Verein,* Neues Bedarfsbemessungssystem für die Regelsätze in der Sozialhilfe, S. 7; *Lindlahr,* Der Landkreis, S. 310 (312); *Mehlich,* ZSR 1992, 77 (84 f.); *Oberbracht,* Parlamentarisierung des sozialhilferechtlichen Regelsatzes, S. 44 f.

30) Gesetz über Maßnahmen zur Bewältigung der finanziellen Erblasten im Zusammenhang mit der Herstellung der Einheit Deutschlands, zur langfristigen Sicherung des Aufbaus in den neuen Ländern, zur Neuordnung des bundesstaatlichen Finanzausgleichs und zur Entlastung der öffentlichen Haushalte (Gesetz zur Umsetzung des Föderalen Konsolidierungsprogramms – FKPG) v. 23.06.1993, BGBl. I, S. 944.

31) BGBl. I, S. 2374.

32) BGBl. I, S. 1088.

der Regelsätze Eingang in das BSHG. Denn durch Artikel 1 Nr. 10 dieses Gesetzes wurde § 22 Abs. 3 S. 2–5 wie folgt neu gefasst: *»Die Regelsatzbemessung hat Stand und Entwicklung von Nettoeinkommen, Verbraucherverhalten und Lebenshaltungskosten zu berücksichtigen. Grundlage sind die tatsächlichen, statistisch ermittelten Verbrauchsausgaben von Haushalten in unteren Einkommensgruppen. Datengrundlage ist die Einkommens- und Verbrauchsstichprobe. Die Bemessung ist zu überprüfen und gegebenenfalls weiterzuentwickeln, sobald die Ergebnisse einer neuen Einkommens- und Verbrauchsstichprobe vorliegen.«* Diese Bedarfsbemessung nach dem Statistik-Modell kam aber noch immer nicht zum Tragen, denn durch Artikel 1 Nr. 10 dieses Gesetzes zur Reform des Sozialhilferechts wurde dem § 22 BSHG ein Absatz 6 angefügt, der abermals die Deckelung der Regelsätze in Anlehnung an die Rentenentwicklung zum Inhalt hatte. Diese gesetzliche Deckelung der Regelsätze erfuhr ihre Fortführung im Siebten Gesetz zur Änderung des Bundessozialhilfegesetzes vom 25.06.1999[33], indem durch dessen Artikel 1 Nr. 2 der Absatz 6 des § 22 BSHG dergestalt geändert wurde, dass sich auch für die Jahre 1999 und 2000 die Regelsätze entsprechend der Rentenentwicklung erhöhten. Diese Regelsatzerhöhung parallel zur Rentenentwicklung wurde durch Artikel 2 des Gesetzes zur Änderung des Wohngeldgesetzes und anderer Gesetze vom 22.12.1999[34] auch zum 01.07.2001 fortgeführt. Diese Deckelung wurde weiter bis ins Jahr 2004 praktiziert,[35] so dass erst die seit dem 01.01.2005 geltenden neuen Regelsätze seit langer Zeit wieder nach dem Statistik-Modell bemessen worden sind.

Das Bundesverwaltungsgericht hält das Statistik-Modell für ein vertretbares Bedarfsbemessungssystem zur Festsetzung der sozialhilferechtlichen Regelsätze.[36]

---

33) BGBl. I, S. 1442.

34) BGBl. I, S. 2671.

35) Die Entwicklung der Regelsätze entsprechend der Rentenerhöhung wurde durch Artikel 1 Nr. 2 des Gesetzes zur Verlängerung von Übergangsregelungen im Bundessozialhilfegesetz bis zur Regelsatzfestsetzung zum 01.07.2004 bestimmt.

36) Zu den trotz allem bestehenden methodischen Schwachstellen des Statistik-Modells, etwa dem Umstand, dass es vom Verbrauch auf die Absicherung des sozio-kulturellen Existenzminimums schließt, ohne einen Nachweis zu liefern, dass dieser Verbrauch den tatsächlich notwendigen Lebensunterhalt auch abdeckt oder dem Umstand, dass Kompensationseffekte der Referenzgruppe unberücksichtigt bleiben, siehe ausführlich *v. d. Lippe,* Wirtschaftsstatistik, S. 351; *Mehlich,* ZSR 1992, 77 (86 ff.); *Rothkegel,* in: Rothkegel, Sozialhilferecht, Teil III, Kap. 8, Rn. 35 ff.

(1) Die seit dem 01.01.2005 geltenden Regelsätze

Das Statistik-Modell ist auch im nunmehr geltenden SGB XII in § 28 Abs. 3 S. 2 bis 5 gesetzlich verankert, der den insoweit bislang maßgeblichen § 22 Abs. 3 S. 2 bis 5 BSHG inhaltlich unverändert übernommen hat. Trotz dieses Festhaltens am Statistik-Modell hat durch die Sozialhilfereform 2005 bei der Hilfe zum Lebensunterhalt ein Paradigmenwechsel stattgefunden. Denn während bislang die Regelsätze nur den Regelbedarf abdeckten und daneben für einmalige Bedarfe einmalige Leistungen gewährt wurden, wird gemäß § 28 Abs. 1 S. 1 SGB XII jetzt der *»**gesamte** Bedarf des notwendigen Lebensunterhalts ausserhalb von Einrichtungen mit Ausnahme von Leistungen für Unterkunft und Heizung und der Sonderbedarfe nach den §§ 30 bis 34 [...] nach Regelsätzen erbracht.«* Durch diese Einbeziehung der meisten einmaligen Bedarfe in den von den Regelsätzen zu deckenden Bedarf, haben die Regelsätze und ihre Bemessung eine noch gewichtigere Bedeutung erlangt.

Nach § 40 SGB XII wird das Bundesministerium für Gesundheit und Soziale Sicherung ermächtigt, im Einvernehmen mit dem Bundesministerium der Finanzen und dem Bundesministerium für Wirtschaft und Arbeit und mit Zustimmung des Bundesrates durch Rechtsverordnung Vorschriften über Inhalt, Bemessung und Aufbau der Regelsätze nach § 28 sowie ihre Berechnung und Fortschreibung zu erlassen. Diese Regelsatzverordnung (RSV) vom 03.06.2004 trat zum 01.01.2005 in Kraft.[37]

Gemäß § 28 Abs. 2 S.1 SGB XII erließen die jeweiligen Landesregierungen dann entsprechende Rechtsverordnungen, durch die im Rahmen der Rechtsverordnung nach § 40 SGB XII die Höhe der monatlichen Regelsätze festgelegt wurde. Nordrhein-Westfalen etwa hat diese Rechtsverordnung am 30.11.2004 erlassen; sie ist am 01.01.2005 in Kraft getreten.[38]

Bei der Festsetzung der ab dem 01.01.2005 geltenden Regelsätze wurde von den getroffenen Festlegungen für die Regelsatzbemessung 1990 ausgegan-

37) Verordnung zur Durchführung des § 28 des Zwölften Buches Sozialgesetzbuch (Regelsatzverordnung – RSV), im Folgenden RSV abgekürzt, BGBl. I, S. 1067.

38) Gesetz- und Verordnungsblatt für das Land Nordrhein-Westfalen Nr. 44 v. 10.12.2004, S. 2170.

gen.[39] Dabei wurden die im Rahmen der Einkommens- und Verbrauchsstichprobe 1998[40] erhobenen Daten zugrunde gelegt, vgl. § 5 RSV.

Gemäß § 2 Abs. 1 RSV bildet der aus der Einkommens- und Verbrauchsstichprobe abzuleitende Eckregelsatz die Bemessungsgrundlage der Regelsätze. Der neu eingeführte Begriff des *»Eckregelsatzes«* fand in der sozialhilferechtlichen Praxis schon lange Zeit Anwendung[41] und wird jetzt in § 28 Abs. 2 S. 3 als Regelsatz für den Haushaltsvorstand definiert. In § 2 Abs. 2 RSV wird die Zusammensetzung, der Inhalt und die Bemessung dieses Eckregelsatzes bestimmt. Der Bemessung werden danach die Verbrauchsausgaben derjenigen Abteilungen der Einkommens- und Verbrauchsstichprobe zugrunde gelegt, die regelsatzrelevante Einzelpositionen enthalten. Dabei erfolgt die Bemessung jeweils zum 01.07. eines Jahres, in dem eine Einkommens- und Verbrauchsstichprobe neu zur Verfügung steht, ihre Daten also bereits ausgewertet wurden. Die anzustellende Berechnung bezieht sich dabei auf das Jahr der Stichprobenerhebung und ist daher nach § 4 RSV auf das Jahr, in dem die Berechnung erfolgt, fortzuschreiben.[42]

Es existieren insgesamt zwölf Warengruppen, dies sind die Abteilungen 01 bis 12, die den privaten Verbrauch von Haushalten statistisch erfassen. Diese zwölf Abteilungen bestehen wiederum aus insgesamt 48 Einzelpositionen. Im Rahmen der Regelsatzfestsetzung wurde für jede dieser Einzelpositionen der regelsatzrelevante Anteil bestimmt, der dann in den Eckregelsatz mit einfloss.[43] Regelsatzrelevante Einzelpositionen enthalten die Abteilungen 01, 03 bis 09, 11 und 12. Eine Abteilung 02 ist in der Einkommens- und Verbrauchsstichprobe nicht enthalten und die Abteilung 10 betrifft das Bildungswesen, die als insgesamt nicht regelsatzrelevant eingestuft worden ist.[44] Allerdings werden nicht alle in einer Abteilung enthaltenen Einzelpositionen – und diese auch nicht immer in vollem Umfang – als regelsatzrelevant eingestuft. Deshalb wurde für jede Abteilung ein bestimmter Prozentsatz bestimmt, der den regelsatzrelevanten Bedarf beziffert und

---

39) Vgl. Begründung des Entwurfs einer Verordnung zur Durchführung des § 28 des Zwölften Buches Sozialgesetzbuch (Regelsatzverordnung – RSV), im Folgenden RSV– E. abgekürzt, *BR-Drucks.* 206/04, S. 7.

40) *BR-Drucks.* 206/04 nennt auf S. 12 ausdrücklich die EVS 1998.

41) Vgl. *BR-Drucks.* 206/04, S. 5.

42) Vgl. *BR-Drucks.* 206/04, S. 6.

43) Vgl. *Martens,* Expertise.

44) Vgl. *BR-Drucks.* 206/04, S. 6.

der sich rechnerisch aus der Summe der jeweiligen Einzelpositionen ergibt.[45] Von entscheidender Bedeutung ist daher die Entscheidung darüber, ob und zu welchem Anteil die jeweiligen Einzelpositionen auch regelsatzrelevant sind. Ausgangspunkt dieser Entscheidung waren dabei die bereits 1990 getroffenen Feststellungen, die der Deutsche Verein damals im Rahmen der ersten Regelsatzbemessung nach dem Statistik-Modell im Auftrag der Länder unter Beiziehung von Sachverständigen vorgenommen hatte. Allerdings wurden die Einschätzungen und Bewertungen nur bei 32 Einzelpositionen übernommen, bei drei Einzelpositionen wurde davon abgewichen.[46]

Diese festgesetzten Prozentsätze umfassen dabei sowohl die im Regelsatz bisher enthaltenen laufenden Leistungen als auch die nunmehr in den Regelsatz einzubeziehenden bisherigen einmaligen Leistungen. Die Begründung zum Entwurf der Regelsatzverordnung weist dabei ausdrücklich darauf hin, dass sich diese beiden Leistungsarten jetzt nicht mehr getrennt ausweisen lassen, *»zumal eine Reihe von Einzelpositionen sowohl bisherige laufende Leistungen als auch bisherige einmalige Leistungen enthalten. Damit werden auch die in der Vergangenheit schwierigen Überlappungs- und Abgrenzungsprobleme obsolet.«*[47]

Gemäß § 2 Abs. 2 RSV ergibt die Summe dieser einzelnen Verbrauchsausgaben aller Abteilungen dann den Eckregelsatz.

§ 2 Abs. 3 RSV legt die Sozialhilfeschwelle fest, indem er bestimmt, dass die Verbrauchsausgaben der untersten 20 % der nach ihrem Nettoeinkommen geschichteten Haushalte der Einkommens- und Verbrauchsstichprobe nach Herausnahme der Empfänger von Sozialhilfeleistungen zugrunde zu legen sind.

Eine weitere Neuerung enthält auch § 3 Abs. 2 RSV, der bei den Regelsätzen für sonstige Haushaltsangehörige nur noch von zwei Altersstufen ausgeht, statt wie bisher von vier unterschiedlichen Altersstufen. Danach

45) Vgl. *BR-Drucks.* 206/04, S. 6. Allerdings enthält die RSV nur die Aufzählung der einzelnen Bedarfsabteilungen. Dagegen wurde die Liste der 48 Einzelpositionen, aus denen sich der jeweilige prozentuale Anteil des regelsatzrelevanten Verbrauchs für jede Bedarfsabteilung ergibt, seitens der Bundesregierung nicht veröffentlicht. Dieser Umstand aber macht es unmöglich, diese angestellten Bewertungen der einzelnen Prozentsätze beurteilen zu können. Zu dieser Kritik siehe insbesondere *Martens,* Expertise.

46) Vgl. *BR-Drucks.* 206/04, S. 7.

47) Vgl. *BR-Drucks.* 206/04, S. 9.

betragen die Regelsätze für sonstige Haushaltsangehörige unter 14 Jahren 60 % und ab Vollendung des 14. Lebensjahres 80 % des Eckregelsatzes. Mit dieser Festsetzung wurde von der bislang praktizierten modifizierten Differenzrechnung bei sonstigen Haushaltsangehörigen abgewichen und die für diese geltenden Regelsätze freihändig festgesetzt. Nach der Begründung des Regelsatzentwurfes entsprechen die gewählten Altersklassen dabei *»international anerkannten wissenschaftlichen Verfahren, z. B. der modifizierten OECD-Skala.«*[48] Die festgesetzten Prozentsätze von 60 % und 80 % basieren auf einer wissenschaftlichen Untersuchung des Statistischen Bundesamtes, wonach 14-jährige und ältere Kinder etwa 1/3 höhere Kosten als jüngere Kinder verursachen.[49] Nach der Begründung des RSV-Entwurfs werden durch diese Neuregelung der nach dem bisherigen Regelsatzsystem bestehende zu große Unterschied in den Leistungen für kleine und große Kinder sowie die nicht nachvollziehbare Absenkung der Leistungen bei Eintritt der Volljährigkeit beseitigt.[50]

§ 4 RSV regelt die Fortschreibung der Regelsätze. Danach werden die Regelsätze in den Jahren, in denen keine Überprüfung der Bemessung und gegebenenfalls Weiterentwicklung der Regelsätze nach § 28 Abs. 3 S. 4 SGB XII i. V .m. § 2 RSV erfolgt, um den Vomhundertsatz fortgeschrieben, um den sich der aktuelle Rentenwert in der gesetzlichen Rentenversicherung verändert.

Entgegen der ansonsten üblichen turnusmäßigen Festsetzung der Regelsätze zum 01.07. eines Jahres erfolgte nach § 5 S. 1 RSV die erstmalige Festsetzung der Regelsätze zum 01.01.2005.[51]

§ 5 S. 2 RSV stellt ausdrücklich klar, dass der aktuellen Regelsatzbemessung die Einkommens- und Verbrauchsstichprobe 1998 zugrunde gelegt

---

48) Vgl. *BR-Drucks.* 206/04, S. 10.

49) *Statistisches Bundesamt,* Wirtschaft und Statistik, 2003, S. 1080 ff.; *BR-Drucks.* 206/04, S. 10.

50) Vgl. *BR-Drucks.* 206/04, S. 10.

51) Der Grund dafür war die Tatsache, dass das SGB XII zum 01.01.2005 in Kraft trat und dass nach § 28 Abs. 1 SGB XII die ehemaligen einmaligen Leistungen nunmehr in den Regelbedarf einbezogen wurden. Daher war ein zeitgleiches In-Kraft-Treten der RSV mit dem SGB XII erforderlich, da bei einem späteren In-Kraft-Treten der RSV ein ungedeckter Bedarf bei den Sozialhilfeempfängern infolge des Umstandes aufgetreten wäre, dass die Regelsätze nach der RSV noch nicht Verbrauchsausgaben der einmaligen Bedarfe enthielten. Ein In-Kraft-Treten vor dem 01.01.2005 dagegen hätte zu Doppelleistungen für diese ehemaligen einmaligen Leistungen geführt; vgl. *BR-Drucks.* 206/04, S. 11.

wurde. Auf der Grundlage dieser EVS 1998 ergab sich für das Jahr 1998 ein Ausgangswert in Höhe von 630,18 DM. Dieser Ausgangswert wurde in Höhe des jeweiligen aktuellen Rentenwertes auf den 01.01.2005 fortgeschrieben; dies ergab die Summe von 345,00 Euro.[52]

Entsprechend dieser Festsetzung erließen die jeweiligen Landesregierungen dann die auf der Grundlage des § 28 Abs. 2 SGB XII basierenden Regelsatzverordnungen, in denen sie die Höhe der monatlichen Regelsätze der Sozialhilfe wie folgt festsetzten: Der Eckregelsatz für den Haushaltsvorstand oder für Alleinstehende beträgt danach derzeit 345,- Euro im Westen und 331,- Euro im Osten, der Regelsatz für sonstige Haushaltsangehörige unter 14 Jahren beträgt 207,- Euro im Westen und 198,60 Euro im Osten und der Regelsatz für sonstige Haushaltsangehörige ab Vollendung des 14. Lebensjahres beträgt 276,- Euro im Westen und 264,80 Euro im Osten.

(2) Rechtmäßigkeit der Regelsatzfestsetzung

Gegen die seit dem 01.01.2005 geltende neue Festsetzung der monatlichen Regelsätze in der Sozialhilfe ist durch das sozialhilferechtliche Schrifttum eine Vielzahl an Kritikpunkten erhoben worden, so dass sich die Frage nach der Rechtsmäßigkeit der Regelsatzfestsetzung stellt.

Bei einer solchen Rechtmäßigkeitsprüfung ist allerdings zu berücksichtigen, dass nach gefestigter Rechtsprechung des Bundesverwaltungsgerichts die sozialhilferechtlichen Regelsatzfestsetzungen nur eingeschränkt gerichtlich überprüfbar sind.[53] Da es sich bei der Regelsatzfestsetzung nach Ansicht des Bundesverwaltungsgerichts um einen »*Akt wertender Erkenntnis und gestaltender sozialpolitischer Entscheidung darüber, mit welcher Regelsatzhöhe der notwendige Lebensunterhalt für den Regelbedarf sichergestellt ist*«,[54] handelt,[55] steht dem Verordnungsgeber bei der konkreten Regelsatzfestsetzung eine Einschätzungsprärogative zu. Aus diesem Grunde ist die Regelsatzfestsetzung nur daraufhin zu überprüfen, ob

52) Vgl. *BR-Drucks.* 206/04, S. 11 f.

53) *BVerwG,* Urteil v. 25.11.1993, BVerwGE 94, 326 (329, 331); *BVerwG,* Urteil v. 18.12.1996, BVerwGE 102, 366 (367).

54) *BVerwG,* Urteil v. 18.12.1996, BVerwGE 102, 366 (368).

55) Dies ist die Konsequenz aus dem Umstand, dass sich aus dem Sozialstaatsgebot aufgrund seiner Weite und Unbestimmtheit gerade kein Gebot entnehmen lässt, Sozialleistungen in einer bestimmten Höhe zu gewähren.

- sie sich im Rahmen der gesetzlichen Ermächtigungsgrundlage hält,
- ob sich die Bedarfsbemessung in jeder Hinsicht auf ausreichende Erfahrungswerte stützt, ob also die Regelsatzbemessung auf methodisch-rational gewonnenen empirischen Erkenntnissen beruht,
- und ob die ihr zugrunde liegenden Wertungen im Rahmen der gesetzlichen Vorgaben vertretbar sind.[56] Voraussetzung für die Feststellung »vertretbarer Wertungen« ist nach der Rechtsprechung des Bundesverwaltungsgerichts das Vorliegen einer ausreichenden tatsächlichen Beurteilungsgrundlage, die »durch die ständige Beobachtung der Verbrauchergewohnheiten und durch ernährungsphysiologische Erhebungen« hergestellt werden soll.[57]

Die gegen die Regelsatzfestsetzung 2005 vorgebrachten Einwände sollen nunmehr vorgestellt und darauf hin überprüft werden, inwieweit sie eine – auch gerichtlich geltend zu machende – Rechtswidrigkeit der Regelsatzfestsetzsetzung begründen.

(aa) Einer der Kritikpunkte, der sich gegen die neue Regelsatzfestsetzung richtet, betrifft die Tatsache, dass die Einkommens- und Verbrauchsstichprobe 1998 der Regelsatzfestsetzung als Datengrundlage zugrunde gelegt wurde. Diese Daten seien sowohl aufgrund Zeitablaufs als auch aufgrund der Währungsumstellung veraltet.[58] Dieser Einwand ist allerdings unbegründet. Denn die EVS 1998 stellt derzeit mangels vollständiger Auswertung der EVS 2003 die aktuellste, zur Verfügung stehende Datenbasis dar. Wie an § 28 Abs. 3 S. 4 SGB XII deutlich wird, hat sich der Gesetzgeber ausdrücklich für eine Regelsatzfestsetzung unter Zugrundelegung der Einkommens- und Verbrauchsstichprobe entschieden. Er hat damit in Kauf genommen, dass, da diese EVS nur im regelmäßigen fünfjährigen Turnus erhoben wird, auf ein statistisches Verbrauchs- und Ausgabeverhalten zurückgegriffen wird, das unter Umständen nicht mehr in jeder Hinsicht ganz aktuell ist. Allerdings handelt es sich bei dieser Zeitspanne, die zwischen zwei Einkommens- und Verbrauchsstichproben bzw. ihrer

---

56) *BVerwG,* Urteil v. 25.11.1993, BVerwGE 94, 326 (331 f.); *BVerwG,* Urteil v. 18.12.1996, BVerwGE 102, 366 (368); *Rothkegel,* in: Rothkegel, Sozialhilferecht, Teil III, Kap. 8, Rn. 65, Teil V, Kap. 4, Rn. 18; *Wahrendorf,* in: Grube/Wahrendorf, SGB XII, § 28, Rn. 43.

57) So *BVerwG,* Beschl. v. 23.12.1975, Kleinere Schriften des DV, Heft 57, S. 26; vgl. auch zum Umfang der gerichtlichen Überprüfbarkeit *Wienand,* NDV 1997, 196 (197 f.).

58) *Rothkegel,* in: Rothkegel, Sozialhilferecht, Teil III, Kap. 8, Rn. 55.

Auswertung liegt, noch um einen relativ kurzen Zeitraum, in dem gravierende Veränderungen der Datengrundlage nicht zu erwarten sind. Auch der Einwand, dass die zugrunde gelegten Lebenshaltungskosten infolge der Währungsumstellung auf den Euro mittlerweile überholt seien, greift hier nicht. Denn wie sich aus der Begründung zum Entwurf der Regelsatzverordnung ergibt, wurde der auf der Datengrundlage von 1998 ermittelte und somit noch in DM ausgewiesene Regelsatz zum Zeitpunkt der Währungsumstellung dem damaligen Euro-Wert entsprechend umgerechnet. Nicht anders wurde aber auch mit den Löhnen und Gehältern verfahren, so dass die Empfänger von sozialhilferechtlichen Regelsätzen in keiner Weise gegenüber Erwerbstätigen benachteiligt wurden.

(bb) Weiter wird gegen die Regelsatzfestsetzung eingewandt, dass die neuen Regelsätze, da sie auf die bisherigen Regelsätze aufbauten, sämtliche Mängel übernommen hätten, die der bisherigen Bedarfsbemessung anhafteten. Dabei zielt der Haupteinwand darauf ab, dass die Regelsätze nach § 22 Abs. 6 BSHG viele Jahre lang gesetzlich gedeckelt waren und daher nicht auf einem konsequent eingehaltenen Bedarfsbemessungsschema beruhten.[59] Doch auch dieser Einwand greift hier nicht. Denn die jahrelange gesetzliche Deckelung der Regelsätze wirkt sich in den neu festgesetzten Regelsätzen gerade nicht aus. Dies wäre nur der Fall, wenn auf diese gedeckelten Regelsätze zurückgegriffen worden und sie den derzeitigen Regelsätzen zugrunde gelegt worden wären. Es wurde jedoch nur das während der gesetzlichen Deckelung geltende Statistik-Modell und die während der Deckelung erhobene EVS 1998 der jetzigen Regelsatzfestsetzung zugrunde gelegt, die beide mit der Deckelung als solcher nichts zu tun haben. Vielmehr wurde der regelsatzrelevante Verbrauch auf der Datenbasis der EVS 1998 neu festgelegt.

(cc) Es wird gegen § 2 Abs. 3 RSV eingewandt, dass neben Sozialhilfehaushalten auch Haushalte von Arbeitslosengeld II-Empfängern aus der Referenzgruppe herauszunehmen seien, um Zirkelschlüsse zu vermeiden.[60] Dies ist sicherlich richtig. Jedoch stellt sich dieses Problem für die zum 01.01.2005 festgesetzten Regelsätze noch nicht. Denn da diesen die EVS 1998 zugrunde liegt, bei der es noch gar keine Haushalte von Arbeitslosengeld II-Empfängern gab, liegt bei der Regelsatzfestsetzung zum 01.01.2005

59) *Rothkegel,* in: Rothkegel, Sozialhilferecht, Teil III, Kap. 8, Rn. 56.

60) *Deutscher Verein,* NDV 2004, 109 (110); *Rothkegel,* in: Rothkegel, Sozialhilferecht, Teil III, Kap. 8, Rn. 64.

insoweit kein Zirkelschluss vor. Die Kritik greift jedoch insoweit, als bislang nur Sozialhilfebezieher aus der Referenzgruppe heraus gerechnet wurden, nicht jedoch Empfänger von Arbeitslosenhilfe. Soweit diese nunmehr nach dem SGB II leistungsberechtigt sind, liegt also schon jetzt ein Zirkelschluss vor.[61] Darüber hinaus ist diesem Kritikpunkt insoweit Beachtung zu schenken, als zukünftig bei Einkommens- und Verbrauchsstichproben, die während der Geltung des SGB II durchgeführt werden, auch die Haushalte von Arbeitslosengeld II-Empfängern aus der Referenzgruppe auszuscheiden sind.

(dd) Gegen die bei den jeweiligen Einzelpositionen der EVS vorgenommenen Einschätzungen und Bewertungen und die mit diesen einhergehenden Reduzierungen der Verbrauchsausgaben wird vorgebracht, dass sie die Grundgedanken des Statistik-Modells, insbesondere das Prinzip der Transparenz verletzten. Denn das Statistik-Modell orientiere sich im Gegensatz zum vorherigen Warenkorb-Modell an den tatsächlichen Ausgaben und nicht an normativen Vorstellungen. Die Reduzierungen der Ausgaben bei den jeweiligen Einzelpositionen stellten jedoch wieder solche normativen Entscheidungen und damit einen systemfremden Rückgriff auf solche normativen Elemente der Bedarfsmessung dar.[62] Dieser Einwand betrifft die vom Verordnungsgeber getroffenen rechtlichen Wertungen. Bezüglich dieser ist aber ausschließlich zu prüfen, ob diese normativen Entscheidungen in Form der angestellten Bewertungen und Reduzierungen zur Ermittlung des regelsatzrelevanten Bedarfs vertretbar sind. Nur wenn diese rechtlichen Wertungen nicht mehr im Bereich des Vertretbaren liegen, würde dies eine gerichtlich angreifbare Rechtswidrigkeit der Regelsatzbemessung begründen. Gegen diesen Einwand eines systemfremden Rückgriffs auf normative Entscheidungen spricht, dass das vom Bundesverwaltungsgericht als zur Bedarfsbemessung grundsätzlich geeignet eingestufte Statistik-Modell[63] trotz Orientierung am statistischen Ausgabe- und Verbrauchsverhalten nie frei von normativen Entscheidungen war. So stellte die Festlegung des regelsatzrelevanten Verbrauchs von Beginn des Statistik-Modells an

---

61) Vgl. *Martens,* Expertise.

62) *Deutscher Verein,* NDV 2004, 109 (110); *Rothkegel* in: Rothkegel, Sozialhilferecht, Teil III, Kap. 8, Rn. 63.

63) Vgl. *BVerwG,* Urteil v. 18.12.1996, BVerwGE 102, 366 (368).

eine solche normative Entscheidung dar.[64] Bei Anwendung des Statistik-Modells als Bedarfsbemessungssystem ist es aber gar nicht möglich, ohne diese normative Entscheidung auszukommen. Bei näherer Betrachtung ist damit festzustellen, dass sich dieser Einwand des Rückgriffs auf normative Elemente gar nicht gegen Wertentscheidungen des Verordnungsgebers richtet, sondern vielmehr gegen die Entscheidung des einfachen Gesetzgebers, der in § 28 Abs. 3 S. 2–5 SGB XII das Statistik-Modell ausdrücklich als geltendes Bemessungssystem normiert hat. Diese Entscheidung aber wäre nur dann zu beanstanden, wenn verfassungsrechtliche Gründe gegen sie sprächen. Verfassungsrechtlich begründete Bedenken sind hier aber nicht ersichtlich. Insbesondere wird durch die Anwendung des Statistik-Modells als Bemessungsgrundlage weiterhin ein sozio-kulturelles Existenzminimum gewährleistet. Somit kann die Frage, ob und inwieweit dieses Existenzminimum und mit ihm auch der Bedarfsdeckungsgrundsatz verfassungsrechtlich begründet sind, hier offen bleiben. Dieser Einwand des sozialhilferechtlichen Schrifttums geht also ebenfalls ins Leere und begründet nicht die Rechtswidrigkeit der zum 01.01.2005 getroffenen Regelsatzfestsetzung.

(ee) Darüber hinaus wird gegen die neue Regelsatzfestsetzung eingewandt, dass ihre Bemessung deduktiv erfolge, indem sie von der in § 20 Abs. 2 SGB II normierten Höhe der Regelleistung abgeleitet werde. Das werde daran deutlich, dass die Regelsatzhöhe exakt mit der gesetzlich schon vorher normierten Höhe der Regelleistung übereinstimme. Dies habe zur Folge, dass die bei den Einzelpositionen vorgenommenen Reduzierungen umso mehr den Eindruck von Willkürlichkeit erweckten, da mit Hilfe eben dieser Reduzierungen genau eine der Regelleistung entsprechende Regelsatzhöhe erzielt werde. Auch werde durch dieses Verfahren die Vorstellung des Gesetzgebers, wonach die Hilfe zum Lebensunterhalt gerade das Referenzsystem für die Regelleistung nach dem SGB II darstellen solle[65], umgekehrt.[66]

---

64) Vgl. *Mehlich,* ZSR 1992, 77 (92), der diesbezüglich ausführt: »*Die beim Warenkorbmodell so beklagte und kritisierte Auswahl von Waren und Dienstleistungen wurde auf diese Weise durch die Hintertür wieder eingeführt. Mit ihr ließe sich selbst bei einer Referenzgruppe aus einem höheren Einkommensbereich der Regelsatz niedrig gestalten. Das Statistikmodell bedient sich so der* ***normativen*** *Auswahlmethode mit ihrer Begründungsproblematik.*« (Hervorhebung durch Verf.)

65) *BT-Drucks.* 15/1516, S. 56.

66) *Deutscher Verein,* NDV 2004, 109 (109); *Rothkegel,* in: Rothkegel, Sozialhilferecht, Teil III, Kap. 8, Rn. 62.

Dieser Einwand zielt auf die Frage der Vertretbarkeit der angestellten Wertungen, also der vorgenommenen Reduzierungen. Denn diese erwecken infolge der exakten Übereinstimmung mit der im SGB II festgesetzten Regelleistung den Eindruck, dass sie willkürlich bestimmt worden sind, um den Betrag von 345,- Euro bzw. 331,- Euro als Endsumme zu erhalten. Dieser Eindruck wird durch die Tatsache untermauert, dass die Eckregelleistung des § 20 Abs. 2 SGB II bereits in der Gesetzesbegründung des SGB II vom 05.09.2003 feststand,[67] die RSV nach § 40 SGB XII jedoch erst am 03.06.2004 erlassen wurde. Auch der Umstand, dass bei Erlass des SGB II schon ein Entwurf einer Regelsatzverordnung vorlag, kann diesen Eindruck nicht widerlegen. Dieser Entwurf einer Regelsatzverordnung des Bundesministeriums für Gesundheit und Soziale Sicherung datierte vom 21. Juli 2003 und enthielt bereits festgelegte Prozentsätze der regelsatzrelevanten Verbrauchsausgaben der einzelnen Abteilungen.[68] Aufgrund des Gesundheitsmodernisierungsgesetzes[69] und der durch dieses bedingten umfangreichen Zuzahlungsregelungen, die ab dem 01.01.2004 galten, wurde der Entwurf dieser Regelsatzverordnung überarbeitet, und es wurde der regelsatzrelevante Verbrauch der Abteilung 06 (Gesundheitspflege) von 32 % auf 64 % erhöht.[70] Dies entspricht einer Erhöhung von 6,16 Euro. Jedoch erhöhte sich aufgrund dieser Aufstockung nicht auch der Eckregelsatz um diesen Betrag, sondern dieser blieb nahezu identisch.

Dies Ergebnis wurde unter anderem durch eine Reduzierung des Bedarfs an Tabakwaren von 100 % auf 50 % und damit durch eine Reduzierung der Verbrauchsausgaben der Abteilung 01 (Nahrungsmittel, Getränke, Tabakwaren) von 100 % auf 96 % erreicht. Daneben wurden die regelsatzrelevanten Verbrauchsausgaben der Abteilung 03 (Bekleidung und Schuhe) von 92 % auf 89 % reduziert und die der Abteilung 09 (Freizeit, Unterhaltung und Kultur) um ein Prozent von ursprünglich 43 % auf jetzt 42 %.

Durch diese »Verschiebungen« blieb der Eckregelsatz nahezu identisch: Nach dem Verordnungsentwurf vom 21. Juli 2003 sollte der Eckregelsatz für das Ausgangsjahr 1998 danach 630,78 DM betragen. Nach der jetzt gültigen Regelsatzverordnung beträgt der Eckregelsatz bezogen auf das Jahr

67) Vgl. *BT-Drucks.* 15/1516, S. 55.

68) Dieser Entwurf der Regelsatzverordnung v. 21.07.2003 ist abrufbar unter www.labournet.de, abgerufen am 16.06.2006.

69) Gesetz zur Modernisierung der gesetzlichen Krankenversicherung vom 14.11.2003, BGBl. I, S. 2190.

70) Vgl. *BR-Drucks.* 206/04, S. 4.

1998 nunmehr 630,18 DM. Somit beläuft sich die Differenz des Eckregelsatzes, bezogen auf das Ausgangsjahr 1998, auf lediglich 0,31 Euro.[71]

Auf Nachfrage bei der für den Referentenentwurf einer Regelsatzverordnung vom 23.01.2004 zuständigen Mitarbeiterin des Bundesministeriums für Gesundheit und Soziale Sicherung wurde mitgeteilt, dass hinsichtlich des Verfahrens der Regelsatzfestsetzung, insbesondere der Entscheidungen über die »Umverteilung« der regelsatzrelevanten Verbrauchsausgaben innerhalb der genannten Güterabteilungen, keinerlei Unterlagen zur Verfügung stünden. Von einer, über die offizielle Begründung der Regelsatzverordnung hinausgehenden Begründung der einzelnen Güterabteilungen und der in ihrem Rahmen getroffenen Entscheidungen über den jeweils anzusetzenden regelsatzrelevanten Verbrauch habe man bewusst abgesehen, um nicht zu dem früheren »Warenkorb-Modell« zurückzukehren. Jedoch sei die zwischen Juli 2003 und Januar 2004 erfolgte Überarbeitung der einzelnen Güterabteilungen in keiner Weise ergebnisorientiert mit Hinblick auf die bereits festgelegte Höhe der Regelleistung nach dem SGB II erfolgt. Der Entwurf einer Regelsatzverordnung vom 21.07.2003 habe vielmehr eine Diskussionsgrundlage dargestellt, mit der man in die weiteren Beratungen eingestiegen sei. Im Gesetzgebungsverfahren zum SGB II sei jedoch die Regelsatzverordnung in ihrer heute gültigen Form bereits Gegenstand der Beratungen gewesen. Lediglich aus formalen Gründen sei die Regelsatzverordnung zeitlich nach dem SGB II erlassen worden.[72]

Diese doch sehr rudimentäre Auskunft kann jedoch nicht erklären, weshalb man bereits getroffene Einstufungen als regelsatzrelevanten Verbrauch nachträglich wieder geändert hat und zwar dergestalt geändert hat, dass der Eckregelsatz gegenüber den ursprünglichen Entscheidungen nahezu identisch geblieben ist. Vielmehr sind die zwischen Juli 2003 und Januar 2004 getroffenen Umverteilungen des regelsatzrelevanten Verbrauchs ergebnisorientiert im Hinblick auf die bereits festgelegte Regelleistung nach dem

---

71) Siehe insoweit die ausführliche Berechnung in: *Martens,* Expertise, Tabelle 5.

72) So die telefonische Auskunft der für den Referentenentwurf der Regelsatzverordnung vom 23.01.2004 zuständigen Mitarbeiterin des Bundesministeriums für Gesundheit und Soziale Sicherung vom 03.09.2005 und vom 09.11.2005. In dieselbe Richtung geht auch eine Pressemitteilung des Bundesministeriums für Gesundheit und Soziale Sicherung v. 16.05.2004, die anlässlich der Bundesratszustimmung v. 14.05.2004 zu der neuen Regelsatzverordnung gegeben wurde. Dort heißt es: *»Das Arbeitslosengeld II mit einem monatlichen Betrag von 345,- Euro (im Westen) und 331,- Euro (im Osten) geht auf Berechnungen für die Sozialhilfe zurück, die nunmehr in der Regelsatzverordnung festgeschrieben werden.«*

SGB II erfolgt.[73] Diese Kritik äußerte auch die Bundesvereinigung der kommunalen Spitzenverbände in ihrer vorläufigen Stellungnahme vom 29.01.2004 zu dem Regelsatzentwurf vom 23.01.2004.[74] Aufgrund dieser ergebnisorientierten Festsetzung des regelsatzrelevanten Verbrauchs in den genannten Abteilungen, handelt es sich in diesem Umfang um eine willkürliche Bemessung des Eckregelsatzes,[75] der einer gerichtlichen Überprüfung nicht standhalten dürfte.

Demgegenüber hat das Sozialgericht Berlin in einer jüngeren Entscheidung allerdings ausgeführt, dass die gesetzliche Festsetzung der Regelsätze nicht zu beanstanden sei.[76] So hält das Gericht die in § 2 Abs. 2 RSV vorgenommenen Abstriche der einzelnen Bedarfsabteilungen für die Regelsatzbemessung ausdrücklich für vertretbar. Hinsichtlich des Einwandes, dass diese vorgenommenen prozentualen Abstriche nicht hinreichend nachvollziehbar seien, weist das Gericht darauf hin, dass der Gesetzgeber nicht verpflichtet sei, die von ihm geschaffenen Vorschriften bis in jede Einzelheit zu begründen; die Vorschriften müssten im Rahmen der verfassungsrechtlichen Ordnung nur einer Begründung zugänglich sein. Zu den Änderungen genau dieser prozentualen Abstriche gegenüber des Regelsatzentwurfs vom 21. Juli 2003 macht das Gericht allerdings keine Ausführungen.

Die ergebnisorientierte Umverteilung dieses regelsatzrelevanten Verbrauchsverhaltens in den einzelnen Bedarfsabteilungen ist jedoch im Hinblick auf die bereits feststehende Höhe der Regelleistung nach dem SGB II und somit willkürlich erfolgt. Nach hier vertretener Ansicht liegen damit gerade keine vertretbaren Wertungen vor; dies begründet die Rechtswidrigkeit der Regelsatzfestsetzung.

---

73) So auch *Brünner,* LPK-SGB II, § 20, Rn. 15–17; ausführlich *Martens,* Expertise.

74) In dieser Stellungnahme – AZ.: IV-429-00/4.1 – heißt es sehr deutlich: *»Da die absolute Höhe der monatlichen Regelleistung zur Sicherung des Lebensunterhalts in § 20 SGB II bereits festgeschrieben ist, werden diese Beträge maßgebend für die nach dem SGB XII zu gewährende Hilfe zum Lebensunterhalt sein. Insofern sind durch das SGB II Tatsachen geschaffen worden, die durch die Rechtsverordnung zum SGB XII sowie durch die im Rahmen der Bundesrechtsverordnung von den Ländern zu erlassenden Rechtsverordnungen kaum ignoriert werden können. Die Regelsatzverordnung schiebt nun lediglich eine Ermittlungsgrundlage für die im SGB II bereits festgesetzten Beträge hinterher. Da die Höhe der durch Gesetz festgesetzten Beträge durch bzw. infolge einer Rechtsverordnung nicht geändert werden können, ergeben sich auch erhebliche rechtssystematische Bedenken.«*

75) Im Ergebnis so auch *Martens,* Expertise.

76) *SG Berlin,* Urteil v. 02.08.2005, – AZ.: S 63 AS 1311/05 – (Nachweis über Juris).

(ff) Gegen die vorgenommene Reduzierung der statistischen Verbrauchsausgaben wendet sich auch der nächste Einwand, der dahin zielt, dass durch eine solche Reduzierung der Verbrauchsausgaben der untersten 20 % der Haushalte die Zielsetzung des Gesetzgebers nicht erfüllt werden könne, wonach *»jeder Bezieher von Hilfe zum Lebensunterhalt im Hinblick auf die durch den Regelsatz zu erfolgende Bedarfsdeckung so gestellt ist wie etwa ein Viertel der Gesamtbevölkerung in Deutschland, so dass er orientiert an den herrschenden Lebensgewohnheiten und Erfahrungen ein Leben führen kann, ohne als Sozialhilfeempfänger aufzufallen.«*[77] Vielmehr werde den Regelsatzempfängern durch diese Reduzierungen ein Konsumverzicht abverlangt, der über das Maß an Sparsamkeit hinausgehe, das Geringverdiener in ihrer Lebenshaltung ohnehin aufbringen müssten. Es könne daher eben nicht gewährleistet werden, dass die zu verhindernde soziale Ausgrenzung trotz Unterstützung mittels Regelsatzleistungen nicht doch erfolge.[78]

Gegen diesen Einwand ist vorzubringen, dass mittels der Sozialhilfeleistungen keine absolute Gleichstellung ihrer Empfänger mit Nichtempfängern erzielt werden soll. Vielmehr haben die Sozialhilfeleistungen die Aufgabe, ihren Beziehern ein Leben zu ermöglichen, in dem ihnen nicht soziale Ausgrenzung aufgrund ihrer wirtschaftlichen Stellung droht.[79] Welcher Umfang an Sozialhilfeleistungen dazu erforderlich ist, ergibt sich aufgrund der Weite und Unbestimmtheit des Sozialstaatsprinzips dabei gerade nicht aus diesen verfassungsrechtlichen Vorgaben, sondern beruht auf einer Entscheidung des Verordnungsgebers. Diesem aber steht, wie oben dargelegt, hinsichtlich dieses Leistungsumfangs eine Einschätzungsprärogative zu, die nur auf ihre Vertretbarkeit hin überprüft werden kann. Daher ist der bloße Einwand, dass die vorgenommenen Reduzierungen generell zu hoch ausfallen, unbeachtlich, da mit ihm nicht die Vertretbarkeit der durch den Verordnungsgeber vorgenommenen Wertentscheidungen dezidiert angegriffen wird. Es müsste vielmehr substantiiert dargelegt werden, welche Reduzierung aus welchen Gründen als zu hoch eingestuft werden muss; wo also etwa die Reduzierungen als willkürlich anzusehen sind.[80]

---

77) *BR-Drucks.* 206/04, S. 10.

78) So *Rothkegel,* in: Rothkegel, Sozialhilferecht, Teil III, Kap. 8, Rn. 60.

79) Siehe dazu ausführlich oben, S. 96 f.

80) Dass einige der vorgenommenen Bewertungen des regelsatzrelevanten Verbrauchsverhaltens auch durchaus anders hätten ausfallen können, soll hier nicht bestritten werden, muss jedoch aufgrund der dem Verordnungsgeber zur Verfügung stehenden Einschätzungsprärogative hingenommen werden. Zu anderen, ebenfalls möglichen

(gg) Weiter wird kritisiert, dass die Regelsätze zumindest um den Betrag als zu niedrig angesetzt seien, der durch die Gesundheitsreform 2004 mit In-Kraft-Treten des Gesundheitsmodernisierungsgesetzes nunmehr auch durch die Regelsätze abgedeckt werden müsse, wie beispielsweise Zuzahlungen in Form von Praxis- und Rezeptgebühren oder Kosten für nicht verschreibungspflichtige Medikamente. Denn da die Bedarfsbemessung auf der Grundlage der EVS 1998 erfolgte, sind derartige Ausgaben nicht berücksichtigt worden, da sie zum Erhebungszeitpunkt der EVS 1998 noch von den gesetzlichen Krankenversicherungen übernommen wurden.[81]

Gegen diesen Einwand könnte jedoch vorgebracht werden, dass nach Erlass des Gesundheitsmodernisierungsgesetzes vom 14.11.2003 und dessen In-Kraft-Treten zum 01.01.2004 in der Abteilung 06 (Gesundheitspflege) der regelsatzrelevante Bedarf von 32 % im ursprünglichen Verordnungsentwurf auf 64 % erhöht wurde, um die durch das Gesundheitsmodernisierungsgesetz entstehenden Mehrbelastungen abdecken zu können.[82] Jedoch ist diese Erhöhung des Bedarfs für Gesundheitspflege durch Kürzungen anderer Bedarfsabteilungen wieder kompensiert worden, was daran deutlich wird, dass trotz dieser Erhöhung von 32 % auf 64 % die Höhe des Eckregelsatzes nicht angestiegen ist.[83] Ein weiteres Indiz dafür, dass die durch die Gesundheitsreform verursachten Mehrkosten gerade nicht vom Regelsatz abgedeckt werden, ist auch die Tatsache, dass durch Gesetz vom 09.12.2004[84] dem § 35 die Absätze 3 bis 5 angefügt wurden, die die Ge-

---

Berechnungsbeispielen des Eckregelsatzes siehe etwa *Frommann,* NDV 2004, 246 (249); *Martens,* Expertise.

81) *Rothkegel,* in: Rothkegel, Sozialhilferecht, Teil III, Kap. 8, Rn. 59.

82) Diese Erhöhung von etwa 6,- Euro berechnet sich dabei wie folgt: Durch das Gesundheitsmodernisierungsgesetz haben Bezieher von Arbeitslosengeld II und Sozialgeld Zuzahlungen zu Arztbesuchen und Medikamenten in Höhe von 2 % der jährlichen Eckregelleistung zu zahlen; bei chronisch kranken Menschen beträgt die Höhe 1 % der Eckregelleistung. Ausgehend vom Eckregelsatz beträgt danach die Zuzahlung 6,90 Euro monatlich bzw. – bei chronisch Kranken – 3,45 Euro. Dies entspricht für das Ausgangsjahr 1998 einer monatlichen Summe von 6,44 Euro, der, da der Anteil der chronisch kranken Menschen in dieser Personengruppe nicht bekannt war, auf 6,00 Euro abgerundet wurde. Bei dieser Abrundung ging man von einem Anteil der chronisch erkrankten Arbeitslosengeld II-Empfänger und Sozialgeldempfänger in Höhe von 14 % aus. Hochgerechnet auf das Jahr 2005 ergab sich somit ein regelsatzrelevanter Betrag in Höhe von 6,46 Euro. Siehe hierzu ausführlich *Martens,* Expertise.

83) Siehe dazu ausführlich oben, S. 114 f.

84) Gesetz zur Änderung des Gesetzes zur Einordnung des Sozialhilferechts in das Sozialgesetzbuch v. 09.12.2004, BGBl. I, S. 3305, siehe dazu ausführlich unten, S. 139.

währung eines ergänzenden Darlehens für Zuzahlungen in Höhe bis zur Belastungsgrenze nach § 62 SGB V vorsehen. Durch diese Regelung bringt der Gesetzgeber zum Ausdruck, dass sozialhilfeberechtigte Heimbewohner die zu leistenden Zuzahlungen gerade nicht aus dem ihnen zur Verfügung stehenden Barbetrag, der dem Regelsatzanteil zur Befriedigung der persönlichen Bedürfnisse entspricht, leisten können.[85]

Dieser Kritikpunkt ist damit berechtigt; er zielt ebenfalls auf die mangelnde Vertretbarkeit der angestellten Wertungen des Verordnungsgebers, die die Regelsatzfestsetzung rechtswidrig machen.

(hh) Ein weiterer Einwand betrifft die Einbeziehung der bisherigen einmaligen Leistungen in den Regelsatz, die sich auf noch unsichere empirische Grundlagen stütze. Denn da die Experimentierklausel des § 101 a BSHG erst zum 01.01.2005 außer Kraft gesetzt wurde, musste der Reformgesetzgeber bei der Regelsatzbemessung hinsichtlich der Einbeziehung dieser einmaligen Leistungen auf bloße »Zwischenergebnisse«[86] aus den Modellversuchen zu § 101 a BSHG zurückgreifen.[87]

Jedoch stellt die Einbeziehung der früheren einmaligen Bedarfe in die Regelsatzleistung einen vollkommenen Systemwechsel dar. Für diesen stellen auch die Modellvorhaben nach § 101a BSHG nur unzureichende Erfahrungsgrundlagen dar. Denn im Rahmen dieser Modellvorhaben wurde nicht eine Gesamtpauschale geleistet, sondern es wurden jeweils Pauschalen für bestimmte Bedarfe gewährt.[88] Somit stand dem Verordnungsgeber nur das Ausgabe- und Verbraucherverhalten auf der Grundlage der EVS 1998 als gesicherte Erfahrungswerte zur Verfügung. Auf diese hat er ausweislich des § 5 S. 2 RSV zurückgegriffen. Er ist diesbezüglich somit den an eine Regelsatzfestsetzung zu stellenden Anforderungen gerecht geworden, so dass dieser Einwand ins Leere geht.

Es ist damit festzustellen, dass nach hier vertretener Ansicht die Regelsatzfestsetzung insoweit willkürlich erfolgt ist, als die Erhöhung des regelsatzrelevanten Bedarfs in der Abteilung Gesundheitspflege durch ergebnis-

---

85) So *Armborst,* in: LPK-SGB XII, § 35, Rn. 16.

86) *BT-Drucks.* 15/1514, S. 59.

87) Vgl. hier etwa den Ergebnisbericht zur zweiten Hilfeberechtigten-Befragung in NRW v. November 2003; diese landesspezifische Auswertung der bundesweiten Befragung von Hilfeberechtigten wurde durch die Bundesevaluation Mummert Consulting durchgeführt. Der Bericht ist im Internet abrufbar unter www.5-q.de/paso/index.html, abgerufen am 16.06.2006.

88) Siehe hierzu ausführlich S. 128 f.

orientierte Kürzungen des regelsatzrelevanten Bedarfs anderer Warengruppen kompensiert worden ist. In diesem Umfang ist die Regelsatzfestsetzung somit rechtswidrig und die Regelsatzleistung zu gering bemessen.

b) Das geschlossene Regelsatzsystem

Durch den Paradigmenwechsel im Zusammenhang mit der Festsetzung der Regelsätze, insbesondere durch die Einbeziehung nahezu aller bisherigen einmaligen Leistungen in die Regelsätze, könnte sich die Stellung dieser Pauschalleistungen im Verhältnis zu den verbleibenden einmaligen Leistungen grundlegend verändert haben.

aa) Rechtslage unter Geltung des BSHG

Unter Geltung des BSHG hat das Bundesverwaltungsgericht bei der Abgrenzung zwischen laufenden und einmaligen Leistungen ein *»geschlossenes Regelsatzsystem«* zugrunde gelegt.[89] Ein solches Abgrenzungskriterium zwischen diesen beiden Leistungsarten war erforderlich, da die §§ 21, 22 BSHG zwar von der Existenz beider Leistungsarten ausgingen, aber keine Bestimmungen darüber trafen, wann welche Leistung erbracht werden sollte. Entwickelt wurde der Begriff des »geschlossenen Regelsatzsystems« in den »Spielzeugentscheidungen« des Bundesverwaltungsgerichts.[90] Dieses Abgrenzungskriterium des geschlossenen Regelsatzsystems besagte, dass der Regelbedarf – und auch nur dieser – ausschließlich durch den Regelsatz vollständig zu decken war. Begründet wurde dies damit, dass nur bei einer festgelegten Ausgangslage, nämlich dem Regelbedarf, ein bedarfsdeckender Regelsatz festgelegt werden könne. So gebiete es die mit der Leistung nach Regelsätzen beabsichtigte Klarheit und Gleichheit der Sozialhilfegewährung, dass Sozialhilfeleistungen für den Regelbedarf, von den nach § 1 Abs. 2 Regelsatzverordnung möglichen Ausnahmen abgesehen[91], ausschließlich

89) Vgl. *BVerwG,* Urteil v. 13.12.1990, NJW 1991, 2304 (2305); *BVerwG,* Urteil v. 05.11.1992, BayVBl. 1993, 378 (379); siehe auch die Zusammenfassung der Rspr. zum geschlossenen Regelsatzsystem bei *Grube,* NDV 1998, 298 ff.

90) Siehe *BVerwG,* Urteil v. 13.12.1990, NJW 1991, 2304 f.; *BVerwG,* Urteil v. 05.11.1992, BayVBl. 1993, 378 f.

91) § 1 Abs. 2 der Verordnung zur Durchführung des § 22 des Bundessozialhilfegesetzes (Regelsatzverordnung) in ihrer – nach der letzten Änderung durch Art. 29 des Gesetzes zur Modernisierung der gesetzlichen Krankenversicherung v. 14.11.2003 (BGBl. I, S. 2190) – zuletzt seit dem 01.01.2004 gültigen Fassung, bestimmte, dass

nach Regelsätzen zu bemessen seien.[92] Das Herzstück dieses geschlossenen Regelsatzsystems, das einen ausreichend bemessenen Regelsatz bedingte,[93] stellte damit der Begriff des *Regelbedarfs* dar. Entsprechend seiner zwei Wortbestandteile mussten für das Vorliegen von Regelbedarf die beiden Merkmale *»Regel«* und *»Bedarf«* kumulativ vorliegen. Der Wortbestandteil *Regel* erforderte danach, dass der Bedarf ein bei den Hilfeempfängern gleichermaßen bestehender, allgemeiner Bedarf sein musste. Der zweite Wortteil *Bedarf* bezog sich dagegen auf die in § 1 Abs. 1 Regelsatzverordnung aufgeführten Bedarfsgruppen[94], so dass der Bedarf einer dieser Gruppen zugerechnet werden musste, um als Regelbedarf eingestuft werden zu können.[95] War danach ein Bedürfnis als Regelbedarf einzustufen, so waren einmalige Leistungen für den begehrten Bedarfsgegenstand ausgeschlossen; dieser musste vielmehr durch die Regelsatzleistung abgedeckt werden. Durch das beabsichtigte Ziel des geschlossenen Regelsatzsystems, die Klarheit und auch Gleichheit bei der Gewährung von Sozialhilfeleistungen, sollte vermieden werden, dass neben der Regelsatzleistung noch eine Vielzahl einmaliger Leistungen gewährt wurde.[96]

Das geschlossene Regelsatzsystem wurde erstmals durch eine Entscheidung des Bundesverwaltungsgerichts den Schulbedarf betreffend gelockert[97]: Danach stufte das Bundesverwaltungsgericht den geltend gemachten Schulbedarf nicht als den persönlichen Bedürfnissen des täglichen Lebens zugehörig ein, *»da die ›persönlichen‹ Bedürfnisse des täglichen Lebens ihrem Wesen nach solche aus freier, selbstbestimmter und -gestalteter, eben*

---

laufende Leistungen der in Abs. 1 genannten Art nach Regelsätzen zu gewähren waren, soweit nicht das Gesetz oder diese Verordnung etwas anderes bestimmte.

92) *BVerwG,* Urteil v. 13.12.1990, NJW 1991, 2304 (2305); ebenso *BVerwG,* Urteil v. 05.11.1992, BayVBl. 1993, 378 (379).

93) Vgl. *BVerwG,* Urteil v. 05.11.1992, BayVBl. 1993, 378 (379).

94) § 1 Abs. 1 der Regelsatzverordnung in ihrer zuletzt gültigen, durch Art. 29 des Gesundheitsmodernisierungsgesetzes v. 14.11.2003 (BGBl. I, S. 2190) geänderten Fassung lautete: *»Die Regelsätze umfassen die laufenden Leistungen für Ernährung, hauswirtschaftlichen Bedarf einschließlich Haushaltsenergie sowie für persönliche Bedürfnisse des täglichen Lebens. Dazu gehören auch die laufenden Leistungen für die Beschaffung von Wäsche und Hausrat von geringem Anschaffungswert, für die Instandsetzung von Kleidung, Schuhen und Hausrat in kleinerem Umfang, für Körperpflege, für Reinigung sowie die Leistungen für Kosten der Krankheit bei vorbeugender und bei sonstiger Hilfe, soweit sie nicht nach den §§ 36 bis 38 des Gesetzes übernommen werden.«*

95) Vgl. *Grube,* NDV 1998, 298 (301).

96) *BVerwG,* Urteil v. 05.11.1992, BVerwGE 91, 156 (159); siehe auch *Grube,* NDV 1998, 298 (299).

97) *BVerwG,* Urteil v. 29.10.1997, BVerwGE 105, 281 ff.

›persönlicher‹ Lebensführung«[98] seien und ihnen daher nicht solche Bedürfnisse zugeordnet werden könnten, die einem Hilfeempfänger von seinem Willen unabhängig entstünden, wie dies beim Schulbedarf der Fall sei. Durch diese Entscheidung wurde das geschlossene Regelsatzsystem zwar nicht aufgegeben, aber doch in bedeutsamer Weise geöffnet. Denn aufgrund der engen Auslegung des Begriffs *»persönliche Bedürfnisse des täglichen Lebens«* durch das Bundesverwaltungsgericht fielen von da an all die Bedürfnisse aus dem geschlossenen Regelsatzsystem heraus, deren Entstehung und Befriedigung vom Willen des Hilfeempfängers unabhängig entstanden. Für solche Bedürfnisse standen von da an einmalige Leistungen zur Verfügung.[99]

Die nächste entscheidende Durchbrechung des geschlossenen Regelsatzsystems war verbunden mit der Entscheidung des Bundesverwaltungsgerichts zur Frage von Sozialhilfeleistungen für die Beschaffung eines gebrauchten Fernsehgerätes.[100] Im Gegensatz zu seiner vorherigen Auffassung[101] vertrat das Gericht nunmehr die Ansicht, dass ein Fernsehgerät ein Gebrauchsgut zur Erfüllung von persönlichen Bedürfnissen des täglichen Lebens darstelle und dass es dann auch zum Bedarf für den notwendigen Lebensunterhalt gehöre, wenn es in vertretbarem Umfang den Beziehungen zur Umwelt und der Teilnahme am kulturellen Leben diene. Mit dieser Entscheidung waren zwei wesentliche Neuerungen verbunden: Zum einen die Überzeugung, dass ein Fernsehgerät nunmehr als dem notwendigen Lebensunterhalt zugehörig zu betrachten sei, zum anderen die Tatsache, dass der diesbezügliche Bedarf nicht mehr dem Regelbedarf zugeordnet wurde. Diese Einordnung der Leistung eines Fernsehgerätes unter die einmaligen Leistungen war die Folge des durch Gesetz vom 23.06.1993 neu eingefügten § 21 Abs. 1 a und 1 b BSHG[102], der das Gericht zu einer neuen Definition des Regelbedarfs veranlasste. Danach war als Regelbedarf anzusehen: der ohne Besonderheiten des Einzelfalles, vgl. § 22 Abs. 1 S. 2 BSHG, bei vielen Hilfeempfängern gleichermaßen bestehende, nicht nur einmalige Bedarf aus den in § 1 Abs. 1 Regelsatzverordnung genannten Bedarfsgruppen und -posten, für den nicht nach § 21 Abs. 1 a BSHG

98) Vgl. *BVerwG,* Urteil v. 29.10.1997, BVerwGE 105, 281 (286).

99) Vgl. *Grube,* NDV 1998, 298 (300).

100) *BVerwG,* Urteil v. 18.12.1997, BVerwGE 106, 99 ff.

101) Vgl. *BVerwG,* Urteil v. 22.05.1975, BVerwGE 48, 237 ff.; *BVerwG,* Urteil v. 03.11.1988, NJW 1989, 924 f.

102) BGBl. I, S. 944.

einmalige Leistungen zu gewähren waren. Das Gericht subsumierte ein Fernsehgerät dabei unter ein »Gebrauchsgut von längerer Gebrauchsdauer und höherem Anschaffungswert« im Sinne des § 21 Abs. 1 a Nr. 6 BSHG. Beachtung muss im Zusammenhang mit dem geschlossenen Regelsatzsystem dabei den weiteren Ausführungen des Gerichts zukommen, wonach § 21 Abs. 1 a Nr. 6 BSHG *»eine eigenständige Regelung für alle (notwendigen) Gebrauchsgüter/Gebrauchsgegenstände (vgl. auch § 84 Abs. 3 BSHG, der von einmaligen Leistungen zur Beschaffung von Bedarfsgegenständen, deren Gebrauch für mindestens ein Jahr bestimmt ist, spricht) [enthält] die zwar auch Hausratsgegenstände, aber nicht nur diese, sondern auch alle anderen Gebrauchsgüter erfaßt, die zur Erfüllung (irgend)eines sozialhilferechtlichen Bedarfs, also gegebenenfalls auch der persönlichen Bedürfnisse des täglichen Lebens, erforderlich sind.«*[103]

Mit dieser »Fernsehentscheidung« des Bundesverwaltungsgerichts war aber auch ein Wandel des Bedarfsbegriffs verbunden. Denn während das Gericht in früheren Entscheidungen davon ausgegangen war, dass ein Fernsehgerät nur der Deckung eines Regelbedarfs, nämlich des Bedarfs nach Information und Meinungsbildung sowie nach kultureller Anregung und Unterhaltung diente,[104] sah es nunmehr das Fernsehgerät selbst als den maßgeblichen Bedarf an, indem es dieses unter ein »Gebrauchsgut« im Sinne des § 21 Abs. 1 a Nr. 6 BSHG subsumierte, der durch eine sozialhilferechtliche Leistung zu decken war.[105]

Indem somit persönliche Bedürfnisse des täglichen Lebens auch durch einmalige Leistungen befriedigt werden konnten, wurde das bislang geschlossene Regelsatzsystem erheblich durchbrochen.

bb) Rechtslage unter Geltung des SGB XII

Das Verhältnis zwischen einmaligen Leistungen und dem von der Regelsatzleistung abzudeckenden Regelbedarf ist mit In-Kraft-Treten des SGB XII vollkommen neu ausgestaltet worden. Denn mit Ausnahme der in § 31 SGB XII abschließend aufgezählten einmaligen Bedarfe sind nunmehr alle sonstigen, ehemals einmaligen Bedarfe im Regelsatz enthalten. Für diese

103) So *BVerwG,* Urteil v. 18.12.1997, BVerwGE 106, 99 (101).

104) Vgl. *BVerwG,* Urteil v. 22.05.1975, BVerwGE 48, 237 (239); *BVerwG,* Urteil v. 03.11.1988, NJW 1989, 924 (925); *BVerwG,* Urteil v. 24.02.1994, BVerwGE 95, 145.

105) So auch *Grube,* NDV 1998, 298 (305).

können daher grundsätzlich keine gesonderten Leistungen mehr begehrt werden. Daraus folgt, dass unter Geltung des SGB XII wieder von einem geschlossenen Regelsatzsystem ausgegangen werden kann. Dies jedoch mit etwas verändertem Inhalt dergestalt, dass nun auch alle einmaligen Bedarfe, mit Ausnahme der in § 31 SGB XII aufgeführten, von der Regelsatzleistung zu bestreiten sind und neben dieser Regelsatzleistung grundsätzlich keine weiteren Leistungen zugebilligt werden. Dieses geschlossene Regelsatzsystem kann nur durch ein neben der Regelsatzleistung zu gewährendes ergänzendes Darlehen nach § 37 SGB XII durchbrochen werden.[106]

Doch auch unter Geltung des SGB XII kann bei dem von den Regelsatzleistungen abzudeckenden Bedarf in gewisser Weise weiterhin von einer Art **Regelbedarf** gesprochen werden. Nach § 31 Abs. 1 SGB XII werden nur noch für folgende einmaligen Bedarfe einmalige Leistungen erbracht:

- Nr. 1: Erstausstattungen für die Wohnung einschließlich Haushaltsgeräten,
- Nr. 2: Erstausstattungen für Bekleidung einschließlich bei Schwangerschaft und Geburt sowie
- Nr. 3: mehrtägige Klassenfahrten im Rahmen der schulrechtlichen Bestimmungen.

Diese abschließende Aufzählung wie auch die Gesetzesbegründung zu § 31 SGB XII machen deutlich, dass es sich bei diesen verbliebenen einmaligen Bedarfen um solche handelt, *»die bei vielen bzw. dem überwiegenden Teil der Leistungsberechtigten überhaupt nicht entstehen.«*[107] Leistungen für mehrtägige Klassenfahrten werden aus dem Grunde noch gesondert erbracht, um zu gewährleisten, dass sozialhilfebedürftige Kinder auch tatsächlich an der Fahrt teilnehmen können.[108] Bei den von den Regelsätzen umfassten einmaligen Bedarfen handelt es sich somit um solche, die entweder bei allen Hilfebedürftigen in regelmäßigen Zeitabständen auftreten oder die zwar nur bei einigen Hilfeempfängern entstehen die aber durch andere spezielle Bedürfnisse anderer Hilfeempfänger kompensiert werden. In diesem Sinne kann daher bei den nun von den Regelsatzleistungen umfassten einmaligen Bedarfen von **regelmäßigen einmaligen Bedarfen**

106) So auch *Grube,* in: Grube/Wahrendorf, SGB XII, § 31, Rn. 1, 4.

107) *BT-Drucks.* 15/1514, S. 59; vgl. auch *Grube,* in: Grube/Wahrendorf, SGB XII, § 31, Rn. 8.

108) *BT-Drucks.* 15/1514, S. 59.

gesprochen werden. Die neue Ausgestaltung des Verhältnisses von einmaligen Bedarfen und den durch die Regelsatzleistung abgedeckten sonstigen Bedarfen in Form eines geschlossenen Systems wird der ehemaligen Forderung des Bundesverwaltungsgerichts nach *»Klarheit und Gleichheit der Sozialhilfegewährung«*[109] gerecht. Die vormals unter Geltung des BSHG existierende umfangreiche und unübersichtliche Kasuistik die Frage betreffend, für welche Bedarfe einmalige Leistungen zu gewähren waren, ist damit jedenfalls hinfällig geworden.

c) Rechtmäßigkeit der Leistungspauschalierung

Durch die Einbeziehung der bisherigen einmaligen Bedarfe in den nunmehr von den Regelsatzleistungen abzudeckenden Bedarf ist eine umfassende Pauschalierung der Sozialhilfeleistungen im Bereich der Hilfe zum Lebensunterhalt außerhalb von Einrichtungen erfolgt. Indem bei der Pauschalierung von Sozialhilfeleistungen auf die Ermittlung des jeweiligen konkreten individuellen Hilfebedarfs verzichtet wird, kann durch diese Pauschalen die Masse aller Sozialhilfefälle schematisch erfasst werden. Erforderlich ist dazu jedoch bei der Festsetzung der Pauschalen, dass diesen eine abstrakt-generelle Vorausschätzung eines typischen, dem Grund und der Höhe nach sozialhilferechtlich anzuerkennenden Bedarfs zugrunde liegt.[110]

Ein gesteigertes Bedürfnis nach Pauschalierung der zu gewährenden Leistungen bestand insbesondere aufgrund der vermehrten Arbeitsüberlastung der Sozialämter infolge stetig steigender Betreuungszahlen und der damit verbundenen Wandlung der Sozialhilfeverwaltung hin zu einer Massenverwaltung. Gerade diese Entwicklung stand dem Wesen der Sozialhilfe als einer auf den individuellen Einzelfall abgestimmten Soforthilfe entgegen. Durch eine Pauschalierung der Leistungen erwartet man nun, diesem Problem entgegentreten zu können. Daneben kann die Pauschalierung aufgrund der durch sie eingeräumten größeren Dispositionsbefugnis dazu beitragen, die Selbsthilfebestrebungen der Hilfeempfänger zu aktivieren und somit das

109) *BVerwG,* Urteil v. 05.11.1992, BVerwGE 91, 156 (159).

110) *Rothkegel,* ZfSH/SGB 2002, 585 (585); *ders.,* in: Rothkegel, Sozialhilferecht, Teil III, Kap. 4, Rn. 2; so auch *Dauber,* Eildienst 2004, 122 (122).

Ziel der Sozialhilfe zu erreichen, sich selbst auf Dauer überflüssig zu machen, § 1 S. 2 HS 1 SGB XII.[111]

Grundsätzlich erwachsen aus einer umfassenden Leistungspauschalierung damit sowohl den Verwaltungsbehörden als auch den Hilfeempfängern zahlreiche Vorteile.

Trotz all dieser mit der neuen Leistungspauschalierung verbundenen Vorteile stellt sich jedoch die Frage, ob durch sie auch die Leistung des soziokulturellen Existenzminimums gewährleistet wird; ob sie also bedarfsdeckend angelegt sind. Die Aufgabe sicherzustellen, dass das sozio-kulturelle Existenzminimum durch die konkrete Höhe der Leistungspauschale abgedeckt wird, kommt dabei allerdings in erster Linie dem Verfahren zur Pauschalenbildung zu,[112] wobei die Pauschalierung aufgrund der dem Verordnungsgeber zustehenden Einschätzungsprärogative im Verfahren der Festsetzung der Regelsatzhöhe nur einer eingeschränkten Rechtmäßigkeitskontrolle unterliegt.[113] Die Gewährleistung dieses Existenzminimums aber ist in Anbetracht der oben erläuterten Bedenken gegen das Verfahren der Regelsatzfestsetzung nicht gegeben.[114]

Darüber hinaus ist die Gewährleistung des sozio-kulturellen Existenzminimums aufgrund der neuen Struktur, die das SGB XII den Leistungspauschalen durch die Einbeziehung nahezu aller bisherigen einmaligen Bedarfe gegeben hat, auch unter den folgenden zwei Gesichtspunkten bedenklich.

aa) Gesamtpauschale

Bei der Regelsatzleistung handelt es sich um eine so genannte Gesamtpauschale, denn sie hat den gesamten Regelbedarf einschließlich aller bisherigen einmaligen Leistungen, die nicht mehr gesondert in § 31 Abs. 1 SGB XII aufgeführt sind, abzudecken, § 28 Abs. 1 S. 1 SGB XII. Gerade aber bei einer solch umfassenden Pauschalierung besteht die Gefahr, dass einzelne, zum notwendigen Lebensunterhalt zählende Bedarfsbereiche nicht gedeckt werden.

---

111) Vgl. *BT-Drucks.* 15/1514, S. 59; siehe auch Gesetzesbegründung zu § 101a BSHG: *BT-Drucks.* 14/820, S. 7; zu den Gründen für wachsende Pauschalierung siehe *Rothkegel,* ZfSH/SGB 2002, 585 (586), *ders.,* in: Rothkegel, Sozialhilferecht, Teil III, Kap. 4, Rn. 1; *Dauber,* Eildienst 2004, 122 (122).

112) Vgl. S. 109 ff.

113) Siehe zum Umfang dieser Einschätzungsprärogative ausführlich oben, S. 109 f.

114) Siehe dazu ausführlich oben, Seite S. 113 ff.

Die Leistungsgewährung in Form von Gesamtpauschalen könnte insbesondere mit dem Bedarfsdeckungsgrundsatz infolge der Tatsache kollidieren, dass das bislang geltende sozialhilferechtliche Bestimmtheitsgebot im SGB XII nicht mehr gesetzlich normiert ist. Nach Satz 3 der bis zum 30.06.2005 geltenden Experimentierklausel des § 101a BSHG war nämlich bestimmt, dass die Pauschalbeträge für einen **bestimmten** Bedarf festzusetzen waren. Dieses spezifisch sozialhilferechtliche Bestimmtheitsgebot[115] gewährleistete, dass auch die an Modellvorhaben nach § 101a BSHG teilnehmenden Leistungsempfänger eindeutig wussten, für welche konkreten Bedarfsteile die Leistungspauschale gewährt wurde. Diese Festlegung der Pauschale für bestimmte Bedarfsteile aber findet nach dem SGB XII nicht mehr statt. Insbesondere erfolgt eine solche Zuordnung der Pauschale zu bestimmten Bedarfsgruppen nicht durch § 2 Abs. 2 RSV, der zehn unterschiedliche Bedarfsgruppen aus der EVS nennt, aus denen sich der Eckregelsatz zusammensetzt. Denn abgesehen von der Tatsache, dass diese Einteilung der Bedarfsgruppen sehr vage wäre, stellt der Eckregelsatz eine einheitliche Pauschale dar und nicht etwa mehrere, für die einzelnen Bedarfsbereiche separate Pauschalen.

Es stellt sich aber die Frage, ob ohne dieses sozialhilferechtliche Bestimmtheitsgebot die Gefahr besteht, dass ein sozialhilferechtlicher Bedarf ungedeckt bleibt, das sozio-kulturelle Existenzminimum also nicht in jedem Fall gewährleistet wäre.[116]

---

115) So *Rothkegel,* ZfSH/SGB 2002, 585 (589); *ders.,* ZfSH/SGB 2002, 657 (659); *ders.,* in: Rothkegel, Sozialhilferecht, Teil III, Kap. 4, Rn. 20 und Kap. 8, Rn. 58.

116) Dies könnte auch verfassungsrechtlich bedenklich sein. Denn nach mittlerweile herrschender Auffassung in Schrifttum und Rechtsprechung leitet sich aus der Menschenwürdenorm des Art. 1 Abs. 1 GG i. V. m. dem Sozialstaatsprinzip des Art. 20 Abs. 1 GG die Pflicht des Staates zur Sicherung der Mindestvoraussetzungen eines menschenwürdigen Daseins her. Siehe zu diesen verfassungsrechtlichen Fragen ausführlich *BVerfG,* Beschl. v. 18.06.1975, BVerfGE 40, 121 (133); *BVerfG,* Urteil v. 21.06.1977, BVerfGE 45, 187 (228); *BVerfG,* Beschl. v. 29.05. 1990, NJW 1990, 2869 (2871); *BVerwG,* Urteil v. 24.06.1954, BVerwGE 1, 159 (161 f.); *BVerwG,* Urteil v. 26.01.1966, BVerwGE 23, 149 (153); *BVerwG,* Urteil v. 14.03.1985, BVerwGE 71, 139 (141); *BVerwG,* Urteil v. 12.10.1989, BVerwGE 82, 364 (368); *Breuer,* Grundrechte als Anspruchsnormen, S. 95 ff.; *Dreier,* in: Dreier, GG, Art. 1 Abs. 1 GG, Rn. 61, 158; *Erichsen,* DVBl. 1983, 289 (296); *Herdegen,* in: Maunz-Dürig, GG, Art. 1 Abs. 1 GG, Rn. 114; *Jarass/Pieroth,* GG, Art. 1, Rn. 8, Art. 20, Rn. 83; *Neumann,* NVwZ 1995, 426 (429); *Starck,* JZ 1981, 457 (459); zur Entwicklung der Rechtsprechung siehe auch *Goerlich/Dietrich,* JURA 1992, 134 ff. Die Sicherung dieses Existenzminimums erklärte das Bundesverfassungsgericht in seinem PKH-Beschluss zur Aufgabe des Sozialhilferechts, vgl. *BVerfG,* Beschl. v. 26.04.1988, NJW 1988, 2231 ff.

Bei dem Vorliegen derartiger ungedeckter Bedarfslücken würde das SGB XII seinem Anspruch nicht gerecht, den »notwendigen Lebensunterhalt« i. S. d. § 27 für den ihm unterfallenden Personenkreis abzudecken und damit unterstes Existenzsicherungssystem zu sein.[117]

Die Vermeidung derartiger Bedarfsdeckungslücken könnte durch ein sozialhilferechtliches Bestimmtheitsgebot insoweit gewährleistet werden, als es dazu beiträgt, dass eventuell bestehende Bedarfslücken substantiiert dargelegt werden können und damit in jedem Fall sichergestellt ist, dass derartige Bedarfslücken eben nicht entstehen bzw. ihnen umgehend abgeholfen werden kann.[118]

Diese Sichtweise ist allerdings im »alten« System der Sozialhilfe unter Geltung des BSHG begründet. Denn nach § 21 Abs. 1a BSHG und der dazu ergangenen umfangreichen Rechtsprechung gab es eine Vielzahl an einmaligen Leistungen, so dass bei einer weitgehenden Pauschalierung der Sozialhilfeleistungen im Rahmen der Modellvorhaben nach § 101a BSHG eindeutig feststehen musste, für welche Bedarfe welche Leistungen gewährt wurden. Trotz der umfangreichen Pauschalierung im Rahmen der Modellvorhaben bestand jedoch ein gravierender Unterschied zur heutigen Pauschalierung: Es handelte sich bei den Pauschalierungen im Rahmen der Modellvorhaben nicht um Gesamtpauschalen. Dies wird an der Formulierung des § 101a S. 3 BSHG deutlich, der von *»Pauschalbeträgen«* sprach und damit nicht die Gewährung einer Gesamtpauschale zum Inhalt hatte, sondern von verschiedenen Pauschalen, die jeweils an bestimmte Bedarfe gekoppelt waren.[119] Ganz anders aber stellt sich die Rechtslage und damit die Notwendigkeit eines sozialhilferechtlichen Bestimmtheitsgebotes unter der Geltung des SGB XII dar, das die vormals neben den Regelsätzen bestehende eigenständige Art der Leistungsgewährung in Form von einmaligen Leistungen weitestgehend abgeschafft hat. Damit hat der Gesetzgeber im Rahmen der Regelsatzgewährung einen völligen Systemwechsel

117) Vgl. auch *Lühmann,* Die Zusammenführung von Arbeitslosen- und Sozialhilfe, S. 88.

118) In diesem Sinne und damit schon für eine verfassungsrechtliche Herleitung des sozialhilferechtlichen Bestimmtheitsgebotes äußert sich *Rothkegel,* der dieses Gebot aus dem Bedarfsdeckungsgrundsatz ableitet und die Ansicht vertritt, dass nur dann, wenn sich die Sozialhilfeleistung auf einen gegenständlich eindeutig bestimmten Bedarf beziehe, es gewährleistet sei, dass sie auch zur Bedarfsdeckung ausreiche; vgl. *Rothkegel,* ZfSH/SGB 2002, 585 (589); *ders.,* in: Rothkegel, Sozialhilferecht, Teil III, Kap. 4, Rn. 20.

119) So *Großmann/Dauber,* in: Mergler/Zink, BSHG, § 101a, Rn. 25.

vollzogen. Die Regelsätze werden nun in Form einer Gesamtpauschale ohne konkrete Zuordnung zu einzelnen Bedarfsteilen gewährt.[120] Aufgrund dieser grundlegenden Umstrukturierung der Regelsatzleistung und der eindeutigen Entscheidung des Gesetzgebers für eine Gesamtpauschale aber ist meines Erachtens das vormals geltende sozialhilferechtliche Bestimmtheitsgebot hinfällig geworden. Es muss daher nach der neuen Rechtslage nicht mehr substantiiert dargelegt werden, für welche einmalige Leistung eine Bedarfslücke besteht, da es bis auf die in § 31 Abs. 1 SGB XII abschließend aufgeführten keine einmaligen Bedarfe mehr gibt.

Insoweit stellt auch § 37 Abs. 1 SGB XII, der die Darlehensgewährung im Fall eines ungedeckten Bedarfsrestes regelt, keine speziellen Anforderungen an die Geltendmachung dieses ungedeckten Bedarfs, insbesondere dergestalt, dass der Leistungsempfänger darlegen müsste, für welchen einmaligen Bedarf bei ihm eine Bedarfslücke besteht. Vielmehr ist lediglich erforderlich, dass es sich um einen unabweisbaren durchschnittlichen Bedarf handelt, er also nicht bereits durch eine Regelsatzerhöhung nach § 28 Abs. 1 S. 2 SGB XII zu decken ist.[121] Weiter müssen dem Leistungsempfänger für diesen Bedarf die erforderlichen Mittel fehlen. Auch wenn die Gewährung eines ergänzenden Darlehens nach § 37 SGB XII antragsabhängig ist, so gilt dennoch der Untersuchungsgrundsatz nach § 20 SGB X, so dass die Ermittlung der bestehenden Bedarfslücke der Behörde obliegt. Unter Geltung des SGB XII und der Leistungsgewährung in Form von umfassenden Gesamtpauschalen besteht daher nicht die Gefahr des Entstehens ungedeckter Bedarfsdeckungslücken.

Es kann damit festgestellt werden, dass die Regelsatzgewährung in Form einer Gesamtpauschale und die dadurch bedingte Aufgabe des sozialhilferechtlichen Bestimmtheitsgebotes einer ausreichenden Bedarfsdeckung nicht entgegensteht.

Gegen eine ausreichende Bedarfsdeckung könnte aber die Tatsache sprechen, dass die neuen Regelsätze in Form von Gesamtpauschalen mit dem Bedarfsdeckungsgrundsatz in dessen Ausgestaltung als Gegenwärtigkeits- und als Faktizitätsgrundsatz kollidieren. Denn diese beiden Unterfälle des Bedarfsdeckungsgrundsatzes verlangen, dass bei der Hilfegewährung auf die gegenwärtige und tatsächliche Notlage abzustellen ist. Die Regelsätze aber, die ja auf einer abstrakt-generellen (Voraus-) Schätzung eines typischen,

---

120) Vgl. hierzu *Großmann/Dauber,* in: Mergler/Zink, BSHG, § 101a, Rn. 25 f.

121) *Birk,* in: LPK-SGB XII, § 37, Rn. 6 f.

dem Grunde und der Höhe nach sozialhilferechtlich anzuerkennenden Bedarfs beruhen, nehmen damit gerade nicht die jeweils bestehende tatsächliche Notlage in den Blick.[122] Zur Vermeidung von Bedarfsdeckungslücken ist erforderlich, dass den Leistungsempfängern nicht Hilfe in einer aktuellen und tatsächlich bestehenden Notlage mit dem Verweis auf eben diese typisierende, fiktive Bedarfslage verwehrt wird. Daher muss es den Leistungsempfängern unter Geltung des SGB XII weiterhin möglich sein, abweichend von den als Gesamtpauschale festgesetzten monatlichen Regelsätzen einen darüber hinausgehenden Bedarf in einer gegenwärtigen Notlage geltend zu machen mit der Folge, dass bei Bestehen einer Notlage, die von der den Regelsätzen zugrunde liegenden typisierten Bedarfslage abweicht, auch dieser abgeholfen wird. Darüber hinaus ist es dem einfachen Gesetzgeber selbstverständlich unbenommen, ein Mehr als den jeweils konkret benötigten Bedarf zu leisten, wie dies der Fall ist, wenn die den Regelsätzen zugrunde liegende typisierte Bedarfslage den jeweils aktuellen Bedarf übersteigen sollte.

Auch unter Geltung des SGB XII ist die Berücksichtigung und Befriedigung von im Einzelfall bestehenden abweichenden, sozialhilferechtlich anzuerkennenden Bedarfssituationen aber nach wie vor möglich. Zum einen kann ein von den festgesetzten monatlichen Regelsätzen regelmäßig abweichender Bedarf nach § 28 Abs. 1 S. 2 SGB XII gedeckt werden und, wenn es sich um einen regelmäßigen Bedarf handelt, der nur im Einzelfall einmal nicht von den Regelsätzen gedeckt werden kann, nach § 37 Abs. 1 SGB XII als ergänzendes Darlehen berücksichtigt werden. Damit aber ist gewährleistet, dass trotz grundsätzlicher Gewährung von Gesamtpauschalen in jedem einzelnen Fall die jeweils tatsächliche und gegenwärtige Notlage berücksichtigt werden kann.

Die umfangreiche Leistungspauschalierung in Gestalt einer Gesamtpauschale steht folglich einer ausreichenden Bedarfsdeckung im Sinne der Gewährleistung des sozio-kulturellen Existenzminimums nicht entgegen. Die Gesamtpauschalen sind somit bedarfsdeckend angelegt.

---

122) Vgl. zur Problematik von Pauschalen im Zusammenhang mit dem Gegenwärtigkeits- und dem Faktizitätsgrundsatz *Rothkegel,* in: Rothkegel, Sozialhilferecht, Teil III, Kap. 4, Rn. 17 ff.

bb) Ansparpauschale

Die Regelsätze nach § 28 SGB XII stellen nicht nur eine Gesamtpauschale dar, sondern darüber hinaus auch eine Ansparpauschale. Denn nach der Gesetzesbegründung zu § 28 Abs. 1 SGB XII enthält der Regelsatz auch Teile, die von den Leistungsempfängern angespart werden sollen, *»um bei entstehendem Bedarf auch größere Anschaffungen zu tätigen.«*[123] Ansparpauschalen zielen darauf ab, einen *»erst für die Zukunft erwarteten finanziellen Bedarf etwa für die Beschaffung von Gebrauchsgütern von nicht geringem Anschaffungswert [...] zu decken.«*[124] Bei der Leistungsgewährung in Form von Ansparpauschalen werden also laufende Leistungen für Bedarfe gezahlt, die zwar irgendwann einmal bei jedem Leistungsempfänger mit Sicherheit entstehen werden, von denen aber nicht bekannt ist, wann genau sie bei jedem Empfänger anfallen.

Neben einer mit diesen Ansparpauschalen verbundenen erheblichen Verwaltungsvereinfachung zielen solche Pauschalen auch darauf ab, die Dispositionsfreiheit und damit die Selbstständigkeit der Leistungsempfänger zu stärken. Sie tragen daher mit dazu bei, dass die Leistungsempfänger lernen, unabhängig von der Sozialhilfe zu leben.

Von diesen unstreitig bestehenden positiven Auswirkungen abgesehen, kollidieren derartige Ansparpauschalen jedoch ebenfalls mit dem Bedarfsdeckungsgrundsatz in Form des Gegenwärtigkeits- und des Faktizitätsprinzips, so dass auch in ihrem Zusammenhang fraglich ist, ob sie die Gewährleistung des Existenzminimums sicherstellen können. Denn mit diesen Ansparpauschalen werden Leistungen unabhängig von einem gegenwärtig bestehenden Hilfebedarf, sondern vielmehr mit Blick auf einen erst in – mehr oder weniger – ungewisser Zukunft bestehenden Bedarf erbracht. Entsteht daher ein Hilfebedarf, auf den noch nicht genügend angespart wurde oder werden konnte, so besteht die Gefahr von ungedeckten Bedarfslücken. Denn trotz eventuellen Fehlverhaltens des Leistungsempfängers aufgrund unterlassener Ansparung besteht in solchen Fällen bei diesem eine tatsächliche und gegenwärtige sozialhilferechtliche Notlage, der mit Mitteln des Sozialhilferechts abzuhelfen ist, will die Sozialhilfe ihrer Aufgabe, das Existenzminimum sicherzustellen, gerecht werden.[125] Dieser Gefahr von Bedarfslücken wird jedoch durch die Öffnungsklausel des § 37 Abs. 1 SGB

123) So *BT-Drucks.* 15/1514, S. 59.
124) *Rothkegel,* in: Rothkegel, Sozialhilferecht, Teil III, Kap. 4, Rn. 40.
125) Vgl. *BVerfG,* Beschl. v. 26.04.1988, NJW 1988, 2231 ff.

XII begegnet.[126] Denn gerade in dem Fall, in dem ein Bedarf, der eigentlich bereits durch die Regelsätze abgegolten sein soll,[127] tatsächlich ungedeckt bleibt, soll dem Leistungsempfänger nach dieser Vorschrift ein ergänzendes Darlehen gewährt werden.

Die Leistungspauschalierung in Form einer Ansparpauschale wird somit dem Anspruch der Sozialhilfe, das Existenzminimum sicherzustellen gerecht. Die nunmehr umfassende Pauschalierung im SGB XII widerspricht damit nicht einer ausreichenden Deckung des Existenzminimums.

Es kann somit festgestellt werden, dass – bis auf die Bedenken gegen die Festsetzung der Regelsätze – der Bedarfsdeckungsgrundsatz im Rahmen der Hilfe zum Lebensunterhalt außerhalb von Einrichtungen nicht verletzt wird.

II. Der notwendige Lebensunterhalt in Einrichtungen

Die Leistungen des notwendigen Lebensunterhalts, die sozialhilfebedürftigen Personen in teilstationären und stationären Einrichtungen im Sinne des § 13 zu erbringen sind, sind nunmehr in § 35 geregelt. Mit § 35 hat dieser Leistungsbereich durch die Sozialhilfereform 2005 eine gänzlich neue Ausgestaltung erhalten. Denn unter Geltung des BSHG wurde der in einer Einrichtung gewährte Lebensunterhalt gemäß § 27 Abs. 3 BSHG den Hilfen in besonderen Lebenslagen zugeordnet, während die Leistung eines angemessenen Barbetrages der Hilfe zum Lebensunterhalt unterfiel. Mit § 35 werden diese unterschiedlichen Leistungen nun einheitlich in einer Vorschrift geregelt und sind der Hilfe zum Lebensunterhalt nach dem Dritten Kapitel des SGB XII zuzuordnen. Diese systematische Neuordnung hat insofern Konsequenzen, als für die Leistungen nach § 35 jetzt nicht mehr die Einkommensgrenzen des § 85 gelten, die für die übrigen ehemaligen Leistungen in besonderen Lebenslagen gelten. Dies trägt mit dazu bei, die in § 13 Abs. 1 S. 3 enthaltene Zielsetzung »ambulant vor stationär« zu verwirklichen.[128]

---

126) *Grube,* in: Grube/Wahrendorf, SGB XII, § 37, Rn. 4.

127) *Birk,* in: LPK-SGB XII, § 37, Rn. 5; *Grube,* in: Grube/Wahrendorf, SGB XII, § 37, Rn. 4.

128) *Grube,* in: Grube/Wahrendorf, SGB XII, § 35, Rn. 2.

1. Der in der Einrichtung erbrachte notwendige Lebensunterhalt, § 35 Abs. 1

Von dem in der jeweiligen Einrichtung gewährten Lebensunterhalt wird alles erfasst, was dem Hilfebedürftigen in der Einrichtung erbracht wird und was gleichzeitig unter die in § 27 Abs. 1 und 2 genannten Bedarfsgegenstände subsumiert werden kann.[129] Der Umfang dieses gewährten Lebensunterhalts bemisst sich nach den, dem jeweiligen Einrichtungsträger gezahlten Vergütungen nach § 75 Abs. 3 S. 1 Nr. 2 i.V. m. § 76 Abs. 2.[130] Da der in der Einrichtung gewährte Lebensunterhalt dem Sozialhilfeberechtigten durch den jeweiligen Einrichtungsträger erbracht wird, liegt hier ein Dreiecksverhältnis vor, bestehend aus dem Leistungsberechtigten, dem Sozialhilfeträger und dem Einrichtungsträger. Auch wenn der Sozialhilfeträger die Leistungsvergütung[131], den so genannten Pflegesatz, nach § 75 Abs. 3 S. 1 Nr. 2, direkt an den jeweiligen Einrichtungsträger zahlt, so bleibt der Einrichtungsbewohner doch der Anspruchsinhaber aus dem Sozialrechtsverhältnis. Dies hat zur Folge, dass der Heimbewohner mit einer solchen direkten Zahlung an den Einrichtungsträger einverstanden sein muss.[132]

Aufgrund des im SGB XII geltenden Bedarfsdeckungs- und Individualisierungsgrundsatzes muss durch die in der Einrichtung gewährten Leistungen der jeweils bestehende tatsächliche sozialhilferechtliche Bedarf jedes Einrichtungsbewohners abgedeckt werden. Weiter müssen die in der jeweiligen Einrichtung gewährten Leistungen den individuellen Bedürfnissen jedes Leistungsberechtigten entsprechen. Daher stellen die jeweiligen Sozialhilfeansprüche der Leistungsberechtigten den Auslegungsmaßstab dar, der bei den zwischen Einrichtungsträger und Sozialhilfeträger zu schließenden Leistungsvereinbarungen zu beachten ist.[133] Der Sozialhilfeträger bleibt insoweit an den Bedarfsdeckungs- und den Individualisierungsgrundsatz gebunden.[134] Werden die dem Leistungsberechtigten in der Einrichtung

129) *Grube,* in: Grube/Wahrendorf, SGB XII, § 35, Rn. 3.

130) Vgl. *Schoch,* ZfF 2000, 1 (5).

131) Dieser Pflegesatz besteht gemäß § 76 Abs. 2 aus der Grundpauschale (= Pauschale für Unterkunft und Verpflegung, sog. »Hotelkosten«), der Maßnahmepauschale und dem Investitionsbetrag (= Betrag für betriebsnotwendige Anlagen einschließlich ihrer Ausstattung).

132) Vgl. *Schoch,* ZfF 2000, 1 (2).

133) So *Schoch,* ZfF 2000, 145 (152).

134) Der Individualisierungsgrundsatz findet besondere Beachtung bei der Vereinbarung der Maßnahmepauschalen nach § 76 Abs. 2. Denn gemäß § 76 Abs. 2 S. 3 wird diese Pauschale nach Gruppen für Leistungsberechtigte mit vergleichbarem Bedarf

gewährten Leistungen diesen Grundsätzen nicht gerecht, kann er seinen sozialhilferechtlichen Anspruch auch gerichtlich einfordern.

Zur Bestimmung des Umfangs des notwendigen Lebensunterhalts in Einrichtungen wurde mit dem Gesetz zur Änderung des Gesetzes zur Einordnung des Sozialhilferechts in das Gesetzbuch vom 09.12.2004[135] dem § 35 Abs. 1 dessen jetziger Satz 2 angefügt. Dieser verweist hinsichtlich des Leistungsumfangs auf den Umfang der Grundsicherung nach § 42 S. 1 Nr. 1 bis 3. Ausweislich der Gesetzesbegründung bemisst sich nunmehr der Leistungsumfang in Einrichtungen ausschließlich nach diesen Leistungen der Grundsicherung.[136] Diese Regelung ist nicht nur unverständlich. Sie wird auch dem Charakter der Hilfeleistungen in Einrichtungen nicht gerecht. Denn in Einrichtungen wird der notwendige Lebensunterhalt gerade nicht in Form von Regelsatzleistungen erbracht, da die tatsächlich entstehenden Kosten gedeckt werden müssen, dies aber könnte bei einer Regelsatzleistung nicht gewährleistet werden.[137] Die Sinnlosigkeit dieses Verweises macht die Tatsache deutlich, dass in dem Fall, wenn die Höhe des vom Sozialhilfeträger zu zahlenden Pflegesatzes über dem Leistungsumfang der § 42 S. 1 Nr. 1 bis 3 liegt, aufgrund des Bedarfsdeckungsgrundsatzes dennoch der volle Pflegesatz zu zahlen ist.[138] Eine andere Entscheidung würde dem Anspruch des SGB XII, unterstes Existenzsicherungssystem zu sein und für seine Leistungsberechtigten das sozio-kulturelle Existenzminimum zu gewährleisten, nicht gerecht. Der Umfang des notwendigen Lebensunterhalts in Einrichtungen ist eben aufgrund der unterschiedlichen Lebensumstände nicht mit dem notwendigen Lebensunterhalt außerhalb von Einrichtungen vergleichbar. Diese Regelung stellt somit eine gesetzgeberische Fehlentscheidung dar, der wohl der Umstand zugrunde liegt, dass für Grundsicherungsberechtigte nach den §§ 41 ff. keine spezielle Regelung der Hilfe in Einrichtungen besteht. Die Verweisungsvorschrift des § 35 Abs. 1 S. 2 aber ist insoweit nicht der richtige Weg zur Lösung dieser Unstimmigkeit.

---

kalkuliert. Je differenzierter diese Gruppenbildung erfolgt, umso mehr kann den Erfordernissen des Individualisierungsgrundsatzes entsprochen werden; siehe dazu *Schoch,* ZfF 2000, 1 (11).

135) BGBl. I, S. 3305.

136) *BT-Drucks.* 15/3977, S. 8.

137) *Schoch,* ZfF 2000, 1 (4); siehe auch *BVerwG,* Urteil v. 08.07.2004, NJW 2005, 167 (168).

138) So auch *Armborst,* LPK-SGB XII, § 35, Rn. 5, er schlägt vor, den über dem Leistungsumfang nach § 42 S. 1 Nr. 1 bis 3 liegenden Betrag auf die Hilfen nach dem Fünften bis Neunten Kapitel des SGB XII anzurechnen.

Sinnvoller wäre es, den § 35 auf grundsicherungsberechtigte Heimbewohner für anwendbar zu erklären.[139]

2. Der weitere notwendige Lebensunterhalt, § 35 Abs. 1, 2

Neben diesem, durch die jeweilige Einrichtung erbrachten notwendigen Lebensunterhalt wird Heimbewohnern von stationären Einrichtungen zusätzlich ein weiterer notwendiger Lebensunterhalt gewährt. Dieser umfasst gemäß § 35 Abs. 2 *»insbesondere Kleidung und einen angemessenen Barbetrag zur persönlichen Verfügung«*. Diese Leistungen des weiteren notwendigen Lebensunterhalts sind Teilleistungen der in einer stationären Einrichtung vom Sozialhilfeträger erbrachten Komplexleistung.[140] Mit dem Barbetrag zur persönlichen Verfügung sollen ausweislich der gesetzgeberischen Begründung zur Umbenennung des früher in § 21 Abs. 2 geregelten *»Taschengeldes«* in den Barbetrag zur persönlichen Verfügung[141] *»die persönlichen Bedürfnisse des täglichen Lebens, Aufwendungen für Körperpflege und Reinigung, für die Instandhaltung der Schuhe, Kleidung und Wäsche in kleinerem Umfang sowie die Beschaffung von Wäsche und Hausrat von geringem Anschaffungswert abgegolten werden.«*[142] Der Barbetrag zur persönlichen Verfügung stellt damit für den Leistungsberechtigten die Möglichkeit dar, in gewissem Umfang sein Leben noch frei und entsprechend der persönlichen Vorlieben zu gestalten.[143] Es stellt sich jedoch die Frage, wie der Barbetrag zum einen von den durch den Einrichtungsträger zu erbringenden Leistungen abzugrenzen ist und zum anderen, wie er sich von den anderen Leistungen des weiteren notwendigen Lebensunterhalts unterscheidet, die in § 35 Abs. 2 exemplarisch den Bekleidungsbedarfs nennen.

Bei der Abgrenzung des Barbetrages zu den von der jeweiligen Einrichtung zu erbringenden Sachleistungen besteht die Gefahr, dass im Rahmen der

139) Ebenfalls nicht geregelt ist der Fall, dass der an den Einrichtungsträger zu zahlende Pflegesatz unter den Leistungen nach § 42 S. 1 Nr. 1 bis 3 liegt. Es müsste dann die Differenz vom Sozialhilfeträger gedeckt werden; wie dies geschehen soll, lässt das Gesetz jedoch gleichfalls offen.

140) Vgl. *Schoch,* ZfF 2000, 145 (145, 151); siehe auch *Armborst,* in: LPK-SGB XII, § 35, Rn. 1.

141) Vgl. Art. II § 14 Nr. 3 b) des Gesetzes v. 04.11.1982, BGBl. I, S. 1450.

142) *BT-Drucks.* 9/1859, S. 2.

143) In diese Richtung auch *Schoch,* ZfF 2000, 145 (145), wenn er ausführt, dass der Barbetrag einen wesentlichen Teil des verbliebenen eigenen Handlungsspielraumes des Hilfeberechtigten repräsentiere.

zwischen dem Sozialhilfeträger und dem Einrichtungsträger zu schließenden Leistungs- und Vergütungsvereinbarungen nach § 75 Abs. 3 S. 1 Nr. 1 und 2, § 76 bereits die Bedarfe, für die der Barbetrag zu verwenden ist, festgelegt werden, indem bestimmte Bedarfe eben nicht in die Leistungsbeschreibung der Einrichtung mit aufgenommen werden.[144] Damit aber würde der Barbetrag seiner gesetzlichen Zielsetzung beraubt, zur freien, persönlichen Verfügung des Leistungsberechtigten zu stehen.

Eine sachgerechte Abgrenzung des Barbetrages sowohl zur Teilleistung des durch die Einrichtung gewährten Lebensunterhalts als auch zu dem übrigen weiteren Lebensunterhalt nach § 35 Abs. 2 ist aber möglich, wenn man die frühere Rechtsprechung des Bundesverwaltungsgerichts zur Bestimmung der *»persönlichen Bedürfnisse des täglichen Lebens«* zugrunde legt.[145] Das Gericht definierte in seiner Entscheidung die persönlichen Bedürfnisse des täglichen Lebens ihrem Wesen nach als solche, die aus einer freien, selbstbestimmten und selbstgestalteten Lebensführung erwachsen, so dass ihnen gerade solche Bedürfnisse nicht zugeordnet werden könnten, die einem Hilfeempfänger von seinem Willen unabhängig entstünden.[146] Legt man diesen Begriff des persönlichen Bedarfs zugrunde, so kann der Gefahr, dass Einrichtungs- und Sozialhilfeträger zu Lasten des Barbetrages Leistungen aus der Leistungsbeschreibung hinaus definieren, wirksam begegnet werden. Und auch hinsichtlich des in § 35 Abs. 2 genannten weiteren notwendigen Bedarfs, der gerade nicht vom Barbetrag abgedeckt werden soll, ist eine eindeutige Abgrenzung möglich. Denn bei diesen Leistungen muss es sich um solche handeln, die einen Bedarf abdecken, der nicht bereits durch den Einrichtungsträger erbracht wird und dessen Entstehung auch nicht vom Willen des Leistungsberechtigten abhängt.

Im Ergebnis werden damit von den diesen Bereich abdeckenden Hilfeleistungen die Bedarfe erfasst, für die unter Geltung des BSHG einmalige Leistungen erbracht wurden. Dafür spricht, dass durch die Einbeziehung nahezu aller ehemaligen einmaligen Bedarfsleistungen in die Regelsatzleistung der Regelsatz pauschal um 15 % erhöht wurde. Die Barbetragsleistung nimmt an dieser Erhöhung jedoch nicht teil, sondern deren Höhe wurde beibehalten, indem der Mindestbarbetrag nach § 21 Abs. 3 S. 3

144) So *Schoch,* ZfF 2000, 145 (152).

145) Siehe *BVerwG,* Urteil v. 29.10.1997, BVerwGE 105, 281 ff., siehe dazu ausführlich oben, S. 121 f. Für eine solche Abgrenzung der einzelnen Teilleistungen des § 35 auch *Schoch,* ZfF 2000, 145 (146 f., 152).

146) *BVerwG,* Urteil v. 29.10.1997, BVerwGE 105, 281 (286).

BSHG 30 % des Eckregelsatzes betrug und nunmehr nach § 35 Abs. 2 S. 2 nur noch 26 % beträgt.[147] Da somit die bisherigen einmaligen Leistungen, soweit sie nicht als Sachleistungen von dem Einrichtungsträger erbracht werden, nicht im Barbetrag enthalten sind, hat der Hilfeberechtigte bei Vorliegen eines entsprechenden Bedarfs Anspruch auf derartige einmalige Leistungen.[148] Weiter wird ein solches Verständnis des persönlichen Bedarfs der gesetzlichen Zielsetzung, nämlich dem Hilfeberechtigten durch Überlassung eines gewissen Betrages in diesem Umfang eine freie Lebensgestaltung und damit die freie Entfaltung der Persönlichkeit zu ermöglichen, gerecht.[149]

Gemäß § 35 Abs. 2 S. 4 muss dem Leistungsberechtigten darüber hinaus entweder in eigener Person oder durch einen anderen die bestimmungsgemäße Verwendung des Barbetrages möglich sein, ansonsten ist er entsprechend zu mindern oder gänzlich einzustellen. Die Frage, was unter einer »bestimmungsgemäßen Verwendung« zu verstehen ist, lässt sich mit der gesetzlichen Zwecksetzung des Barbetrages, dem Hilfeberechtigten trotz des Lebens in einer Einrichtung noch in gewissem Umfang eine freie Persön-

---

147) Vgl. *BT-Drucks.* 15/1514, S. 61, führt diesbezüglich ausdrücklich aus: *»Dadurch entstehen auch höhere Bezugsgrößen für die Prozentsätze, so dass diese zu mindern waren, aber zu denselben Beträgen führen wie bisher.«*

148) Im Ergebnis so wohl auch *Grube,* in: Grube/Wahrendorf, SGB XII, § 35, Rn. 5; *Niemann,* NDV 2006, 35 (39), nach dessen Ansicht unter diese Regelung insbesondere die Leistung einer Weihnachtsbeihilfe fällt sowie derjenigen Leistungen, die aufgrund des Gesundheitsmodernisierungsgesetzes nunmehr keine Leistungen der Krankenkassen und daher auch keine Leistungen der Hilfen zur Gesundheit nach § 52 Abs. 3 SGB XII mehr darstellen. a. A. dagegen *BVerwG,* Urteil v. 08.07.2004, NJW 2005, 167 ff., wonach aus dem Barbetrag auch die Beschaffung von Leibwäsche zu erfolgen hat. Das Gericht stellt bei der Frage, was aus dem Barbetrag zu bestreiten ist, auf den noch ungedeckten Bedarfsteil ab, der nicht schon von dem durch die Einrichtung gewährten Lebensunterhalt erfasst wird. Es spricht dem Barbetrag insoweit eine »komplementäre Bedarfsdeckungsfunktion« zu. Eine solche Ansicht aber eröffnet gerade die Möglichkeit, den Leistungsumfang der Einrichtung zu Lasten des Barbetrages einzuschränken. Zudem ist nicht ersichtlich, weshalb bei § 35 ein anderer Begriff der persönlichen Bedürfnisse zugrunde gelegt werden soll, als er bislang für § 12 BSHG galt. Allerdings ist dieses Urteil noch zur früheren Rechtslage des in § 21 Abs. 3 normierten Barbetrages ergangen. In § 21 Abs. 3 aber wurde als weiterer notwendiger Lebensunterhalt nur der Barbetrag genannt, ein Verweis auf andere Bedarfe, der im heutigen § 35 Abs. 2 S. 1 exemplarisch mit der Nennung von Kleidungsbedarf enthalten ist und die Gewährung einmaliger Leistungen ermöglicht, fehlte dagegen im § 21 Abs. 3 BSHG. Es bleibt daher abzuwarten, wie sich die Rechtsprechung zu der neuen gesetzlichen Regelung entwickeln wird.

149) In diesem Sinne auch *Spranger,* BtPrax 1999, 19 (19).

lichkeitsentfaltung zu ermöglichen, beantworten.[150] Da es somit die freie Entscheidung des Leistungsberechtigten ist, auf welche Art und Weise er den Barbetrag für sich verwendet, ist von einer bestimmungsungemäßen Verwendung, die zur Minderung des Barbetrages berechtigt, nur dann auszugehen, wenn der Leistungsberechtigte infolge von Krankheit nicht mehr in der Lage ist, durch Verwendung dieses Betrages sein Leben, und sei es auch durch die Mithilfe anderer Personen, ein Stück weit frei zu gestalten.[151] Ist die Verwendung des Barbetrages aufgrund des Gesundheitszustandes des Leistungsberechtigten nicht durch diesen selbst möglich, so kann der Barbetrag auch für den Leistungsberechtigten durch eine andere Person verwandt werden. Dem Leistungsberechtigten steht dabei selbst das Recht zu, frei zu entscheiden, an wen der Barbetrag ausgezahlt wird.[152].

In § 35 Abs. 2 S. 2 wird für volljährige Leistungsberechtigte eine Mindesthöhe des Barbetrages von 26 % des Eckregelsatzes festgesetzt. Nach der Rechtsprechung des Bundesverwaltungsgerichts hat sich auch die Überprüfung der Höhe des Barbetrages, dem ja ebenfalls seine Bedarfsdeckungsfunktion zukommt,[153] am Verbrauchsverhalten, mithin an der Einkommens- und Verbrauchsstichprobe zu orientieren.[154] Jedoch ist im Rahmen der Bemessung des Barbetrages diese Orientierung am Verbraucherverhalten nicht wie bei § 28 Abs. 3 S. 2 gesetzlich vorgeschrieben, sondern die Entscheidung über die Bemessung hat der Sozialhilfeträger aufgrund pflichtgemäßer Ermessensausübung, in die das Verbraucherverhalten allerdings

---

150) So *Schoch,* ZfF 2000, 145 (146 f.).

151) *Armborst,* in: LPK-SGB XII, § 35, Rn. 12.

152) *Schoch,* ZfF 2000, 145 (147). In diesem Zusammenhang ist kritisch auf die weitverbreitete Praxis hinzuweisen, nach der der Barbetrag vom Sozialhilfeträger nicht an den Leistungsberechtigten, sondern an den Einrichtungsträger ausbezahlt wird. Da der Leistungsberechtigte jedoch alleiniger Inhaber des Anspruchs auf diese Sozialhilfeleistung ist, ist eine solche Zahlung an den Einrichtungsträger ohne Einverständnis des Leistungsberechtigten rechtswidrig. Darüber hinaus ist diese Praxis zu beanstanden, da der Einrichtungsträger auf diese Weise Zugriff auf den Barbetrag erhält und dessen Verwendung ausschließlich zur persönlichen Verwendung des Leistungsberechtigten damit nicht mehr gewährleistet, zumindest jedoch gefährdet ist, zu dieser Praxis siehe weiter *Schoch,* ZfF 2000, 145 (148).

153) Nach hier vertretener Ansicht jedoch nur im Umfang der bestehenden persönlichen Bedürfnisse. Nach Ansicht des BVerwG (Urteil v. 08.07.2004) bezieht sich dagegen diese Bedarfsdeckungsfunktion auf den gesamten ungedeckten Bedarfsrest. Es bleibt jedoch abzuwarten, ob angesichts der gesetzlichen Neuerungen des § 35 Abs. 2 S. 1 an dieser Rechtsprechung festgehalten wird.

154) *BVerwG,* Urteil v. 08.07.2004, NJW 2005, 167 (169), siehe auch *Armborst,* in: LPK-SGB XII, § 35, Rn. 10.

einfließen sollte, zu treffen.[155] Soweit im Rahmen dieser Ermessensentscheidung gemäß § 9 Abs. 1 die Besonderheiten des Einzelfalls zu berücksichtigen sind, ist dem Bundesverwaltungsgericht zuzustimmen, wenn es in der Festlegung nur eines Mindestbarbetrages eine Öffnungsklausel versteht, die es erlaubt, bei Vorliegen eines höheren Bedarfs von dieser Festsetzung abzuweichen.[156]

3. Ergänzendes Darlehen, § 35 Abs. 3 i.V. m. § 37

Mit dem Gesetz zur Änderung des Gesetzes zur Einordnung des Sozialhilferechts in das Sozialgesetzbuch vom 09.12.2004[157] wurden dem § 35 die Absätze 3 bis 5 angefügt, die eine Regelung betreffend die Zuzahlung zu den Kosten der Krankenbehandlung enthalten. Nach § 35 Abs. 3 S. 1 übernimmt der Sozialhilfeträger für volljährige Leistungsberechtigte die jeweils von ihnen bis zur Belastungsgrenze nach § 62 SGB V zu leistenden Zuzahlungen in Form eines ergänzenden Darlehens nach § 37, sofern der Leistungsberechtigte dem nicht widerspricht. Die Auszahlung dieser Zuzahlungsbeträge an die zuständige Krankenkasse erfolgt gemäß § 35 Abs. 3 S. 2 zum 01. Januar eines Jahres oder bei Aufnahme in eine stationäre Einrichtung, somit also im Voraus. Nach § 37 Abs. 2 S. 2 erfolgt die Rückzahlung dieser Darlehen in gleichen Teilbeträgen über das ganze Kalenderjahr hinweg.

Insgesamt muss diese Regelung der Zuzahlungen zu den Kosten der Krankenbehandlung als mit vielen Ungereimtheiten behaftet qualifiziert werden. Der erste Widerspruch dieser Normierung ist in dem Umstand begründet, dass das nach § 37 dem Leistungsberechtigten zu gewährende Darlehen über den Zuzahlungsbetrag zur Voraussetzung hat, dass diese Zuzahlungen zum einen von den Regelsätzen, hier also vom Barbetrag, umfasst sind und dass ein nach den Umständen unabweisbar gebotener Bedarf zu dieser Bedarfsdeckung besteht. Die Absätze 3 bis 5 des § 35 wurden dieser Norm nachträglich angefügt, da der Barbetrag nicht ausreichend zur Bestreitung dieser Zuzahlungspflichten war, wenn diese sich bereits im ersten Monat anhäuften. Dies aber verdeutlicht, dass der Barbetrag die durch das Gesundheitsmodernisierungsgesetz verursachten Mehrkosten in Form von

155) *Armborst,* in: LPK-SGB XII, § 35, Rn. 10.
156) *BVerwG,* Urteil v. 08.07.2004, NJW 2005, 167 (168).
157) BGBl. I, S. 3305.

Zuzahlungen gerade nicht umfasst,[158] und dass entgegen offizieller, anders lautender Behauptungen und einer Anhebung der entsprechenden Abteilung 06 des § 2 Abs. 2 RSV die Auswirkungen des Gesundheitsmodernisierungsgesetzes tatsächlich nicht bei der Bemessung der Regelsätze berücksichtigt wurden.[159]

Weiter ist fraglich, ob es sich bei dem darlehensweise erbrachten Zuzahlungsbetrag überhaupt um einen unabweisbaren Bedarf im Sinne des § 37 Abs. 1 handelt. Denn nach § 35 Abs. 3 S. 2 wird die Auszahlung des gesamten Zuzahlungsbetrages an die zuständige Krankenkasse im Voraus geleistet, zu einem Zeitpunkt also, zu dem noch nicht bekannt ist, ob und in welcher Höhe überhaupt Zuzahlungen des Hilfeberechtigten anfallen werden. Da somit der entsprechende Bedarf im Zeitpunkt der Darlehensgewährung noch gar nicht entstanden ist, kann es sich auch nicht um einen unabweisbaren Bedarf handeln, wie er für eine Darlehensgewährung nach § 37 erforderlich ist. Dieser Widerspruch lässt sich nur auflösen, wenn man in § 35 Abs. 3 S. 1 eine Rechtsfolgenverweisung auf § 37 sieht, nicht aber eine Rechtsgrundverweisung.[160]

Problematisch ist weiter, dass schon am Jahresbeginn die Zuzahlungen bis zur jeweiligen Belastungsgrenze nach § 62 SGB V vollständig geleistet werden. Damit wird also die Darlehenssumme bereits festgelegt, obwohl noch gar nicht feststeht, ob überhaupt in dieser Höhe Zuzahlungen zu leisten sein werden. Liegen die tatsächlich zu leistenden Zuzahlungen unter dieser im Voraus geleisteten Gesamtsumme, so liegt eine ungerechtfertigte Bereicherung der zuständigen Krankenkasse auf Kosten des Leistungsberechtigten vor[161], die dann im jeweiligen Leistungsverhältnis wieder rückabgewickelt werden muss. Dem Leistungsberechtigten wird also in diesen Fällen zu Unrecht ein Teil des Barbetrages zur Darlehenstilgung einbehalten, und es liegt gleichzeitig in seinem alleinigen Verantwortungsbereich, diese ungerechtfertigte Bereicherung rückabzuwickeln. Eine solche Regelung ist vor allem in Anbetracht des ihr unterfallenden Adressatenkreises,

---

158) *Armborst,* in: LPK-SGB XII, § 35, Rn. 16.

159) Siehe dazu ausführlich oben, S. 113 ff.

160) In der Literatur wird darüber hinaus vertreten, es könne sich bei dem nach §§ 35 Abs. 3, 37 gewährten Darlehen um eine aufgedrängte Leistung handeln, da die Zustimmung des Leistungsberechtigten zur Darlehensgewährung nach § 35 Abs. 3 S. 1 gerade nicht erforderlich ist, vgl. *Armborst,* in: LPK-SGB XII, § 35, Rn. 10.

161) *Armborst,* in: LPK-SGB XII, § 35, Rn. 17.

der regelmäßig aufgrund von Krankheit oder Behinderung besonderer Hilfe bedarf, überaus bedenklich.

Weiter wäre zu überlegen, ob die Zuzahlungen zu den Kosten der Krankenbehandlungen überhaupt aus dem Barbetrag zu bestreiten sind. Denn nach der oben gefundenen Abgrenzung[162] dient der Barbetrag gerade nicht der Deckung von Bedarfen, die dem Leistungsberechtigten unabhängig von seinem Willen entstehen. Bei den Zuzahlungen dagegen handelt es sich gerade um derartigen, vom Willen des Leistungsberechtigten unabhängigen Bedarf. Die Deckung dieser Zuzahlungen mit Mitteln aus dem Barbetrag trägt dazu bei, dass die Möglichkeiten der persönlichen Entfaltungsfreiheit des Leistungsberechtigten erheblich eingeschränkt werden können. Um der gesetzlichen Zielsetzung des Barbetrages zur persönlichen Verfügung des Leistungsberechtigten gerecht werden zu können, sollten derartige Zuzahlungen daher von dem weiteren notwendigen Lebensunterhalt des § 35 Abs. 2 S. 1 erfasst werden, nicht aber von dem Barbetrag. Im Übrigen ist, solange die Zuzahlungen dennoch aus dem Barbetrag geleistet werden müssen, bei Leistungsberechtigten, die diesen Zuzahlungsbetrag mit Sicherheit ausschöpfen werden, von der Möglichkeit Gebrauch zu machen, die Höhe des Barbetrages über der in § 35 Abs. 2 S. 2 festgelegten Mindesthöhe festzusetzen.[163] Auch kann eine solche höhere Festsetzung erfolgen, wenn feststeht, dass der Leistungsberechtigte diesen Zuzahlungsbetrag voll ausgeschöpft hat. Eine solche höhere Festsetzung ist dann insbesondere aufgrund der vorliegenden individuellen Verhältnisse im Sinne des § 9 geboten, um dem Leistungsberechtigten mittels des Barbetrages eine freie Lebensgestaltung zu ermöglichen.

---

162) Siehe oben, S. 136.

163) So auch *Niemann,* NDV 2006, 35 (40), der fordert, dass die nicht gedeckten Bedarfe der Krankenhilfe, die in der Regel laufend auftreten, durch eine Erhöhung der Barbeträge abzudecken sind. Allerdings grenzt er die aus dem Barbetrag zu bestreitenden Bedarfe von den einmalig zu leistenden Bedarfsdeckung danach ab, ob es sich um einen regelmäßig auftretenden Bedarf handelt, nicht danach, ob er vom Willen des Leistungsberechtigten unabhängig entsteht. Gegen diese Abgrenzung aber spricht, dass damit die finanziellen Möglichkeiten des Leistungsberechtigten, sein Leben in gewissem Umfang frei zu gestalten, eingeschränkt werden.

III. Die Grundsicherung im Alter und bei Erwerbsminderung, §§ 41 ff.

Die nunmehr im Vierten Kapitel des SGB XII inkorporierte Grundsicherung im Alter und bei Erwerbsminderung war ursprünglich als eine nur bedarfsorientierte, nicht aber unbedingt bedarfsdeckende Sozialleistung konzipiert.[164] Als Konsequenz dessen kamen in all den Fällen ergänzende Sozialhilfeleistungen in Betracht, in denen der bestehende Bedarf von Hilfeberechtigten mittels der Grundsicherungsleistungen nicht tatsächlich gedeckt wurde. Die Grundsicherungsleistungen stellten damit vorrangige Leistungen gegenüber der Sozialhilfe im Sinne des § 2 Abs. 1 BSHG dar.[165] Nicht vollständig bedarfsdeckend waren die Grundsicherungsleistungen nach dem GSiG schon deshalb, weil die im früheren § 3 GSiG enthaltenen Leistungen nicht deckungsgleich mit denen nach dem BSHG waren.[166] Fraglich ist daher, inwieweit die nunmehr im Vierten Kapitel des SGB XII enthaltenen Grundsicherungsleistungen bedarfsdeckend sind oder ob die Leistungen der Hilfe zum Lebensunterhalt nach wie vor das unterste Leistungsnetz darstellen.

Der Umfang der Grundsicherungsleistungen ist jetzt in § 42 normiert. § 42 S. 1 verweist insoweit auf die Leistungen der Hilfe zum Lebensunterhalt, lediglich die §§ 33, 35 und 36 sind von dieser Verweisung ausgenommen. Nach § 33 können Beiträge für eine angemessene Alterssicherung oder für ein angemessenes Sterbegeld vom Sozialhilfeträger gewährt werden. Schon aufgrund des Adressatenkreises der nach dem Vierten Kapitel anspruchsberechtigten Personen und der Tatsache, dass ohne eine entsprechende Alterssicherung weiterhin ein Anspruch auf Sozialhilfeleistungen besteht, spielt der fehlende Verweis auf § 33 für Grundsicherungsberechtigte im Rahmen der Frage, ob die Grundsicherungsleistungen bedarfsdeckend sind keine Rolle. Ähnlich verhält es sich mit der fehlenden Verweisung auf § 36. Denn § 36, der eine vermutete Bedarfsdeckung festlegt, betrifft nicht die

164) Vgl. Gesetzestext *»Gesetz über eine bedarfsorientierte Grundsicherung im Alter und bei Erwerbsminderung«*, BGBl. I, S. 1335; *BT-Drucks.* 14/5150, S. 48; siehe auch *Lutter,* ZfSH/SGB 2003, 131 (135); *Schoch,* info also 2002, 205 (207).

165) Vgl. *Lutter,* ZfSH/SGB 2003, 131 (131).

166) Insbesondere wurden keine einmaligen Leistungen gewährt, sondern es wurde nach § 3 Abs. 1 Nr. 1 der maßgebende Regelsatz pauschal um 15 % des Eckregelsatzes erhöht; auch wurde ausschließlich ein Mehrbedarf für Schwerbehinderte im Sinne des jetzigen § 30 Abs. 1 gewährt. Weiter sah das Grundsicherungsgesetz auch keine Öffnungsklauseln vor, die eine erhöhte Regelsatzleistung im Einzelfall ermöglicht hätten; siehe insoweit *Schoch,* in: LPK-GSiG, § 3, Rn. 7 ff.

Frage, ob die Grundsicherungsleistungen bedarfsdeckend angelegt sind. Darüber hinaus stellt die Tatsache, dass bei Grundsicherungsberechtigten, die zusammen mit anderen Personen in einer Haushaltsgemeinschaft leben, eben nicht eine Bedarfsdeckung vermutet wird, eine Erleichterung gegenüber Leistungsberechtigten nach dem Dritten Kapitel dar.

Allerdings könnte der fehlende Verweis auf den notwendigen Lebensunterhalt in Einrichtungen nach § 35 eine Frage einer ausreichenden Bedarfsdeckung darstellen, falls der sozialhilferechtliche Bedarf der grundsicherungsberechtigten Heimbewohner nicht vollständig mittels der Grundsicherungsleistungen gedeckt wird.

1. Leistungen in Einrichtungen

§ 42 enthält keinen Verweis auf die Hilfe zum Lebensunterhalt in Einrichtungen nach § 35. Vielmehr erhalten Grundsicherungsberechtigte, die in einer stationären Einrichtung untergebracht sind, die in § 42 normierten Leistungen. Diese entsprechen aufgrund der umfangreichen Verweisung des § 42 auf das Dritte Kapitel des SGB XII weitgehend der Hilfe zum Lebensunterhalt außerhalb von Einrichtungen. Somit wird auch ihnen die maßgebende Regelsatzleistung gewährt. Die nach § 35 vorgesehene Aufteilung des notwendigen Lebensunterhalts in den durch die Einrichtung gewährten und den weiteren notwendigen Lebensunterhalt nach § 35, insbesondere also die Zahlung des angemessenen Barbetrages, entfällt somit für stationär untergebrachte Grundsicherungsberechtigte. Das Bundesministerium für Gesundheit und Soziale Sicherung[167] sowie das sozialhilferechtliche Schrifttum[168] vertrat zu der dem § 42 insoweit inhaltlich entsprechenden Norm des § 3 GSiG, dass sich der maßgebende Regelsatz für Bewohner von Einrichtungen generell auf 80 % des Eckregelsatzes belaufen sollte, da sie in der jeweiligen Einrichtung keinen eigenständigen Haushalt führten und in der Einrichtung nicht die gleichen Kosten anfielen, wie sie ein Haushaltsvorstand außerhalb einer Einrichtung zu tragen habe. Diese Ansicht wurde mit Geltung des jetzigen § 42 übernommen und stellt die nunmehr gängige

167) *Bundesministerium für Gesundheit und Soziale Sicherung,* ZfSH/SGB 2003, 298 (302); ebenso *Deutscher Verein* in seinen Empfehlungen zur Anwendung des Gesetzes über eine bedarfsorientierte Grundsicherung im Alter und bei Erwerbsminderung, NDV 2002, 341 (343).

168) Vgl. *Zeitler,* NDV 2002, 421 (424).

Praxis dar.[169] Da § 35 für grundsicherungsberechtigte Heimbewohner nicht anwendbar ist, zahlt der Sozialhilfeträger auch nicht den nach §§ 75 Abs. 3, 76 vereinbarten Pflegesatz. Vielmehr sind nach § 42 S. 1 Nr. 2 bei Leistungen in einer stationären Einrichtung als Kosten für Unterkunft und Heizung Beträge in Höhe der durchschnittlichen angemessenen tatsächlichen Aufwendungen für die Warmmiete eines Einpersonenhaushalts zugrunde zu legen. Somit erfolgt für diese Unterkunfts- und Heizkosten nur eine fiktive Berechnung[170] auf der Grundlage der durchschnittlichen Aufwendungen des örtlich zuständigen Sozialhilfeträgers für einen entsprechenden Haushalt. Damit wird abweichend von § 29 nicht auf die tatsächlichen Aufwendungen abgestellt, sondern auf einen Durchschnittswert.[171] Insgesamt passt die Regelung des § 42 S. 1 nicht auf Grundsicherungsberechtigte, die in stationären Einrichtungen leben. Denn die Leistungen nach § 42 S. 1 werden den besonderen Lebensumständen von Heimbewohnern nicht oder jedenfalls nur unzureichend gerecht. Insbesondere stellt sich die Frage, wie zu verfahren ist, wenn die nach § 42 S. 1 erbrachten Leistungen den tatsächlich bestehenden Bedarf eines Heimbewohners nicht abdecken, also etwa unter der Grundpauschale des § 76 Abs. 2 S. 1 liegen. In solchen Fällen einer tatsächlich bestehenden Bedarfslücke hilft auch § 35 Abs. 1 S. 2 nicht weiter, wonach der Umfang des notwendige Lebensunterhalts in Einrichtungen für Leistungsberechtigte nach dem Dritten Kapitel dem Leistungsumfang nach § 42 S. 1 Nr. 1 bis 3 entspricht.

In solchen Fällen müsste vielmehr die dem Leistungsberechtigten gewährte Regelsatzleistung gemäß § 28 Abs. 1 S. 2 abweichend festgelegt werden. Diese Möglichkeit scheint auch § 42 S. 1 Nr. 1 zu eröffnen, der auf den gesamten § 28, somit also auch auf dessen in Abs. 1 S. 2 enthaltene Öffnungsklausel verweist.[172] Dies ist insbesondere deshalb beachtlich, als die

169) Vgl. Darstellungen bei *Brühl/Schoch,* in: LPK-SGB XII, § 42, Rn. 4; *Schoch,* in: Rothkegel, Sozialhilferecht, Teil III, Kap. 5, Rn. 47; a. A. *Schoch,* info also 2002, 157 (160); *ders.,* in: LPK-GSiG, § 3, Rn. 19 mit Verweis darauf, dass auch bei Heimbewohnern Kosten der allgemeinen Haushaltsführung anfallen können, dass der geringere Regelsatz auch nicht geeignet ist, dass Ziel »ambulant vor stationär« durchzusetzen und dass stationär untergebrachten Grundsicherungsberechtigten auch kein Barbetrag zur persönlichen Verfügung geleistet wird.

170) *BT-Drucks.* 14/5150, S. 49.

171) Maßgebend sind insoweit die Durchschnittswerte für den gesamten Bereich des jeweiligen Sozialhilfeträgers, vgl. *Schoch,* in: LPK-SGB XII, § 42, Rn. 11; *ders.,* in: Rothkegel, Sozialhilferecht, Teil III, Kap. 5, Rn. 49.

172) Nur der Vollständigkeit halber sei erwähnt, dass eine abweichende Bemessung der Regelsatzhöhe nach § 42 S. 1 Nr. 1 i. V. m. § 28 Abs. 1 S. 2 auch für Grundsicherungsberechtigte außerhalb von Einrichtungen möglich ist.

Vorgängernorm des § 42 S. 1 Nr. 1, der § 3 Abs. 1 Nr. 1 GSiG, nur auf den *»maßgebenden Regelsatz«* Bezug nahm, nicht dagegen auf den gesamten § 22 BSHG verwies. Für die Anwendbarkeit des § 28 Abs. 1 S. 2 auch auf Grundsicherungsberechtigte spricht zudem, dass § 9 Abs. 1, wonach sich die Leistungen nach den Besonderheiten des Einzelfalles zu richten haben, unter dem allgemeinen Abschnitt *»Grundsätze der Leistungen«* steht und somit auch für das Vierte Kapitel des SGB XII gilt.[173] Unstimmigkeiten bestehen aber dennoch, da in solchen Fällen unter Umständen Leistungen von der erhöhten Regelsatzleistung erfasst werden, die eigentlich von anderen Leistungen, beispielsweise denen für Unterkunft und Heizung, abgedeckt werden sollen. Insoweit ist nochmals für eine Anwendbarkeit des § 35 auch auf grundsicherungsberechtigte Heimbewohner zu plädieren, da diese die gesetzlichen Ungereimtheiten vermeiden könnte.

2. Anspruchsausschluss nach § 41 Abs. 3 und § 43 Abs. 2

Eine Frage der ausreichenden Bedarfsdeckung stellt weiter der in § 41 Abs. 3 normierte mögliche Anspruchsausschluss dar. Nach dieser Vorschrift haben Personen, die in den letzten zehn Jahren ihre Bedürftigkeit vorsätzlich oder grob fahrlässig herbeigeführt haben, keinen Anspruch auf Grundsicherungsleistungen nach dem Vierten Kapitel. Durch diese Regelung, die inhaltsgleich bereits in § 2 Abs. 3 S. 2 GSiG enthalten war, soll eine missbräuchliche Inanspruchnahme der Grundsicherungsleistungen verhindert werden.[174] Mit dieser Vorschrift wird der bislang im Sozialhilferecht geltende Faktizitätsgrundsatz, nach dem die Gründe, die zur Notlage geführt haben, unbeachtlich waren, aufgeweicht. Denn während bislang nach § 92 a BSHG und auch heute noch für das übrige Sozialhilferecht nach § 103 eine verschuldete Notlage nur die Frage eines möglichen Kostenersatzes betrifft, nicht aber bereits die »Primärebene«, auf der zu entscheiden ist, ob überhaupt Hilfe geleistet wird, so begründet § 41 Abs. 3 schon einen Ausschluss der Hilfeleistung in Form von Grundsicherungsleistungen überhaupt. Da somit in diesen Fällen keine Deckung des sozio-kulturellen Existenzminimums durch Grundsicherungsleistungen nach dem Vierten Kapitel des SGB XII erfolgt, muss diesen Hilfebedürftigen Hilfe zum Lebensunterhalt

173) Vgl. *Brühl/Schoch,* in: LPK-SGB XII, § 42, Rn. 6.
174) *BT-Drucks.* 14/5150, S. 49; *Zeitler,* NDV 2002, 421 (423).

nach dem Dritten Kapitel geleistet werden. Anderenfalls könnten – auch verfassungsrechtlich bedenkliche – Bedarfslücken auftreten.[175]

Da ein Grundsicherungsanspruch nach § 41 Abs. 3 ausgeschlossen ist, steht auch § 19 Abs. 2 S. 3 einer Leistungsgewährung nach dem Dritten Kapitel nicht entgegen. Gleiches gilt, soweit ein Anspruch auf Grundsicherungsleistungen nach § 43 Abs. 2 aufgrund eines möglichen Unterhaltsrückgriffs des Hilfeberechtigten ausgeschlossen ist. Auch in diesen Fällen besteht ein Anspruch auf Hilfe zum Lebensunterhalt nach den §§ 27 ff.[176]

Es kann damit festgestellt werden, dass die Leistungen zur Sicherung des Lebensunterhalts für Grundsicherungsberechtigte aufgrund des Verweises auf die Hilfe zum Lebensunterhalt nach den §§ 27 ff. und aufgrund der anwendbaren Öffnungsklausel des § 28 Abs. 1 S. 2 bedarfsdeckend sind und nicht mehr lediglich bedarfsorientiert. Weiter sollte jedoch zur Vermeidung gesetzlicher Ungereimtheiten und zur Erzielung einer widerspruchsfreien Gesetzessystematik der § 35 auch auf grundsicherungsberechtigte Heimbewohner für anwendbar erklärt werden. Darüber hinaus führt die in § 41 Abs. 3 normierte Ausnahme vom Bedarfsdeckungsgrundsatz in seiner Ausgestaltung als Faktizitätsgrundsatz dazu, dass Hilfeberechtigte, die grundsätzlich zwar dem Anwendungsbereich der §§ 41 ff. unterfallen, keinen Anspruch auf Grundsicherungsleistungen haben, sondern ihnen Hilfe zum Lebensunterhalt nach dem Dritten Kapitel zu gewähren ist.

Damit stellt die Hilfe zum Lebensunterhalt nach dem SGB XII auch nach der Sozialhilfereform 2005 gegenüber der Grundsicherung im Alter und bei Erwerbsminderung das unterste Existenzsicherungssystem dar.

B. Der Bedarfsdeckungsgrundsatz im SGB II[177]

Eine ausdrückliche Normierung des Bedarfsdeckungsgrundsatzes, wie sie § 28 Abs. 3 S. 1 SGB XII vornimmt, ist im SGB II nicht enthalten. Fraglich ist daher, ob die nach dem SGB II gewährten Leistungen zur Sicherung des Lebensunterhalts dennoch bedarfsdeckend angelegt sind und damit diesem Strukturprinzip entsprechen Die Leistungen zur Sicherung des Lebensunterhalts sind im Zweiten Abschnitt des SGB II enthalten.

175) Siehe zu den mit Bedarfsdeckungslücken verbundenen Problemen ausführlich oben, S. 127, Fn. 116.

176) So auch *Schoch,* in: Rothkegel, Sozialhilferecht, Teil III, Kap. 5, Rn. 12.

177) §§ ohne nähere Gesetzesangabe sind im Folgenden solche des SGB II.

I. Das Arbeitslosengeld II, § 19

Die wichtigste Leistung in diesem Bereich ist das in § 19 normierte Arbeitslosengeld II. Dieses dient zur Sicherung des Lebensunterhalts von erwerbsfähigen Hilfebedürftigen und hat insoweit die frühere Arbeitslosenhilfe und in großem Umfang auch Teile der früheren Sozialhilfe abgelöst.[178] Gemäß § 19 S. 1 umfasst das Arbeitslosengeld II die Leistungen zur Sicherung des Lebensunterhalts einschließlich der angemessenen Kosten für Unterkunft und Heizung und unter bestimmten Voraussetzungen einen zeitlich befristeten Zuschlag nach § 24 für diejenigen Leistungsempfänger, die innerhalb von zwei Jahren nach dem Bezug von Arbeitslosengeld dieses Arbeitslosengeld II beziehen. Das Arbeitslosengeld II setzt sich aus verschiedenen Leistungen zusammen. Die wohl bedeutendste, schon allein aufgrund ihres Umfangs am Gesamtleistungsspektrum, ist die Regelleistung zur Sicherung des Lebensunterhalts nach § 20. Nach § 20 Abs. 1 umfasst die Regelleistung die gleichen Bedarfsgruppen wie die Regelsätze nach dem SGB XII. Nach § 20 Abs. 2 beläuft sich der Betrag dieser monatlichen Regelleistung auf 345,- Euro in den westdeutschen Bundesländern und 331,- Euro in den ostdeutschen.[179] Damit entspricht diese Leistung auch ihrer Höhe nach dem durch Regelsätze gedeckten sozialhilferechtlichen Hilfebedarf.[180] Vordergründig ist damit die Vorstellung des Gesetzgebers erfüllt, wonach die Sozialhilfe das Referenzsystem für die Leistungen zum Lebensunterhalt nach dem SGB II darstellen soll und das Arbeitslosengeld II am *»Niveau der sozialhilferechtlichen Hilfe zum Lebensunterhalt außerhalb von Einrichtungen ausgerichtet ist«*.[181] Tatsächlich aber stand der Betrag der Regelleistung nach § 20 Abs. 2 vor der Höhe des Regelsatzes fest, so dass tatsächlich das SGB II das Referenzsystem der sozialhilferechtlichen Regelsätze darstellt.[182]

Anders als die Parallelvorschrift des SGB XII enthält § 20 keine Öffnungsklausel, mit Hilfe derer auf einen abweichenden regelmäßigen Bedarf des Leistungsberechtigten reagiert werden kann. Vielmehr besteht nach dem

178) *BR-Drucks.* 558/03, S. 114, siehe auch *Löschau,* DAngVers 2005, 20 (27).

179) Durch Artikel 1 Nr. 5b) des Ersten Gesetzes zur Änderung des Zweiten Buches Sozialgesetzbuch vom 24.03.2006 (BGBl 2006, I, S. 558) wird die in den ostdeutschen Bundesländern maßgebende Regelleistung nunmehr dem Betrag von 345,- Euro angeglichen. Art. 1 Nr. 5b) tritt am 01.07.2006 in Kraft.

180) Vgl. *Löschau,* DAngVers 2005, 20 (28).

181) So *BT-Drucks.* 15/1516, S. 56.

182) Siehe dazu ausführlich oben, S. 113 ff.

SGB II nur die Möglichkeit, solch abweichenden Bedarf mittels eines ergänzenden Darlehens nach § 23 Abs. 1 zu decken. Allerdings wird eine solche Darlehensgewährung, die gerade auf einen **im Einzelfall** abweichenden Bedarf hin konzipiert ist, dieser Fallkonstellation eines regelmäßig abweichenden Bedarfs nicht gerecht. Ergänzende Hilfe zum Lebensunterhalt nach dem Dritten Kapitel des SGB XII ist jedoch nach § 5 Abs. 2 S. 1 ausgeschlossen, der bestimmt, dass ein Anspruch auf Leistungen zur Sicherung des Lebensunterhalts nach diesem Buch Leistungen nach dem Dritten Kapitel des SGB II ausschließt. Dem entspricht auch die Regelung des § 21 S. 1 SGB XII, wonach Personen, die nach dem SGB II dem Grunde nach leistungsberechtigt sind, keine Leistungen für den Lebensunterhalt erhalten.[183]

Aufgrund dieser Regelungen ist die Leistung zur Sicherung des Lebensunterhalts nach dem SGB II somit für den dem SGB II unterfallenden Personenkreis als das letzte soziale Sicherungssystem angelegt.[184] Unterhalb dieses Existenzsicherungssystems werden keine ergänzenden Leistungen der Sozialhilfe mehr gewährt. Dem entspricht, dass ausweislich der Gesetzesbegründung zum SGB II die Regelleistung das *»sozio-kulturelle Existenzminimum«* darstellt.[185] Mit diesem Anspruch, das Existenzminimum zu sichern, ist jedoch die Tatsache nicht vereinbar, dass aufgrund der fehlenden Öffnungsklausel des § 20 zur Leistung eines abweichenden regelmäßigen Bedarfs nicht in jedem Fall eine ausreichende Bedarfsdeckung sichergestellt ist.[186] Auch durch die Gewährung eines Darlehens nach § 23 Abs. 1 kann diese ausreichende Bedarfsdeckung nicht in jedem Fall gewährleistet werden. Denn bei einem regelmäßig über dem Betrag der Regelleistung liegenden Bedarf würde die mit dem Darlehen verbundene Tilgung mittels Aufrechnung aus der Regelleistung zu Rückzahlungsverpflichtungen der Hilfeberechtigten führen, die sie bei fortdauernder Hilfebedürftigkeit nicht erfüllen können.[187]

---

183) Zu dieser Ausnahme siehe ausführlich unten, S. 282 f.

184) So ausdrücklich *BT-Drucks.* 15/1516, S. 56.

185) So *BT-Drucks.* 15/1516, S. 56.

186) Vgl. *Brühl,* info also 2004, 104 (108); kritisch auch *Mrozynski,* ZfSH/SGB 2004, 198 (219).

187) Vgl. auch die Kritik des *Deutschen Vereins,* NDV 2005, 261 (261); *Mrozynski,* ZfSH/SGB 2004, 198 (219) bezweifelt darüber hinaus, ob der Staat einen fürsorgebedürftigen Bürger auf eine Darlehensgewährung verweisen darf.

In diesen Fällen sind zur Vermeidung von Bedarfsdeckungslücken[188] die § 5 Abs. 2 S. 1 SGB II und § 21 S. 1 SGB XII dahingehend auszulegen, dass ergänzende Hilfe zum Lebensunterhalt nach dem SGB XII zu gewähren ist. Eine solche Auslegung ist in beiden Fällen möglich, da für diesen über der Regelleistung liegenden Bedarf ja gerade kein Anspruch im Sinne des § 5 Abs. 2 S. 1 auf Leistungen nach dem SGB II besteht und der Leistungsberechtigte somit auch nicht dem Grunde nach nach dem SGB II anspruchsberechtigt ist, wie es in § 21 S. 1 SGB XII normiert ist.[189] Der Nachteil dieser Auslegung besteht allerdings darin, dass in solchen Fällen regelmäßig zwei unterschiedliche Leistungsträger für diesen Hilfefall zuständig sind. Diese Doppelzuständigkeiten sollten jedoch gerade durch die Zusammenlegung von Sozial- und Arbeitslosenhilfe beseitigt werden.[190] Eine andere Möglichkeit bestünde darin, den § 23 Abs. 1 S. 3 dahingehend auszulegen, die monatliche Tilgungsrate, die gesetzlich mit einer Höhe von bis zu 10 % der an den erwerbsfähigen Hilfebedürftigen und die mit ihm in Bedarfsgemeinschaft lebenden Angehörigen jeweils zu zahlenden Regelleistung festgelegt ist, gegen Null laufen zu lassen.[191] Problematisch ist die Anwendung des § 23 Abs. 1 in Fällen eines regelmäßig erhöhten Bedarfs allerdings deshalb, weil danach jeden Monat neu ein Antrag auf ein ergänzendes Darlehen gestellt und ein solches immer wieder neu bewilligt werden müsste. Diese Vorschrift passt daher auf die hier vorliegenden Problemfälle eigentlich nicht.[192] Insgesamt stellen alle diese Auslegungen also nur unbefriedigende Lösungsversuche dar.

---

188) Den im Zusammenhang mit derartigen Bedarfsdeckungslücken auftretenden verfassungsrechtlichen Fragestellungen wird an dieser Stelle nicht weiter nachgegangen; vgl. insoweit die weiterführenden Hinweise auf S. 127, Fn. 116.

189) Zur Vermeidung eines Verfassungsverstoßes fordert *Mrozynski,* ZfSH/SGB 2004, 198 (219), den § 5 Abs. 2 dahin gehend abzuändern, dass eine Ausnahme von dem in § 5 Abs. 2 S. 1 normierten Leistungsausschluss von ergänzender Sozialhilfe für solche Leistungen zuzulassen ist, *»die erforderlich werden, weil sich der Berechtigte das zum Lebensunterhalt Unerlässliche nicht auf andere Weise zu beschaffen vermag.«*

190) Zur Vermeidung solcher Doppelzuständigkeiten wurde ja noch jüngst durch Art. 1 Nr. 1 und Nr. 6c des Ersten Gesetzes zur Änderung des Zweiten Buches Sozialgesetzbuch (BGBl I, S. 558) zum 01.04.2006 die vormals bestehende mögliche Leistung von Hilfe zum Lebensunterhalt in Sonderfällen nach § 34 SGB XII für Leistungsberechtigte nach dem SGB II abgeschafft; siehe in diesem Zusammenhang insb. *BT-Drucks.* 16/688, S. 14.

191) Diese Lösung bevorzugt *Krahmer,* ZfF 2004, 178 (182).

192) Der *Deutsche Verein* fordert daher, eine dem § 28 Abs. 1 S. 2 SGB XII entsprechende Öffnungsklausel in das SGB II einzufügen, vgl. NDV 2005, 261 (261).

Es muss somit daher festgestellt werden, dass die Leistungen zur Sicherung des Lebensunterhalts ihrem Anspruch, für Berechtigte nach diesem Gesetz das letzte soziale Existenzsicherungsnetz darzustellen, nicht gerecht werden. Die Leistungen sind somit nicht bedarfsdeckend, sondern lediglich bedarfsorientiert bemessen. Diese Bedarfsorientierung wird noch dadurch verstärkt, dass gemäß § 41 Abs. 1 S. 4 die Leistungen jeweils für sechs Monate bewilligt werden.

Das Arbeitslosengeld II setzt sich neben dieser Regelleistung noch aus den Leistungen für Mehrbedarfe beim Lebensunterhalt nach § 21, aus den Leistungen für Unterkunft und Heizung nach § 22 und aus einmaligen Leistungen gemäß § 23 Abs. 3 zusammen. Daneben kann nach § 24 ein befristeter Zuschlag für die erwerbsfähigen Hilfebedürftigen geleistet werden, die innerhalb von zwei Jahren nach dem Ende des Bezugs von Arbeitslosengeld nunmehr Arbeitslosengeld II beziehen. Bis auf diesen befristeten Zuschlag entsprechen die übrigen Leistungen der §§ 21–23 Abs. 3 weitgehend den Parallelvorschriften des SGB XII.[193]

II. Das Sozialgeld, § 28

Einen Anspruch auf Sozialgeld im Sinne des § 28 haben nicht erwerbsfähige Angehörige des erwerbsfähigen Hilfebedürftigen, die mit diesem in einer Bedarfsgemeinschaft im Sinne des § 7 Abs. 3 leben, soweit sie nicht einen Anspruch auf Grundsicherungsleistungen nach dem Vierten Kapitel des SGB XII haben. Nach § 19 Abs. 1 S. 2 umfasst das Sozialgeld die sich aus § 19 S. 1 Nr. 1 ergebenden Leistungen, somit also die Regelleistung nach § 20, die Leistungen für Mehrbedarfe im Sinne des § 21, die Leistungen für Unterkunft und Heizung nach § 22 und grundsätzlich auch die einmaligen Leistungen gemäß § 23 Abs. 3. Somit ist der Leistungsumfang von Arbeitslosengeld II und Sozialgeld, abgesehen vom befristeten Zuschlag nach § 24, identisch.

Da folglich auch Sozialgeldempfänger die Regelleistung nach § 20 erhalten, gilt insoweit ebenfalls, dass lediglich eine bedarfsorientierte, nicht aber eine in jedem Fall bedarfsdeckende Existenzsicherungsleistung erbracht wird. Die oben beschriebenen Problemlagen bestehen damit auch für diesen Personenkreis.

---

193) Bezüglich der einzelnen Differenzen siehe ausführlich die nachfolgenden Ausführungen unter III., S. 153 ff.

C. Unterschiedliche Behandlung von Sozialgeldempfängern und haushaltsangehörigen Sozialhilfeempfängern bei der Hilfe zum Lebensunterhalt

Mit dem In-Kraft-Treten des SGB II ist neben den Empfängern von Arbeitslosengeld II eine weitere Gruppe von Leistungsempfängern neu geschaffen worden: die Bezieher des so genannten Sozialgeldes. Gemäß § 28 Abs. 1 SGB II erhalten *»nicht erwerbsfähige Angehörige, die mit erwerbsfähigen Hilfebedürftigen in Bedarfsgemeinschaft leben, [...] Sozialgeld [...]«*, soweit sie keinen Anspruch auf Leistungen der Grundsicherung im Alter und bei Erwerbsminderung nach dem SGB XII haben. Arbeitslosengeld II und Sozialgeld schließen sich gegenseitig aus.[194] Das Sozialgeld kann als der Arbeitslosengeld II-Leistung akzessorische Leistung eingestuft werden,[195] da Voraussetzung dieser Fürsorgeleistung ist, dass der nicht erwerbsfähige Hilfebedürftige in Bedarfsgemeinschaft mit einem erwerbsfähigen Hilfebedürftigen lebt. Bei diesem Personenkreis handelt es sich folglich um Personen, die

- hilfebedürftig,
- nicht erwerbsfähig, aber auch nicht voll erwerbsgemindert,
- unter 65 Jahre alt sind,
- und die mit einem erwerbsfähigen Hilfebedürftigen in Bedarfsgemeinschaft leben.

Von den »sonstigen Haushaltsangehörigen« im Sinne des § 3 Abs. 2 RSV unterscheidet sich diese Personengruppe damit nur in einem Merkmal: erstere leben im Gegensatz zu den Sozialgeldbeziehern in Bedarfsgemeinschaft mit einem nicht erwerbsfähigen Hilfebedürftigen, anstelle mit einem erwerbsfähigen Hilfebedürftigen.

Da dieses Tatbestandsmerkmal mehr oder weniger vom Zufall abhängig ist, erscheint es fraglich, ob dieses Merkmal es rechtfertigt, beide Personengruppen unterschiedlichen Leistungssystemen zu unterwerfen. Vor allem drängt sich die Frage auf, ob durch die unterschiedlichen Regelungen bei der Hilfe zum Lebensunterhalt gegen das allgemeine Gleichheitsgebot des Art. 3 Abs. 1 GG verstoßen wird.

194) *Birk,* in: LPK-SGB II, § 28 Rn. 1.

195) Vgl. *Korenke,* SGb 2004, 525 (526); *Lühmann,* Die Zusammenführung von Arbeitslosen- und Sozialhilfe, S. 90.

I. Vergleichbarkeit von Sozialgeldempfängern und haushaltsangehörigen Sozialhilfeempfängern

Bei beiden Personengruppen handelt es sich um einer Bedarfsgemeinschaft angehörige, nicht erwerbsfähige Hilfebedürftige. Sie unterscheiden sich nur in einem Vergleichsmerkmal: in dem Zusammenleben in Bedarfsgemeinschaft mit einem erwerbsfähigen oder aber nicht erwerbsfähigen Hilfebedürftigen. Aus diesem Grund erscheint es gerechtfertigt, von einer Vergleichbarkeit beider Gruppen auszugehen und sie als *»wesentlich Gleiches«*[196] i. S. d. Art. 3 Abs. 1 GG einzustufen.

II. Vorliegen einer Ungleichbehandlung durch dieselbe Rechtssetzungsgewalt

Ein Verstoß gegen Art. 3 Abs. 1 GG liegt nur dann vor, wenn beide Personengruppen ungleich behandelt werden, und diese Ungleichbehandlung nicht verfassungsrechtlich gerechtfertigt ist. An dieser Stelle soll nun das Vorliegen etwaiger Ungleichbehandlungen durch Vergleich der jeweiligen Regelungen im SGB II und im SGB XII geprüft werden.

1. Höhe der monatlichen Regelsätze bzw. des monatlichen Sozialgeldes

Die Prüfung und Geltendmachung einer eventuell bestehenden Ungleichbehandlung hinsichtlich der Höhe der monatlichen Unterstützungsleistung in Form der Regelsatz- beziehungsweise der Sozialgeldleistung scheitert an unterschiedlichen Rechtsetzungsgewalten. So wurde die Höhe des Sozialgeldes in §§ 28 Abs. 1 i. V. m. 20 Abs. 2 SGB II vom Bundesgesetzgeber in einem förmlichen Gesetz erlassen. Demgegenüber ist die Höhe der monatlichen Regelsätze nach § 28 Abs. 2 S. 1 SGB XII auf die Landesgesetzgeber übertragen worden; diese haben durch Erlass der entsprechenden Rechtsverordnungen von dieser Ermächtigung Gebrauch gemacht. Da somit eine Behandlung durch den Bundesgesetzgeber mit einer solchen durch die jeweiligen Landesgesetzgeber verglichen werden müsste, fehlt es diesbezüglich von vornherein an der wesentlichen Gleichheit.[197]

---

196) *BVerfG,* Urteil v. 23.10.1951, BVerfGE 1, 14 (52); *BVerfG,* Urteil v. 16.03.1955, BVerfGE 4, 144 (155); *BVerfG,* Beschl. v. 26.04.1988, BVerfGE 78, 104 (121); *BVerfG,* Beschl. v. 12.05.1992, BVerfGE 86, 81 (87); daneben statt vieler *Heun,* in: Dreier, GG, Art. 3, Rn. 19.

197) *Pieroth/Schlink,* Grundrechte, Rn. 431.

2. Ungleichbehandlung im Rahmen der einmaligen Leistungen

Grundsätzlich haben beide Personengruppen Anspruch auf Gewährung einmaliger Leistungen: sonstige Haushaltsangehörige im Sinne der RSV können einmalige Bedarfe nach § 31 Abs. 1 SGB XII geltend machen, Sozialgeldempfänger haben einen derartigen Anspruch nach §§ 28 Abs. 1 S. 2 i. V. m. 23 Abs. 3 SGB II.

Die Vorschriften § 23 Abs. 2 SGB II und § 31 Abs. 1 SGB XII sind vom Leistungsumfang vollkommen identisch, Unterschiede zwischen beiden Normen bestehen lediglich in zwei Punkten, die die Art und Weise der Leistungsgewährung betreffen: Zum einen bestimmt § 23 Abs. 3 S. 5 SGB II, dass die einmaligen Leistungen für die jeweiligen Erstausstattungsbedarfe auch in Form von Sachleistungen erbracht werden können. Ein solcher ausdrücklicher Verweis auf die Leistungsform der Sachleistung fehlt dagegen in § 31 SGB XII. Zum anderen normiert § 23 Abs. 4 SGB II, dass Leistungen zur Sicherung des Lebensunterhalts, also auch einmalige Leistungen nach § 23 Abs. 3 SGB II, als Darlehen erbracht werden können, soweit in dem Monat, für den die Leistungen erbracht werden, voraussichtlich Einnahmen anfallen. Die Möglichkeit einer Darlehensgewährung aber ist in § 31 SGB XII ebenfalls nicht erwähnt.

a) Möglichkeit der Sachleistung

Auch ohne ausdrückliche Erwähnung in § 31 SGB XII ist im Leistungssystem der Sozialhilfe die Gewährung der einmaligen Bedarfe als Sachleistung möglich. Dies ergibt sich aus § 10 Abs. 1 SGB XII, der als mögliche Leistungsarten die Geld-, die Sach- und die Dienstleistung aufführt und aus der Tatsache, dass § 31 SGB XII die Sachleistung nicht ausdrücklich als mögliche Leistungsform ausschließt. Allerdings schränkt § 10 Abs. 3 SGB XII die Möglichkeit der Sachleistungsgewährung deutlich ein, indem er normiert, dass die Geldleistung Vorrang vor der Sachleistung habe, soweit im SGB XII nicht etwas anderes bestimmt sei oder soweit die Sachleistung das Ziel der Sozialhilfe erheblich besser oder wirtschaftlicher erreiche oder soweit die Leistungsberechtigten es wünschten. Soweit solche Ausnahmen vom Vorrang der Geldleistung vorliegen, schränkt § 10 Abs. 3 S. 1 HS 1 SGB XII das den Sozialhilfeträgern gemäß § 17 Abs. 2 S. 1 SGB XII grundsätzlich eingeräumte Ermessen hinsichtlich der Art der Leistungserbringung nicht mehr ein.[198]

Im Ergebnis ist daher festzustellen, dass Leistungen für die einmaligen Bedarfe nach den Nummern 1 und 2 des § 31 Abs. 1 SGB XII[199], nur dann als Sachleistung erbracht werden, wenn der Leistungsberechtigte eine solche ausdrücklich wünscht oder wenn der Sozialhilfeträger der Überzeugung ist, dass im konkreten Fall das sozialhilferechtliche Ziel, ein menschenwürdiges Dasein zu führen und soweit wie möglich von Sozialhilfe unabhängig leben zu können, durch eine Sachleistung erheblich besser oder wirtschaftlicher erreicht werden kann.

Im SGB II fehlt eine solche ausdrückliche Normierung einer Vorrangstellung der Geld- gegenüber der Sachleistung, jedoch kann die Frage, ob auch nach dem SGB II ein Vorrang der Geld- vor der Sachleistung besteht,[200] hier offen bleiben. Denn für den hier interessierenden Personenkreis der Sozialgeldempfänger enthält § 7 Abs. 2 S. 2 SGB II eine ausdrückliche Regelung, indem er bestimmt, dass diesen Leistungsbeziehern sowohl Dienst- als auch Sachleistungen nur erbracht werden, wenn dadurch entweder die Hilfebedürftigkeit der Angehörigen der Bedarfsgemeinschaft beendet oder verringert wird, oder wenn dadurch Hemmnisse bei der Eingliederung der erwerbsfähigen Hilfebedürftigen beseitigt oder vermindert werden.

Damit unterscheiden sich die beiden Regelungen die Sachleistung betreffend ganz offensichtlich in zwei Punkten: zum einen steht den Sozialgeldempfängern kein Wunschrecht auf eine Sachleistung zu, wie es in § 10 Abs. 3 S. 1 HS 2 SGB XII normiert ist. Zum anderen stellt § 7 Abs. 2 S. 2 Nr. 2 SGB II bei der Entscheidung über die Gewährung von Sachleistungen für Sozialgeldempfänger auf die Person des **erwerbsfähigen** Hilfebedürftigen ab, mit dem der oder die jeweiligen Sozialgeldempfänger zusammen in einer Bedarfsgemeinschaft leben. Damit aber sind bei der Entscheidung über die Leistungsart Voraussetzungen maßgebend, die bei einer anderen Person der Bedarfsgemeinschaft als dem Leistungsempfänger vorliegen müssen. Dagegen kommt es in § 10 Abs. 3 S. 1 SGB XII nur auf die Person des Leistungsempfängers, hier also des »sonstigen Haushaltsangehörigen« an.

---

198) *Streichsbier,* in: Grube/Wahrendorf, SGB XII, § 10, Rn. 7.

199) Für mehrtägige Klassenfahrten nach Nr. 3 scheidet eine Sachleistung schon aus der Natur der Sache aus.

200) Vgl. hierzu *Münder,* in: LKP-SGB II, § 4, Rn. 9.

Da das Ziel der Sozialhilfe eine Beseitigung oder Verringerung der Hilfebedürftigkeit ist,[201] begründen die unterschiedlichen Formulierungen in § 7 Abs. 2 S. 2 Nr. 1 SGB II und § 10 Abs. 3 S. 1 HS 2 SGB XII hinsichtlich des Zwecks einer Sachleistung keine Ungleichbehandlung.

Weiter stellt § 7 Abs. 2 S. 2 Nr. 1 SGB II im Unterschied zu § 10 Abs. 3 S. 1 HS 2 SGB XII nicht auf die Wirtschaftlichkeit der Zielerreichung ab. Die *»Grundsätze von Wirtschaftlichkeit und Sparsamkeit«* werden allerdings in anderen Vorschriften des SGB II genannt, so in § 3 Abs. 1 S. 4, § 14 S. 3 und § 17 Abs. 2 S. 2. Diese drei Vorschriften betreffen jedoch allesamt Leistungen zur Eingliederung in Arbeit und finden damit nur Anwendung gegenüber erwerbsfähigen Hilfebedürftigen. Da der SGB II-Gesetzgeber den Gesichtspunkt der Wirtschaftlichkeit grundsätzlich für beachtenswert gehalten, ihn aber ausdrücklich nur bei den Leistungen zur Eingliederung in Arbeit erwähnt hat, kann daraus geschlossen werden, dass das Fehlen eines Verweises auf diesen Gesichtspunkt in § 7 Abs. 2 S. 2 Nr. 1 SGB II kein Versehen des Gesetzgebers war. Es besteht somit eine weitere Ungleichbehandlung zwischen beiden Personengruppen bei der Erbringung von Sachleistungen, da diesbezüglich nur nach dem SGB XII die Frage einer wirtschaftlichen Zielerreichung relevant ist.

Fraglich könnte weiter sein, ob beide Vorschriften unterschiedliche Anforderungen an die Kausalität zwischen der Erbringung einer Sachleistung und der Beseitigung oder Verringerung der Hilfebedürftigkeit stellen. Denn § 10 Abs. 3 S. 1 HS 2 fordert lediglich, dass durch die Sachleistung das sozialhilferechtliche Ziel besser oder wirtschaftlicher erreicht werden **kann**, während § 7 Abs. 2 S. 2 Nr. 1 SGB II normiert, dass durch die Sachleistung die Hilfebedürftigkeit verringert oder beseitigt wird. Während es also nach der Regelung im SGB XII auszureichen scheint, dass die Sachleistung nur besser geeignet ist, das Ziel der Sozialhilfe zu erreichen, ist nach dem SGB II ein Erfolgseintritt, nämlich Verringerung oder Beseitigung der Hilfebedürftigkeit, erforderlich.[202] Auch insoweit besteht also eine

201) Zum Ziel der Sozialhilfe siehe § 1 S. 2 HS 1 SGB XII, der eine Beseitigung bzw. Verringerung der Hilfebedürftigkeit meint, wenn er davon spricht, dass die Sozialhilfeleistung den Bedürftigen so weit wie möglich befähigen solle, unabhängig von Sozialhilfe zu leben.

202) Auch die Gesetzesbegründung zu § 7 SGB II spricht dafür, dass ein solcher Erfolgseintritt bei der Erbringung von Sachleistungen gefordert wird, denn diese führt aus, dass § 7 Abs. 2 den mit den erwerbsfähigen Hilfebedürftigen in einer Bedarfsgemeinschaft Lebenden auch Dienst- und Sachleistungen eröffnet, *»wenn dadurch die Hilfebedürftigkeit beendet oder verringert [...]«*wird, vgl. *BT-Drucks.*

Ungleichbehandlung zwischen Empfängern von Sozialgeld und »sonstigen Haushaltsangehörigen« im Sinne des SGB XII.

b) Möglichkeit der Darlehensgewährung

Gemäß § 23 Abs. 4 SGB II können Leistungen zur Sicherung des Lebensunterhalts, und damit auch einmalige Leistungen im Sinne des § 23 Abs. 3 SGB II als Darlehen erbracht werden, soweit in dem Monat, für den diese Leistungen erbracht werden, voraussichtlich Einnahmen anfallen.[203] Zwar ist in § 31 SGB XII eine derartige Möglichkeit der darlehensweisen Gewährung einmaliger Leistungen nicht vorgesehen. Daraus resultiert jedoch noch keine Ungleichbehandlung, da auch nach dem SGB XII Möglichkeiten bestehen, die Leistung zurückzufordern, wenn der Hilfebedürftige im Folgemonat Einnahmen erzielt. In Betracht käme etwa der Erlass eines vorläufigen Verwaltungsaktes, der dann den geänderten Verhältnissen angepasst werden kann, ohne dass einer solchen Anpassung Gesichtspunkte des Vertrauensschutzes oder der Bestandskraft entgegenstünden. Eine Ungleichbehandlung liegt also in dieser Verschiedenheit der einzelnen Normierungen nicht vor.

15/1516, S. 52. Wäre dagegen nur erforderlich, dass die Sachleistung generell geeignet ist, die Hilfebedürftigkeit zu beseitigen, müsste die Gesetzesbegründung lauten: »*...wenn dadurch die Hilfebedürftigkeit beendet oder verringert werden* ***kann***.«

203) Der Absatz 4 des § 23 SGB II ist durch das Kommunale Optionsgesetz vom 30.07.2004 eingefügt worden. Die Notwendigkeit für diese Regelung wurde in der Tatsache gesehen, dass sowohl das Arbeitslosengeld II als auch das Sozialgeld am Monatsanfang ausgezahlt werden, zu einem Zeitpunkt also, zu dem unter Umständen noch nicht feststeht, ob im Laufe dieses Monats noch Einnahmen anfallen werden und um auf diese Weise, falls tatsächlich Einnahmen erzielt werden, sicherzustellen, dass die geleistete, aber aufgrund der Einnahmen nicht benötigte Unterstützungsleistung zurückgezahlt wird. Neben der Tatsache, dass eine Aufhebung des die Unterstützung gewährenden Verwaltungsaktes und Rückzahlung der Leistungen auch nach §§ 48 i.V.m. 50 SGB X möglich wäre, stellt die Regelung des § 23 Abs. 4 SGB II auch eine gesetzgeberische Ungereimtheit dar. Denn die Regelung des § 23 Abs. 4 SGB II ergibt nur Sinn im Zusammenhang mit laufenden Leistungen und diesen zugrunde liegenden Dauerverwaltungsakten. Auf einmalige Leistungen aber passt diese Regelung nicht, da diese nicht für einen bestimmten Bedarfszeitraum, hier für einen Monat, erbracht werden, wie es § 23 Abs. 4 SGB II formuliert, sondern eben einmalige Leistungen sind, sie also nicht aufgrund eines Dauerverwaltungsaktes erbracht werden, sondern sie vielmehr punktuell, zu einem bestimmten Zeitpunkt geleistet werden.

3. Ungleichbehandlung im Rahmen der Gewährung ergänzender Darlehen

Sowohl das SGB II als auch das SGB XII sehen die Gewährung ergänzender Darlehen vor. Bei den ergänzenden Darlehen handelt es sich um solche, die bewilligt werden, wenn im Einzelfall ein unabweisbarer Bedarf besteht, der normalerweise von den Regelsätzen umfasst wird und der in diesem konkreten Fall auf keine andere Weise, insbesondere durch den Einsatz eigenen Vermögens, gedeckt werden kann. Nachdem im Zuge der Sozialhilfereform 2005 die einmaligen Leistungen weitgehend abgeschafft wurden und nunmehr diese Bedarfe, bis auf die gesetzlich vorgesehenen Ausnahmen, mittels der pauschalierten Regelsätze, Regelleistungen und des pauschalierten Sozialgeldes abgedeckt werden müssen, erstreckt sich der Anwendungsbereich dieser ergänzenden Darlehen vornehmlich auf solche Fälle, für die unter Geltung des BSHG noch einmalige Leistungen gewährt wurden.[204] Trotz Übereinstimmung in diesen Voraussetzungen unterscheiden sich beide Vorschriften in einigen Punkten.

a) Möglichkeit der Darlehensgewährung in Form einer Sachleistung

So sieht nur § 23 Abs. 1 SGB II neben der Geld- auch die Möglichkeit einer Sachleistung vor. Bezüglich dieser Nichterwähnung der Möglichkeit einer Darlehenserbringung in Form einer Sachleistung in § 37 SGB XII gilt jedoch das bereits oben zu Sachleistungen Ausgeführte. Da nach dem SGB XII die Leistungsgewährung in Form einer Sachleistung grundsätzlich möglich ist kann die Gewährung eines ergänzenden Darlehens nach § 37 SGB XII sowohl in Form eines Geld- als auch in Form eines Sachdarlehens erfolgen. Da somit sowohl nach dem SGB II als auch nach dem SGB XII die Gewährung ergänzender Darlehen in Form des Geld- oder auch des Sachdarlehens möglich ist, das Ermessen bei der Entscheidung über die zu gewährende Darlehensart jedoch entweder nach § 7 Abs. 2 S. 2 SGB II oder nach § 10 Abs. 3 S. 1 HS 2 SGB XII unterschiedlich eingeschränkt ist, bestehen bei der Leistungsgewährung die bereits oben dargestellten Unterschiede und damit in diesem Bereich eine Ungleichbehandlung zwischen Sozialgeldempfängern und »sonstigen Haushaltsangehörigen« im Sinne des SGB XII.

---

204) Vgl. *Birk,* in: LPK-SGB XII, § 37, Rn. 1; *Grube,* in: Grube/Wahrendorf, SGB XII, § 37, Rn. 4; *Herold-Tews,* in: Löns/Herold-Tews, SGB II, § 23, Rn. 3; siehe auch oben, S. 131 f.

b) Zwingender Rechtsanspruch versus gebundene Ermessensentscheidung

Weiter besteht auf der Rechtsfolgenseite ein Unterschied zwischen beiden Normen. Denn § 23 Abs. 1 SGB II bringt durch die Formulierung *»erbringt die Agentur für Arbeit [...] den Bedarf«* zum Ausdruck, dass der Hilfebedürftige bei Vorliegen der Tatbestandsvoraussetzungen einen zwingenden Rechtsanspruch auf die Darlehensgewährung hat und dem zuständigen Träger insoweit kein Ermessen hinsichtlich der Leistungserbringung zusteht.[205] Dagegen lautet § 31 Abs. 1 SGB XII: *»**sollen** [...] notwendige Leistungen als Darlehen erbracht werden«*,[206] so dass es sich bei der Entscheidung über die Leistungsgewährung um eine gebundene Ermessensentscheidung handelt. Im Regelfall besteht daher zwar ein Anspruch des Hilfebedürftigen, es sind jedoch auch Ausnahmefälle möglich, in denen, trotz Vorliegen der Tatbestandsvoraussetzungen die Darlehensgewährung versagt werden kann.[207] Damit besteht in diesem Punkt eine Ungleichbehandlung beider Personengruppen.

c) Tilgungsmöglichkeiten des Darlehens

Auch hinsichtlich der Tilgungsmöglichkeiten des gewährten Darlehens bestehen zwischen beiden Vorschriften Unterschiede. Nach § 23 Abs. 1 SGB II ist die Tilgung mittels Aufrechnung zwingend vorgeschrieben.[208] Dagegen hat der Sozialhilfeträger aufgrund der Kann-Vorschrift des § 37 Abs. 2 S. 1 SGB XII die Entscheidung darüber, ob die Tilgung durch monatliche Aufrechnung erfolgt, nach pflichtgemäßem Ermessen zu treffen.[209] Bei dieser unterschiedlichen gesetzlichen Ausgestaltung hängt es vom Einzelfall ab, welche der beiden Regelungen für den Hilfebedürftigen vorteilhafter ist. In der Regel wird dies die nur mögliche Aufrechnung nach § 37 Abs. 2 SGB XII sein, da im Rahmen der zu treffenden Ermessenentscheidung die konkreten Umstände des Hilfebedürftigen berücksichtigt werden können.

205) *Hofmann,* in LPK-SGB II, § 23, Rn. 13.
206) Hervorhebung durch Verf.
207) *Birk,* in: LPK-SGB XII, § 37, Rn. 9; *Grube,* in: Grube/Wahrendorf, SGB XII, § 37, Rn. 10.
208) *Herold-Tews,* in: Löns/Herold-Tews, SGB II, § 23, Rn. 9.
209) *Grube,* in: Grube/Wahrendorf, SGB XII, § 37, Rn. 12; *Kalhorn,* in: Hauck/Noftz, SGB II, § 23, Rn. 15.

d) Höhe der Tilgungsrate

Auch in der Höhe der monatlich möglichen Aufrechnungssumme und damit der Tilgungsrate des gewährten Darlehens unterscheiden sich die beiden Regelungen. Nach § 23 Abs. 1 SGB II ist eine monatliche Aufrechnung in Höhe von bis zu zehn Prozent der an den erwerbsfähigen Hilfebedürftigen und die mit ihm in Bedarfsgemeinschaft lebenden Angehörigen jeweils zu zahlenden Regelleistung möglich. Bis zu dieser Höhe steht die Höhe des Aufrechnungsbetrages im pflichtgemäßen Ermessen des Leistungsträgers.[210] Bemerkenswert ist allerdings, dass nach dieser Regelung die Aufrechnungsrate aus sämtlichen, an die jeweilige Bedarfsgemeinschaft geleisteten Regelleistungen errechnet wird.[211]

Im Unterschied dazu sieht § 37 Abs. 2 SGB XII die Möglichkeit einer monatlichen Aufrechnung in Höhe von bis zu fünf Prozent des Eckregelsatzes vor. Maßgebend ist damit immer der Eckregelsatz, also auch dann, wenn es sich um Haushaltsangehörige handelt, die nur einen bestimmten Prozentsatz dieses Eckregelsatzes als monatliche Regelsatzleistung erhalten.[212] Allerdings findet nach der Regelung des § 37 Abs. 2 SGB XII die Tilgung des Darlehens nicht aus der Gesamtsumme der insgesamt an die Bedarfsgemeinschaft zu zahlenden Regelsatzleistungen statt, sondern nur aus der an den Empfänger geleisteten Regelsatzleistung. Und schließlich bilden fünf Prozent die Obergrenze hinsichtlich der Tilgungsrate, die konkrete Höhe ist auch hier bis zu dieser Höhe nach pflichtgemäßem Ermessen festzusetzen.[213] Die monatliche Tilgungsrate eines sonstigen Haushaltsangehörigen nach dem SGB XII beträgt somit höchstens (bei Ausschöpfung der vollen fünf Prozent) 17,25 Euro im Westen bzw. 16,55 Euro im Osten[214]. Stellt man diesen Zahlen jedoch die mögliche Tilgungsrate eines

---

210) *Hofmann,* in: LPK-SGB II, § 23, Rn. 15; *Kalhorn,* in: Hauck/Noftz, SGB II, § 23, Rn. 15.

211) Daher fordert *Herold-Tews,* in: Löns/Herold-Tews, SGB II, § 23, Rn. 10, dass es sich bei dem unabweisbaren Bedarf im Sinne des § 23 Abs. 1 um einen solchen der gesamten Bedarfsgemeinschaft handeln muss und nicht lediglich um den eines einzelnen Mitgliedes dieser Bedarfsgemeinschaft. zumindest aber müsse dieser Bedarf im wohlverstandenen Interesse aller Mitglieder der Bedarfsgemeinschaft liegen.

212) Vgl. *Grube,* in: Grube/Wahrendorf, SGB XII, § 37, Rn. 12.

213) *Birk,* in: LPK-SGB XII, § 37, Rn. 12; *Grube,* in: Grube/Wahrendorf, SGB XII, § 37, Rn. 12.

214) Mit In-Kraft-Treten des Artikel 1 Nr. 5b) des Ersten Gesetzes zur Änderung des Zweiten Buches Sozialgesetzbuch vom 24.03.2006 (BGBl 2006, I, S. 558) zum 01.07.2006 bestehen diese Ost-West-Unterschiede allerdings nicht mehr.

ergänzenden Darlehens nach dem SGB II gegenüber, so ergeben sich, unter Zugrundelegung der günstigsten Verhältnisse, dass nämlich der Sozialgeldempfänger nur mit einer Person, dem erwerbsfähigen Hilfebedürftigen, zusammenlebt, folgende Zahlen:

Bei einem Sozialgeldempfänger unter 14 Jahren kann die Tilgungsrate dann bis zu 55,20 Euro im Westen bzw. 52,96 Euro im Osten betragen, bei Sozialgeldempfängern über 14 Jahren sogar 62,10 Euro im Westen bzw. 59,58 Euro im Westen. Somit besteht eine Ungleichbehandlung auch in diesem Punkt.

4. Ungleichbehandlung durch unterschiedliche Möglichkeiten der Leistungskürzung

Eine Kürzung der monatlichen Unterstützungsleistungen ist sowohl nach dem SGB II als auch nach dem SGB XII möglich. Nach den Vorschriften des SGB II ist eine Leistungsabsenkung des Sozialgeldes gemäß § 32 i. V. m. § 31 Abs. 2 zum einen dann möglich, wenn der Hilfebedürftige trotz schriftlicher Belehrung über die Rechtsfolgen einer Aufforderung des zuständigen Trägers, sich bei ihm zu melden oder bei einem ärztlichen oder psychologischen Untersuchungstermin zu erscheinen, ohne Vorliegen eines wichtigen Grundes nicht nachkommt. Die Absenkung erfolgt in diesen Fällen in einer ersten Stufe um zehn Prozent der maßgebenden Regelleistung. Zum anderen ist eine Leistungsabsenkung nach § 32 i. V. m. § 31 Abs. 4 Nrn. 1 und 2 SGB II dann vorgesehen, wenn der Hilfebedürftige sein Einkommen oder Vermögen nach Vollendung des 18. Lebensjahres in der Absicht vermindert hat, dadurch die Voraussetzungen für die Gewährung oder Erhöhung des Sozialgeldes herbeizuführen (Nr. 1) oder wenn der Hilfebedürftige sein unwirtschaftliches Verhalten trotz Belehrung über die Rechtsfolgen weiter fortsetzt. Bei Vorliegen der Voraussetzungen der Nrn. 1 und 2 des § 31 Abs. 4 SGB II wird das Sozialgeld in einer ersten Stufe um 30 Prozent der maßgebenden Regelleistung abgesenkt. Bei der Wiederholung der genannten Pflichtverletzungen wird das Sozialgeld zusätzlich um den Prozentsatz abgesenkt, um den es bereits in der ersten Stufe gekürzt wurde, allerdings können bei der Leistungskürzung in dieser zweiten Stufe auch die Leistungen für Mehrbedarfe, für Unterkunft und Heizung und die abweichenden Leistungen nach § 23 SGB II betroffen sein. Wird die Regelleistung um mehr als 30 Prozent gekürzt, so kann der zuständige Leistungsträger ergänzende Sachleistungen oder geldwerte Leistungen erbringen. § 31 Abs. 6 SGB II, der gemäß § 32 SGB II auf Bezieher von Sozialgeld ebenfalls anwendbar ist, regelt Eintritt und Dauer der Leistungsabsenkung; diese beträgt danach immer drei Monate.

Eine ähnliche Regelung findet sich mit § 26 auch im SGB XII. Diese Vorschrift sieht ebenfalls die Möglichkeit einer Leistungskürzung vor, und zwar bis auf das zum Lebensunterhalt Unerlässliche. Voraussetzung für eine solche Absenkung ist, dass der jeweilige Leistungsberechtigte nach Vollendung seines 18. Lebensjahres sein Einkommen oder Vermögen in der Absicht vermindert hat, die Voraussetzungen für die Gewährung oder Erhöhung der Unterstützungsleistung herbeizuführen (Nr. 1) oder dass der Leistungsberechtigte trotz Belehrung sein unwirtschaftliches Verhalten fortsetzt (Nr. 2). Damit bestehen in folgenden Punkten Ungleichbehandlungen zwischen den beiden Personengruppen:

a) *Verletzung einer Meldepflicht oder Versäumnis eines Untersuchungstermins*

Eine gesetzliche Mitwirkungsobliegenheit dergestalt, dass der Hilfebedürftige zu einem ärztlichen oder psychologischen Untersuchungstermin erscheinen muss, wie sie § 31 Abs. 2 SGB II normiert, fehlt im SGB XII.[215] Auch die in § 31 Abs. 2 SGB II erwähnte Verletzung einer Meldepflicht, führt nur nach den Regelungen des SGB II zu einer Leistungskürzung, nicht aber nach dem SGB XII. Damit unterliegen Empfänger von Sozialgeld erhöhten Anforderungen, indem bei ihnen unter diesen beiden Voraussetzungen eine Leistungskürzung möglich. Dagegen ziehen derartige Pflichtverletzungen nach dem SGB XII keine Leistungsabsenkungen nach sich.

b) *Umfang der Belehrungspflicht bei unwirtschaftlichem Verhalten*

Weiter unterscheiden sich die ansonsten inhaltsgleichen Vorschriften § 31 Abs. 4 Nr. 2 SGB II und § 26 Abs. 1 S. 1 Nr. 2 SGB XII insoweit, als die SGB II-Regelung ausdrücklich eine Belehrung nur über die Rechtsfolgen des unwirtschaftlichen Verhaltens erfordert, während § 26 Abs. 1 S. 1 Nr. 2 SGB XII allgemein von einer Belehrung spricht. Bezieht sich jedoch die in

215) Ein solcher Termin kann auch nicht mit der in § 39 Abs. 1 S. 1 SGB XII erwähnten Verpflichtung gleichgesetzt werden, an einer zur Aufnahme einer Tätigkeit erforderlichen Vorbereitung teilzunehmen. Denn eine solche Vorbereitung muss auf die Aufnahme einer Tätigkeit gerichtet sein, wie dies bei Vorbereitungskursen, kurzen Arbeitserprobungen oder auch Informationsveranstaltungen der Fall ist; vgl. *Streichsbier,* in: Grube/Wahrendorf, SGB XII, § 39, Rn. 4.

§ 26 Abs. 1 S.1 Nr. 2 normierte Belehrung sowohl auf das unwirtschaftliche Verhalten als auch die entsprechende Rechtsfolge,[216] so kann auch für § 31 Abs. 4 Nr. 2 SGB II nichts anderes gelten. Vielmehr weist eine Belehrung über die Rechtsfolge eines unwirtschaftlichen Verhaltens immer gleichzeitig darauf hin, dass das gerügte Verhalten des Leistungsberechtigten vom Leistungsträger als unwirtschaftlich angesehen wird. Dies ist auch schon deshalb notwendig, weil es dem Leistungsberechtigten regelmäßig nicht möglich ist, selbst zu entscheiden, welches Verhalten als unwirtschaftlich im Sinne des SGB II anzusehen ist. Da die Sanktionsvorschrift des § 31 Abs. 4 aber einen Pflichtverstoß des Leistungsberechtigten voraussetzt, ist gerade erforderlich, dass er sich dieser Unwirtschaftlichkeit bewusst ist, also vorsätzlich handelt.[217] Somit ist der Umfang der gesetzlichen Belehrungspflicht in beiden Vorschriften identisch und es besteht in diesem Punkt keine Ungleichbehandlung.

c) Zwingende Absenkung versus gebundene Ermessensentscheidung

Ein weiterer Unterschied zwischen beiden Regelungen könnte auf der Rechtsfolgenseite in dem Umstand begründet sein, dass § 31 Abs. 4 Nrn. 1 und 2 auf die Rechtsfolgen der § 31 Abs. 1 und 3 verweist, nach denen bei Vorliegen der gesetzlichen Voraussetzungen *»abgesenkt wird«*. Dagegen stellt § 26 Abs. 1 SGB XII eine Soll-Vorschrift dar; so dass Ausnahmen möglich sind, bei denen eine derartige Leistungskürzung trotz Vorliegen der Tatbestandsvoraussetzungen nicht erfolgt.

Fraglich aber ist, ob mit dem Verweis des § 31 Abs. 4 SGB II auf eine ***entsprechende*** Geltung von dessen Absätzen 1 und 3 auch die Anwendung der in diesen Absätzen enthaltenen zwingend vorgeschriebenen Leistungskürzungen beabsichtigt war. Dagegen könnte insbesondere die Gesetzesbegründung sprechen, die zum jetzigen § 31 Abs. 4 SGB II ausführt, dass bei den dort genannten Pflichtverletzungen die Leistungsminderungen *»eintreten **können**«*.[218] Gegen die Auslegung des § 31 Abs. 4 i. V. m. den Absätzen 1 und 3 im Sinne einer zwingend vorgeschriebenen Leistungsabsenkung bei Vorliegen der genannten Pflichtverletzungen spricht auch, dass dies eine Verschärfung gegenüber der vormals in § 25 Abs. 2 BSHG

---

216) *Conradis,* in: LPK-SGB XII, § 26, Rn. 11.

217) So *Herold-Tews,* in: Löns/Herold-Tews, SGB II, § 31, Rn. 64; a. A. aber *Conradis,* in: LPK-SGB XII, § 26, Rn. 11.

218) *BT-Drucks.* 15/1516, S. 61, Hervorhebung durch Verf.

enthaltenen Regelung bedeuten würde, die jedoch mit der Gesetzesreform nicht beabsichtigt war. Auch in der Literatur wird vertreten, dass die in § 31 Abs. 4 SGB II vorgeschriebene entsprechende Geltung der Absätze 1 und 3 nur klarstellen solle, dass auch in den in Abs. 4 genannten Fällen einer Pflichtverletzung eine Leistungsabsenkung erfolgen könne.[219] Diese Auslegung des § 31 Abs. 4 SGB II ist überzeugend. Insbesondere lässt die in § 31 Abs. 4 SGB II angeordnete nur entsprechende Geltung der Absätze 1 und 3 Raum für ein solches Verständnis. Darüber hinaus ermöglicht diese Auslegung ein Absehen von einer Leistungskürzung bei Vorliegen eines Härtefalles. Dies aber kann in Einzelfällen auch verfassungsrechtlich geboten sein, so dass diese Auslegung in jedem Falle verfassungsgemäß ist, was dagegen bei einer Auslegung im Sinne einer zwingend vorgeschriebenen Leistungsabsenkung zumindest zweifelhaft erscheint.[220]

d) Umfang der möglichen Leistungsabsenkung

Auch hinsichtlich des Umfangs einer möglichen Leistungsabsenkung besteht zwischen den beiden miteinander korrespondierenden Vorschriften § 31 Abs. 4 Nrn. 1 und 2 SGB II und § 26 Abs. 1 S. 1 Nrn. 1 und 2 SGB XII[221] einige Unterschiede.

aa) Gegenstand der Einschränkung

Beide Vorschriften unterschieden sich schon hinsichtlich des Gegenstandes einer möglichen erstmaligen Leistungsabsenkung. So können nach § 31 Abs. 3 S. 2 SGB II erst bei einer wiederholten Pflichtverletzung auch Leistungen nach den §§ 21 bis 23 SGB II, also Leistungen für Mehrbedarfe, Unterkunft und Heizung oder einmalige Leistungen, gemindert werden[222], während dies nach § 26 Abs. 1 SGB XII schon bei einer erstmaligen Absenkung der Leistungen möglich. Denn nach § 26 Abs. 1 SGB XII betrifft eine Einschränkung der Hilfe nicht nur die maßgebliche Regelsatzleistung,

---

219) So *Berlit,* in: LPK-SGB II, § 31, Rn. 92.

220) So auch *Berlit,* in: LPK-SGB II, § 31, Rn. 92.

221) § 31 Abs. 2 SGB II kann in diesem Zusammenhang unberücksichtigt bleiben, da die Verletzung der dort genannten Mitwirkungsobliegenheiten mit der sie auslösenden Leistungsabsenkung im SGB XII keine Entsprechung finden.

222) So auch *Valgolio,* in: Hauck/Noftz, SGB II, § 31, Rn. 54.

sondern auch alle anderen Leistungen der Hilfe zum Lebensunterhalt[223], somit also auch Mehrbedarfszuschläge oder einmalige Leistungen.

bb) Umfang einer erstmaligen Leistungsabsenkung

Da § 31 Abs. 4 i. V. m. Abs. 1 SGB II einen genau festgesetzten Kürzungssatz von 30 % der maßgebenden Regelleistung vorsieht, § 26 Abs. 1 SGB XII dagegen eine Kürzung bis auf das zum Lebensunterhalt Unerlässliche ermöglicht, stellt sich die Frage, welchen Absenkungssatz eine Kürzung bis auf das zum Lebensunterhalt Unerlässliche ermöglicht und ob insoweit unterschiedliche Regelungen vorliegen.

Grundsätzlich ist das zum Lebensunterhalt Unerlässliche nach den jeweiligen Besonderheiten des Einzelfalles zu bestimmen.[224] Da das zum Lebensunterhalt Unerlässliche betragsmäßig unterhalb des bereits knapp bemessenen »notwendigen Lebensunterhalts« im Sinne des § 27 SGB XII liegen muss, kommt eine Kürzung des Regelsatzes nur in dem Maße in Betracht, in dem dieser verzichtbare Anteile enthält, also solche, die nicht unmittelbar der Existenzsicherung dienen. Als solche sind insbesondere die Teile des Regelsatzes zu nennen, die für persönliche Bedürfnisse des täglichen Lebens im Sinne des § 27 Abs. 1 S. 1 Alt. 1 SGB XII gewährt werden, also zur Befriedigung kultureller Bedürfnisse, der Aufrechterhaltung der Beziehungen mit der Umwelt oder zur Deckung des Bedürfnisses nach Information.[225] Da jedoch der Regelsatz nicht mehr auf dem Warenkorbmodell, sondern auf dem Statistik-Modell beruht und die neue RSV zu § 28 SGB XII darüber hinaus weder ausweist, welche Anteile die Bedarfsgruppe der persönlichen Bedürfnisse an den einzelnen Abteilungen des § 2 Abs. 2 RSV hat, noch wie hoch sich der prozentuale Anteile der einzelnen Abteilungen am gesamten Regelsatz beläuft, ist eine Bestimmung des prozentualen Anteils der Bedarfsgruppe der persönlichen Bedürfnisse am gesamten Regelsatz nicht möglich.[226]

In Rechtsprechung und Literatur besteht keine Einigkeit, auf welchen Prozentsatz sich die Differenz zwischen »notwendigem Lebensunterhalt«

---

223) *Streichsbier,* in: Grube/Wahrendorf, SGB XII, § 26, Rn. 5.

224) Vgl. *OVG Bremen,* Beschl. v. 19.02.1988, FEVS 37, 471 (475).

225) *OVG Bremen,* Beschl.v. 19.02.1988, FEVS 37, 471 (475); *Conradis,* in: LPK-SGB XII, § 26, Rn. 12; *Krahmer,* in: LPK-BSHG, § 25, Rn. 10; *Streichsbier,* in: Grube/Wahrendorf, SGB XII, § 26, Rn. 6.

226) So wohl auch *Streichsbier,* in: Grube/Wahrendorf, SGB XII, § 26, Rn. 6.

und »unerlässlichem Lebensunterhalt« beläuft. Zum Teil wird diese Differenz mit 20 % des Regelsatzes beziffert,[227] andere vertreten, sie müsse bei 25 % liegen,[228] wieder andere sehen sogar noch eine Kürzung um 30 % des Regelsatzes als zulässig an.[229] Letztlich handelt es sich bei dieser Frage aber nicht um einen wirklichen Meinungsstreit. Denn da die Entscheidung über den Umfang der Leistungsminderung nach § 26 Abs. 1 SGB XII in das pflichtgemäße Ermessen des jeweiligen Sozialhilfeträgers gestellt ist, findet nie eine strikte Kürzung um einen bestimmten, für vertretbar gehaltenen Prozentsatz statt, sondern es müssen bei dieser Entscheidung alle Besonderheiten des konkreten Einzelfalles berücksichtigt werden mit der Folge, dass in einem Fall eine Kürzung von 20 % vertretbar und geboten erscheint, im anderen Fall sogar eine Kürzung von 30 %. Aus der angegebenen Verwaltungspraxis wird nur die Tendenz deutlich, in welchem Rahmen sich eine Kürzung auf das bis zum Lebensunterhalt Unerlässliche zu bewegen hat. Weiter bildet der Bereich des »Unerlässlichen« nur eine äußerste Grenze, bis zu der Kürzungen erlaubt sind, keinesfalls aber muss diese Grenze voll ausgeschöpft werden. Richtig dürfte auch sein, dass eine über 30 % hinausgehende Kürzung sicherlich nicht mehr zulässig ist. Dafür spricht auch die Tatsache, dass nur bis zu diesem Prozentsatz eine Kürzung ohne Leistung ergänzender Sach- oder geldwerter Leistungen nach dem SGB II möglich ist.

Aus alledem folgt, dass hinsichtlich des Umfangs einer möglichen erstmaligen Leistungskürzung eine Ungleichbehandlung der Empfänger von Sozialgeld gegenüber Sozialhilfeempfängern vorliegt. Denn bei ersteren erfolgt eine strikte Kürzung um jeweils 30 % der maßgeblichen Regelleistung. Es besteht bei dieser Kürzung nicht die Möglichkeit, die jeweiligen Umstände und Besonderheiten des Einzelfalles zu berücksichtigen, wie es jedoch bei einer Leistungsminderung nach § 26 Abs. 1 SGB XII, die nur im äußersten Fall eine Kürzung von 30 % ermöglicht, der Fall ist.

---

227) So *OVG Bremen,* Beschl. v. 19.02.1988, FEVS 37, 471 (475 f.), das allerdings noch eine Kürzung bis zu 22 % für vertretbar hält; *Krahmer,* in: LPK-BSHG, § 25, Rn. 10; *Schellhorn,* BSHG, § 25, Rn. 28.

228) So *VGH Hessen,* Urteil v. 05.07.1988, ZfSH/SGB 1989, 142 (142); *Streichsbier,* in: Grube/Wahrendorf, SGB XII, § 26, Rn. 6. Zur Begründung wird ein Vergleich mit § 39 Abs. 1 SGB XII angeführt.

229) *BayVGH,* Urteil v. 05.11.1991, FEVS 42, 405 (410 f.); *BayVGH,* Beschl. v. 26.11.1993, FEVS 45, 102 (105); *Conradis,* in: LPK-SGB XII, § 26, Rn. 12, der allerdings eine Kürzung von 30 % ausdrücklich als »äußerste Grenze« ansieht.

cc) Möglichkeit der Gewährung ergänzender Sachleistungen oder geldwerter Leistungen

Auch hinsichtlich der Möglichkeit, bei einer Leistungskürzung ergänzende Sach- oder geldwerte Leistungen zu erbringen, differieren beide Regelungen. Nach § 31 Abs. 3 S. 3 SGB II ist diese Form der Leistungserbringung erst möglich, wenn die Leistungsminderung mehr als 30 % beträgt, wenn also eine wiederholte Pflichtverletzung stattgefunden hat. Demgegenüber ist es den Sozialhilfeträgern grundsätzlich unbenommen, schon bei der erstmaligen Leistungskürzung ergänzende Sachleistungen zu erbringen.[230] Damit besteht auch in diesem Punkt eine Benachteiligung der Sozialgeldempfänger gegenüber »sonstigen Haushaltsangehörigen«.

dd) Möglichkeit einer zusätzlichen Leistungskürzung bei wiederholter Pflichtverletzung

§ 31 Abs. 3 S. 1 i. V. m. § 32 SGB II bestimmt, dass bei Wiederholung der jeweiligen Pflichtverletzung das Sozialgeld zusätzlich um jeweils den Prozentsatz der maßgebenden Regelleistung gemindert wird, um den es in der ersten Stufe gemindert wurde. § 26 SGB XII trifft dagegen keine Aussage darüber, wie bei einer Wiederholung des Fehlverhaltens vorzugehen ist.

Zunächst ist allerdings fraglich, ob es sich bei dieser zusätzlichen Absenkung nach § 31 Abs. 3 SGB II um eine schärfere oder um eine zusätzliche Sanktionierung handelt. Handelt es sich um eine schärfere Sanktionierung, würde dies bedeuten, dass bei jeder Wiederholung der bereits begangenen Pflichtverletzung eine von der ersten Stufe unabhängige, eigenständige Absenkung der maßgebenden Regelleistung um einen Prozentsatz von 60, 90, 120 oder bei Wiederholungen von fünf Mal und mehr sogar noch darüber hinaus erfolgen würde. Demgegenüber bedeutet eine zusätzliche Sanktionierung, dass die maßgebende Regelleistung nur um jeweils den Prozentsatz zusätzlich gemindert wird, um den es bereits bei der ersten Pflichtverletzung gesenkt wurde. Eine Verschärfung tritt bei diesem Verständnis daher nur dann ein, wenn die vorangegangene Pflichtverletzung bei Absenkung der Regelleistung aufgrund einer Wiederholung eben dieser Pflichtverletzung noch anhält.

---

230) *Streichsbier,* in: Grube/Wahrendorf, SGB XII, § 26, Rn. 5; ebenso zur alten Rechtslage *Schellhorn,* BSHG, § 25, Rn. 28.

Für eine Auslegung der Vorschrift im Sinne einer verschärften Sanktionsregel spricht die Gesetzesbegründung, in der von der Absenkung *»weitere[r] Bestandteile des Arbeitslosengeldes II«*[231] die Rede ist. Gegen eine solche Auslegung ist allerdings § 31 Abs. 6 S. 2 SGB II ins Feld zu führen, nach dem eine Leistungsabsenkung nur jeweils drei Monate dauern soll. Bei einer Interpretation als verschärfte Sanktionsregel aber wäre eine Leistungsabsenkung noch über diesen Zeitraum hinaus zu berücksichtigen.[232] Darüber hinaus müsste bei einer Auslegung als verschärfte Sanktionierung im Falle einer vierfachen Pflichtverletzung eine Absenkung von 120 % der maßgebenden Regelleistung angeordnet werden; dies auch dann, wenn die vorangegangenen Pflichtverletzungen schon vor einiger Zeit stattgefunden haben.[233] Dies aber kann mit der gesetzlichen Regelung nicht beabsichtigt sein. Folglich ist § 31 Abs. 3 S. 1 SGB II im Sinne einer zusätzlichen Sanktionsregel auszulegen.[234]

Fraglich aber ist, wie im Falle einer wiederholten Pflichtverletzung nach dem SGB XII vorzugehen ist, da § 26 SGB XII keine diesbezügliche Aussage trifft.

Da der Sachverhalt einer wiederholten Pflichtverletzung im SGB XII nicht geregelt ist, könnte § 31 Abs. 3 S. 1 SGB II eventuell analog heranzuziehen sein. Voraussetzung für eine solche Gesetzesanalogie ist, dass die fehlende gesetzliche Regelung des Sachverhalts eine vom Gesetzgeber unbeabsichtigte Regelungslücke darstellt und die Sach- und Rechtslage des ungeregelten Falles mit dem gesetzlich geregelten vergleichbar ist. Unzulässig ist dagegen eine Analogie, wenn die gesetzliche Regelung nach dem Willen des Gesetzgebers abschließend ist.[235]

Für das Vorliegen einer abschließenden Regelung im SGB XII könnte die Tatsache sprechen, dass § 26 Abs. 1 SGB XII inhaltlich die Nachfolgenorm des § 25 Abs. 2 Nrn. 1 und 2 BSHG ist. § 25 Abs. 2 BSHG aber stellte keine ausschließliche Sanktions-, sondern in erster Linie eine Hilfenorm dar,

231) Vgl. *BT-Drucks.* 15/1516, S. 61.

232) So *Berlit,* in: LPK-SGB II, § 31, Rn. 80.

233) In diesem Zusammenhang stellt sich dann auch die Frage, bis zu welchem Zeitpunkt vorangegangene Pflichtverletzungen zu berücksichtigen sind; eine diesbezügliche Regelung fehlt im Gesetz.

234) So auch *Berlit,* in: LPK-SGB II, § 31, Rn. 78; *Herold-Tews,* in: Löns/Herold-Tews, SGB II, § 31, Rn. 49 f.; ebenso *BT-Drucks.* 15/1516, S. 60.

235) Vgl. zu den Voraussetzungen einer Analogie *Musielak,* Grundkurs BGB, Rn. 832.

da sie vor allem auf eine Motivation zur Selbsthilfe ausgerichtet war.[236] Aus diesem Grunde war für eine Kürzung der Hilfe nach § 25 Abs. 2 BSHG Voraussetzung, dass diese geeignet war, den Hilfesuchenden in seinem Selbsthilfestreben zu fördern, und es musste bei erkennbarer Untauglichkeit der Kürzung, den Hilfesuchenden in dieser Weise zu beeinflussen, die Kürzung wieder aufgehoben werden beziehungsweise sie durfte erst gar nicht eingesetzt werden.[237]

Da § 26 Abs. 1 SGB XII den bisherigen § 25 Abs. 2 Nrn. 1 und 2 BSHG inhaltlich unverändert übernommen hat, liegt es nahe, dass auch die Zielsetzung dieser Regelung unverändert beibehalten wurde. Dafür spricht die Gesetzessystematik, denn während § 31 SGB II im Unterabschnitt *»Anreize und Sanktionen«* aufgeführt ist, steht § 26 SGB XII im Abschnitt *»Anspruch auf Leistungen«*. Ein Sanktionscharakter wird bei § 26 SGB XII also gerade nicht betont. Dementsprechend werden die zu § 25 Abs. 2 BSHG entwickelten Voraussetzungen weiter fortgeführt, so dass bei Kürzungen nach § 26 Abs. 1 SGB XII gefordert wird, dass sie geeignet sein müssen, den Leistungsberechtigten in seinem Selbsthilfestreben zu fördern. Leistungskürzungen sind demzufolge bei erkennbarer Untauglichkeit, den Leistungsberechtigten zu einer Verhaltensänderung zu bewegen, wieder aufzuheben oder gar nicht erst einzusetzen.[238] Für diese Einschätzung spricht weiter, dass dem SGB II ein anderer Leitgedanke zugrunde liegt als dem SGB XII: Bereits die Überschrift des ersten Kapitels des SGB II *»Fördern und Fordern«* verdeutlicht, dass dem SGB II ein starker Charakter des Forderns verbunden mit zahlreichen Sanktionsmöglichkeiten eigen ist.[239] Aus alledem folgt, dass die Regelung des SGB XII abschließend ist und gerade keine unbeabsichtigte Gesetzeslücke vorliegt. Vielmehr ergibt sich aus der vornehmlichen Zielsetzung des § 26 Abs. 1 SGB XII als Hilfenorm, dass gerade nicht eine zusätzliche Sanktionierung bei wiederholten Pflichtverstößen im Vordergrund zu stehen hat. Eine Analogie zu § 31 Abs. 3 S. 1 SGB II scheidet daher aus. Mithin liegt auch in diesem Punkt eine Ungleichbehandlung der Sozialgeldempfänger gegenüber den sonstigen Haushaltsangehörigen nach dem SGB XII vor.

---

236) Vgl. *BVerwG,* Urteil v. 10.02.1983, DVBl 1983, 1189 f.; *Brühl,* info also 1997, 117 (118); *Krahmer,* in: LPK-BSHG, § 25, Rn. 1, 10; *Schellhorn,* BSHG, § 25, Rn. 2, 29, 31; *Schoch,* Sozialhilfe, S. 238; *Schulte/Trenk-Hinterberger,* Sozialhilfe, S. 213.

237) *Krahmer,* in: LPK-BSHG, § 25, Rn. 10.

238) *Conradis,* in: LPK-SGB XII, § 26, Rn. 12.

239) Siehe dazu ausführlich unten, S. 251 ff.

e) Dauer der Leistungsabsenkung

Der über § 32 SGB XII für Sozialgeldempfänger ebenfalls anwendbare § 31 Abs. 6 S. 2 SGB II bestimmt, dass Absenkung und Wegfall des Sozialgeldes drei Monate lang dauern. Eine entsprechende Regelung über die Dauer einer Leistungsabsenkung fehlt dagegen im SGB XII. Sie liegt im Ermessen des Sozialhilfeträgers.[240]. Im Rahmen dieser Ermessensentscheidung hat der Leistungsträger das Ziel der Regelung – Motivation zur Selbsthilfe – zu berücksichtigen sowie den in § 26 Abs. 1 S. 2 SGB XII normierten Schutz unterhaltsberechtigter Angehöriger und anderer mit ihnen in Haushaltsgemeinschaft lebender Leistungsberechtigter.[241] Somit ist es dem Sozialhilfeträger aufgrund des eingeräumten Ermessen möglich, die Dauer der Leistungsabsenkung den konkreten Umständen des Einzelfalles anzupassen und auf diese Weise »passgenaue Hilfe« zu leisten. Darüber hinaus ist es nach § 26 SGB XII, anders als bei der starren Regelung des § 31 Abs. 6 S. 2 SGB II, möglich, sowohl auf eine positive Verhaltensänderung des Hilfebedürftigen als auch auf die Tatsache, dass er sich durch die Absenkung in seinem Verhalten nicht beeinflussen lässt, mittels Aufhebung der Absenkung zu reagieren. Damit stellt die strikte Regelung des § 31 Abs. 6 S. 2 SGB II eine Benachteiligung der Sozialgeldempfänger gegenüber den »sonstigen Haushaltsangehörigen« im Sinne des SGB XII dar.

5. Ungleichbehandlung im Rahmen der Vermutung der Bedarfsdeckung

Sowohl das SGB II kennt in § 9 Abs. 5 eine Vermutung der Bedarfsdeckung als auch das SGB XII in seinem § 36. Beide Regelungen unterscheiden sich jedoch in verschiedenen Punkten voneinander, so dass sich auch diesbezüglich die Frage eventueller Ungleichbehandlungen stellt.

a) Gegenstand der Vermutung

Der erste Unterschied zwischen beiden Vorschriften besteht im Gegenstand der gesetzlichen Vermutung. Während sich in § 9 Abs. 5 SGB II die Vermutung nur auf den Erhalt von Unterstützungsleistungen bezieht, enthält

240) *Streichsbier,* in: Grube/Wahrendorf, SGB XII, § 26, Rn. 9.
241) *Streichsbier,* in: Grube/Wahrendorf, SGB XII, § 26, Rn. 9.

§ 36 S. 1 SGB XII eine doppelte gesetzliche Vermutung.[242] Es wird ebenfalls der Erhalt von Unterstützungsleistungen vermutet, weiter erstreckt sich die Vermutung aber auch auf das Vorliegen einer Haushaltsgemeinschaft. Denn nach § 36 S. 1 SGB XII begründet immer schon das Zusammenleben des Leistungsberechtigten mit anderen Personen in einer Wohnung oder in einer entsprechenden anderen Unterkunft die Vermutung des gemeinsamen Wirtschaftens[243] und damit des Vorliegens einer Haushaltsgemeinschaft. Dagegen muss nach § 9 Abs. 5 SGB II das Bestehen einer Haushaltsgemeinschaft gesondert geprüft werden.

Zwar ist die gesetzliche Vermutung nach S. 2 des § 36 SGB XII widerlegbar. Da es jedoch dem Leistungsberechtigten obliegt, diese Vermutung zu widerlegen, insoweit also eine Umkehr der Beweislast stattfindet,[244] werden »sonstige Haushaltsberechtigte« im Sinne des SGB XII gegenüber Sozialgeldempfängern benachteiligt.[245]

b) Mitglieder der Haushaltsgemeinschaften

Nach § 9 Abs. 5 SGB II löst nur eine Haushaltsgemeinschaft mit Verwandten oder Verschwägerten die gesetzliche Vermutung der Bedarfsdeckung aus. Demgegenüber zieht § 36 S. 1 SGB XII den Personenkreis deutlich weiter und bestimmt, dass das Zusammenleben jeglicher Personen, unabhängig vom Bestehen einer Verwandtschaft oder Schwägerschaft, die

---

242) Siehe *Conradis,* in: LPK-SGB XII, § 36, Rn. 1; *Falterbaum,* in: Hauck/Noftz, SGB XII, § 36, Rn. 8; *Grube,* in: Grube/Wahrendorf, SGB XII, § 36, Rn. 7; *Schoch,* ZfF 2004, 169 (175).

243) In diesem Zusammenhang muss festgestellt werden, dass ein gemeinsamer Haushalt geführt und *»aus einem Topf«* gewirtschaftet wird, vgl. *BT-Drucks.* 15/1516, S. 53.

244) *Falterbaum,* in: Hauck/Noftz, SGB XII, § 36, Rn. 16; *Schellhorn,* NDV 2004, 167 (171).

245) Obwohl in § 9 Abs. 5 SGB II – im Unterschied zu § 36 S. 2 SGB XII – nicht ausdrücklich bestimmt ist, dass die gesetzliche Vermutung widerlegbar ist, besteht Einigkeit darüber, dass auch die Vermutung der Bedarfsdeckung nach dem SGB II von dem Leistungsberechtigten grundsätzlich widerlegt werden kann, vgl. *BT-Drucks.* 15/1516, S. 53*; Brühl,* in: LPK-SGB II, § 9, Rn. 49, 53; *Conradis,* in: LPK-SGB XII, § 36, Rn. 3; *Hengelhaupt,* in: Hauck/Noftz, SGB II, § 9, Rn. 82; *Löns,* in: Löns/Herold-Tews, SGB II, § 9; Rn. 8, der jedoch insoweit fälschlicherweise von der Vermutung des Bestehens einer Haushaltsgemeinschaft auch nach dem SGB II ausgeht.

Vermutungsfolge auslöst.[246] Da somit der maßgebende Personenkreis, der die gesetzliche Vermutung der Bedarfsdeckung auslöst, nach dem SGB XII erheblich weiter gezogen ist als nach dem SGB II, besteht auch in diesem Punkt eine Ungleichbehandlung.

c) *Umfang der gesetzlichen Vermutung*

Gemäß § 36 S. 3 SGB XII scheidet die Anwendbarkeit der Vermutungsregel für hilfesuchende Personen aus, die schwanger sind oder ihr leibliches Kind bis zur Vollendung seines sechsten Lebensjahres betreuen und mit ihren Eltern oder einem Elternteil zusammenleben (Nr. 1), oder die im Sinne des § 53 behindert oder im Sinne des § 61 pflegebedürftig sind und von mit ihnen in Haushaltsgemeinschaft lebenden Personen betreut werden. Dies gilt auch dann, wenn die genannten Voraussetzungen einzutreten drohen und das gemeinsame Wohnen im Wesentlichen zu dem Zweck der Sicherstellung der Hilfe und Versorgung erfolgt (Nr. 2).

Zwar ergab sich bereits unter Geltung des BSHG die Ausnahme des jetzigen § 36 S. 3 Nr. 1 SGB XII aus § 91 Abs. 1 S. 3 HS 2 BSHG[247]; jedoch wurde durch Einfügen dieser Vorschrift eine bislang im BSHG bestehende Lücke geschlossen. Nr. 1 dieser Vorschrift beabsichtigt den Schutz schwangerer Personen, die wegen des durch eine Schwangerschaft begründeten Sozialhilfebezugs nicht zu einer Abtreibung gezwungen werden sollen.[248] Dieser Schutz des § 36 S. 3 Nr. 1 SGB XII geht über die Zeit der Schwangerschaft hinaus und greift bis zur Vollendung des sechsten Lebensjahres des zu betreuenden Kindes. Nr. 2 der Vorschrift zielt darauf ab, eine stationäre Betreuung des genannten Personenkreises zu vermeiden, indem deren häusliche Betreuung mittels dieser Schutzvorschrift gefördert wird.[249]

Da eine derartige Ausnahmevorschrift für diesen genannten Personenkreis in § 9 Abs. 5 SGB II fehlt, ist daher fraglich, ob für diese Personen die Vermutung der Bedarfsdeckung nach § 9 Abs. 5 SGB II ausnahmslos greift.

---

246) *Conradis,* in: LPK-SGB XII, § 36, Rn. 3 ff., *Falterbaum,* in: Hauck/Noftz, SGB XII, § 36, Rn. 1, 8, 10; *Grube,* in: Grube/Wahrendorf, SGB XII, § 36, Rn. 1, 3; *Schoch,* ZfF 2004, 169 (175).

247) Jetzt § 94 Abs. 1 S. 4 SGB XII.

248) *Grube,* in: Grube/Wahrendorf, SGB XII; § 36, Rn. 23; vgl. auch *Schoch,* ZfF 2004, S. 169 (177).

249) *Grube,* in: Grube/Wahrendorf, SGB XII, § 36, Rn. 27; *Schoch,* ZfF 2004, 169 (177).

Auch wenn Schwangere und kinderbetreuende Personen in § 9 Abs. 5 SGB II im Gegensatz zur Parallelvorschrift des § 36 S. 3 Nr. 1 SGB XII nicht ausdrücklich von der Vermutung der Bedarfsdeckung ausgeschlossen sind, ergibt sich ein solcher Ausschluss jedoch aus der Gesetzessystematik. Denn insoweit entspricht die Gesetzeslage nach dem SGB II der des früheren BSHG, da in § 33 Abs. 2 S. 1 Nr. 3 a) und b) – ebenso wie vormals in § 91 Abs. 1 S. 3 HS 2 BSHG – der Übergang von Unterhaltsansprüchen von Kindern gegenüber ihren Eltern generell ausgeschlossen ist, wenn diese Kinder schwanger sind oder ihr leibliches Kind bis zur Vollendung des sechsten Lebensjahres betreuen. Eine Vermutung der Bedarfsdeckung bezüglich dieser Personengruppe würde damit dem Schutzgedanken des § 33 Abs. 2 S. 1 Nr. 3 a) und b) zuwiderlaufen. Denn Eltern, deren schwangere oder kinderbetreuende Kinder nicht mit ihnen in einer Wohnung leben, könnten danach nicht im Wege des Anspruchsübergangs in Anspruch genommen werden, während Eltern, die ihre Töchter in der Wohnung aufnehmen, im Wege der Unterhaltsvermutung in die Pflicht genommen würden.[250] Neben diesem Widerspruch würde dies auch dazu führen, dass der vom Gesetzgeber beabsichtigte Schutz des ungeborenen Lebens im Anwendungsbereich des SGB II unvollständig wäre.[251] Weiter spricht auch die Regelung des § 9 Abs. 3 SGB II, der die Berücksichtigung von Elternteil-Mitteln (Einkommen und Vermögen) bei diesem Personenkreis ausschließt und damit ebenfalls dem Schutz des ungeborenen Lebens dient[252], für den Ausschluss der gesetzlichen Vermutung für diese Personen.[253]

Anders dagegen gestaltet sich eine mögliche Ausnahme von der gesetzlichen Vermutung für den Personenkreis des § 36 S. 3 Nr. 2 SGB XII, also behinderte oder pflegebedürftige Personen. Denn für diese Personen ergibt sich ein vom Gesetzgeber beabsichtigter Schutz nicht aus anderen

250) So bereits zur früheren Rechtslage nach dem BSHG *Conradis,* in: LPK-BSHG, § 16, Rn. 19; *Frings,* ZfS 1993, 209 (210); *ders.,* ZfSH/SGB 2002, 723 (724 f.).

251) Vgl. insoweit *BT-Drucks.* 15/1516, S. 53; so auch *Brühl,* in: LPK-SGB II, § 9, Rn. 54. Dem entspricht auch die Rechtsprechung des Bundesverfassungsgerichts, das in seiner Entscheidung zum Schwangerschaftskonfliktsgesetz die staatliche Verpflichtung betonte, es sei darauf hinzuwirken, dass eine Schwangerschaft nicht wegen einer bestehenden oder nach der Geburt des Kindes drohenden materiellen Notlage abgebrochen wird, vgl. *BVerfG,* Urteil v. 28.05.1993, BVerfGE 88, 203 (259).

252) Vgl. *BT-Drucks.* 15/1516, S. 53.

253) Im Ergebnis ebenso *Hengelhaupt,* in: Hauck/Noftz, SGB II, § 9, Rn. 154.

Vorschriften des SGB II. Insoweit liegt also eine Ungleichbehandlung der Sozialgeldempfänger gegenüber »sonstigen Haushaltsangehörigen« im Sinne des SGB XII vor.

6. Ungleichbehandlung bei der Leistung für Mehrbedarfe

Mit § 30 SGB XII und mit § 21 SGB II, der über §§ 28 Abs. 1 S. 2, 19 S. 1 Nr. 1 SGB II auch auf Sozialgeldempfänger anwendbar ist, bestehen in beiden Gesetzen Regelungen zur Gewährung von Leistungen für Mehrbedarfe beim Lebensunterhalt. In einzelnen Punkten unterscheiden sich diese Regelungen jedoch voneinander, so dass sich auch hier die Frage einer möglichen Ungleichbehandlung stellt.

a) Mehrbedarf für werdende Mütter

Beide Regelungen, § 21 Abs. 2 SGB II und § 30 Abs. 2 SGB XII, unterscheiden sich nur im Bestehen einer Öffnungsklausel des § 30 Abs. 2 SGB XII. Denn § 30 Abs. 2 bestimmt, dass grundsätzlich ein Mehrbedarf von 17 % des maßgebenden Regelsatzes anerkannt wird, soweit nicht im Einzelfall ein abweichender Bedarf besteht. Diese mögliche Berücksichtigung eines abweichenden Bedarfs fehlt dagegen in der ansonsten inhaltsgleichen Vorschrift des § 21 Abs. 2 SGB II. Damit besteht auch in diesem Punkt eine Ungleichbehandlung beider Personengruppen.

b) Mehrbedarf für allein Erziehende

Auch für allein erziehende Hilfebedürftige ist in beiden Gesetzen, so in § 21 Abs. 3 SGB II und § 30 Abs. 3 SGB XII, die Leistung für Mehrbedarfe vorgesehen. Trotz großer inhaltlicher Übereinstimmungen unterscheiden sich beide Vorschriften in einigen Punkten. Die Vorschriften für allein Erziehende sind für den hier interessierenden Personenkreis, der ja in einer Bedarfsgemeinschaft entweder mit einem erwerbsfähigen oder aber mit einem nicht erwerbsfähigen Hilfebedürftigen lebt, auch grundsätzlich anwendbar. Denn bei der Beurteilung, ob eine alleinige Erziehung vorliegt, kommt es allein auf die tatsächlichen Verhältnisse und nicht darauf an, wer rechtlich zur Erziehung verpflichtet oder berechtigt ist.[254] Aus diesem

254) *Hofmann,* in: LPK-SGB XII, § 30, Rn. 15; so auch *SG Berlin,* Beschl. v. 14.02.2006, abrufbar im Internet unter www.juris.de, abgerufen am 16.06.2006.

Grunde ist eine alleinige Erziehung auch bei Personen gegeben, die in einer eheähnlichen Gemeinschaft leben, aber ihre Kinder im Wesentlichen ohne Beteiligung des Partners erziehen. Gleiches gilt, wenn allein Erziehende mit anderen Personen in einer Wohnung zusammenleben, letztere aber an der Kindererziehung nicht beteiligt sind.[255]

Ein Unterschied im Umfang der Mehrbedarfsleistung könnte sich aus der Tatsache ergeben, dass nach § 21 Abs. 3 Nr. 1 SGB II ein Mehrbedarf von 36 % der nach § 20 Abs. 2 SGB II **maßgebenden Regelleistung** anerkannt wird, während dieser Mehrbedarf nach § 30 Abs. 3 Nr. 1 SGB XII 36 % des **Eckregelsatzes** beträgt. Allerdings wird in § 20 Abs. 2 SGB II, auf den § 21 Abs. 3 Nr. 1 SGB II verweist, die Höhe der vollen Regelleistung normiert, also die Regelleistung, die sowohl von ihrer Höhe als auch ihrem Empfängerkreis dem Eckregelsatz des SGB XII entspricht.

Weiter enthält § 21 Abs. 2 SGB II im Gegensatz zu § 30 Abs. 3 SGB XII ebenfalls keine Öffnungsklausel, die die Berücksichtung abweichenden Bedarfs ermöglichen würde. Insoweit ist auf das oben Ausgeführte zu verweisen. Diese Tatsache stellt somit ebenfalls eine Ungleichbehandlung beider Personengruppen dar.

Darüber hinaus unterscheiden sich beide Vorschriften in der Formulierung ihrer jeweiligen Nr. 2. So bestimmt § 21 Abs. 3 Nr. 2 SGB II einen Mehrbedarfszuschlag von 12 % der Regelleistung für jedes Kind, wenn sich dadurch ein höherer Prozentsatz als nach § 21 Abs. 3 Nr. 1 (= 36 %) ergibt, höchstens jedoch in Höhe von 60 % der Regelleistung. Dagegen normiert § 30 Abs. 3 Nr. 2 SGB XII, bei ansonsten identischer Formulierung, dass eine Berechnung nach Nr. 2 zu erfolgen hat, wenn die Voraussetzungen der Nr. 1 nicht vorliegen, wenn es sich bei dem minderjährigen Kind also nicht um eines unter sieben Jahren oder um zwei oder drei Kinder unter sechzehn Jahren handelt. Da sich jedoch immer dann nach der jeweiligen Nummer 2 ein höherer Prozentsatz als nach der jeweiligen Nummer 1 ergibt, wenn

255) *Hofmann,* in: LPK-SGB XII, § 30, Rn. 16 f. Ebenso für das SGB II *Herold-Tews,* in: Löns/Herold-Tews, § 21, Rn. 14 f., § 20, Rn. 14; *Hofmann,* in: LPK-SGB II, § 21, Rn. 6 f.; *Kalhorn,* in: Hauck/Noftz, SGB II, § 21, Rn. 14. Im Anwendungsbereich des SGB II ist eine alleinige Erziehung darüber hinaus auch dann gegeben, wenn eine volljährige allein erziehende Person mit einem leiblichen minderjährigen erwerbsfähigen Kind und noch mindestens einem weiteren eigenen Kind in einer Bedarfsgemeinschaft zusammenlebt; vgl. *Herold-Tews,* in: Löns/Herold-Tews, SGB II, § 28, Rn. 15; anders dagegen *Birk,* in: LPK-SGB II, § 28, Rn. 15, der das Vorliegen einer alleinigen Erziehung durch den/die Sozialgeldempfänger/in in der Regel ausschließt.

deren Voraussetzungen nicht vorliegen, begründet diese unterschiedliche Gesetzesformulierung keine Ungleichbehandlung beider Personengruppen.

c) *Mehrbedarf für behinderte Hilfebedürftige*

Ein Anspruch auf Mehrbedarfsleistungen für behinderte Hilfebedürftige ist in § 21 Abs. 4 SGB II, der über § 28 Abs. 1 S. 2 SGB II auch auf Sozialgeldempfänger anwendbar ist, vorgesehen. Daneben enthält § 28 Abs. 1 S. 3 Nrn. 2 und 3 SGB II eine spezielle Regelung der Mehrbedarfszuschläge für behinderte Sozialgeldempfänger. Da nach dem Wortlaut des § 28 Abs. 1 S. 3 Nr. 2 SGB II Mehrbedarfszuschläge nach dieser Vorschrift **auch** erbracht werden können, steht § 28 Abs. 1 S. 3 Nr. 2 SGB II nicht im Verhältnis der Spezialität zu § 21 Abs. 4 SGB II, vielmehr sind beide Vorschriften nebeneinander anwendbar. Im SGB XII normiert § 30 Abs. 4 einen entsprechenden Mehrbedarfszuschlag für behinderte Hilfebedürftige.

Nach § 21 Abs. 4 S. 1 SGB II erhalten behinderte Hilfebedürftige einen entsprechenden Mehrbedarfszuschlag, wenn ihnen Leistungen zur Teilhabe am Arbeitsleben nach § 33 SGB IX oder sonstige Hilfen zur Erlangung eines geeigneten Platzes im Arbeitsleben erbracht werden. Eine derartige Leistungsvoraussetzung fehlt dagegen in der Parallelvorschrift des SGB XII. Allerdings scheiden derartige Leistungen für Sozialgeldbezieher aus, da diese Leistungen der Integration ins Arbeitsleben dienen und daher für Sozialgeldbezieher, die ja nicht erwerbsfähig sind, nicht in Betracht kommen.[256] Damit begründet die fehlende Entsprechung dieser Voraussetzung in § 30 Abs. 4 SGB XII keine Ungleichbehandlung.

Dagegen stellt die Normierung in § 21 Abs. 4 S. 1 Alt. 3 SGB II, die die Leistung von Mehrbedarf an die Voraussetzung knüpft, dass dem Hilfebedürftigen Hilfe zur Ausbildung für eine sonstige angemessene Tätigkeit erbracht wird, auf eine Voraussetzung ab, die auch nach § 30 Abs. 4 S. 1 i.V.m. § 54 Abs. 1 S. 1 Nr. 3 SGB XII erforderlich ist. Insoweit besteht also Übereinstimmung zwischen beiden Normierungen.[257]

---

256) So *Birk*, in: LPK-SGB II, § 28, Rn. 15, der diesen Ausschluss allerdings für § 21 Abs. 4 SGB II insgesamt annimmt.

257) Auch die bei beiden Personengruppen bestehende mangelnde Erwerbsfähigkeit steht der Leistung dieser Hilfen nicht entgegen, da diese gemäß § 13 a der Eingliederungshilfe-Verordnung (Verordnung nach § 60 SGB XII – Eingliederungshilfe-Verordnung – in der Fassung der Bekanntmachung v. 01.02.1975, zuletzt geändert durch Gesetz zur Einordnung des Sozialhilferechts in das Sozialgesetzbuch v. 27.12.2003, BGBl. I, S. 3022, 3059) insbesondere dann gewährt wird,

Übereinstimmung zwischen beiden Gesetzen besteht ebenfalls hinsichtlich der gesetzlichen Voraussetzungen zur Gewährung von Mehrbedarfszuschlägen, die § 28 Abs. 1 S. 3 Nr. 2 SGB II aufstellt. Denn § 28 Abs. 1 S. 3 Nr. 2 SGB II verweist, wie dies auch § 30 Abs. 4 S. 1 tut, auf die in § 54 Abs. 1 S. 1 Nrn. 1 und 2 SGB XII normierten Leistungen der Eingliederungshilfe. Auch die Höhe der zu gewährenden Mehrbedarfsleistungen von 35 % des maßgebenden Regelsatzes beziehungsweise der maßgebenden Regelleistung ist identisch.

Eine Ungleichbehandlung der beiden Personengruppen resultiert aber aus der Tatsache, dass wiederum nur in § 30 Abs. 4 S. 1 SGB XII eine Öffnungsklausel normiert ist.

Eine Ungleichbehandlung könnte sich eventuell noch aus der Tatsache ergeben, dass § 30 Abs. 4 S. 1 SGB XII die Gewährung der entsprechenden Mehrbedarfsleistungen nur für Personen vorsieht, die das 15. Lebensjahr vollendet haben. An dieser Voraussetzung fehlt es dagegen in den Parallelvorschriften des SGB II. Zwar ist es für den Bezug von Sozialgeld nicht erforderlich, das 15. Lebensjahr vollendet zu haben,[258] jedoch scheiden die genannten Maßnahmen, die Voraussetzung für die Gewährung der Mehrbedarfszuschläge sind, für Personen unter 15 Jahren aus der Natur der Sache heraus aus. Insoweit besteht daher keine Ungleichbehandlung zwischen beiden Normierung.

Insgesamt ist daher festzustellen, dass das Fehlen einer dem § 30 Abs. 4 S. 1 SGB XII entsprechenden Öffnungsklausel im SGB II eine Ungleichbehandlung beider Personengruppen begründet.

7. Zwischenergebnis

Hinsichtlich der Hilfe zum Lebensunterhalt bestehen somit zwischen beiden Personengruppen folgende Ungleichbehandlungen:

---

wenn die Ausbildung für einen Beruf aus besonderen Gründen, vor allem aufgrund der Art und Schwere einer Behinderung, unterbleibt.

258) So sind auch Kinder unter 15 Jahren anspruchsberechtigt, die mit einem leiblichen Elternteil/Adoptivelternteil oder seines Partners in einem Haushalt zusammen leben, soweit sie nicht aus eigenem Einkommen oder Vermögen die Leistungen zur Sicherung des Lebensunterhalts beschaffen können, vgl. *Birk,* in: LPK-SGB II, § 28, Rn. 9; ebenso *Herold-Tews,* in: Löns/Herold-Tews, SGB II, § 28, Rn. 9.

aa) Im Rahmen der Gewährung einmaliger Leistungen bestehen folgende Ungleichbehandlungen bei der Möglichkeit der Gewährung von Sachleistungen:

- Sozialgeldbeziehern steht kein Wunschrecht auf eine Sachleistung zu,
- im SGB II sind bei der Gewährung von Sachleistungen Voraussetzungen maßgebend, die in der Person des erwerbsfähigen Hilfebedürftigen, also nicht der Person des Sozialgeldempfängers, vorliegen müssen,
- nur im SGB XII ist die Frage einer wirtschaftlichen Zielerreichung mittels Gewährung einer Sachleistung relevant,
- es bestehen unterschiedliche Kausalitätsanforderungen zwischen der zu gewährenden Sachleistung und der Beseitigung/Verringerung der Hilfebedürftigkeit.

bb) Im Rahmen der Gewährung ergänzender Darlehen bestehen folgende Ungleichbehandlungen:

- es bestehen die unter aa) aufgeführten Differenzen hinsichtlich der Gewährung von Sachleistungen,
- das SGB II räumt einen zwingenden Rechtsanspruch auf Gewährung eines ergänzenden Darlehens ein; das SGB XII nur einen Anspruch auf Ausübung einer gebundenen Ermessensentscheidung,
- das SGB II sieht zwingend die Tilgungsform der Aufrechnung vor; nach dem SGB XII ist über die Art der Darlehenstilgung nach pflichtgemäßem Ermessen zu entscheiden,
- das SGB II und das SGB XII sehen unterschiedliche Höchstgrenzen der monatlichen Tilgungsrate vor, über die jedoch nach beiden Vorschriften im Rahmen pflichtgemäßen Ermessens zu entscheiden ist.

cc) Bei den jeweiligen Regelungen, betreffend eine Leistungskürzung/-absenkung bestehen folgende Ungleichbehandlungen:

- die in § 31 Abs. 2 SGB II normierten Pflichtverletzungen finden im SGB XII keine Entsprechung,
- es besteht ein unterschiedlicher Umfang einer möglichen Leistungsabsenkung; die Differenzen beziehen sich auf:
  - Unterschiede im Gegenstand der Leistungseinschränkung,
  - im Umfang einer erstmaligen Leistungsabsenkung,

- in der unterschiedlichen Möglichkeit der Gewährung ergänzender Sach- oder geldwerter Leistungen,
- in der Reaktion auf die Wiederholung einer Pflichtverletzung,
- in der Dauer einer Leistungsabsenkung.

dd) Hinsichtlich einer Vermutung der Bedarfsdeckung bestehen folgende Ungleichbehandlungen:

- hinsichtlich des Gegenstandes der gesetzlichen Vermutung,
- hinsichtlich der Zugehörigkeit zu einer Haushaltsgemeinschaft,
- die Ausnahme des § 36 S. 3 Nr. 2 SGB XII findet im SGB II keine Entsprechung.

ee) Im Rahmen der Leistung für Mehrbedarfe für werdende Mütter, für allein Erziehende und für behinderte Hilfebedürftige stellt das jeweilige Fehlen einer Öffnungsklausel im SGB II eine Ungleichbehandlung der Sozialgeldempfänger gegenüber haushaltsangehörigen Sozialhilfeempfängern dar.

III. Verfassungsrechtliche Rechtfertigung der Ungleichbehandlungen

1. Sachlicher Differenzierungsgrund

Die verfassungsrechtliche Rechtfertigung von Ungleichbehandlungen richtet sich nach der Intensität der durch die Ungleichbehandlung verursachten Beeinträchtigung für den Betroffenen.[259] Das aus Art. 3 Abs. 1 GG zu entnehmende Willkürverbot, nach dem *»Gleiches gleich, Ungleiches seiner Eigenart entsprechend verschieden zu behandeln«*[260] ist und das bis zur Herausarbeitung der so genannten *»neuen Formel«* durch das Bundesverfassungsgericht bei der Prüfung einer Verletzung des Gleichheitsgrundrechtes ausschließlich Anwendung fand, kommt noch heute im Rahmen der verfassungsrechtlichen Rechtfertigung von Ungleichbehandlungen geringerer Intensität zur Anwendung. Bei solchen Ungleichbehandlungen geringerer Intensität beschränkt das Bundesverfassungsgericht seine Rechtfertigungsprüfung auf eine Evidenzkontrolle, indem es eine Ungleichbehandlung

259) *BVerfG,* Beschl. v. 26.01.1993, BVerfGE 88, 87 (96); *BVerfG,* Beschl. v. 10.01.1995, BVerfGE 91, 389 (401).

260) *BVerfG,* Urteil v. 23.10.1951, BVerfGE 1, 14 (52); *BVerfG,* Urteil v. 16.03.1955, BVerfGE 4, 144 (155); *BVerfG,* Beschl. v. 12.05.1992, BVerfGE 86, 81 (87).

schon dann als willkürfrei und damit gerechtfertigt ansieht, wenn für diese Ungleichbehandlung nur irgendein sachlicher Grund angeführt werden kann.[261] Ein sachlicher Grund liegt dabei dann vor, wenn die Ungleichbehandlung aufgrund eines *»vernünftigen, aus der Natur der Sache sich ergebenden oder sonst wie einleuchtenden Grundes«*[262] erfolgt.

Bei Ungleichbehandlungen größerer Intensität verlangt das Bundesverfassungsgericht dagegen das Vorliegen eines gewichtigen sachlichen Grundes als Rechtfertigung.[263] Das Erfordernis eines solchen gewichtigen sachlichen Grundes kommt in der vom Bundesverfassungsgericht 1980 entwickelten[264] so genannten *»neuen Formel«* zum Ausdruck, die seither Anwendung durch die Rechtsprechung findet.[265] Nach dieser neuen Formel ist das Gleichheitsgebot immer dann verletzt, wenn eine Gruppe von Normadressaten im Vergleich zu anderen Normadressaten anders behandelt wird, obwohl keine Unterschiede von solcher Art und solchem Gewicht bestehen, dass sie die ungleiche Behandlung rechtfertigen können. Diese neue Formel eröffnet den Weg zu einer umfassenden Verhältnismäßigkeitsprüfung, indem die Sachangemessenheit zwischen einem legitimen Differenzierungsziel und den Differenzierungskriterien gegeben sein muss.[266] Dabei sind die Anforderungen an eine Rechtfertigung der Ungleichbehandlung umso höher, *»je mehr sich die personenbezogenen Merkmale einer Differenzierung den in Art. 3 Abs. 3 GG genannten annähern und je größer deshalb die Gefahr ist, dass eine an sie anknüpfende Ungleichbehandlung zur Diskriminierung einer Minderheit führt.«*[267]

---

261) *BVerfG,* Beschl. v. 29.05.1990, BVerfGE 82, 60 (91 f.); *BVerfG,* Beschl. v. 26.01.1993, BVerfGE 88, 87 (96 f.); *Heun,* in: Dreier, GG, Art. 3, Rn. 31, 37; *Pieroth/Schlink,* Staatsrecht II, Rn. 439.

262) *BVerfG,* Urteil v. 23.10.1951, BVerfGE 1, 14 (52); *BVerfG,* Beschl. v. 19.10.1982, BVerfGE 61, 138 (147); *BVerfG,* Beschl. v. 17.10.1990, BVerfGE 83, 1 (23).

263) *Pieroth/Schlink,* Staatsrecht II, Rn. 440

264) *BVerfG,* Beschl. v. 07.10.1980, BVerfGE 55, 72 (88).

265) Vgl. *BVerfG,* Beschl. v. 16.03.1982, BVerfGE 60, 123 (133 f.); *BVerfG,* Beschl. v. 18.11.1986, BVerfGE 74, 9 (24); *BVerfG,* Beschl. v. 11.02.1992, BVerfGE 85, 238 (244).

266) So *Koenig,* JuS 1995, 313 (315); ähnlich *Heun,* in: Dreier, GG, Art. 3, Rn. 26.

267) *BVerfG,* Beschl. v. 26.01.1993, BVerfGE 88, 87 (96); *BVerfG,* Urteil v. 10.01.1995, BVerfGE 92, 26 (51 f.); *BVerfG,* Beschl. v. 04.04.2001, BVerfGE 103, 310 (319); so auch *Heun* in: Dreier, GG, Art. 3, Rn. 31; *Sachs,* JuS 1997, 124 (129); *Bryde/Kleindieck,* JURA 1999, 36 (42 f.).

2. Begründbarkeit der Differenzierungskriterien aus dem Differenzierungszweck

Bevor die Sachangemessenheit zwischen Differenzierungsziel und Differenzierungskriterium geprüft wird, ist zu untersuchen, ob sich das Differenzierungskriterium überhaupt aus dem Zweck der Differenzierung begründen lässt.

Als Differenzierungskriterium ist vorliegend die Zugehörigkeit zu einer entsprechenden Bedarfsgemeinschaft, entweder einer Bedarfsgemeinschaft mit einem erwerbsfähigen Hilfebedürftigen oder einer solchen mit einem nicht erwerbsfähigen Hilfebedürftigen, zu nennen.

Da mit einer gesetzlichen Differenzierung ein bestimmtes Ziel erreicht werden soll, ist bei der Ermittlung des Differenzierungszwecks auf die mit dem SGB II und dem SGB XII beabsichtigte Zielsetzung abzustellen. Ausweislich seiner Gesetzesbegründung verfolgt das SGB II in erster Linie das Ziel, die Eigeninitiative der erwerbsfähigen Hilfebedürftigen durch schnelle und passgenaue Eingliederung in Arbeit zu unterstützen.[268] Daneben soll eine ausreichende materielle Sicherung in Abhängigkeit vom Bedarf nach dem SGB II geleistet werden.[269] Die Eingliederung eines erwerbsfähigen Hilfebedürftigen in Arbeit aber betrifft nicht nur diesen allein, sondern kann unter Umständen auch die übrigen Mitglieder der Bedarfsgemeinschaft betreffen. Dies ist etwa der Fall, wenn bei diesen (Lebens-)Umstände vorliegen, die eine Integration des erwerbsfähigen Hilfebedürftigen in das Arbeitsleben erschweren oder dieser sogar entgegenstehen. Schon aus diesem Grund ist es sinnvoll, die gesamte Bedarfsgemeinschaft mit einem erwerbsfähigen Hilfebedürftigen einem einheitlichen Gesetz zu unterwerfen. Weiter wäre es auch unpraktikabel, die einzelnen Mitglieder einer Bedarfsgemeinschaft unterschiedlichen Gesetzen zu unterwerfen und damit auch unterschiedliche Leistungsträger für zuständig zu erklären. Vielmehr kann jedem einzelnen Hilfebedürftigen passgenauer geholfen werden, wenn dem zuständigen Leistungsträger die gesamte Familiensituation bekannt ist und diese berücksichtigt werden kann. Damit kann als Zweck der gesetzlichen Differenzierung der Umstand angegeben werden, dass sämtliche Mitglieder einer Bedarfsgemeinschaft einer einheitlichen gesetzlichen Regelung und demselben Leistungsträger unterfallen und somit die Hilfeleistungen – sei es die Eingliederung in Arbeit oder aber

268) *BT-Drucks.* 15/1516, S. 2, 44, ähnlich auch S. 41.
269) *BT-Drucks.* 15/1516, S. 44.

die materielle Unterstützung – den individuellen Lebensverhältnissen angepasst werden können.

Aus diesem Gesetzeszweck, der gleichzeitig das Differenzierungsziel darstellt, ergibt sich, auf welche Differenzierungskriterien der Gesetzgeber zurückgreifen darf. Denn der Gesetzgeber kann nur solche Differenzierungskriterien zugrunde legen, durch die die Verwirklichung eben dieses gesetzlichen Zieles erreicht werden kann. Der Gesetzgeber bindet sich durch die gesetzliche Zielsetzung im Hinblick auf die dazu erforderlichen Mittel insoweit selbst, als das Differenzierungsziel aus dem Gesetzeszweck begründbar sein muss.[270]

Im vorliegenden Fall werden durch das Differenzierungskriterium »Bedarfsgemeinschaft mit einem erwerbsfähigen Hilfebedürftigen« beziehungsweise »Bedarfsgemeinschaft mit einem nicht erwerbsfähigen Hilfebedürftigen« die einzelnen Bedarfsgemeinschaften einem einheitlichen Leistungs- und Hilferecht unterstellt, so dass das Differenzierungskriterium aus dem Differenzierungszweck begründbar ist.

3. Legitimität von Differenzierungszweck und Differenzierungskriterium

Sowohl der Zweck der Differenzierung als auch das dazu angewandte Differenzierungskriterium müssen legitim sein. Sie dürfen also nicht gegen ausdrückliche oder stillschweigende Differenzierungsverbote verstoßen.[271] Als ausdrückliche Differenzierungsverbote sind die in Art. 3 Abs. 3 GG normierten zu nennen, also beispielsweise eine Ungleichbehandlung aufgrund des Geschlechts, der Abstammung, der Rasse, der Sprache oder der Herkunft. Ein Verstoß gegen die in Art. 3 Abs. 3 GG genannten Differenzierungsverbote liegt aber hier offensichtlich nicht vor. Allerdings wird bei den Empfängern von Sozialgeld auf ihre Zugehörigkeit zu einer Bedarfsgemeinschaft mit einem erwerbsfähigen Hilfebedürftigen abgestellt. Dies könnte ein Kriterium darstellen, das ebenso wie personenbezogene Unterscheidungskriterien einer gesteigerten Legitimationskontrolle bedarf. Denn nach der Rechtsprechung des Bundesverfassungsgerichts ist bei sachlichen oder auch verhaltensbezogenen Unterscheidungen maßgebend, inwieweit die durch sie Betroffenen die für sie daraus resultierenden *»nachteiligen Folgen*

270) *Gusy,* NJW 1988, 2505 (2507).
271) Vgl. *Koenig,* JuS 1995, 313 (316).

durch eigenes Verhalten vermeiden«[272] können, inwieweit sie also *»in der Lage sind, durch ihr Verhalten die Verwirklichung der Merkmale zu beeinflussen, nach denen unterschieden wird«*[273]. Dementsprechend fordert das Bundesverfassungsgericht strengere Maßstäbe in den Fällen, in denen die Ungleichbehandlung anhand von personenbezogenen Merkmalen erfolgt, die die Betroffenen nur schwer ändern können.[274] Gerade an dieser Verfügbarkeit der Betroffenen über das Vorliegen des Differenzierungskriteriums aber fehlt es hier. So ist es minderjährigen unverheirateten Kindern, die im Haushalt ihrer Eltern leben, zumindest bis zu einem gewissen Alter gar nicht möglich, über das hier maßgebende Unterscheidungsmerkmal der Zugehörigkeit zu einer Bedarfsgemeinschaft mit einem erwerbsfähigen oder aber nicht erwerbsfähigen Hilfebedürftigen zu verfügen und dieses unter Umständen abzuändern. Aber auch für erwachsene Sozialgeldempfänger stellt sich die Situation nicht wesentlich anders dar. Könnten sie theoretisch das Vorliegen des Unterscheidungskriteriums *»Bedarfsgemeinschaft mit einem erwerbsfähigen Hilfebedürftigen«* beeinflussen, so stellt die Wahl der Personen, mit denen man in einer Bedarfsgemeinschaft zusammenlebt, insbesondere die Wahl des Lebenspartners das Ergebnis grundrechtsgetragener und damit zu schützender Selbstbestimmung dar. Insoweit ist dieses Unterscheidungsmerkmal vergleichbar mit den in Art. 3 Abs. 3 GG genannten der politischen oder religiösen Anschauungen.[275] Da somit das hier maßgebende Unterscheidungskriterium für die Betroffenen nicht oder kaum verfügbar ist und sie die mit ihm einhergehenden Folgen nicht beeinflussen können, unterliegen die dadurch hervorgerufenen Differenzierungen einer verschärften Legitimationskontrolle.[276]

---

272) *BVerfG,* Beschl. v. 02.12.1992, BVerfGE 88, 5 (12).

273) *BVerfG,* Beschl. v. 26.01.1993, BVerfGE 88, 87 (96); *BVerfG,* Beschl. v. 08.06.1993, BVerfGE 89, 15 (22); *BVerfG,* Beschl. v. 14.12.1994, BVerfGE, 91, 346 (363).

274) Vgl. *BVerfG,* Urteil v. 10.01.1995, BVerfGE 92, 26 (52).

275) Vgl. dazu *Sachs,* JuS 1997, 124 (129); siehe auch *Bryde/Kleindieck,* JURA 1999, 36 (43).

276) Zu den personenbezogenen Merkmalen siehe auch *Herzog* in: Maunz/Dürig, GG, Art. 3 Anh, Rn. 69.

4. Verhältnismäßigkeit der jeweiligen Ungleichbehandlung

Die einzelnen Ungleichbehandlungen müssen weiter verhältnismäßig sein. Sie müssen also geeignet, erforderlich und auch zumutbar sein, um den Differenzierungszweck zu verwirklichen.[277]

a) *Festgestellte Ungleichbehandlungen im Rahmen der einmaligen Leistungen*

Wie oben dargestellt bestehen im Rahmen der einmaligen Leistungen bei der Möglichkeit der Gewährung von Sachleistungen vier Arten von Ungleichbehandlungen zwischen den beiden Personengruppen. Soweit § 7 Abs. 2 S. 2 Nr. 2 SGB II bei der Gewährung von Sachleistungen an Empfänger von Sozialgeld darauf abstellt, dass durch diese Sachleistung Hemmnisse bei der Eingliederung der erwerbsfähigen Hilfebedürftigen beseitigt oder vermindert werden, ist diese Regelung geeignet, die gesetzliche Zielsetzung des SGB II und damit auch das Differenzierungsziel zu verwirklichen, nämlich die Eigeninitiative der erwerbsfähigen Hilfebedürftigen durch schnelle und passgenaue Eingliederung in Arbeit zu unterstützen. Weiter muss diese Regelung aber auch erforderlich sein, das Differenzierungsziel zu erreichen. Das ist dann der Fall, wenn es keinen anderen erreichbaren Zustand gibt, der für die betroffenen Gruppenangehörigen weniger belastend ist und der mit dem Differenzierungsziel ebenfalls in einem durch bewährte Hypothesen über die Wirklichkeit vermittelten Zusammenhang steht.[278] Als ein die Empfänger von Sozialgeld weniger belastendes Mittel käme hier die uneingeschränkte Möglichkeit der Gewährung von Sachleistungen in Betracht. Dieses Mittel aber wäre nicht genauso geeignet, das Differenzierungsziel, das eben auch die Integration des erwerbsfähigen Hilfebedürftigen in das Arbeitsleben ist, zu erreichen. Mithin ist die Ungleichbehandlung auch erforderlich.

Da nach der so genannten *»neuen Formel«* die Unterschiede auch nach ihrem *»rechtlichen Gewicht«* der mit ihnen verbundenen Belange ausreichend sein müssen, um diese Ungleichbehandlung zu tragen, ist weiter eine an der Gewichtung der beteiligten Rechtsgüter orientierte Abwägung vorzunehmen.[279] Nach der gesetzlichen Zielsetzung des SGB II steht nicht

277) *Koenig,* JuS 1995, 313 (314); *Pieroth/Schlink,* Staatsrecht II, Rn. 440 ff.
278) So *Koenig,* JuS 1995, 313 (317).
279) *Koenig,* JuS 1995, 313 (317).

die materielle Versorgung der Hilfebedürftigen im Vordergrund, sondern das Gesetz ist in erster Linie auf die **erwerbsfähigen** Hilfebedürftigen ausgerichtet, die dabei unterstützt werden sollen, in das Arbeitsleben integriert und damit von staatlichen Fürsorgeleistungen unabhängig zu werden. Dagegen besteht bei den Bedarfsgemeinschaften nach dem SGB XII kein solcher Unterschied hinsichtlich der Erwerbsfähigkeit zwischen dem Haushaltsvorstand und den sonstigen Haushaltsangehörigen, denn beide sind gleichermaßen nicht erwerbsfähig im Sinne des § 8 Abs. 1 SGB II. Demzufolge besteht nach dem SGB XII keine Notwendigkeit, bei der Leistungsgewährung auf solche die Erwerbstätigkeit des Haushaltsvorstandes fördernden Voraussetzungen abzustellen. Vielmehr steht nach dem SGB XII die materielle Versorgung der Hilfebedürftigen eindeutig im Vordergrund. Die Einschränkung der Möglichkeit einer Gewährung von Sachleistungen nach dem SGB II aber steht im Hinblick auf diese unterschiedlichen Zielsetzungen nicht außer Verhältnis zu der Parallelvorschrift des SGB XII, die eine solche Einschränkung gerade nicht kennt. Im übrigen wird durch Beschränkung der Sachleistungsgewährung die materielle Versorgung der Empfänger von Sozialgeld in keiner Weise tangiert. Diese Ungleichbehandlung ist somit auch zumutbar und folglich insgesamt verfassungsrechtlich gerechtfertigt.

Weiter müssten auch für die fehlende Normierung eines Wunschrechts der Sozialgeldempfänger auf Gewährung von Sachleistungen derart gewichtige Unterschiede zwischen beiden Personengruppen bestehen, dass sie diese Ungleichbehandlung rechtfertigen können. Als derartiger Unterschied könnte ebenfalls der Umstand in Betracht kommen, dass im Mittelpunkt des SGB II nicht die Empfänger von Sozialgeldleistungen, sondern die erwerbsfähigen Hilfebedürftigen stehen. Und hinsichtlich dieser erwerbsfähigen Hilfebedürftigen liegt der gesetzliche Schwerpunkt auch nicht auf deren materieller Versorgung und der Versorgung der mit ihnen in Bedarfsgemeinschaft lebenden Personen, sondern auf der Eingliederung der erwerbsfähigen Bedürftigen in Arbeit.

Es steht also im SGB II im Unterschied zum SGB XII weit mehr der Aspekt des Forderns im Vordergrund. Dem entspricht die Tatsache, dass das Sozialgeld als eine dem Arbeitslosengeld II akzessorische Leistung ausgestaltet ist.[280] Demgegenüber liegt der gesetzliche Schwerpunkt des SGB XII ausweislich der in § 1 S. 1 SGB XII normierten Aufgabe der Sozialhilfe auf der Ermöglichung einer menschenwürdigen Lebensführung, zu der eben auch die selbstbestimmte Bedarfsdeckung gehört. Diese menschenwürdige Lebensführung wird in erster Linie durch Gewährung materieller Fürsorgeleistungen sichergestellt. Das Ziel der Sozialhilfe, die Hilfebedürftigen von dieser Fürsorgeleistung unabhängig zu machen, das ebenfalls einen Charakter des Forderns begründen könnte, steht demgegenüber trotz beibehaltener Normierung in § 1 S. 2 SGB XII im Hintergrund. Dies aufgrund der Tatsache, dass nunmehr bei sämtlichen Leistungsempfängern nach dem SGB XII keine Erwerbsfähigkeit im Sinne des § 8 Abs. 1 SGB II vorliegt.[281]

Diese, zwischen den beiden Personengruppen bestehenden Unterschiede sind legislativer Art und wurden mit In-Kraft-Treten der neuen Gesetzeswerke SGB II und SGB XII erst durch den Gesetzgeber geschaffen. Da der Gesetzgeber also von vornherein das Recht dieser beiden Leistungsgruppen unterschiedlich ausgestaltet und damit die Unterschiede erst geschaffen hat, können diese nicht zur Rechtfertigung der sie hervorrufenden Ungleichbehandlungen herangezogen werden. Vielmehr können nur die mit der Ungleichbehandlung verfolgten Regelungszwecke diese Ungleichbehandlung rechtfertigen.[282] Bei der gesetzlichen Festlegung solcher Unterschiede wird dem Gesetzgeber jedoch ein weiter Einschätzungs- und Gestaltungsspielraum zugebilligt, der vom Bundesverfassungsgericht nur dahingehend überprüft wird, ob der Gesetzgeber die äußersten Grenzen überschritten hat. Es handelt sich also um eine Überprüfung anhand des Willkürmaßstabes, keinesfalls wird überprüft, *»ob der Gesetzgeber auch die jeweils gerechteste und zweckmäßigste Regelung getroffen«*[283] hat. Da die normierten Unterschiede hier in der Zielsetzung begründet liegen, erwerbsfähige Hilfebedürftige in das Arbeitsleben zu integrieren und Personen, die mit den erwerbsfähigen Hilfebedürftigen in einer Bedarfsgemeinschaft leben, einem einheitlichen Leistungssystem zu unterwerfen, besteht ein sachlicher Grund für

280) *Berlit,* info also 2003, 195 (197); *Korenke,* SGb 2004, 525 (526); *Lühmann,* Die Zusammenführung von Arbeitslosen- und Sozialhilfe, S. 90; so auch *SG Oldenburg,* Beschl. v. 10.01.2005, abrufbar im Internet unter www.juris.de, abgerufen am 16.06.2006.

281) Siehe dazu ausführlich S. 208 f.

282) *Koenig,* JuS 1995, 313 (315); *Pieroth/Schlink,* Staatsrecht II, Rn. 441.

283) *BVerfG,* Urteil v. 16.07.1985, BVerfGE 69, 287 (301), siehe auch *Koenig,* JuS 1995, 313 (316).

diese gesetzlichen Unterschiede, so dass keine willkürliche Festlegung von Unterschieden vorliegt. Typisch ist ebenfalls, dass die Regelungszwecke an die legislativ geschaffenen Unterschiede anknüpfen.[284] Insoweit müssten diese genannten Regelungszwecke geeignet sein, die Ungleichbehandlung zwischen beiden Personengruppen zu rechtfertigen.

Das im SGB XII normierte Wunschrecht der Hilfebedürftigen auf Gewährung von Sachleistungen anstelle der üblichen Geldleistungen ist geeignet, den Regelungszweck des SGB XII, nämlich die Ermöglichung einer menschenwürdigen Lebensführung mit größtmöglich selbstbestimmter Bedarfsdeckung zu verwirklichen. Da insoweit auch kein milderes, aber gleich geeignetes Mittel zu Erreichung dieses Ziels besteht, ist dieses normierte Wunschrecht auch erforderlich. Ein milderes Mittel ist schon aus dem Grunde nicht vorstellbar, da das Wunschrecht lediglich die nach § 10 Abs. 3 HS 1 SGB XII bestehende Ermesseneinschränkung, die an sich zugunsten von Geldleistungen besteht, aufhebt, es aber noch keinen zwingenden Rechtsanspruch auf Gewährung einer Sach- statt einer Geldleistung einräumt. Der mit dem Wunschrecht für »sonstige Haushaltsangehörige« im Sinne des SGB XII verbundene Vorteil steht aus eben diesem Grund auch nicht außer Verhältnis zu dem Nachteil, der für Sozialgeldempfänger mit dem Fehlen dieses Wunschrechts verbunden ist. Auch für letztere besteht grundsätzlich die Möglichkeit der Gewährung von Sachleistungen und auch diese können größtenteils ihren Bedarf selbstbestimmt decken, so dass auch ihnen eine menschenwürdige Lebensführung ermöglicht ist. Diese Ungleichbehandlung ist damit ebenfalls verfassungsrechtlich gerechtfertigt.

Auch der Umstand, dass nur nach § 10 Abs. 3 HS 2 Alt. 3 SGB XII die Wirtschaftlichkeit des Erreichens der sozialhilferechtlichen Zielsetzung für die Hilfeleistung in Form der Sachleistung relevant ist, müsste verfassungsrechtlich gerechtfertigt sein. Die Tatsache, dass nach dem SGB II auch unwirtschaftliche Sachleistungen, durch die allerdings die Hilfebedürftigkeit verringert wird, erbracht werden können, ist geeignet, das Regelungsziel des SGB II, nämlich die Beendigung der Hilfebedürftigkeit der erwerbsfähigen Hilfebedürftigen und der mit ihnen in Bedarfsgemeinschaft lebenden Personen, zu beenden. Diese Ungleichbehandlung ist darüber hinaus erforderlich und auch zumutbar, da die damit für Sozialgeldempfänger verbundenen Vorteile gegenüber »sonstigen Haushaltsangehörigen« nach dem SGB XII nicht außer Verhältnis stehen. Dies insbesondere aufgrund der Tatsache,

284) Vgl. *Koenig*, JuS 1995, 313 (316).

dass Sozialgeldempfänger nach dem SGB II einem wesentlich strengeren Anspruch des Forderns unterliegen als dies bei Leistungsberechtigten nach dem SGB XII der Fall ist. Damit ist auch diese Ungleichbehandlung gerechtfertigt.

Der gesetzliche Regelungszweck des SGB II, nämlich der verstärkte Charakter des Forderns und die klare Zielsetzung, die dem Anwendungsbereich dieses Gesetzes unterfallenden Bedarfsgemeinschaft durch die Wiedereingliederung des erwerbsfähigen Hilfebedürftigen von der Unterstützungsleistung unabhängig werden zu lassen, ist auch geeignet die weitere Ungleichbehandlung bezüglich der unterschiedlichen Kausalitätsanforderungen zwischen Sachleistung und Beseitigung/Verringerung der Hilfebedürftigkeit zu rechtfertigen. Denn der nach § 7 Abs. 2 S. 2 Nr. 1 SGB II geforderte Erfolgseintritt im Gegensatz zu der nach § 10 Abs. 3 HS 2 Alt. 2 SGB XII lediglich erforderlichen besseren Geeignetheit der Sachleistung zur Beendigung der Hilfebedürftigkeit, ist geeignet, diesen Regelungszweck und damit auch das Differenzierungsziel zu erreichen. Es besteht weiter kein gleich geeignetes, aber milderes Mittel und diese Regelung steht darüber hinaus auch nicht außer Verhältnis zu der weiteren Fassung der Parallelvorschrift des § 10 Abs. 3 HS 2 Alt. 2 SGB XII. Insgesamt ist damit festzustellen, dass sämtliche Ungleichbehandlungen im Rahmen der Gewährung von Sachleistungen bei den einmaligen Leistungen verfassungsrechtlich gerechtfertigt sind.

b) *Festgestellte Ungleichbehandlungen im Rahmen der Gewährung ergänzender Darlehen*

Hinsichtlich der festgestellten Ungleichbehandlungen hinsichtlich der Möglichkeit der Gewährung von Sachleistungen gilt das zu (aa) Gesagte; auch diese sind also verfassungsrechtlich gerechtfertigt.

Weiter müsste die Tatsache, dass das SGB II im Unterschied zu der in § 37 Abs. 1 SGB XII normierten gebundenen Ermessensentscheidung einen zwingenden Rechtsanspruch auf die Gewährung ergänzender Darlehen einräumt, verfassungsrechtlich gerechtfertigt sein. Diese Ungleichbehandlung ist jedoch nicht geeignet, das Differenzierungsziel zu verwirklichen. Denn die Regelungen über die Gewährung ergänzender Darlehen betreffen ausschließlich die materielle Bedarfsdeckung der nach den beiden Gesetzeswerken Leistungsberechtigten. Damit berührt § 23 Abs. 1 SGB II nicht den speziellen Regelungsbereich des SGB II, der Differenzierungen gegenüber

Leistungsberechtigten nach dem SGB XII ermöglicht: nämlich die Eingliederung der erwerbsfähigen Hilfebedürftigen in Arbeit.

Soweit es aber um die materielle Absicherung der Hilfebedürftigen geht, stellen das SGB II und das SGB XII zwei gleichrangige untere soziale Auffangnetze zur Bestreitung des Lebensunterhalts dar, die sich, wie sich aus § 5 Abs. 2 SGB II ergibt, gegenseitig ausschließen und zwischen denen grundsätzlich kein Rangverhältnis besteht.[285]

Da somit durch diese Ungleichbehandlung der Zweck der Differenzierung zwischen beiden Personenkreisen nicht erreicht werden kann, ist diese Ungleichbehandlung nicht verfassungsrechtlich gerechtfertigt. Die Benachteiligung der »sonstigen Haushaltsangehörigen« gegenüber Empfängern von Sozialgeld durch die Einräumung eines Anspruchs auf eine bloß gebundene Ermessensentscheidung anstelle eines zwingenden Rechtsanspruchs stellt damit einen Verstoß gegen das grundrechtliche Gleichheitsgebot dar.

Ähnlich stellt sich die Rechtfertigung der Ungleichbehandlung durch unterschiedliche Tilgungsmöglichkeiten dar. Denn auch die Frage der Darlehenstilgung betrifft ausschließlich die materielle Bedarfsdeckung der Leistungsberechtigten. Sie steht damit in keinem Zusammenhang mit dem gesetzlichen Differenzierungszweck. Durch die zwingend vorgeschriebene Darlehenstilgung in Form der Aufrechnung kann das Ziel des SGB II, erwerbsfähige Hilfebedürftige in Arbeit zu bringen, nicht erreicht werden. Auch hier fehlt also schon die Eignung der Ungleichbehandlung, den Zweck der Differenzierung zu verwirklichen. Auch in dieser Ungleichbehandlung liegt damit ein Verstoß gegen Art. 3 Abs. 1 GG.

Schließlich müsste auch die Ungleichbehandlung, die durch die unterschiedliche Regelung hinsichtlich der Höhe der monatlichen Tilgungsrate begründet ist, verfassungsrechtlich gerechtfertigt sein. Die nach § 23 Abs. 1 S. 3 SGB II mögliche Tilgungshöhe von bis zu zehn Prozent der an die gesamte Bedarfsgemeinschaft jeweils zu zahlenden Regelleistung und damit die Ungleichbehandlung gegenüber »sonstigen Haushaltsangehörigen« nach dem SGB XII könnte geeignet sein, wirtschaftlichen Druck auf den erwerbsfähigen Hilfebedürftigen und die mit ihm zusammenlebenden Personen dergestalt auszuüben, dass die Integration des erwerbsfähigen Hilfebedürfti-

285) *Lühmann,* Die Zusammenführung von Arbeitslosen- und Sozialhilfe, S. 88; *Schoch,* ZfF 2004, 169 (170); *ders.,* in: Rothkegel, Sozialhilferecht, Teil III, Kap. 12, Rn. 5; siehe aber hinsichtlich der Probleme der Bedarfsdeckung im SGB II oben, S. 147 ff.

gen in Arbeit gefördert wird. Die im SGB II normierte mögliche Tilgungshöhe wäre danach Ausdruck des besonders im SGB II verankerten Gedankens des Forderns. Allerdings scheitert die Ungleichbehandlung spätestens an ihrer Angemessenheit. Im übrigen ist aber auch die Höhe der monatlichen Tilgungsrate dem Bereich der materiellen Bedarfsdeckung zuzurechnen und damit einem Bereich, der, wie bereits oben dargelegt, nicht in Zusammenhang mit dem speziellen Differenzierungszweck steht. Eine Ungleichbehandlung der beiden Personengruppen in eben diesem Bereich einer materiellen »Grundsicherung« ist damit verfassungsrechtlich nicht gerechtfertigt und stellt einen Verstoß gegen das Gleichheitsgebot dar.

Insgesamt kann damit festgestellt werden, dass alle drei Ungleichbehandlungen der beiden Personengruppen im Rahmen der Gewährung ergänzender Darlehen einen Verstoß gegen das Gleichheitsgebot des Art. 3 Abs. 1 GG darstellen.

c) *Ungleichbehandlung im Rahmen der unterschiedlichen Möglichkeiten der Leistungskürzung*

Die in diesem Zusammenhang erste Ungleichbehandlung besteht in der Tatsache, dass die in § 32 i. V. m. § 31 Abs. 2 SGB II normierte Leistungskürzung aufgrund der Verletzung einer Meldepflicht oder des Versäumnisses eines Untersuchungstermins im SGB XII keine Entsprechung hat. Diese bestehende Ungleichbehandlung könnte jedoch geeignet sein, das Differenzierungsziel zu verwirklichen. Denn das Fordern ist – ausweislich des § 14 SGB II – ein Grundgedanke des SGB II und die Eingliederung des erwerbsfähigen Hilfebedürftigen in Arbeit oberstes Ziel des Gesetzes. Zur Erreichung dieses Ziels aber kann es sinnvoll und notwendig sein, auch den übrigen Mitgliedern der Bedarfsgemeinschaft des erwerbsfähigen Hilfebedürftigen Pflichten aufzuerlegen, durch die eine Eingliederung in Arbeit des erwerbsfähigen Mitglieds der Bedarfsgemeinschaft erreicht werden kann.

So könnte aus diesem Grunde ein ärztlicher oder psychologischer Untersuchungstermin des Sozialgeldberechtigten in den Fällen in Betracht kommen, in denen aufgrund dessen bestehender Alkoholabhängigkeit ein Vermittlungshindernis für den erwerbsfähigen Hilfebedürftigen dergestalt besteht, dass letzterer allein für die Betreuung und Pflege eines zum Haushalt gehörenden Kindes zuständig ist.[286] Neben der Geeignetheit müsste

286) So das Beispiel aus der Gesetzesbegründung *BT-Drucks.* 15/1516, S. 62.

diese Ungleichbehandlung auch zur Verwirklichung des Differenzierungszwecks erforderlich sein. Ein milderes, aber ebenso wirksames Mittel ist hier nicht ersichtlich. Als ein solches käme beispielsweise eine geringfügigere Absenkung des Sozialgeldes in Betracht. Eine solche wäre aber nicht in gleicher Weise, wie die an der möglichen Absenkung des Arbeitslosengeldes II orientierte Absenkung, geeignet, dem Sozialgeldberechtigten vor Augen zu führen, dass seine Pflichtverletzung in Bezug auf das gesetzliche Ziel der Eingliederung in Arbeit genauso schwerwiegend ist wie eine derartige Pflichtverletzung durch den Arbeitslosengeld II-Berechtigten selbst. Die Ungleichbehandlung steht auch nicht außer Verhältnis zu den in diesem Zusammenhang bestehenden Vorteilen für Berechtigte nach dem SGB XII. Insbesondere können sie den Eintritt der Leistungskürzung durch ihr eigenes Verhalten, nämlich der Erfüllung ihrer Verpflichtungen, verhindern. Diese Ungleichbehandlung stellt damit keinen Verstoß gegen Art. 3 Abs. 1 GG dar.

Weiter besteht hinsichtlich des möglichen Umfangs einer Leistungsabsenkung nach §§ 32, 31 Abs. 4 Nrn. 1 und 2 SGB II beziehungsweise nach § 26 Abs. 1 S. 1 Nrn. 1 und 2 SGB XII eine Ungleichbehandlung beider Personengruppen. Dabei besteht die erste Ungleichbehandlung im Umfang einer erstmaligen Leistungsabsenkung, da diese nach §§ 32, 31 Abs. 4 i. V. m. Abs. 1 SGB II immer strikt um 30 Prozent erfolgt, während nach § 26 Abs. 1 SGB XII die Absenkung im Ermessen des Sozialhilfeträgers liegt und eine Absenkung um 30 % die absolute Höchstgrenze darstellt. Diese Art der Ungleichbehandlung wird der gesetzlichen Zielsetzung des Forderns im SGB II gerecht. Sie ist damit geeignet, die vom Gesetzgeber geschaffenen legislativen Unterschiede zwischen beiden Gesetzeswerken und damit das Differenzierungsziel zu erreichen. Es gibt zur Erzielung dieses Zwecks auch kein milderes, aber gleich geeignetes Mittel. Als ein solches käme nur die in § 26 Abs. 1 SGB XII enthaltene Regelung in Betracht, also eine Ermessensentscheidung des Leistungsträgers über die Höhe einer erstmaligen Leistungsabsenkung, bei der eine dreißigprozentige Absenkung die Höchstgrenze darstellt. Jedoch ist im Rahmen einer klaren Sanktionsnorm, wie sie § 31 SGB II darstellt, kein Raum für die Ausübung von Ermessen, das ja auf die konkrete Situation des Hilfeberechtigten und damit auf Hilfestellungsaspekte abstellen müsste. Vielmehr ist nur eine strikte Leistungsabsenkung derart geeignet, das Fehlverhalten zu sanktionieren und auf diese Weise eine Verhaltensänderung herbeizuführen.

Die Ungleichbehandlung steht auch nicht außer Verhältnis zu den mit der Ermessensentscheidung nach § 26 Abs. 1 SGB XII verbundenen Vorteilen für »sonstige Haushaltsangehörige«. Insbesondere können Empfänger von Sozialgeldleistungen die Sanktion einer derartigen Leistungsabsenkung durch ihr eigenes Verhalten vermeiden, da eine solche Leistungsabsenkung schuldhaftes Verhalten der Hilfeberechtigten voraussetzt.

Diese Ungleichbehandlung ist damit verfassungsrechtlich gerechtfertigt und stellt keinen Verstoß gegen Art. 3 Abs. 1 GG dar.

Weiter müsste auch die Ungleichbehandlung verfassungsrechtlich gerechtfertigt sein, die in der Tatsache liegt, dass sich eine erstmalige Leistungsabsenkung nach beiden Vorschriften auch im Gegenstand der Leistungseinschränkung unterscheiden kann. Auch diese Ungleichbehandlung könnte in der unterschiedlichen Ausrichtung der beiden Parallelvorschriften und damit im Zweck der Differenzierung begründet sein. Denn die Möglichkeit, nach § 26 Abs. 1 SGB XII auch die genannten übrigen Leistungen in die Kürzung miteinzubeziehen, ist geeignet, auf die konkrete Hilfesituation des jeweils Sozialhilfeberechtigten zu reagieren und damit dessen Verhalten nicht nur zu sanktionieren, sondern ihm auch und in erster Linie Hilfestellungen zu geben. Dagegen ist solch eine Berücksichtigung der konkreten Hilfesituation nach §§ 32, 31 SGB II nicht notwendig, da diese Regelung eine reine Sanktionierung des schuldhaften Verhaltens darstellt und gerade keine darüber hinausgehenden Hilfestellungen leisten will. Die Berücksichtigung der konkreten Hilfesituation und damit die Möglichkeit, auch andere Leistungen als die Regelsätze einschränken zu können, ist auch erforderlich, um den Sozialhilfeberechtigten bestmögliche Hilfe zukommen zu lassen. Im übrigen stehen die damit einhergehenden Vorteile auch nicht außer Verhältnis zu der strikten Regelung des SGB II. Denn es wird betragsmäßig in der Regel keinen großen Unterschied machen, aus welchen Einzelpositionen sich die – im übrigen oft der Höhe nach ansonsten identische – Absenkung zusammensetzt. Auch hängt es jeweils von den Umständen des konkreten Einzelfalles ab, welche der beiden Absenkungsarten im jeweiligen Fall günstiger ist.

Diese Ungleichbehandlung ist damit ebenfalls verfassungsrechtlich gerechtfertigt.

Ähnlich verhält es sich mit der weiteren Ungleichbehandlung in Form der unterschiedlichen Möglichkeiten der Gewährung ergänzender Sach- oder geldwerter Leistungen. Die Tatsache, dass die Gewährung solcher ergänzender Leistungen nach § 26 Abs. 1 SGB XII schon bei der erstmaligen Leistungsabsenkung möglich ist, ist ebenfalls in dem Hilfenormcharakter dieser Vorschrift begründet. Diese Regelung ist ebenfalls geeignet, dem Hilfeberechtigten in seiner konkreten Notlage bestmöglich Hilfestellung zu geben. Eine solche fehlende Möglichkeit im SGB II dagegen ist geeignet, den Sanktionscharakter der Vorschrift weiter zu betonen. Nach der Regelung im SGB II geht es hier gerade nicht um maßgeschneiderte Hilfeleistung, sondern, da ergänzende Leistungen nach § 31 Abs. 3 S. 3 SGB XII erst bei einer Leistungskürzung um mehr als 30 Prozent erbracht werden können, ausschließlich um die Absicherung des sozio-kulturellen Existenzminimums. Durch die unterschiedliche Ausgestaltung kann damit das Differenzierungsziel erreicht werden. Weiter ist kein milderes, aber ebenso geeignetes Mittel zur Verwirklichung dieses Differenzierungszwecks ersichtlich. Die damit für Sozialhilfeberechtigte einhergehenden Vorteile stehen auch nicht außer Verhältnis zu den Nachteilen der Empfänger von Sozialgeld. Insbesondere können diese ja bei einer wiederholten Pflichtverletzung und einer Leistungskürzung um mehr als 30 % ebenfalls derartige ergänzende Leistungen erhalten. Auch in diesem Zusammenhang ist im Übrigen die Tatsache von Bedeutung, dass Empfänger von Sozialgeldleistungen die Leistungskürzung durch ihr eigenes Verhalten vermeiden können. Auch diese Ungleichbehandlung ist damit gerechtfertigt.

Mit eben dieser Begründung lassen sich auch die weiteren, in diesem Zusammenhang auftretenden Ungleichbehandlung rechtfertigen, nämlich die zwingende zusätzliche Leistungskürzung bei einer Wiederholung der Pflichtverletzung nach § 31 Abs. 3 SGB II und die mögliche Dauer einer Leistungsabsenkung. Sowohl die Regelung des § 31 Abs. 3 S. 1 SGB II als auch die des § 31 Abs. 6 S. 2 SGB II betonen den strikten Sanktionscharakter dieser Norm; der Hilfeaspekt spielt im Unterschied zur Parallelvorschrift des § 26 Abs. 1 SGB XII keine Rolle. Die verfassungsrechtliche Rechtfertigung dieser Ungleichbehandlung ergibt sich damit aus den bereits zuvor dargestellten Gründen.

d) Ungleichbehandlung im Rahmen der Vermutung der Bedarfsdeckung

Die beiden im Zusammenhang mit der Vermutung der Bedarfsdeckung bestehenden Ungleichbehandlungen betreffen den Bereich der materiellen Bedarfsdeckung. Hinsichtlich der Bedarfsdeckung aber stehen SGB II und SGB XII gleichberechtigt nebeneinander, sie bilden beide jeweils ein unterstes soziales Auffangnetz.[287] Damit aber betreffen diese Ungleichbehandlungen gerade nicht den beide Gesetze voneinander unterscheidenden und die Differenzierung rechtfertigenden Bereich, zumal auch nach der Regelung des SGB XII die strengeren Anforderungen gestellt werden. Mithin können diese Ungleichbehandlungen schon nicht zur Erreichung des Differenzierungszwecks geeignet sein. Eine Ungleichbehandlung der beiden Personengruppen erfolgt hier also ohne Vorliegen eines sachlichen, die Ungleichbehandlung rechtfertigenden Grundes. Damit liegt in den beiden genannten Ungleichbehandlungen jeweils ein Verstoß gegen Art. 3 Abs. 1 GG.[288]

e) Ungleichbehandlung im Rahmen der Leistung für Mehrbedarfe

Die jeweils fehlende Öffnungsklausel im Rahmen der verschiedenen Mehrbedarfsleistungen im SGB II stellt ebenfalls eine Ungleichbehandlung ausschließlich im Bereich der materiellen Bedarfsdeckung dar. Daher sind auch diese Ungleichbehandlungen nicht geeignet, den Differenzierungszweck zu verwirklichen. Auch für diese Ungleichbehandlung besteht damit kein sachlicher Grund, so dass auch diesbezüglich ein Verstoß gegen das Gleichheitsgebot vorliegt.

Insgesamt ist somit festzustellen, dass verfassungsrechtlich nicht gerechtfertigte Ungleichbehandlungen in all den Fällen vorliegen, in denen die festgestellten Ungleichbehandlungen ausschließlich die materielle Bedarfsdeckung dieser beiden Personengruppen betreffen. Denn das SGB XII und das SGB II sind – zumindest nach der Konzeption des Gesetzgebers –[289] zwei gleichberechtigte Systeme der untersten Existenzsicherung. Soweit es sich dagegen um Normierungen handelt, die mit dazu beitragen, dass der erwerbsfähige Hilfebedürftige schnellstmöglich wieder in den Arbeitsmarkt integriert wird, rechtfertigt sich eine Ungleichbehandlung dieser beiden Personengruppen aus dem speziellen Gesetzeszweck des SGB II und es liegt in diesen Fällen kein Verstoß gegen den allgemeinen Gleichheitssatz des Art. 3 Abs. 1 GG vor.

---

287) Vgl. *Lühmann,* Die Zusammenführung von Arbeitslosen- und Sozialhilfe, S. 88; siehe auch *Schoch,* ZfF 2004, 169 (170); *ders.,* in: Rothkegel, Sozialhilferecht, Teil III, Kap. 12, Rn. 5.

288) Im Ergebnis so auch *Conradis,* in: LPK-SGB XII, § 36, Rn. 23.

289) Tatsächlich ist das SGB II jedoch nicht in jeder Hinsicht bedarfsdeckend angelegt, sondern allenfalls bedarfsorientiert. Siehe insoweit oben, S. 150.

§ 5: Der Individualisierungsgrundsatz

A. Die Geltung des Individualisierungsgrundsatzes in den neuen Gesetzeswerken

Nach wie vor normieren § 9 S. 1 SGB I und § 33 SGB I den Individualisierungsgrundsatz und fordern dessen Anwendung für das gesamte Sozialleistungsrecht, also auch für die Anwendungsgebiete des SGB XII und des SGB II.

Daneben findet dieser Grundsatz aber auch in den einzelnen Gesetzeswerken noch einmal ausdrücklich seine gesetzliche Verankerung. So ist er im SGB XII in dessen § 9 Abs. 1 normiert, der insoweit den bisherigen § 3 Abs. 1 S. 1 BSHG fast inhaltsgleich übernommen hat, indem er bestimmt, dass sich die Leistungen *»[...] nach der Besonderheit des Einzelfalles, insbesondere nach der Art des Bedarfs, den örtlichen Verhältnissen, den eigenen Kräften und Mitteln der Person oder des Haushalts bei der Hilfe zum Lebensunterhalt«* richten. Auch im SGB II findet sich dieser sozialhilferechtliche Grundsatz in dessen § 3 Abs. 1 S. 2 und in § 1 Abs. 1 S. 4. Allerdings ist er dort schwächer ausgestaltet und bezieht sich in § 3 Abs. 1 Nr. 2 nur auf die Leistungen zur Eingliederung in Arbeit; in § 1 Abs. 1 S. 4 nur speziell auf die Förderung der Erwerbstätigkeit.

Sowohl in § 3 Abs. 1 S. 2 Nr. 2 SGB II als auch in § 9 Abs. 1 SGB XII wird die Beachtung der individuellen Verhältnisse als »Grundsatz« eingestuft. Dies macht deutlich, dass ihr bei sämtlichen Leistungen nach dem SGB XII, also auch im Bereich der Grundsicherung im Alter und bei Erwerbsminderung, bzw. bei sämtlichen Leistungen zur Eingliederung in Arbeit nach dem SGB II Bedeutung zukommt und dass sie eine objektive Leitvorstellung des Gesetzgebers darstellt.[290]

B. Umformulierung des Individualisierungsgrundsatzes im SGB XII und Auswirkungen auf die Anspruchszuordnung[291]

Trotz weitgehend inhaltlicher Übereinstimmung des § 9 Abs. 1 SGB XII mit dessen Vorgängernorm § 3 Abs. 1 S. 1 BSHG wurde mit der Sozial-

290) *Roscher,* in: LPK-SGB XII, § 9, Rn. 9; *Wahrendorf,* in: Grube/Wahrendorf, SGB XII, § 9, Rn. 3.

291) §§ ohne weitere Gesetzesangabe sind im Folgenden solche des SGB XII.

hilfereform 2005 die gesetzliche Normierung des Individualisierungsgrundsatzes etwas verändert, indem nunmehr auch die *»Kräfte und Mittel des Haushalts«* bei der Hilfe zum Lebensunterhalt zu berücksichtigen sind. Da damit ausdrücklich auch andere Personen als der Hilfeberechtigte von dem Sozialhilfeträger in den Blick zu nehmen sind, stellt sich die Frage, ob der Individualisierungsgrundsatz durch Aufnahme dieser »Haushalts-Klausel« eine neue Ausrichtung erfahren hat.

Dafür könnte die Gesetzesbegründung sprechen, die in Bezug auf diese Neuerung ausführt, dass *»insoweit [...] das Individualprinzip des Absatzes 1 nicht mehr auf die einzelne Person bezogen [wird], sondern auf Grund der Lebenswirklichkeit gemeinsam wirtschaftender Haushalte erweitert [wird], was insbesondere bei der Leistungsberechnung nach § 19 von Bedeutung ist.«*[292] Bezieht sich aber der Individualisierungsgrundsatz nicht mehr auf die jeweils hilfebedürftige Einzelperson, sondern auf deren gesamte Haushaltsgemeinschaft, so hat dies Konsequenzen auch für den Bereich der Anspruchszuordnung. Denn aus der Verpflichtung des Sozialhilfeträgers, bei Art, Form und Maß der Hilfe die individuelle Notsituation in den Blick zu nehmen, ergab sich bislang die Höchstpersönlichkeit dieses Sozialhilfeanspruchs.[293] Aus dieser Höchstpersönlichkeit des Anspruchs folgte gerade das Bestehen eines Einzelanspruchs des jeweils hilfeberechtigten Familienmitglieds auf Sozialhilfe und das Verneinen eines Anspruchs der gesamten Familiengemeinschaft. Diese Auffassung spiegelte sich auch in der Gesetzesentwicklung wider: Denn mit dem In-Kraft-Treten des BSHG 1962 wurde die Rechtsfigur der »Familiennotgemeinschaft«, wie sie die Reichsgrundsätze über Voraussetzung, Art und Maß der öffentlichen Fürsorge in ihrem § 5 kannten, aufgegeben und der Einzelanspruch in § 11 Abs. 1 S. 1 BSHG gesetzlich bestimmt.[294] Auch Rechtsprechung[295] und Literatur[296] haben den Einzelanspruch seit langem anerkannt.

Neben dieser inhaltlichen Gesetzesänderung des früheren § 3 Abs. 1 S. 1 BSHG im jetzigen § 9 Abs. 1 SGB XII könnte auch die Formulierung des § 19 Abs. 1 SGB XII für das Abrücken vom Einzelanspruch durch die

292) *BT-Drucks.* 15/1514, S. 56.

293) Vgl. *Rothkegel,* in Rothkegel, Sozialhilferecht, Teil II, Kap. 3, Rn. 92

294) Siehe hierzu auch *Schoch,* info also 1997, 107 (107); *ders.,* info also 2003, 147 (147); *ders.,* NDV 2002, 8 (8 f.); *Schwabe,* ZfF 1993, 201 (201).

295) Siehe etwa *BVerwG,* Urteil v. 22.10.1992, FEVS 43, 268 (271).

296) *Schoch,* NDV 1984, 431 (431); *ders.,* ZfS 1989, 297 (299); *ders.,* NDV 2002, 8 (8 f.).

Sozialhilfereform 2005 sprechen. So ist in dessen Satz 1 mit dem Begriff *»Personen«* die Pluralform verwandt worden, im Gegensatz zu dessen Vorgängernorm des § 11 Abs. 1 S. 1 BSHG, nach dem *»Hilfe [...] **dem** zu gewähren [war], der seinen notwendigen Lebensunterhalt nicht oder nicht ausreichend aus eigenen Kräften und Mitteln [...] beschaffen [konnte.]«*[297] Weiter könnte auch Satz 2 des § 19 Abs. 1 SGB XII für die Aufgabe des Einzelanspruchs sprechen, der ebenfalls im Unterschied zu der Parallelvorschrift des § 11 Abs. 1 S. 2 BSHG inhaltlich dergestalt verändert wurde, dass jetzt *»bei nicht getrennt lebenden Ehegatten oder Lebenspartnern [...] das Einkommen und Vermögen beider Ehegatten oder Lebenspartner **gemeinsam** zu berücksichtigen [ist].«*[298] Und auch in dem Fall, dass minderjährige unverheiratete Kinder dem Haushalt ihrer Eltern oder eines Elternteils angehören und sie ihren notwendigen Lebensunterhalt nicht aus ihrem Einkommen und Vermögen beschaffen können, ist nach § 19 Abs. 1 S. 2 Hs. 2 SGB XII das Einkommen und das Vermögen der Eltern oder des Elternteils ***gemeinsam*** zu berücksichtigen.[299]

Demgegenüber spricht für eine Beibehaltung der Einzelanspruchsregelung die Tatsache, dass nach wie vor gemäß § 19 Abs. 1 S. 1 SGB XII der Hilfeanspruch Personen zugeordnet wird und nicht einer bestimmten Gemeinschaft, der diese Personen zugehörig sind.[300] Daran ändert auch die Verwendung der Pluralform in § 19 Abs. 1 S. 1 SGB XII nichts. Auch andere Vorschriften des SGB XII sprechen dafür, dass weiterhin von einer Einzelanspruchsregelung auszugehen ist. So sieht § 26 Abs. 2 nur die Aufrechnung gegen Ansprüche einer leistungsberechtigten Person vor und

---

297) Hervorhebung durch Verf.

298) Hervorhebung durch Verf.

299) Dafür, dass mit dieser neu eingefügten **gemeinsamen** Einkommens- und Vermögensberücksichtigung Konsequenzen auf die bislang bestehende Einzelanspruchsregelung verbunden sind, spricht weiter die Gesetzesbegründung zu § 19 SGB XII: *»Der neue Hinweis auf die gemeinsame Berücksichtigung von Einkommen und Vermögen folgt der Änderung in § 9 Abs. 1 und bewirkt, dass künftig einheitlich die Leistungsberechnung für diese Familien in der Regel gemeinsam erfolgt und die Leistungsberechnung nur dann für einzelne Familienmitglieder durchgeführt wird, wenn zum Beispiel minderjährigen Kindern ausreichend eigenes Einkommen und Vermögen zur Verfügung steht.«; BT-Drucks.* 15/1514, S. 57; für die Aufgabe der Einzelanspruchsregelung wohl auch *Berlit,* info also 2003, 195 (199); *Schellhorn,* NDV 2004, 167 (169).

300) So auch *Schoch,* ZfF 2004, 169 (169); *ders.,* in: Rothkegel, Sozialhilferecht, Teil III, Kap. 12, Rn. 2; siehe insoweit auch §§ 19 Abs. 2, 53 Abs. 1 und 61 Abs. 1 S. 1, § 67 S. 1 SGB XII, die ebenfalls von einer Anspruchszuordnung auf Personen, nicht auf eine Personengemeinschaft ausgehen.

in § 39 ist die Verminderung des Regelsatzes auf die leistungsberechtigte Person beschränkt, die die entsprechenden Tätigkeiten verweigert.[301]

Weiter sprechen Argumente der Verwaltungspraxis für die Notwendigkeit von individuellen Sozialhilfeansprüchen. Insoweit erlangen Einzelansprüche insbesondere Bedeutung im Zusammenhang mit der Realisierung von Rückforderungsmöglichkeiten nach § 50 SGB X bzw. nach § 103 Abs. 1 SGB XII oder bei der Prüfung der »Bagatellgrenze« des § 110 Abs. 2 SGB XII im Rahmen der Kostenerstattung zwischen verschiedenen Trägern der Sozialhilfe.[302]

Darüber hinaus wäre bei einer Aufgabe der Einzelanspruchsregelung nicht mehr in jedem Einzelfall die individuelle Bedarfsdeckung in Höhe zumindest des sozio-kulturellen Existenzminimums sichergestellt. Denn die sozialhilferechtliche Unterstützungsleistung würde dann einer Personengemeinschaft als Anspruchsinhaberin geleistet. Dass jedoch auch der sozialhilferechtliche Bedarf jedes Mitglieds dieser Personengemeinschaft gedeckt wird, könnte eben auf diese Weise nicht garantiert werden. Mithin aber geht mit der Zuordnung des Sozialhilfeanspruchs auf eine Personenmehrheit die Gefahr von ungedeckten Bedarfslücken der Mitglieder dieser Gemeinschaft einher.[303]

Die besseren Argumente sprechen somit dafür, dass die durch die Sozialhilfereform 2005 erfolgten inhaltlichen Veränderungen der §§ 9 Abs. 1, § 19 Abs. 1 SGB XII nicht zu einer Abschaffung der sozialhilferechtlichen Einzelanspruchsregelung jeder sozialhilfebedürftigen Person geführt haben.[304]

---

301) Zu weiteren Beispielen siehe *Schoch,* in: LPK-SGB XII, § 19, Rn. 29.

302) Beispiele zitiert nach *Schwabe,* ZfF 1993, 201 (202 f.); *ders.,* ZfF 1994, 217 (217), der noch weitere Beispiele für die Notwendigkeit des Einzelanspruchs anführt.

303) Nach *Schoch* folgt der Einzelanspruch darüber hinaus auch aus dem Menschenwürdegrundsatz des Art. 1 Abs. 1 GG, der fordere, dass der jeweils Leistungsberechtigte als Rechtssubjekt wahrgenommen werde; vgl. *Schoch,* in: LPK-SGB XII, § 19, Rn. 26.

304) *Neumann,* in: Hauck/Noftz, SGB XII, § 19, Rn. 20; *Schoch,* ZfF 2004, 169 (169), *ders.,* in: LPK-SGB XII, § 19, Rn. 26 f; *ders.,* in: Rothkegel, Sozialhilferecht, Teil III, Kap. 12, Rn. 3; a. A. *Grube,* in: Grube/Wahrendorf, SGB XII, § 19, Rn. 11, der die Ansicht vertritt, dass Personen, die nach § 19 Abs. 1 S. 2 SGB XII hinsichtlich des Einsatzes von Einkommen und Vermögen gemeinsam zu berücksichtigen sind, auch einen gemeinsamen Anspruch auf Hilfe zum Lebensunterhalt besitzen. Diese Auffassung führt dann allerdings zu der Inkonsequenz, dass entsprechende Personen bei der Hilfe zum Lebensunterhalt einen gemeinsamen Anspruch haben, während es bei der Grundsicherung im Alter und bei Erwerbs-

Da das SGB II grundsätzlich ein dem SGB XII gleichgestelltes System der untersten sozialen Existenzsicherung ist,[305] ist auch in ihm, aus den gleichen Gründen vom Bestehen von Einzelansprüchen auszugehen. Diesem Erfordernis wird § 7 Abs. 1 und 2 SGB II gerecht.[306]

Somit ergibt sich, dass es sich bei der Neufassung des § 19 Abs. 1 S. 2 SGB XII in Form der Ergänzung des Gesetzeswortlauts um das Adverb »gemeinsam« nicht um die Abschaffung des individuellen Einzelanspruchs auf Sozialhilfe handelt. Vielmehr regelt § 19 Abs. 1 S. 2 SGB XII die Einkommens- und Vermögensberücksichtigung innerhalb einer zusammenlebenden Familie. Sie stellt damit eine Frage des Nachrangs der Sozialhilfe dar[307] und keine des Individualisierungsgrundsatzes.

Insgesamt kann also die Neufassung des § 9 Abs. 1 SGB XII um die so genannte »Haushalts-Klausel« nicht mehr – aber auch nicht weniger – bedeuten, als dass auch diese Haushalts- und Familiensituation, insbesondere die Selbsthilfemöglichkeiten des jeweiligen Haushalts, bei der Beurteilung und Erfassung der individuellen Notlage zu berücksichtigen ist. In diesem Sinne sind auch die Vorgaben in § 3 Abs. 1 S. 2 Nr. 2 SGB II formuliert, wenn es dort heißt, dass die individuelle Lebenssituation, insbesondere die familiäre Situation, zu berücksichtigen ist. Eine Neuausrichtung des Individualisierungsgrundsatzes, wie sie die Gesetzesbegründung nahelegt, ist also mit der Aufnahme der »Haushalts-Klausel« in den § 9 Abs. 1 SGB XII nicht verbunden. Vielmehr kommt § 9 Abs. 1 SGB XII soweit nur eine klarstellende Funktion gegenüber § 19 Abs. 1 S. 2 SGB XII zu, als mit den Kräften und Mitteln des Haushalts finanzielle Selbsthilfemöglichkeiten gemeint sind.[308] Daher ist allerdings die »Haushalts-

---

minderung mangels Fehlens des Adverbs »gemeinsam« in § 19 Abs. 2 S. 2 bei der Einzelanspruchsregelung verbleiben dürfte.

305) Vgl. § 5 Abs. 2 S. 1 SGB II und § 21 S. 1 SGB XII; *Lühmann,* Die Zusammenführung von Arbeitslosen- und Sozialhilfe, S. 88; *Rothkegel,* in: Rothkegel, Sozialhilferecht, Teil II, Kap. 2, Rn. 10; *Schoch,* ZfF 2004, 169 (170); *ders.,* in: Rothkegel, Sozialhilferecht, Teil III, Kap. 12, Rn. 5.

306) So auch *Schoch,* ZfF 2004, 169 (170); *ders.,* in Rothkegel, Sozialhilferecht, Teil III, Kap. 12, Rn. 4.

307) Ebenso *Neumann,* in: Hauck/Noftz, SGB XII, § 19, Rn. 20, der § 19 Abs. 1 S. 2 SGB XII als eine *»Berechnungsmodalität«* einstuft.

308) So *Luthe,* in: Hauck/Noftz, SGB XII, § 9, Rn. 10; in diesem Zusammenhang ist darauf hinzuweisen, dass mit den »Kräften und Mitteln« im Sinne des § 9 Abs. 1 SGB XII nicht nur finanzielle Ressourcen gemeint sind, sondern auch individuelle Kenntnisse und Fähigkeiten dazu gehören, vgl. *Roscher,* in: LPK-SGB XII, § 9, Rn. 12.

Klausel« des § 9 Abs. 1 SGB XII, soweit sie auf die Einkommens- und Vermögensberücksichtigung innerhalb einer zusammenlebenden Familie abstellt, gesetzessystematisch an der falschen Stelle normiert worden, da es sich, wie oben dargestellt, insoweit um eine Frage des Nachranges und nicht der Individualisierung bei der Ermittlung der individuellen Notlage handelt.[309]

C. Anwendung des Individualisierungsgrundsatzes in den neuen Gesetzen SGB XII und SGB II

I. Anwendung des Individualisierungsgrundsatzes auf den unterschiedlichen Ebenen eines »Sozialhilfefalles«[310]

Wie bereits oben dargestellt[311] findet der Individualisierungsgrundsatz im Rahmen der Bearbeitung eines »Sozialhilfefalles« auf drei unterschiedlichen Ebenen Anwendung: zum einen bei der Bedarfsermittlung/-feststellung, dann bei der konkreten Hilfegestaltung und letztlich ist er bei der Anspruchszuordnung zu beachten.[312]

Der Bedeutung des Individualisierungsgrundsatzes auf diesen verschiedenen Ebenen sowie dem Verhältnis der einzelnen Ebenen zueinander soll im Folgenden nachgegangen werden.

1. Die Bedarfsermittlung/-feststellung und Hilfegestaltung

Im Rahmen der Bedarfsermittlung, die zu Beginn der Bearbeitung eines »Sozialhilfefalles« steht, geht es darum festzustellen, ob ein sozialhilferechtlich relevanter Bedarf besteht. Es handelt sich damit um die Ermittlung des »Ob« eines sozialhilferechtlichen Leistungsanspruchs. Fraglich ist allerdings, wo die Grenzen dieser Bedarfsermittlung verlaufen, insbesondere, ob bereits auf dieser Ebene Ermittlungen zum Bedarfsumfang, also dem Maß der

309) So auch *Roscher,* in: LPK-SGB XII, § 9, Rn. 12.

310) Die im Folgenden gemachten Ausführungen können auf die Anwendung des Individualisierungsgrundsatzes im SGB II übertragen werden; der besseren Übersichtlichkeit und Verständlichkeit wegen erfolgt die Darstellung jedoch nur am Beispiel eines Gesetzes, vorliegend also des SGB XII.

311) Vgl. oben S. 7 f.

312) Siehe hierzu *Giese,* ZfSH 1981, 321 (321); *Rothkegel,* Strukturprinzipien, S. 42 ff.; ders. in: Rothkegel, Sozialhilferecht, Teil II, Kap. 3, Rn. 89 f.; *Schulte/Trenk-Hinterberger,* Sozialhilfe, S. 114 f.; *Schulte,* NJW 1989, 1241 (1242).

Hilfe, und zur Bedarfsart im Sinne des § 10 SGB XII zu erfolgen haben, oder ob diese Fragen erst bei der nachfolgenden Prüfung der Hilfegestaltung zu entscheiden sind. Es geht somit um die Abgrenzung der Ebene »Bedarfsfeststellung« zur Ebene »Festlegung von Art und Maß der Hilfe«. Diese Abgrenzung ist deshalb von Bedeutung, weil es bei der Bedarfsfeststellung bei Vorliegen der gesetzlichen Tatbestandsvoraussetzungen einer Leistungsvorschrift um einen gebundenen Rechtsanspruch handelt, vgl. § 17 Abs. 1 S. 1 SGB XII, § 38 SGB I. Hinsichtlich der Frage des »Ob« eines sozialhilferechtlichen Anspruchs ebenso wie bezüglich der Frage der in Betracht kommenden Leistungsart nach § 8 SGB XII ist dem Sozialhilfeträger daher kein Ermessen eingeräumt.[313] Demgegenüber hat der Sozialhilfeträger nach § 17 Abs. 2 S. 1 SGB XII die Entscheidung über Art und Maß der Leistungserbringung nach pflichtgemäßem Ermessen zu treffen,[314] bei dessen Ausübung insbesondere § 39 SGB I zu beachten ist.[315]

Da also dem Sozialhilfeträger im Rahmen der Bedarfsermittlung im Gegensatz zur Ebene der Festlegung von Art und Maß der Hilfe keinerlei Ermessen eingeräumt ist, ist die Abgrenzung beider Bereiche bedeutsam. Denn dieser Unterschied bei der Entscheidungsfindung könnte Konsequenzen für den Individualisierungsgrundsatz haben, da im Rahmen von Ermessensentscheidungen die individuellen Verhältnisse des jeweils Leistungsberechtigten anders, wenn nicht gar verstärkt, zu berücksichtigen sind. Indem Art und Maß der Sozialhilfeleistungen nicht durch das Gesetz selbst

---

313) *Grube,* in: Grube/Wahrendorf, SGB XII, § 17, Rn. 9 i.V. m. 2, Rn. 30.

314) *Grube,* in: Grube/Wahrendorf, § 17, Rn. 9, 23.

315) In diesem Zusammenhang sei darauf hingewiesen, dass mit dem Begriff »Art der Leistungserbringung«, der im Zuge der Sozialhilfereform 2005 den bislang verwandten Begriff »Form der Sozialhilfe« in der Vorgängernorm des § 4 Abs. 2 BSHG nun ersetzt, keine inhaltliche Veränderung verbunden sein sollte. Insbesondere sind mit dem jetzigen Ausdruck »Art der Leistungserbringung« nicht die in § 8 genannten Hilfearten gemeint. Nach der Gesetzesbegründung sollte durch die Auswechslung des Begriffs »Form« mit »Art« nur eine Anpassung an den Sprachgebrauch des SGB I erfolgen, vgl. *BT-Drucks.* 15/1514, S. 57. Insoweit scheint die Gesetzesbegründung auf § 11 S. 1 SGB I Bezug zu nehmen, der als »Leistungsarten« die Dienst-, Sach- und Geldleistungen deklariert, so dass mit der »Art der Leistungserbringung« nach wie vor insbesondere auf § 10 SGB XII, der diese drei Leistungsarten nennt, verwiesen wird. Dafür spricht auch die Tatsache, dass § 10 SGB XII die Nachfolgenorm des § 8 BSHG ist; in letzterem aber war, ebenso wie in § 4 Abs. 2 BSHG von »Formen der Sozialhilfe« die Rede. Der Ausdruck »Form der Sozialhilfe« ist also durchgehend im Zuge der Sozialhilfereform 2005 durch den Ausdruck »Art« der Sozialhilfe beziehungsweise der Leistungserbringung ersetzt worden; so auch *Grube,* in: Grube/Wahrendorf, § 17, Rn. 2; im Ergebnis auch *Roscher,* in: LPK-SGB XII, § 17, Rn. 22.

bestimmt werden, sondern im Rahmen der Ermessensentscheidung nach den individuellen Verhältnissen des Einzelfalles zu bestimmen sind, scheint dem Individualisierungsgrundsatz auf den verschiedenen Ebenen ein unterschiedliches Gewicht zuzukommen.[316]

Einen Versuch der Abgrenzung beider Bereiche voneinander stellt die häufig vertretene Ansicht dar, wonach der Hilfeanspruch nur ein Anspruch dem Grunde nach sei, die Entscheidung hinsichtlich Art und Maß der Hilfe dagegen in das Ermessen des Sozialhilfeträgers falle.[317] Konsequenz dieser Ansicht ist der Umstand, dass der Leistungsberechtigte nur diesen, dem Grunde nach bestehenden Rechtsanspruch auf Sozialhilfe im Rechtswege verfolgen kann, während die Entscheidung des Sozialhilfeträgers über Art und Maß der Hilfeleistung nur auf das Vorliegen von Ermessensfehlern gerichtlich überprüfbar ist, § 114 VwGO.

Gegen diese Abgrenzung der beiden Bereiche spricht allerdings der Bedarfsdeckungsgrundsatz. Ergibt sich danach im Rahmen der Bedarfsfeststellung, dass der ermittelte Bedarf nur auf eine bestimmte Art und Weise und nur in einem bestimmten Umfang gedeckt werden kann, reduziert sich das grundsätzlich bestehende Ermessen bei der Frage von Art und Maß der Hilfeleistung auf diese eine Alternative. Eine derartige »Ermessensschrumpfung« hinsichtlich der Art und des Maßes der Hilfeleistung findet nur dann nicht statt, wenn verschiedene Möglichkeiten der Bedarfsdeckung in Frage kommen und jede dieser Möglichkeiten gleichermaßen eine ausreichende Bedarfsdeckung sicherstellt.[318] Der Ermessensspielraum im Bereich der Art und des Maßes der Hilfegestaltung darf auch nicht künstlich erweitert werden, indem auf der vorgelagerten Ebene eine ungenaue Bedarfsfeststellung erfolgt, die aufgrund ihrer weiten Fassung weitere Entscheidungen auf der Ebene der Hilfegestaltung erfordert.[319] Denn durch eine solche ungenaue Bedarfsfeststellung und den damit verbundenen weiten Ermessensspielraum im Bereich der Hilfegestaltung können sich zum einen Bedarfsdeckungslücken ergeben. Zum anderen geht damit auch die Gefahr einher, dass der Individualität der jeweiligen Notlage nicht im vollen Umfang Rechnung getragen wird, und damit der Individualisierungsgrundsatz

---

316) So wohl *Schulte/Trenk-Hinterberger,* Sozialhilfe, S. 122.

317) Vgl. *Gottschick/Giese,* Bundessozialhilfegesetz, § 4, Rn. 5*; Schellhorn/Schellhorn,* BSHG, § 4, Rn. 5; *Schulte/Trenk-Hinterberger,* Sozialhilfe, S. 122.

318) So auch *Grube,* in: Grube/Wahrendorf, SGB XII, § 17, Rn. 33; *Roscher* in: LPK-SGB XII, § 17, Rn. 22.

319) *Roscher,* in: LPK-SGB XII, § 17, Rn. 6 ff.

nur eingeschränkt zur Anwendung kommt. Beide Gefahren resultieren aus der Tatsache, dass die Hilfegestaltung durch die ungenaue Bedarfsbestimmung einen falschen Bezugs- oder Anknüpfungspunkt erhält. Denn da die Bedarfsfeststellung auf der Tatbestandseite einer Leistungsvorschrift erfolgt, die Frage der Hilfegestaltung aber auf der Rechtsfolgenseite verortet ist, knüpft die Entscheidung über die Art und das Maß der Hilfegestaltung im Fall einer ungenauen Bedarfsfeststellung an einen unzutreffenden, zumindest aber ungenauen Tatbestand.[320]

Eine ungenaue Bedarfsfeststellung kann aber auch zu Lasten der im konkreten Fall erforderlichen und erfolgversprechendsten Hilfegestaltung gehen. Denn wenn die Art des im konkreten Fall vorliegenden Bedarfs oder die Gründe, die zu seiner Entstehung geführt haben, nur ungenau ermittelt werden, ist eine passgenaue Hilfeleistung nicht möglich. Vielmehr können dann im Rahmen der Ermessensausübung aufgrund des falsch ermittelten Bezugspunktes Gesichtspunkte ausschlaggebend sein, die nicht ermessensfehlerhaft sind, aber auch nicht die bestmögliche Hilfeleistung darstellen.[321] Daher kann eine ungenaue Bedarfsfeststellung nicht nur zu Gefahren für den Bedarfsdeckungsgrundsatz führen, sondern auch zu Abschlägen bei der Anwendung des Individualisierungsgrundsatzes.

Diese somit erforderliche genaue Feststellung des im konkreten Fall bestehenden Bedarfs und die damit verbundene Einschränkung des Ermessensspielraums bei der Entscheidung über »Art und Maß der Leistungserbringung« führen aber nicht zu einer Beschneidung des Anwendungsbereichs des Individualisierungsgrundsatzes. Denn die Berücksichtigung der Besonderheiten des Einzelfalles erfolgt nicht vornehmlich im Rahmen der Ermessensausübung des Sozialhilfeträgers bei der Hilfegestaltung. Wie bereits in

---

320) Als ein Beispiel für das Entstehen von Bedarfslücken infolge ungenauer Bedarfsfeststellung ist das Abweichen vom Regelsatz im Einzelfall nach § 28 Abs. 1 S. 2 Alt. 2 SGB XII zu nennen. Wird beispielsweise in einem solchen Fall der Bedarf, hier also der im Einzelfall vom durchschnittlichen Bedarf nach oben hin abweichende Bedarf für den notwendigen Lebensunterhalt, nur ungenau ermittelt und lediglich als bestehender Bedarf des notwendigen Lebensunterhalts im Rahmen der Bedarfsfeststellung bezeichnet, so stellt die fehlende Berücksichtigung dieser bedarfserhöhenden Umstände im Rahmen der Hilfegestaltung jedenfalls keinen Ermessensfehler dar. Da in einem solchen Fall dann nur die gesetzlich normierte Regelsatzleistung gewährt wird, gehen mit dieser ungenauen Bedarfsermittlung Bedarfsdeckungslücken einher. Allerdings unterliegt die Bedarfsfeststellung der vollen gerichtlichen Nachprüfbarkeit, so dass der Leistungsberechtigte seinen in einem höheren Umfang bestehenden Hilfeanspruch gerichtlich geltend machen kann.

321) Vgl. hier das von *Roscher* angeführte Beispiel in: LPK-SGB XII, § 17, Rn. 7.

den angeführten Beispielen ersichtlich, ist auch eine genaue Bedarfsfeststellung mit einer umfassenden Berücksichtigung der persönlichen Lebensverhältnisse und der sonstigen Besonderheiten des Einzelfalles verbunden. Daran ändert auch der Umstand nichts, dass die Frage, ob ein sozialhilferechtlich relevanter Bedarf besteht, eine Rechts- und keine Ermessensfrage ist und demzufolge ein Rechtsanspruch auf Leistung der Sozialhilfe besteht.

Vielmehr kann der Individualisierungsgrundsatz nur in der Weise bestmöglich zur Anwendung gelangen, dass schon im Rahmen der Bedarfsfeststellung alle relevanten Besonderheiten des Einzelfalles berücksichtigt werden, denn nur dann kann der Notlage in ihrer ganz individuell bestehenden Form abgeholfen werden und im Fall von verschiedenen, in gleicher Weise geeigneten Möglichkeiten der Bedarfsdeckung kann dann auf der folgenden Ebene der Hilfegestaltung die für die individuelle Notlage passgenaueste Hilfe im Rahmen der Ermessensausübung ermittelt werden.

Nichts anderes gilt auch für Leistungen, auf die bei Vorliegen der gesetzlichen Tatbestandsvoraussetzungen kein Rechtsanspruch besteht, sondern die im Ermessen des Sozialhilfeträgers liegen. Auch hier ist bereits der Bedarfsfeststellung eine umfangreiche Einzelfallberücksichtigung zugrunde zu legen.

Aus diesen Ausführungen gewinnt die bereits zu Anfang getroffene Aussage, der Individualisierungsgrundsatz konkretisiere den Bedarfsdeckungsgrundsatz[322], nun Konturen. Denn indem bereits im Rahmen der Bedarfsfeststellung alle Besonderheiten des Einzelfalles berücksichtigt werden müssen, wird der sozialhilferechtlich relevante Bedarf durch den Individualisierungsgrundsatz konkretisiert. Gleiches gilt für den Fall, dass verschiedene, gleich geeignete Möglichkeiten zur Deckung dieses Bedarfs bestehen. Auch dann wird mittels Anwendung des Individualisierungsgrundsatzes diejenige Alternative gewählt, die den Besonderheiten des Einzelfalles am besten gerecht wird und damit den Bedarf am passgenauesten deckt.[323]

---

322) Siehe oben, S. 7.

323) Ergänzend sei darauf hingewiesen, dass im Rahmen der Hilfegestaltung nicht nur Ermessen des Sozialhilfeträgers hinsichtlich Art und Maß der Hilfeleistung besteht. Sondern ihm ist auch bezüglich weiterer Modalitäten der Leistungsgewährung Ermessen eingeräumt, wie beispielsweise in der Frage, ob eine Leistung in bar an den Leistungsberechtigten oder an einen Dritten ausgezahlt werden soll oder ob die Leistung auf ein Konto des Berechtigten eingezahlt werden soll. Dabei können von der Ermessensausübung im Rahmen der Hilfegestaltung Art, Maß und sonstige Modalitäten der Hilfe gleichzeitig betroffen sein; vgl. dazu *Grube,* in: Grube/Wahrendorf, SGB XII, § 17, Rn. 26 f., siehe auch das unter Rn. 27 ange-

Das dem Sozialhilfeträger im Rahmen der Entscheidung über die Hilfegestaltung eingeräumte Ermessen kann jedoch nicht nur durch den Bedarfsdeckungsgrundsatz eingeschränkt werden, sondern auch durch die Ausübung des dem Leistungsberechtigten nach § 9 Abs. 2 SGB XII zustehenden Wunschrechts.[324] Da dieses Wunschrecht jedoch eine besondere Ausprägung des Individualisierungsgrundsatzes ist, erfährt dieser durch eine solche Ermesseneinschränkung keine Schmälerung.

2. Anspruchszuordnung

Die Höchstpersönlichkeit des Sozialhilfeanspruchs ergibt sich nicht erst bei der Festlegung der Hilfegestaltung, wie es von einer Ansicht der sozialhilferechtlichen Literatur vertreten wird. Zur Begründung dieser Auffassung wird ausgeführt, dass der Sozialhilfeträger aufgrund des Individualisierungsgrundsatzes verpflichtet sei, bei Art, Form und Maß der Hilfe die individuelle Notlage in den Blick zu nehmen; daraus aber folge die Höchstpersönlichkeit der sozialhilferechtlichen Ansprüche.[325]

Diese Höchstpersönlichkeit ergibt sich vielmehr bereits aus der vorgelagerten Stufe der Bedarfsfeststellung. Denn wie zuvor dargelegt, erfordern sowohl der Bedarfsdeckungs- als auch der Individualisierungsgrundsatz, dass bereits in diesem Stadium der Bearbeitung des »Sozialhilfefalles« alle Besonderheiten des Einzelfalles, die zur Ermittlung des sozialhilferechtlich bestehenden Bedarfs im konkreten Fall erforderlich sind, Berücksichtigung finden. Zu diesen zu berücksichtigenden Tatsachen aber gehört damit auch schon die Person des Leistungsberechtigten, denn nur wenn diese bekannt ist, können die weiteren relevanten individuellen Verhältnisse berücksichtigt werden.

Aus alledem ergibt sich, dass die Stufe der Bedarfsfeststellung den beiden anderen Ebenen vorgelagert ist, und im Rahmen dieser Bedarfsfeststellung bereits die relevanten Weichen für die Bearbeitung des »Sozialhilfefalles« gestellt werden. Denn die Ergebnisse dieser Bedarfsermittlung, der bereits eine umfassende Berücksichtigung der individuellen Lebensverhältnisse zu Grunde liegt, bestimmt bereits zu großen Teilen, wenn nicht, falls nur eine Möglichkeit der Bedarfsdeckung gegeben ist, sogar gänzlich, welche Art

---

führte Beispiel zur Auswirkung der Ermessensausübung auf unterschiedliche Bereiche der Hilfegestaltung.

324) *Grube,* in: Grube/Wahrendorf, SGB XII, § 17, Rn. 30.

325) So *Rothkegel,* in: Rothkegel, Sozialhilferecht, Teil II, Kap. 3, Rn. 92

und welches Maß der Hilfeleistung zu erbringen ist. Weiter folgt aus dieser Bedarfsfeststellung, welcher Person Hilfe zu leisten ist, mithin, welche Person Inhaber des Sozialhilfeanspruchs ist.

II. Der Individualisierungsgrundsatz und die Regelsatzleistungen bzw. Regelleistungen

Gerade für den in der Praxis wichtigsten Bereich der Sozialhilfe- bzw. Grundsicherungsleistungen, die Hilfe zum Lebensunterhalt, scheint der Individualisierungsgrundsatz allerdings kaum eine Rolle zu spielen. Denn wenn auf der Ebene der Bedarfsfeststellung das Vorliegen eines sozialhilferechtlich relevanten Bedarfs an notwendigem Lebensunterhalt ermittelt wurde, ist nun gemäß § 28 Abs. 1 S. 1 SGB XII – entsprechendes gilt nach § 20 Abs. 1 S. 1 SGB II – dieser *»gesamte Bedarf [...] außerhalb von Einrichtungen mit Ausnahme von Leistungen für Unterkunft und Heizung und der Sonderbedarfe nach den §§ 30 bis 34 [...] nach Regelsätzen«* zu erbringen. Da auch die Höhe der Regelsätze/Regelleistung gesetzlich normiert ist, könnte diese Vorschrift bedeuten, dass sowohl hinsichtlich der Art als auch des Maßes der Hilfeleistung dem Sozialhilfeträger keinerlei Ermessen eingeräumt ist. Denn die Art der Hilfeleistung besteht hier in der Gewährung einer Geldleistung und auch das Maß dieser Geldleistung ist in den Regelsatzverordnungen der Länder bzw. in § 20 Abs. 2 und 3 SGB II bereits gesetzlich festgelegt.

Allerdings ist die Hilfeleistung in Form der Geldleistung nicht zwingend. So vertrat das Bundesverwaltungsgericht unter Geltung des BSHG, dass das Ermessen des Sozialhilfeträgers bezüglich der Form der Hilfeleistung durch § 22 Abs. 1 BSHG nicht eingeschränkt sei. Zwar folge aus der gesetzlich normierten Aufgabe des § 1 Abs. 2 S. 1 BSHG, dem Leistungsberechtigten die Führung eines menschenwürdigen Lebens zu ermöglichen, dass dem Leistungsberechtigten grundsätzlich die Möglichkeit eingeräumt werden müsse, im Rahmen der ihm nach dem Gesetz zustehenden Mittel seine Bedarfsdeckung frei zu gestalten. Daher habe der Leistungsberechtigte grundsätzlich einen Anspruch auf Gewährung der laufenden Hilfe zum Lebensunterhalt in Form von Geld. Allerdings sei bei Vorliegen besonderer Umstände, die geeignet seien, zum Zwecke der Erfüllung der Aufgabe der Sozialhilfe im Einzelfall eine Abweichung zu rechtfertigen, auch die

Gewährung dieser laufenden Hilfe in Form von Sachleistungen möglich.[326] Auch der nunmehr in § 10 Abs. 3 S. 1 HS 1 SGB XII für die Sozialhilfe normierte Vorrang der Geld- vor der Sachleistung ändert an der grundsätzlich möglichen Gewährung der laufenden Hilfe zum Lebensunterhalt in Form von Sachleistungen nichts. Das durch diese Vorrangregelung eingeschränkte Ermessen des Sozialhilfeträgers nach § 17 Abs. 2 S. 1 SGB XII bei der Entscheidung über die Art der Hilfeleistung kann also bei Vorliegen besonderer Umstände, wie sie in § 10 Abs. 3 S. 1 HS 2 SGB XII aufgeführt sind, wieder aufgehoben werden. Damit ist trotz der Regelung des § 28 Abs. 1 S. 1 SGB XII und der Vorrangregelung des § 10 Abs. 3 S. 1 HS 1 SGB XII die Gewährung der Geldleistung zur Deckung des notwendigen Lebensunterhalts nicht zwingend. Damit können die individuellen Verhältnisse auch bei der Entscheidung über die Form der Hilfeleistung berücksichtigt werden.

Gleiches gilt für die Regelsatzleistungen auch hinsichtlich des Maßes der Hilfeleistung. Denn nach § 28 Abs. 1 S. 2 SGB XII kann eine von diesen Regelsätzen abweichende Festsetzung der Geldleistung erfolgen, wenn im konkreten Einzelfall der vorliegende Bedarf vom durchschnittlichen Bedarf – entweder nach oben oder auch nach unten – abweicht.

Somit findet im Bereich der Regelsatzleistungen der Individualisierungsgrundsatz sowohl bei der Festsetzung der Leistungsform als auch des Leistungsmaßes Anwendung.

Anders verhält es sich jedoch bei Bemessung der Regelleistung nach § 20 SGB II. Denn § 20 SGB II enthält keine dem § 28 Abs. 1 S. 2 SGB XII entsprechende Öffnungsklausel, mit Hilfe derer im Falle eines regelmäßig abweichenden Bedarfs die Regelleistung abweichend von der in § 20 Abs. 2 festgelegten Höhe bemessen werden kann. Somit findet der Individualisierungsgrundsatz im Bereich der Regelleistung bei der Festlegung des Leistungsmaßes keine Anwendung. Dieses Absehen von diesem sozialhilferechtlichen Strukturprinzip begründet jedoch die Gefahr entstehender Bedarfsdeckungslücken.

Insgesamt ist damit festzustellen, dass der Individualisierungsgrundsatz sowohl im SGB II als auch im SGB XII gesetzlich normiert ist. Jedoch stellt das Fehlen einer dem § 28 Abs. 1 S. 2 SGB XII entsprechenden Öffnungsklausel im Rahmen der Regelleistung nach dem SGB II ein Absehen

326) So *BVerwG*, Urteil v. 16.01.1986, NVwZ 1986, 380 (381).

vom Individualisierungsgrundsatz im Bereich der Festsetzung des Leistungsmaßes dar. Dies aber begründet die Gefahr von entstehenden Bedarfsdeckungslücken.[327] Dadurch wird der Gesetzgeber aber seinem Anspruch, mit dem SGB II ein dem SGB XII gleichberechtigtes unterstes Existenzsicherungssystem zu schaffen, nicht in jedem Falle gerecht.

Weiter ist im SGB XII nach wie vor von einer Einzelanspruchsregelung auszugehen. Insbesondere wurde die Zuordnung eines Sozialhilfeanspruchs nicht durch das Einfügen der so genannten »Haushalts-Klausel« in § 9 Abs. 1 SGB XII und die Umformulierung des § 19 Abs. 1 SGB XII im Vergleich zu dessen Vorgängernorm des § 11 Abs. 1 BSHG aufgegeben.

327) Siehe dazu ausführlich oben, S. 127, Fn. 116.

§ 6: Der Selbsthilfegrundsatz

A. Der Selbsthilfegrundsatz im SGB XII[328]

I. Der Selbsthilfegrundsatz bei der Hilfe zum Lebensunterhalt

Mit § 2 Abs. 1 wird der den Selbsthilfegrundsatz bislang konkretisierende § 2 Abs. 1 BSHG inhaltsgleich in das neue Sozialhilferecht übernommen. Neu ist allerdings, dass § 2 Abs. 1 seine Vorgängernorm um eine Aufzählung typischer Formen der Selbsthilfe ergänzt, die allerdings nicht abschließend ist.[329] Als solche möglichen Formen der Selbsthilfe nennt § 2 Abs. 1 den Einsatz der Arbeitskraft, den Einsatz von Einkommen und Vermögen und die Hilfe anderer. Diese verschiedenen Selbsthilfemöglichkeiten werden an anderen Stellen des SGB XII näher konkretisiert.

1. Selbsthilfe durch Einsatz der eigenen Arbeitskraft

Der Einsatz der eigenen Arbeitskraft als mögliche Selbsthilfe wird durch die Erwähnung im Rahmen der Aufzählung von möglichen Selbsthilfeformen in § 2 Abs. 1 besonders betont. Damit erhält diese Selbsthilfeoption eine gewichtigere Bedeutung als ihr unter Geltung des BSHG zukam.[330] Diese Obliegenheit zum Einsatz der eigenen Arbeitskraft wird in § 11 Abs. 3 S. 4 näher konkretisiert, der bestimmt, dass Leistungsberechtigte, die durch Aufnahme einer zumutbaren Tätigkeit Einkommen erzielen können, hierzu sowie zur Teilnahme an einer erforderlichen Vorbereitung verpflichtet sind. Die Bestimmung des § 11 ersetzt die bislang im BSHG enthaltene Hilfe zur Arbeit nach den §§ 18 bis 20 BSHG, die aufgrund der Zusammenlegung von Arbeitslosen- und Sozialhilfe nun nicht mehr im Sozialhilferecht enthalten ist, sondern deren Bestimmungen sich im SGB II wiederfinden.[331] Da nunmehr nur noch die nicht erwerbsfähigen Personen im Sinne des § 8 Abs. 1 SGB II dem Anwendungsbereich des Sozialhilferechts nach dem SGB XII unterfallen, kommen im Rahmen des Einsatzes der eigenen Arbeitskraft nur Tätigkeiten in Betracht, deren Umfang täglich unter drei

---

328) §§ ohne nähere Gesetzesangabe sind im Folgenden solche des SGB XII.
329) *BT-Drucks.* 15/1514, S. 55.
330) So auch *Schellhorn,* NDV 2004, 167 (168); *Wahrendorf,* in: Grube/Wahrendorf, SGB XII, § 2, Rn. 1.
331) *BT-Drucks.* 15/1514, S. 56.

Stunden liegt. Auch ist die (Wieder-) Integration des Bedürftigen in den ersten Arbeitsmarkt aufgrund des Adressatenkreises des SGB XII nicht mehr erklärtes Ziel des § 11,[332] wie es bei der Hilfe zur Arbeit nach dem BSHG der Fall war.[333] Weiter muss die Ausübung der Tätigkeit für den Leistungsberechtigten zumutbar sein. Dies richtet sich nach § 11 Abs. 4, der weitgehend die bisherige Zumutbarkeitsregelung des § 18 Abs. 3 BSHG übernommen hat, es allerdings nicht mehr als unzumutbar ansieht, dass dem Leistungsberechtigten durch die Tätigkeit die künftige Aufnahme seiner bisherigen überwiegenden Tätigkeit wesentlich erschwert würde.

Aus dem Gesagten wird bereits deutlich, dass die besondere Betonung der Selbsthilfe durch Einsatz der eigenen Arbeitskraft im SGB XII nicht schlüssig ist. Denn da nur nicht erwerbsfähige Personen im Sinne des § 8 Abs. 1 SGB II dem Anwendungsbereich des SGB XII unterfallen, kommt nur für einen sehr geringen Personenkreis überhaupt die Möglichkeit in Betracht, sich selbst durch Ausübung einer Tätigkeit zu helfen und von Sozialhilfe unabhängig zu leben. Die Hervorhebung der Selbsthilfe durch Arbeit in einem Gesetz, dessen Adressaten ausnahmslos als nicht erwerbsfähig eingestuft worden sind, ist daher nicht folgerichtig und wird auch den tatsächlich bestehenden Selbsthilfemöglichkeiten der Leistungsberechtigten nicht gerecht.[334]

Ebenfalls unstimmig ist, dass die Verpflichtung zur Selbsthilfe durch Arbeit in den §§ 2 Abs. 1 und 11 Abs. 3 S. 4 den einzelnen Hilfearten als allgemeine Vorschriften vorangestellt ist. Jedoch ist der Einsatz der Arbeitskraft bei einzelnen Hilfearten, wie der Hilfe zur Pflege oder der Grundsicherung im Alter und bei Erwerbsminderung, augenscheinlich unmöglich und die allgemeinen Vorschriften der §§ 2 und 11 sind daher auf diese Hilfearten nicht, zumindest nicht uneingeschränkt anwendbar. Die nunmehr aufgehobene Begrenzung der Arbeitsverpflichtung auf die Hilfe zum Lebensunterhalt stellt damit eine weitere gesetzliche Unstimmigkeit dar, die eine einschränkende Auslegung und Anwendung auf die übrigen Hilfearten erfordert.[335]

---

332) *Wahrendorf,* in: Grube/Wahrendorf, SGB XII, § 2, Rn. 7.

333) Vgl. statt vieler *Harks,* Kommunale Arbeitsmarktpolitik, S. 95 ff.

334) Vgl. *Schellhorn,* NDV 2004, 167 (168); siehe auch *Wahrendorf,* in: Grube/Wahrendorf, SGB XII, § 2, Rn. 1 und 7, der ausführt, dass die *»Herausstellung der Selbsthilfe durch Arbeit einen nicht gerechtfertigten Stellenwert [bekomme]«*. Und: *»Die damit verbundene Leitfunktion wird durch die nachfolgenden Vorschriften nicht eingelöst.«*

335) *Schellhorn,* NDV 2004, 167 (168 f.).

2. Selbsthilfe durch Einsatz von Einkommen und Vermögen

Die zweite, in § 2 Abs. 1 genannte Möglichkeit der Selbsthilfe stellt der Einsatz von Einkommen und Vermögen dar. Die Verpflichtung zum Einsatz eigenen Einkommens und Vermögens wird in § 19 Abs. 1 S. 1 näher konkretisiert, der bestimmt, dass Hilfe zum Lebensunterhalt nach dem Dritten Kapitel des SGB XII den Personen zu leisten ist, die ihren notwendigen Lebensunterhalt nicht oder nicht ausreichend aus eigenen Kräften und Mitteln, insbesondere aus ihrem Einkommen und Vermögen, beschaffen können. Die Verpflichtung zum Einsatz von Einkommen und Vermögen erstreckt sich gemäß § 19 Abs. 1 S. 2 auch auf das Einkommen und Vermögen der dort genannten, mit dem Hilfeberechtigten in Haushaltsgemeinschaft zusammenlebenden Angehörigen.[336] Zur Berechnung eines Sozialhilfeanspruchs hat somit eine Gegenüberstellung der Höhe des vorhandenen sozialhilferechtlichen Bedarfs mit der Höhe des einzusetzenden Einkommens und Vermögens stattzufinden.[337] Zum Einkommen gehören gemäß § 82 i. V. m. § 1 DVO[338] alle tatsächlich zur Verfügung stehenden Einkünfte in Geld oder Geldeswert, unabhängig von ihrer Herkunft oder Rechtsnatur und ohne Rücksicht darauf, ob sie zu den Einkunftsarten des Einkommensteuergesetzes gehören oder ob sie der Steuerpflicht unterliegen. Da für vorhandenes Einkommen andere Einsatzregelungen gelten als für vorhandenes Vermögen, ist eine Abgrenzung zwischen beiden erforderlich, die das Gesetz selbst jedoch nicht vornimmt. Das Bundesverwaltungsgericht nimmt diese Abgrenzung nach der so genannten »Zuflusstheorie« vor.[339] Danach ist als Einkommen all das zu werten, *»was jemand in der Bedarfszeit wertmäßig dazuerhält«* und Vermögen ist *»das, was er in der Bedarfszeit bereits hat. Mittel, die der Hilfesuchende (erst) in der Bedarfszeit*

336) § 19 Abs. 1 S. 2 normiert allerdings ausschließlich die gemeinsame Einkommens- und Vermögensberücksichtigung, hat dagegen aber keinen Einfluss auf einen bestehenden Einzelanspruch des Hilfebedürftigen, siehe dazu ausführlich oben, S. 198.

337) Vgl. *BVerwG,* Urteil v. 15.12.1977, BVerwGE 55, 148 (152); *Sartorius,* in: Rothkegel, Sozialhilferecht, Teil III, Kap. 14, Rn. 35.

338) Verordnung zur Durchführung des § 82 des Zwölften Buches Sozialgesetzbuch v. 28.11.1962, BGBl. I, S. 692, zuletzt geändert durch das Verwaltungsvereinfachungsgesetz v. 14.03.2005, BGBl. I, S. 818, 829.

339) Bis 1999 vertrat das Bundesverwaltungsgericht diesbezüglich die so genannte »Identitätstheorie«, nach der Einkünfte des Hilfeberechtigten nur dann zum Einkommen zählten, wenn sie zum einen dem gleichen Zweck wie die Sozialhilfeleistung dienten und wenn zum anderen Identität zwischen dem Bedarfszeitraum und dem Zeitraum, für den diese Einkünfte bestimmt waren, vorlag; vgl. *BVerwG,* Urteil v. 24.04.1968, BVerwGE 29, 295 (298).

erhält, sind als Zufluß in der Bedarfszeit Einkommen. Mittel, die der Hilfesuchende früher, wenn auch erst in der vorangegangenen Bedarfszeit, als Einkommen erhalten hat, sind, soweit sie in der nun aktuellen Bedarfszeit (noch, gegebenenfalls auch wieder) vorhanden sind, Vermögen.«[340] Die Anrechnung von Einkommen und Vermögen regeln insoweit die §§ 82 bis 91 im Einzelnen. Die dort normierten Einkommensgrenzen, Härtevorschriften, vgl. etwa §§ 90 Abs. 3, 91, und die Normierung von Schonvermögen, § 90 Abs. 2, bezwecken, ein Selbsthilfestreben des Leistungsberechtigten nicht durch die komplette Anrechnung aller ihm zur Verfügung stehenden Mittel zu unterlaufen oder zu blockieren.[341] Zwar wurde durch die Sozialhilfereform die frühere Unterscheidung zwischen Hilfe zum Lebensunterhalt nach §§ 11 ff. BSHG und der Hilfe in besonderen Lebenslagen nach §§ 27 ff. BSHG aufgegeben, jedoch besteht nach wie vor für die Hilfen nach dem Fünften bis Neunten Kapitel eine großzügigere Einkommensanrechnung; diese hat gemäß § 85 nur in zumutbarem Umfang zu erfolgen.

Entsprechend dem Gegenwärtigkeitsprinzip des Bedarfsdeckungsgrundsatzes, nach dem zwischen bestehendem Bedarf und einer sozialhilferechtlichen Bedürftigkeit Zeitidentität bestehen muss, sind auch nur solche Einkommen und Vermögen einzusetzen, die eine rechtzeitige Bedarfsdeckung ermöglichen. Es muss sich mithin um *»bereite Mittel«* der Selbsthilfe handeln.[342] Da die im Rahmen einer Bedarfsberechnung regelmäßig zu berücksichtigenden Regelsatzleistungen als Monatsleistung bemessen sind, ist als Bedarfszeitraum für die Berücksichtigung von Einkommen und Vermögen und damit für die Frage, ob es sich bei diesen um »bereite Mittel« handelt, der jeweilige Kalendermonat zugrunde zu legen.[343] Eine Ausnahme von dieser Gegenwärtigkeit stellt § 91 dar, der für die Fälle, in denen zwar einzusetzendes Vermögen vorhanden ist, dessen sofortiger Verbrauch oder Verwertung jedoch eine Härte bedeuten würde oder aber

340) So *BVerwG,* Urteil v. 18.02.1999 – AZ.: 5 C 35/97 –, NJW 1999, 3649 (3649); *BVerwG,* Urteil v. 18.02.1999 – AZ.: 5 C 14/98 –, NJW 1999, 3137 (3137); *BVerwG,* Urteil v. 18.02.1999 – AZ.: 5 C 16/98 –, NJW 1999, 3210 (3210).

341) *BVerwG,* Urteil v. 17.10.1974, BVerwGE 47, 103 (111); in diese Richtung auch *BVerwG,* Urteil v. 05.05.1994, BVerwGE 96, 18 (21); *Rothkegel,* in: Rothkegel, Sozialhilferecht, Teil II, Kap. 7, Rn. 10; *Sartorius,* in: Rothkegel, Sozialhilferecht, Teil III, Kap. 14, Rn. 10.

342) *BVerwG,* Urteil v. 29.09.1971, BVerwGE 38, 307 (308); *BVerwG,* Urteil v. 15.12.1977, BVerwGE 55, 148 (152); *BVerwG,* Urteil v. 05.05.1983, NJW 1983, 2954 (2955).

343) *BVerwG,* Urteil v. 22.04.2004, NJW 2004, 2608 (2608).

nicht möglich ist, die Gewährung eines Darlehens über die Sozialhilfeleistung ermöglicht.

Eine weitere, jedoch nur vorläufige Ausnahme vom Selbsthilfegrundsatz stellt die unter Geltung des BSHG als »erweiterte Hilfe« bekannte Erbringung von Sozialhilfeleistungen in den Fällen dar, in denen bei Vorliegen von einsetzbarem Einkommen und/oder Vermögen dennoch Sozialhilfeleistungen erbracht werden. Dies etwa dann, wenn die Ermittlung des einzusetzenden Einkommens oder Vermögens zeitintensiv ist, die Hilfeleistung jedoch umgehend erfolgen muss.[344] Im SGB XII ist die Erbringung einer solchen »erweiterten Hilfe« zwar nicht mehr ausdrücklich normiert. Jedoch geht der für solche Fälle in § 19 Abs. 5 vorgesehene Aufwendungserstattungsanspruch nach wie vor von deren Existenz aus.

Eine endgültige Ausnahme von der Verpflichtung zum Einsatz von Einkommen und Vermögen sieht dagegen § 68 Abs. 2 S. 1 vor, der bestimmt, dass Hilfe zur Überwindung besonderer sozialer Schwierigkeiten ohne Rücksicht auf Einkommen und Vermögen erbracht wird, soweit im Einzelfall Dienstleistungen erforderlich sind. Weiter normiert auch § 71 Abs. 4 eine solche Ausnahme, indem er bestimmt, dass Altenhilfe ohne Rücksicht auf vorhandenes Einkommen oder Vermögen geleistet werden soll, soweit im Einzelfall Beratung und Unterstützung erforderlich sind. Und auch § 92 Abs. 2 schränkt diese Verpflichtung bei der Eingliederungshilfe für behinderte Menschen erheblich ein.

3. Selbsthilfe durch die Hilfe Anderer

Als weitere Selbsthilfemöglichkeit führt § 2 Abs. 1 die Hilfe Anderer an, wobei er als andere beispielhaft Angehörige und Träger anderer Sozialleistungen nennt. Daneben sind aber auch alle anderen hilfeleistenden Privatpersonen *»andere«* im Sinne des § 2 sowie alle anderen staatlichen und nichtstaatlichen Stellen, die Hilfe leisten, insbesondere die Träger der freien Wohlfahrtspflege.[345] In diesem Zusammenhang ist darauf hinzuweisen, dass dem Hilfesuchenden eine Hilfeleistung durch Dritte jedoch zumutbar sein muss. Dies ist jedenfalls immer dann zu verneinen, wenn er sich durch solche Leistungen in die Abhängigkeit Dritter begibt und wenn er auf

344) So *Sartorius,* in: Rothkegel, Sozialhilferecht, Teil III, Kap. 14, Rn. 9.
345) *Brühl,* in: LPK-SGB XII, § 2, Rn. 7.

diese Weise zur sozialen Ausgrenzung gezwungen wird, indem er seine Bedürftigkeit öffentlich preisgeben müsste.[346]

Soweit die Träger anderer Sozialleistungen vorrangig zuständig sind, jedoch die Leistungserbringung hinauszögern und daher ein unaufschiebbarer Bedarf mittels Sozialhilfeleistungen gedeckt wird, begründet eine solche Hilfegewährung nicht die endgültige Zuständigkeit des Sozialhilfeträgers. Vielmehr wird in solchen Fällen der bestehende Nachrang der Sozialhilfeleistungen nachträglich mittels des Erstattungsanspruchs nach § 104 SGB X hergestellt.

II. Der Selbsthilfegrundsatz bei der Grundsicherung im Alter und bei Erwerbsminderung

Hinsichtlich der Selbsthilfemöglichkeit durch den Einsatz von Einkommen und Vermögen enthalten die Regelungen über die Grundsicherung im Alter und bei Erwerbsminderung mit § 43 eine Besonderheit. Gemäß § 43 Abs. 1 sind bei Grundsicherungsberechtigten das Einkommen und Vermögen des nicht getrennt lebenden Ehegatten oder Lebenspartners oder des Partners einer eheähnlichen Gemeinschaft zu berücksichtigen, soweit sie dessen Bedarf nach dem SGB XII übersteigen. Gemäß § 43 Abs. 1 letzter HS findet allerdings die Vermutung der Bedarfsdeckung nach § 36 S. 1, also im Rahmen einer Haushaltsgemeinschaft, auf Grundsicherungsberechtigte keine Anwendung. Eine echte Einschränkung des Nachranggrundsatzes stellt § 43 Abs. 2 dar. Denn nach S. 1 dieser Vorschrift bleiben Unterhaltsansprüche der Grundsicherungsberechtigten gegenüber ihren Eltern und ihren Kindern unberücksichtigt, sofern deren jährliches Gesamteinkommen im Sinne des § 16 SGB IV unter einem Betrag von 100.000,- Euro liegt. Das Unterschreiten dieses Betrages wird dabei nach § 43 Abs. 2 S. 2 vermutet. Mit dieser Nichtberücksichtigung der genannten Unterhaltsansprüche korrespondiert § 94 Abs. 1 S. 3 letzter HS, wonach bei erbrachten Grundsicherungsleistungen zur Herstellung eines nachträglichen Nachrangs diese Unterhaltsansprüche gerade nicht auf die Leistungsträger übergehen. Einigkeit besteht mittlerweile dahin gehend, dass auf die Einkommensverhältnisse jedes einzelnen Kindes abzustellen ist, da anderenfalls Grundsicherungsberechtigte

346) Vgl. *Rothkegel,* in: Rothkegel, Sozialhilferecht, Teil II, Kap. 7, Rn. 22 f.

mit mehreren Kindern benachteiligt wären.[347] Dagegen ist hinsichtlich der Unterhaltsansprüche gegenüber Eltern schon aufgrund des Gesetzeswortlauts »Eltern« und nicht »Elternteil« auf das Gesamteinkommen beider Elternteile abzustellen.[348]

§ 43 Abs, 2 S. 1 regelt ausschließlich die Nichtberücksichtigung von Unterhalts**ansprüchen**. Werden dagegen dem Grundsicherungsberechtigten tatsächlich Leistungen seitens seiner Kinder oder Eltern erbracht, sind diese Zuflüsse als Einkommen im Sinne des § 82 Abs. 1 S. 1 einzustufen. Sie werden somit bei der Einkommensberücksichtung des Grundsicherungsbegehrenden voll berücksichtigt.[349] Es besteht auch keine Notwendigkeit, derartige tatsächlich erbrachte Unterhaltsleistungen von der Einkommensberücksichtigung auszunehmen. Denn mit § 43 Abs. 2 soll gerade das Ziel des Grundsicherungsgesetzes erreicht werden, alten Menschen, die aus Angst vor Unterhaltsrückgriffen auf ihre nächsten Angehörigen den Gang zum Sozialamt scheuen, besser zu stellen und auf diese Weise verschämter Altersarmut entgegenzuwirken. Leisten die Angehörigen des Grundsicherungsbegehrenden jedoch freiwillig Unterhaltsleistungen, so besteht der mit § 43 Abs. 2 beabsichtigte Schutzzweck ja gerade nicht mehr. Eine Ausnahme ist jedoch in den Fällen zu machen, in denen Eltern oder Kinder derartige Unterhaltsleistungen nur deshalb zahlen, weil der Grundsicherungsträger nicht rechtzeitig gezahlt hat. Bei einem derartigen säumigen Verhalten des Leistungsträgers lassen solche Unterhaltsleistungen den Grundsicherungsanspruch unberührt und können dem Grundsicherungsberechtigten seitens des Leistungsträgers nicht als bedarfsdeckend entgegengehalten werden.[350]

---

347) Vgl. *Brühl/Schoch,* in: LPK-SGB XII, § 43, Rn. 9; *DV,* NDV 2002, 341 (342); *Schoch,* in: Rothkegel, Sozialhilferecht, Teil III, Kap. 5, Rn. 63; *Zeitler,* NDV 2002, 421 (422).

348) So *Brühl/Schoch,* in: LPK-SGB XII, § 43, Rn. 9; *DV,* NDV 2002, 341 (342); *Schoch,* in: Rothkegel, Sozialhilferecht, Teil III, Kap. 5, Rn. 64; *Zeitler,* NDV 2002, 421 (422).

349) Vgl. *Lutter,* ZfSH/SGB 2003, 131 (142).

350) So schon zur Eingliederungshilfe *BVerwG,* Urteil v. 02.09.1993, NVwZ-RR 1994, 589 (590); dem folgten für die Grundsicherungsleistungen *Lutter,* ZfSH/SGB 2003, 131 (142); *Schulte,* ZfSH/SGB 2004, 195 (196 f.); *Schoch,* in: Rothkegel, Sozialhilferecht, Teil III, Kap. 5, Rn. 60 f.

B. Der Selbsthilfegrundsatz im SGB II[351]

§ 9 Abs. 1 enthält eine dem § 2 Abs. 1 SGB XII vergleichbare Regelung wenn er bestimmt, dass derjenige hilfebedürftig ist, der seinen Lebensunterhalt, seine Eingliederung in Arbeit und den Lebensunterhalt der mit ihm in einer Bedarfsgemeinschaft lebenden Personen nicht oder nicht ausreichend aus eigenen Kräften und Mitteln, vor allem nicht durch Aufnahme einer zumutbaren Arbeit (Nr. 1), aus dem zu berücksichtigenden Einkommen und Vermögen (Nr. 2) sichern kann und die erforderliche Hilfe nicht von anderen, insbesondere von Angehörigen oder von Trägern anderer Sozialleistungen erhält.

Hinsichtlich der Selbsthilfemöglichkeiten in Form des Einsatzes von Einkommen und Vermögen bestehen im SGB II gegenüber der Rechtslage des SGB XII keine erwähnenswerten Abweichungen. Die Bestimmungen über die Anrechnung von Einkommen und Vermögen sind in §§ 11 bis 13 geregelt; eine dem § 19 Abs. 1 SGB XII entsprechende Regelung, die den Nachrang auch auf Mitglieder einer Einsatzgemeinschaft ausdehnt, enthält § 9 Abs. 2. Abweichend von den Regelungen im SGB XII ist allerdings nach § 12 Abs. 3 Nr. 2 ein angemessenes Kraftfahrzeug für jeden in der Bedarfsgemeinschaft lebenden erwerbsfähigen Hilfebedürftigen nicht als Vermögen zu berücksichtigen. Auch kennt das SGB II keine Härteklauseln bei der Vermögensberücksichtigung, wie dies in §§ 90 Abs. 2 und 91 SGB XII der Fall ist.

Durch das Gesetz zur Änderung des Zweiten Buches Sozialgesetzbuch und anderer Gesetze vom 24.03.2006[352] wurde dem § 23 ein Absatz 5 angefügt, der eine »erweiterte Hilfe« im Sinne des § 19 Abs. 5 SGB XII vorsieht in den Fällen, in denen den Hilfebedürftigen der sofortige Verbrauch oder die sofortige Verwertung von zu berücksichtigendem Vermögen nicht möglich ist oder für sie eine besondere Härte bedeuten würde.[353]

Mit Ausnahme der Selbsthilfemöglichkeit in Form des Arbeitseinsatzes kann hinsichtlich der anderen, in § 9 Abs. 1 vorgesehenen Selbsthilfemöglichkeiten ebenfalls auf die zum SGB XII gemachten Ausführungen verwiesen werden.

351) §§ ohne nähere Gesetzesangabe sind im Folgenden solche des SGB II.

352) BGBl I, S. 558.

353) Gemäß Art. 5 Abs. 1 des Gesetzes zur Änderung des Zweiten Buches Sozialgesetzbuch und anderer Gesetze ist diese Regelung am 01.04.2006 in Kraft getreten.

Da die gesetzliche Intention des SGB II die schnelle und passgenaue Eingliederung des erwerbsfähigen Hilfebedürftigen in den Arbeitsprozess darstellt,[354] ist es nur konsequent, wenn der in § 9 Abs. 1 Nr. 1 normierten Selbsthilfemöglichkeit durch den Einsatz der Arbeitskraft im gesamten Gesetz besonderes Gewicht zukommt. Im Zusammenhang mit dieser Form der Selbsthilfe stellt der in § 2 normierte Grundsatz des Forderns eine zentrale Norm dar. Diese Norm enthält in ihren beiden Absätzen Elemente des Nachranges. So normiert § 2 eine ganze Reihe von Selbsthilfeobliegenheiten, die in allgemeine und erwerbsbezogene Selbsthilfeobliegenheiten unterteilt werden können.[355]

Während die allgemeinen Selbsthilfeobliegenheiten für alle dem SGB II unterfallenden Personen gelten, sind Adressaten der erwerbsbezogenen Selbsthilfeobliegenheiten nach dem Gesetzeswortlaut allein die erwerbsfähigen Hilfebedürftigen. Insoweit ist der Gesetzeswortlaut, der die erwerbsbezogenen Selbsthilfeobliegenheiten ausschließlich für die erwerbsfähigen Hilfebedürftigen normiert, jedoch zu eng gefasst. Vielmehr müssen solche erwerbsbezogenen Selbsthilfeobliegenheiten für nicht erwerbsfähige Angehörige in dem ihnen möglichen Umfang zumindest in den allgemeinen Selbsthilfeobliegenheiten mit enthalten sein. Denn ansonsten läge eine Ungleichbehandlung zum Adressatenkreis des SGB XII vor.[356]

Zu betonen ist, dass, obwohl die in Bedarfsgemeinschaft mit einem erwerbsfähigen Hilfebedürftigen lebenden, selbst nicht erwerbsfähigen Personen einen akzessorischen Leistungsanspruch nach dem SGB II haben, es sich bei den allgemeinen Selbsthilfeobliegenheiten doch um originäre, ausschließlich an diese Personen selbst gerichtete Obliegenheiten handelt und

354) Vgl. *BT-Drucks.* 15/1516, S. 2.

355) So *Berlit,* in: LPK-SGB II, § 2, Rn. 12 ff.

356) Es ist insoweit nicht ersichtlich, weshalb von nicht erwerbsfähigen, in Bedarfsgemeinschaft lebenden Personen nach dem SGB II keinerlei Arbeitsleistung gefordert werden soll, während eine solche für Leistungsberechtigte nach dem SGB XII in den § 2 Abs. 1 und § 11 Abs. 3 S. 4 ausdrücklich normiert ist. Insoweit ist die Gesetzesbegründung *BT-Drucks. 15/1516,* S. 50 f., die die in § 2 normierten Pflichten als ausschließliche Pflichten der erwerbsfähigen Hilfebedürftigen deklariert, unstimmig. Auch *Löns,* in: Löns/Herold-Tews, SGB II, § 2, Rn. 3, kennzeichnet diese Unterscheidung als »irreführend«. Dies übersieht m. E. *Berlit,* in: LPK- SGB XII, § 2, Rn. 13, der als Adressaten der erwerbsbezogenen Selbsthilfeobliegenheiten ausschließlich die erwerbsfähigen Hilfebedürftigen ansieht und sich somit der Gesetzesbegründung anschließt. Auch *Wahrendorf,* in: Grube/Wahrendorf, SGB XII, § 2 SGB II, Rn. 3, schließt sich der Gesetzesbegründung an.

nicht etwa um Obliegenheiten, die in erster Linie an den erwerbsfähigen Hilfebedürftigen gerichtet sind.[357]

I. Die allgemeinen Selbsthilfeobliegenheiten des § 2

Als allgemeine Selbsthilfeobliegenheit normiert § 2 Abs. 1 S. 1, dass erwerbsfähige Hilfebedürftige und die mit ihnen in Bedarfsgemeinschaft lebenden Personen alle Möglichkeiten zur Beendigung oder Verringerung ihrer Hilfebedürftigkeit ausschöpfen müssen. Eine weitere allgemeine Selbsthilfeobliegenheit ist in § 2 Abs. 2 S. 1 enthalten, der bestimmt, dass erwerbsfähige Hilfebedürftige und die mit ihnen in Bedarfsgemeinschaft lebenden Personen in eigener Verantwortung alle Möglichkeiten nutzen müssen, ihren Lebensunterhalt aus eigenen Mitteln und Kräften zu bestreiten.

II. Die erwerbsbezogenen Selbsthilfeobliegenheiten des § 2

Wesentlich konkreter gefasst sind demgegenüber die erwerbsbezogenen Selbsthilfeobliegenheiten des § 2, denen aufgrund der gesetzlichen Zielsetzung des SGB II, die erwerbsfähigen Hilfebedürftigen schnell und passgenau in Arbeit zu vermitteln, besondere Bedeutung zukommt. Darüber hinaus konkretisieren sie die Selbsthilfemöglichkeit in Form des Einsatzes der eigenen Arbeitskraft, so dass sie im Folgenden näher untersucht werden sollen.

Damit hat der Gesetzgeber bei erwerbsfähigen Hilfebedürftigen den Einsatz der Arbeitskraft als die entscheidende Selbsthilfeform zur Beendigung oder zumindest Verringerung der Hilfebedürftigkeit normiert.[358] Da die erwerbsfähigen Hilfebedürftigen den Einstieg in das Arbeitsleben erst wieder vollziehen müssen, kommt der Arbeitsplatzsuche im Rahmen ihrer erwerbsbezogenen Selbsthilfeobliegenheiten besonderes Gewicht zu.[359] Dabei werden vom Hilfebedürftigen Eigeninitiative und Aktivität und nicht lediglich

---

357) *Berlit,* in: LPK-SGB II, § 2, Rn. 12.

358) *Berlit,* in: LPK-SGB II, § 2, Rn. 19.

359) *Berlit,* in: LPK-SGB XII, § 2, Rn. 19, der insoweit von einer »Arbeitssucheobliegenheit« spricht und aus § 2 Abs. 2 S. 2 weiter eine »Einsatzobliegenheit« herleitet, vgl. a. a. O., Rn. 33. Vgl. auch *Waibel,* NZS 2005, 512 (519), der aus den in § 2 Abs. 1 S. 1, Abs. 2 normierten Obliegenheiten den Grundsatz einer »Pflicht zur Eigenaktivität« herleitet.

passives Abwarten erwartet.[360] Erfasst werden von den erwerbsbezogenen Selbsthilfeobliegenheiten nicht nur sozialversicherungspflichtige Beschäftigungsverhältnisse, sondern auch freiberufliche und selbstständige Tätigkeiten sowie Gelegenheitsarbeiten.

Auch im SGB II besteht gemäß § 10 – ebenso wie im SGB XII – nur eine Verpflichtung zur Aufnahme von zumutbaren Beschäftigungen. Allerdings gelten diese Zumutbarkeitskriterien nach dem Gesetzeswortlaut auch wieder ausschließlich für die erwerbsfähigen Hilfebedürftigen. Die Zumutbarkeitsregelung des § 10 Abs. 1 entspricht dabei weitestgehend der Regelung des § 11 Abs. 4 SGB XII. Jedoch ist in § 10 Abs. 1 Nr. 2 noch ein weiterer Grund der Unzumutbarkeit enthalten, nämlich der, dass die Ausübung der Arbeit dem Hilfebedürftigen die künftige Ausübung seiner bisherigen überwiegenden Arbeit wesentlich erschweren würde, weil die bisherige Tätigkeit besondere körperliche Anforderungen stellt.[361]

Weiter gebietet eine verfassungskonforme Auslegung des Gesetzes, dass neben dieser Einschränkung auf objektiv zumutbare Eigenleistungen auch nur solche von ihm zu verlangen sind, die er subjektiv zu leisten imstande ist.[362]

1. Aktive Mitwirkung zur Eingliederung in Arbeit, § 2 Abs. 1 S. 2

Die Verpflichtung zur Mitwirkung bei der Eingliederung in Arbeit erstreckt sich auf alle der in §§ 14–16 aufgeführten Eingliederungsmaßnahmen,[363] die primär auf eine (Wieder-)Integration in den ersten Arbeitsmarkt gerichtet sind.[364] Schon an der Gesetzesformulierung des § 2 Abs. 1 S. 2 sowie an der Sanktionsregelung des § 31 Abs. 1 S. 1 Nr. 1a) wird deutlich, dass dabei dem Abschluss einer Eingliederungsvereinbarung nach § 15 besondere

360) *BT-Drucks.* 15/1516, S. 50 f.

361) Im Übrigen findet das in § 11 Abs. 4 Nr. 2 enthaltene Kriterium, dass der Leistungsberechtigte ein der Regelaltersgrenze der gesetzlichen Rentenversicherung entsprechendes Lebensalter erreicht oder überschritten hat, im SGB II keine Entsprechung. Dies auf Grund der Tatsache, dass nur erwerbsfähige Personen, die also sowieso diese Altersgrenze noch nicht erreicht haben, dem Anwendungsbereich des SGB II unterfallen.

362) *Berlit,* in: LPK-SGB II, § 2, Rn. 20.

363) *Berlit,* in: LPK-SGB II, § 2, Rn. 25; *Wahrendorf,* in: Grube/Wahrendorf, SGB XII, § 2 SGB II, Rn. 3.

364) Vgl. *BT-Drucks.* 15/1516, S. 44; *Löns,* in: Löns/Herold-Tews, SGB II, § 16, Rn. 6.

Bedeutung zukommt.[365] Die Mitwirkungsobliegenheit beinhaltet alle für den Maßnahmeerfolg erforderlichen Handlungen.[366] Entsprechend der Gesetzesbegründung, die vom Hilfebedürftigen Aktivität und Eigeninitiative bei der Beendigung seiner Hilfebedürftigkeit fordert,[367] verlangt auch § 2 Abs. 1 S. 2 eine **aktive** Mitwirkung vom Hilfeberechtigten. Damit wird von dem erwerbsfähigen Hilfeberechtigten also eine aktive Zusammenarbeit mit dem Leistungsträger erwartet, die auch erforderlich ist, um auf die individuell bestehenden Vermittlungsdefizite und sonstigen Problemlagen des Leistungsberechtigten bestmöglich reagieren zu können. Das Gesetz geht somit von einem partnerschaftlichen Verhältnis zwischen Leistungsberechtigtem und Leistungsträger aus, das sich auch in der genannten Eingliederungsvereinbarung widerspiegelt.[368]

2. Übernahme zumutbarer Arbeitsgelegenheiten, § 2 Abs. 1 S. 3

Mit der in § 2 Abs. 1 S. 3 normierten Obliegenheit zur Übernahme von zumutbaren, dem Hilfebedürftigen angebotenen Arbeitsgelegenheiten wird Bezug genommen auf § 16 Abs. 3 S. 1, der das Gebot zur Schaffung solcher Arbeitsgelegenheiten seitens der Leistungsträger statuiert. Die Verpflichtung des Hilfeberechtigten zur Übernahme einer solchen Arbeitsgelegenheit besteht nach § 2 Abs. 1 S. 3 dabei nur dann, wenn in absehbarer Zeit auf dem allgemeinen Arbeitsmarkt eine Erwerbstätigkeit nicht möglich ist. Als dem allgemeinen Arbeitsmarkt zugehörig werden in Anlehnung an § 16 SGB III sozialversicherungspflichtige Erwerbstätigkeiten und Beschäftigungsverhältnisse verstanden.[369] Der Zeitraum *»auf absehbare Zeit«* wird insoweit bei einer Zeitspanne zwischen zwei[370] und sechs Monaten[371] erfüllt sein, je nach den Umständen des Einzelfalls, insbesondere den jeweils vorliegenden Arbeitsfertigkeiten und Vermittlungshemmnissen des Leistungsberechtigten und den Gegebenheiten des örtlichen Arbeitsmarktes.

---

365) *Berlit,* in: LPK-SGB II, § 2, Rn. 26.
366) *Berlit,* in: LPK-SGB II, § 2, Rn. 25.
367) *BT-Drucks.* 15/1516, S. 50 f.
368) Siehe hierzu *Dauber,* in: Mergler/Zink, SGB II, § 2, Rn. 16.
369) *Dauber,* in: Mergler/Zink, SGB II, § 2, Rn. 23.
370) So *Dauber,* in: Mergler/Zink, SGB II, § 2, Rn. 25, unter Hinweis auf einen möglichen Bearbeitunsgzeitraum seitens der Leistungsträger.
371) *Berlit,* in: LPK-SGB II, § 2, Rn. 28.

Bei der Schaffung solcher Arbeitsgelegenheiten bestehen unterschiedliche Möglichkeiten ihrer inhaltlichen Ausgestaltung:

Zum einen können Hilfeberechtigten nach § 16 Abs. 1 SGB II in Verbindung mit §§ 260 ff. SGB II Arbeitsbeschaffungsmaßnahmen zugewiesen werden. Arbeitsbeschaffungsmaßnahmen haben auf dem zweiten Arbeitsmarkt eine wichtige Stellung und dienen insbesondere dem Übergang in den ersten Arbeitsmarkt, was an der Abberufungsmöglichkeit des Arbeitnehmers nach § 269 SGB III und an dessen besonderen Kündigungsrechten nach § 270 SGB III im Falle einer Beschäftigungsmöglichkeit auf dem ersten Arbeitsmarkt deutlich wird.[372]

Weiter sind Arbeitsgelegenheiten in Form des § 16 Abs. 3 S. 1 möglich. Diese Norm hat gegenüber dem ihr nachfolgenden S. 2 eine eigenständige und nicht lediglich einweisende Funktion und regelt sozialversicherungspflichtige Beschäftigungsverhältnisse im Sinne des Arbeitsrechts, die – in Abgrenzung zu S. 2 – nicht im öffentlichen Interesse liegen und auch keine zusätzlichen Arbeiten darstellen.[373] Damit stehen diese Arbeitsgelegenheiten dem allgemeinen Arbeitsmarkt näher als die Arbeitsgelegenheiten nach § 16 Abs. 3 S. 2.[374] Diese Arbeitsgelegenheiten können sowohl bei privaten als auch bei öffentlichen Arbeitgebern zur Verfügung gestellt werden. Insgesamt stellt diese Norm somit die Nachfolgenorm des § 19 Abs. 1 BSHG dar.[375]

Als dritte mögliche Form der nach dem SGB II vorgesehenen Arbeitsgelegenheiten kommen die im öffentlichen Interesse liegenden zusätzlichen Arbeiten nach § 16 Abs. 3 S. 2 in Betracht. Damit stellt diese Vorschrift die Nachfolgenorm des § 19 Abs. 2 BSHG dar, der die Schaffung von gemeinnützig angelegten Arbeitsgelegenheiten zum Inhalt hatte. Da die Voraus-

---

372) *Niewald,* in: LPK-SGB II, Anh. zu § 16, Rn. 47, der insoweit von einer »Brückenfunktion« der Arbeitsbeschaffungsmaßnahmen spricht.

373) Vgl. *Luthe/Dittmar,* Das neue Fürsorgerecht, Rn. 515; *Niewald,* in: LPK-SGB II, § 16, Rn. 19.

374) So zur alten Rechtslage des § 19 Abs. 1 S. 1 BSHG *Harks,* Kommunale Arbeitsmarktpolitik, S. 103.

375) Im Unterschied zur früheren Rechtslage wird jedoch für diese Arbeitsgelegenheiten kein Kostenersatz gewährt, vergleiche § 19 Abs. 1 S. 2 BSHG, und das SGB II enthält auch keinen Hinweis auf die Dauer der Ausübung solcher Arbeitsgelegenheiten. Allerdings werden auch ohne ausdrücklichen Verweis auf ihre vorübergehende Natur, wie er in § 19 Abs. 1 S. 3 BSHG enthalten war, diese Arbeitsgelegenheiten ebenfalls nur vorübergehender Natur sein, um mit ihnen nicht eine unzulässige Konkurrenz zum ersten Arbeitsmarkt zu schaffen; vgl. *Niewald,* in: LPK-SGB II, § 16, Rn. 19.

setzungen für diese Arbeitsgelegenheiten sich mit denen für Arbeitsbeschaffungsmaßnahmen nach § 260 Abs. 1 Nr. 2 SGB III decken, war der in § 16 Abs. 3 S. 2 normierte Vorrang von Arbeitsbeschaffungsmaßnahmen notwendig, um Trägern laufender Arbeitsbeschaffungsmaßnahmen nicht zu ermöglichen, diese in die für sie wesentlich günstigeren Arbeitsgelegenheiten nach § 16 Abs. 3 S. 2 umzuwandeln.[376] Den Hilfebedürftigen, die solche gemeinnützigen Arbeitsgelegenheiten ausüben, wird das Arbeitslosengeld II weiter ausgezahlt, zusätzlich erhalten sie eine Mehraufwandsentschädigung, die etwa ein bis zwei Euro pro Arbeitsstunde beträgt und diesen Arbeitsgelegenheiten die Bezeichnung »Ein Euro Jobs« eingebracht hat. Durch diese Arbeitsgelegenheiten wird kein sozialversicherungspflichtiges Beschäftigungsverhältnis und auch kein Arbeitsverhältnis begründet;[377] die Heranziehung zu solchen Arbeitsgelegenheiten erfolgt durch Verwaltungsakt.[378]

Die Obliegenheit des Hilfebedürftigen zur Übernahme dieser Arbeitsgelegenheiten erfordert keine Eigenaktivität des Betroffenen hinsichtlich der Suche solcher Arbeitsgelegenheiten, sondern sie beschränkt sich auf die Übernahme von angebotenen Gelegenheiten.[379] Die Zumutbarkeit dieser Arbeitsgelegenheiten richtet sich ebenfalls nach § 10.[380]

3. Einsatz der eigenen Arbeitskraft, § 2 Abs. 2 S. 2

Mit der in § 2 Abs. 2 S. 2 normierten Verpflichtung zum Einsatz der Arbeitskraft zur Beschaffung des Lebensunterhalts wird noch einmal die Hauptpflicht der erwerbsfähigen Hilfebedürftigen betont. Zugleich wird das Ziel genannt, auf das die in Abs. 1 dieser Vorschrift genannten, die Wieder-

---

376) Vgl. *Löns,* in: Löns/Herold-Tews, SGB II, § 16, Rn. 5.

377) Dies ist allerdings bei den Arbeitsbeschaffungsmaßnahmen der Fall, vgl. *Niewald,* in: LPK-SGB II, Anh. § 16, Rn. 47; siehe auch *Dauber,* in: Mergler/Zink, SGB II, § 2, Rn. 26. Ausführlich zu den »Ein-Euro-Jobs« und den bei ihrer Begründung zu beachtenden Voraussetzungen *Zwanziger,* AuR 2005, 8 ff.

378) *Luthe/Dittmar,* Das neue Fürsorgerecht, Rn. 515; diesbezüglich besteht ein Unterschied zu den früheren gemeinnützigen Arbeitsgelegenheiten nach § 19 Abs. 2 BSHG, die entweder privatrechtlich (§ 19 Abs. 2 S. 1 Alt. 1 BSHG) oder öffentlich-rechtlich (§ 19 Abs. 2 S. 1 Alt. 2 BSHG) ausgestaltet werden konnten; siehe hierzu *Harks,* Kommunale Arbeitsmarktpolitik, S. 104 ff.

379) *Berlit,* in: LPK-SGB II, § 2, Rn. 29.

380) Gemäß § 3 Abs. 1 S. 1 wird allerdings hinsichtlich dieser Arbeitsgelegenheiten zu fordern sein, dass sie geeignet sind, eine bessere Eignung des Hilfebedürftigen zur Integration in den allgemeinen Arbeitsmarkt hervorzurufen; vgl. *Münder,* in: LPK-SGB II, § 3, Rn. 3.

eingliederung in den Arbeitsprozess vorbereitenden Maßnahmen gerichtet sind. Daneben wird die Verpflichtung der erwerbsfähigen Hilfebedürftigen betont, den Lebensunterhalt nicht nur für sich selbst, sondern auch für die mit ihnen in Bedarfsgemeinschaft lebenden Personen durch Erwerbstätigkeit zu erwirtschaften.[381] Damit geht die in § 2 Abs. 2 S. 2 normierte Verpflichtung über die in Abs. 1 S. 1 enthaltene hinaus, da dort nur die Beendigung oder Verringerung der eigenen Hilfebedürftigkeit verlangt wird.[382]

C. Das Leitbild des aktivierenden Sozialstaates

Der im Zusammenhang mit dem Selbsthilfegrundsatz im SGB II eine zentrale Rolle spielende § 2 ist als *»Grundsatz des Forderns«* überschrieben. In diesem Grundsatz sowie in dem mit ihm korrespondierenden und in § 14 SGB II verankerten *»Grundsatz des Förderns«* kommen die zentralen Gesichtspunkte zum Ausdruck, die die Sozialhilfereform 2005 beherrscht und den neuen Gesetzeswerken SGB II und SGB XII ihre spezielle Ausgestaltung verliehen haben.[383] Der »Grundsatz des Förderns und Forderns« ist daher auch das im Zusammenhang mit diesen neuen Gesetzen meist gebrauchte Schlagwort.[384] Doch hinter diesem »Grundsatz des Förderns und Forderns« verbirgt sich mehr als der Titel der gesetzlich normierten Selbsthilfeobliegenheiten. Vielmehr stellt dieser Grundsatz das *»Markenzeichen aktivierender Sozialstaatlichkeit«*[385] an sich dar, so dass hinter ihm ein ganz neues Staatskonzept steht. Der Grundsatz des »Förderns und Forderns« bildet insoweit einen entscheidenden Handlungsgrundsatz zur Umsetzung des Konzepts eines aktivierenden Sozialstaates.[386] Soweit dieser Grundsatz aber ein ganz neues Sozialstaatskonzept umsetzt, könnte er auch Auswirkungen auf den Inhalt des Selbsthilfegrundsatzes haben.

---

381) *Löns,* in: Löns/Herold-Tews, SGB II, § 2, Rn. 4.

382) Ähnlich *Dauber,* in: Mergler/Zink, SGB II, § 2, Rn. 38.

383) Vgl. insoweit die Gesetzesbegründungen, in denen der »Grundsatz des Förderns und Forderns« immer wieder genannt wird, so für das SGB II beispielsweise *BT-Drucks.* 15/1516, S. 44 und für das SGB XII *BT-Drucks.* 15/1514, S. 1.

384) So schon *Schulze-Böing,* SF 2002, 160 (160).

385) *Dahme/Wohlfahrt,* in: Dahme/Otto, Soziale Arbeit für den aktivierenden Staat, S. 75 (83).

386) *Dahme/Wohlfahrt,* in: Dahme/Otto, Soziale Arbeit für den aktivierenden Staat, S. 75 (82 f.).

I. Der Ursprung des Konzepts vom aktivierenden Sozialstaat

Das Konzept des aktivierenden Staates ist die sozialdemokratische Antwort in der Auseinandersetzung der 90er Jahre um die Neugestaltung des insbesondere in finanzieller Hinsicht an seine Grenzen stoßenden Sozialstaates.[387] Das Leitbild des aktivierenden Staates ist dabei keine ausschließlich deutsche Erfindung, sondern entspricht einem Trend der Sozialdemokratien westeuropäischer Staaten.[388] Vorbilder fand dieses Leitbild dabei sowohl in der US-amerikanischen *»to end welfare as we know it«*-Politik Bill Clintons, die im *»Personal responsibility and work opportunity reconciliation act«* von 1996 manifestiert wurde,[389] als auch in der skandinavischen Arbeits- und Sozialpolitik. Als entscheidender Wegbereiter des deutschen Konzepts vom aktivierenden Staat ist die im angelsächsischen Raum verwurzelte und von Anthony Giddens begründete Theorie des Dritten Weges[390] hervorzuheben, die Eingang in Tony Blairs Politik des New Deal[391] gefunden hat.[392] Das Konzept des aktivierenden Staates stellt hinsichtlich des Umbaus des Sozialstaates ein alternatives Lösungsmodell zu neoliberaler Sozialstaatskritik auf der einen und konservativen Veränderungsvorschlägen auf der anderen Seite dar.

In der Bundesrepublik wurde der aktivierende Staat ab 1998 durch die rotgrüne Bundesregierung zum politischen Leitbild und löste das Modell des schlanken Staates ab, dem sich die vorangegangene schwarz-gelbe Regierung verpflichtet gefühlt hatte.

Die Verpflichtung der rot-grünen Bundesregierung zum Leitbild des aktivierenden Staates war bereits im Juni 1999 im so genannten *»Schröder-Blair Papier«* zum Ausdruck gekommen. Denn darin hatten die beiden Regierungschefs als Markenzeichen sozialdemokratischer Politik die »Neue Mitte« in Deutschland und den »Dritten Weg« im Vereinigten Königreich bezeichnet.

387) *Dahme/Wohlfahrt,* in: Dahme/Otto, Soziale Arbeit für den aktivierenden Staat, S. 75 (76); *Trube,* in: Dahme/Otto, Soziale Arbeit für den aktivierenden Staat, S. 177 (178); *ders.,* GuS 2005, 11 (12).

388) *Schulze-Böing,* SF 2002, 160 (Fn. 1).

389) *Dahme/Wohlfahrt,* in: Dahme/Otto, Soziale Arbeit für den aktivierenden Staat, S. 75 (77); *Wohlfahrt,* NDV 2001, 82 (82).

390) Vgl. insoweit *Giddens,* Der dritte Weg, insb. S. 80 ff.

391) Zur Politik des New Deal siehe eingehend *Leisering/Hilkert,* Von Grossbritannien lernen?, S. 5 ff.

392) Siehe auch *Evers/Leggewie,* GMH 1999, 331 (331 f.).

Ein weiterer Schritt auf dem Weg zur Umsetzung eines aktivierenden Staatskonzeptes war der am 01.12.1999 von der Bundesregierung verabschiedete Kabinettsbeschluss mit dem Titel *»Moderner Staat – Moderne Verwaltung«*. In ihm sprach sich die Bundesregierung ausdrücklich für das Leitbild des aktivierenden Staates aus. Auch seiner Regierungserklärung vom 29.10.2002 legte der damalige Bundeskanzler Gerhard Schröder das Leitbild des aktivierenden Staates zu Grunde und schrieb dem Grundsatz des *»Förderns und Forderns«* bereits eine herausragende Bedeutung zu, indem er betonte: *»Soziale Sicherheit durch Solidarität und Verantwortung heißt in allen Bereichen: Fördern und fordern.«*[393] Ein weiterer Meilenstein bei der Implementierung des aktivierenden Staates in der Bundesrepublik war die nachfolgende Regierungserklärung des damaligen Bundeskanzlers Gerhard Schröder vom 14.03.2003, die den Ursprung der Agenda 2010 bildete.

Umgesetzt wurde das neue politische Leitbild vor allem durch das am 01.02.2002 in Kraft getretene Job-AQTIV-Gesetz[394] und durch die so genannten Hartz-Gesetze. Durch das Erste, Zweite und Dritte Gesetz für moderne Dienstleistungen am Arbeitsmarkt hat insbesondere das im SGB III normierte Recht der Arbeitsförderung tiefgreifende Veränderungen erfahren. So bezeichnete der Gesetzesentwurf des Job-AQTIV-Gesetzes die Arbeitsvermittlung als wichtigstes, wirksamstes und kostengünstigstes Instrument der Arbeitsmarktpolitik[395] und sah die Vermeidung von Langzeitarbeitslosigkeit als die zentrale Aufgabe einer aktivierenden Arbeitsmarktpolitik.[396] Mittel zur Erreichung dieser Ziele sind unter anderem die im SGB III nunmehr normierten Instrumente der Arbeitsförderung, wie das so genannte Profiling, der Abschluss einer Eingliederungsvereinbarung oder das Assessment-Verfahren.[397]

Den Schlussstein dieser neuen Politik zur Umsetzung des Leitbildes vom aktivierenden Staat bildet vorerst die Zusammenlegung von Arbeitslosen-

393) Vgl. Regierungserklärung von Bundeskanzler Gerhard Schröder vor dem Deutschen Bundestag am 29. Oktober 2002 in Berlin, abrufbar unter www.uni-kassel.de/fb5/frieden/themen/Aussenpolitik/regierungserklaerung02.html, abgerufen am 16.06.2006.

394) BGBl. I, S. 3443.

395) *BT-Drucks.* 14/6944, S. 24.

396) Vgl. *Steinmeyer,* info also 2002, 4 (4).

397) Siehe hierzu ausführlich *Steinmeyer,* info also 2002, 4 ff.

und Sozialhilfe, mit der die rot-grüne Bundesregierung ihr Konzept der sozialstaatlichen Aktivierung umfassend umzusetzen versuchte.[398]

Auch die neue schwarz-rote Bundesregierung hält ausweislich der Regierungserklärung der jetzigen Bundeskanzlerin vom 30.11.2005 weiterhin an dem aktivierenden Staatskonzept fest.[399]

II. Der Inhalt des aktivierenden Staatskonzepts

Es soll dieses Staatskonzept nunmehr in seiner Gänze dargestellt werden, um beurteilen zu können, ob und inwieweit es Auswirkungen auf den bisherigen Inhalt des Selbsthilfegrundsatzes hat und was dies gegebenenfalls für die Existenzsicherungssysteme Sozialhilfe, Grundsicherung für Arbeitssuchende und Grundsicherung im Alter und bei Erwerbsminderung bedeutet, insbesondere inwieweit diese einen Bedeutungs- und/oder einen Inhaltswandel durch das Aktivierungskonzept erfahren haben.

Hervorgerufen wurde die Debatte um den Um- oder Abbau des bisherigen Wohlfahrtsstaates aufgrund der zahlreichen neuen Herausforderungen, mit denen sich dieser zunehmend konfrontiert sah und die er in seiner bisherigen Ausgestaltung nicht mehr bewältigen konnte. Denn der versorgende Wohlfahrtsstaat, so wie er sich in der Nachkriegszeit etabliert hatte, stieß insbesondere aufgrund der steigenden Zahl von Arbeitslosen-[400] und Sozialhilfeempfängern,[401] den strukturellen Veränderungen auf dem

---

398) So auch *Wölfle/Schöller,* PROKLA 2004, 339 (339).

399) *Regierungserklärung* der Bundeskanzlerin Angela Merkel v. 30.11.2005 vor dem Deutschen Bundestag, abrufbar unter www.bundeskanzlerin.bundesregierung.de, abgerufen am 16.06.2006.

400) Vgl. die Sozialhilfestatistik des Statistischen Bundesamtes für das Jahr 2003, S. 16, wonach die Arbeitslosenquote von 0,8 % im Jahr 1963 auf 10,8 % im Jahr 2002 anstieg.

401) So stieg die Sozialhilfequote von 1,0 % im Jahr 1963, vgl. Pressemitteilung des Statistischen Bundesamtes v. 18.11.2003, auf 3,5 % für das Jahr 2004, vgl. Pressemitteilung des Statistischen Bundesamtes v. 19.08.2005. Die Arbeitslosen- und die Sozialhilfequoten entwickelten sich also tendenziell, wenn auch auf unterschiedlichem Niveau, ähnlich, vgl. die Sozialhilfestatistik des Statistischen Bundesamtes für das Jahr 2003, S. 16 f. Wie in der Sozialhilfestatistik dargelegt, besteht ein enger Zusammenhang zwischen dem Erwerbsstatus und dem Bezug von Sozialhilfe, da lediglich für 25 % der Sozialhilfehaushalte der Bezug dieser Unterstützungsform aufgrund »besonderer sozialer Situationen«, wie Trennung, Scheidung, Suchtabhängigkeit, Geburt eines Kindes o. ä., verursacht wurden, vgl. S. 16 der Sozialhilfestatistik. Mit einer durchschnittlichen Dauer der Arbeitslosigkeit von 34 Monaten unter den erwerbsfähigen Sozialhilfebeziehern lag dieser Wert des Jahres 2002 auch um sieben Monate über dem für das Jahr 1997 verzeichneten Wert, so

Arbeitsmarkt sowie der demographischen Entwicklung an seine Grenzen, die in erster Linie finanzieller Art waren.[402] Verstärkt wurde diese Krise des Sozialstaates durch ein immer weiter verbreitetes Anspruchsdenken und eine Versorgungsmentalität unter den Hilfebeziehern,[403] die tendenziell deren Selbsthilfestreben hemmte, dieses zumindest aber nicht direkt von ihnen einforderte.

Um den genannten Herausforderungen des modernen Sozialstaates wirksam begegnen und vor allem Vollbeschäftigung wieder herstellen zu können, ist die Wiedergewinnung staatlicher Handlungsfähigkeit das Ziel dieses aktivierenden Ansatzes.[404] Ein aktivierender Staat hält danach zwar an der öffentlichen Verantwortung für gesellschaftliche Aufgaben fest, er entscheidet aber ganz bewusst, welche Aufgaben er noch selbst erbringen muss und bei welchen Aufgaben er Dritte mit deren Durchführung betrauen kann.[405] Aus dieser neuen Art der Aufgabenwahrnehmung heraus resultiert auch das Selbstverständnis des aktivierenden Staates als ein Moderator, ein Initiator, der die Bürger und gesellschaftlichen Institutionen aktiviert, fördert und auch fordert, sich selbst zu engagieren.[406] Der Staat wandelt sich nach

dass sich ein zunehmender Trend zur Langzeitarbeitslosigkeit abzeichnete, vgl. S. 19 der Sozialhilfestatistik 2003. Daraus wird sichtbar, dass langandauernde und strukturell verfestigte Arbeitslosigkeit zu einer der Hauptursachen des Sozialhilfebezugs geworden ist.

402) So betrugen die Bruttoausgaben der Sozialhilfe in Deutschland im Jahr 2003 rund 25,6 Mrd. Euro, vgl. Statistisches Bundesamt, abrufbar unter www.destatis.de/basis/d/solei/soleiq19a.php; abgerufen am 16.06.2006. Die Kommunen haben im Jahr 2002 netto 22 Mrd. für Leistungen nach dem BSHG ausgegeben, vgl. Sozialhilfestatistik des Statistischen Bundesamtes für das Jahr 2003, S. 6.

403) *Schulze-Böing,* in: Mezger/West, Aktivierender Sozialstaat und politisches Handeln, S. 51 (53), spricht insoweit von einem Wandel der Sozialämter von ehemals »Einrichtungen für individualisierte, personenbezogene soziale Dienstleistungen« hin zu »Zahlstellen einer rentenähnlichen Daueralimentierung«.

404) *Dahme/Wohlfahrt,* in: Dahme/Otto, Soziale Arbeit für den aktivierenden Staat, S. 75 (82).

405) Vgl. *v. Bandemer/Hilbert,* in: v. Bandemer/Blanke, Handbuch der Verwaltungsreform, S. 25 (29); *Dahme/Wohlfahrt,* TuP 2001, 10 (10 f.); siehe auch den Kabinettsbeschluss v. 01.12.1999.

406) Vgl. *Behrens,* in: von Alemann/Heinze/Wehrhöfer, Bürgergesellschaft und Gemeinwohl, S. 47 (50); siehe auch *Dahme/Wohlfahrt,* TuP 2001, 10 (14), die insoweit vom aktivierenden Staat als einem managenden, Effizienz steigernden Staat sprechen.

diesem politischen Verständnis somit von einem Leistungs- in einen Gewährleistungsstaat und auch in einen Steuerungsstaat.[407]

Durch unterschiedliche Handlungsgrundsätze soll dieses Leitbild in der politischen und gesellschaftlichen Realität umgesetzt werden:[408] Da die bisherige Leistungstiefe des Staates abzuschaffen ist, muss eine neue Verantwortungsteilung zwischen dem Staat und seinen Bürgern gefunden werden, um zu gewährleisten, dass die nunmehr von Dritten auszuführenden Aufgaben tatsächlich erledigt werden. Aus diesem Handlungsgrundsatz ist auch die Diskussion und die mit ihr einhergehende Aufwertung der »Zivilgesellschaft« erklärlich, denn eine solche Verantwortungsteilung erfordert gerade »bürgerschaftliches Engagement« und vermehrte Eigenverantwortlichkeit von Bürgern und Gesellschaft.[409]

Weiter muss der Staat im Rahmen seiner neu zu entdeckenden Direktionsmacht die Bürger und sonstigen gesellschaftlichen Institutionen zur Koproduktion bewegen[410] und insoweit als Moderator agieren. Und als letzter Handlungsgrundsatz ist schließlich das so genannte *»Markenzeichen aktivierender Sozialstaatlichkeit«*[411] zu nennen: der Grundsatz des *»Förderns und Forderns«*. Speziell mit diesem letztgenannten Handlungsgrundsatz setzt sich der aktivierende Staat in einen klaren Gegensatz zum bisherigen Versorgungsstaat, der Leistungen immer ohne Gegenleistungen gewährte. Denn *»Fördern und Fordern«* zeigt an, dass nunmehr staatliche Leistungen in Abhängigkeit von dem Erbringen von Gegenleistungen seitens des Leistungsempfängers erbracht werden. Das Prinzip des Förderns und Forderns hängt aber auch eng mit der Aufwertung der Zivilgesellschaft zusammen. Denn in einer Gesellschaft, die wesentliche Aufgaben selbst erledigt, ist der Beitrag jedes Einzelnen zum Gelingen des Ganzen

---

407) In diesem Sinne auch *Hombach,* in: von Alemann/Heinze/Wehrhöfer, Bürgergesellschaft und Gemeinwohl, S. 61 (65 f.), wenn er sagt *»Maßnahmen [...] dürfen sich eben nicht mehr in Verteilung erschöpfen, sondern müssen positiv der Befähigung, der Aktivierung zur Selbstverantwortung dienen.«*

408) Die Darstellung dieser Handlungsgrundsätze folgt hier der Ausarbeitung von *Dahme/Wohlfahrt,* in: Dahme/Otto, Soziale Arbeit für den aktivierenden Staat, S. 75 (82 f.).

409) *Schröder,* Neue Gesellschaft – Frankfurter Hefte 2000, 200 (202 f.); siehe auch *Dahme/Wohlfahrt,* TuP 2001, 10 (11).

410) *Evers/Leggewie,* GMH 1999, 331 (335).

411) *Dahme/Wohlfahrt,* in: Dahme/Otto, Soziale Arbeit für den aktivierenden Staat, S. 75 (83); zum Grundsatz des »Fördern und Forderns« siehe auch *v. Bandemer/Hilbert,* in: v. Bandemer/Blanke, Handbuch zur Verwaltungsreform, S. 25 (29).

notwendig. Dieser muss daher sowohl gefördert als auch eingefordert werden.[412] Zugleich ist damit jedoch für den einzelnen Bürger auch ein Zuwachs an Eigenverantwortung und damit einhergehend auch von Freiheit verbunden.[413] Gerade zur Übernahme dieser zurückgewonnenen Eigenverantwortung muss der Staat die Bürger und gesellschaftlichen Institutionen befähigen und ermuntern; er wird also aktivierend tätig.

Aus alledem ergibt sich, dass vor allem der sozialhilferechtliche Selbsthilfegrundsatz, der ja die Eigenverantwortung der Hilfeberechtigten einfordert, durch Umsetzung des Leitbildes von einem aktivierenden Staat einen Bedeutungszuwachs und neue Akzentuierungen erfahren hat. Inwieweit und auf welche Weise dies im Einzelnen in den neuen Gesetzeswerken geschehen ist, soll im Folgenden geprüft werden.

Aktive Sozial- und Arbeitsmarktpolitik zeichnet sich vor allem durch eine Schwerpunktverlagerung von passiven Leistungen hin zu aktiven und aktivierenden Leistungen aus[414] und wird immer auch sowohl durch verschiedene Anreizinstrumente[415] als auch, da geleistete Anreize und Aktivierung anderenfalls in großem Umfang ins Leere laufen würden, von Sanktionsmöglichkeiten[416] begleitet. Daher soll sich die folgende Untersuchung der Auswirkungen des neuen Staatskonzepts auf den Selbsthilfegrundsatz an eben diesen unterschiedlichen Aktivierungsmöglichkeiten orientieren.

---

412) So *Schröder,* Neue Gesellschaft – Frankfurter Hefte 2000, 200 (203).

413) In diesem Sinne auch *Schröder,* Neue Gesellschaft – Frankfurter Hefte 2000, 200 (204).

414) Vgl. *Schulze-Böing,* SF 2002, 160 (160); ähnlich auch *Dahme/Wohlfahrt,* in: Dahme/Otto, Soziale Arbeit für den aktivierenden Staat, S. 75 (79).

415) Vgl. *Dahme/Wohlfahrt,* in: Dahme/Otto, Soziale Arbeit für den aktivierenden Staat, S. 75 (87 f.).

416) *Wölfle/Schöller,* PROKLA 2004, 339 (339 f.); *Dahme/Wohlfahrt,* TuP 2001, 10 (12); *ders.,* in: Dahme/Otto, Soziale Arbeit für den aktivierenden Staat, S. 75 (91).

III. Konkretisierung des aktivierenden Staatskonzepts in den neuen Gesetzeswerken

1. Das aktivierende Staatskonzept im SGB XII[417]

a) Allgemeines

Auch nach der Zusammenlegung von Arbeitslosen- und Sozialhilfe und dem damit verbundenen Verbleib ausschließlich der Personen in der Sozialhilfe, die nicht erwerbsfähig im Sinne des § 8 Abs. 1 SGB II sind, ist die Überwindung der Bedürftigkeit und die Führung eines eigenverantwortlichen Lebens außerhalb der Sozialhilfe noch immer Ziel dieser Unterstützungsleistung.[418] Ein Selbsthilfestreben der Leistungsberechtigten wird also auch hier grundsätzlich weiterhin gefordert. Nach dem eindeutigen Willen des Gesetzgebers hat darüber hinaus der Grundsatz des »Förderns und Forderns« im Rahmen des Gesetzgebungsverfahrens des Gesetzes zur Einordnung des Sozialhilferechts in das Sozialgesetzbuch auch in das neue Sozialhilferecht Eingang gefunden.[419] Ganz allgemein sollen somit aufgrund dieser neuen Ausrichtung zum einen die Instrumente zur Förderung eines aktiven Lebens für die Sozialhilfeberechtigten ausgebaut werden. Zum anderen sollen die Leistungsberechtigten entsprechend diesem Grundsatz des »Förderns und Forderns« mehr Verantwortung übernehmen und im Falle einer Verweigerung dieser Verantwortungsübernahme Nachteile in Kauf nehmen müssen.[420] Als Mittel zur Erreichung dieser Zielsetzungen werden vor allem *»die Beratung und Unterstützung zielorientiert intensiviert, verlässliche und planvolle Handlungsmöglichkeiten der Träger der Sozialhilfe und der Leistungsempfängerinnen und Leistungsempfänger gestärkt sowie einzelfallbezogen Wege aus der Sozialhilfe geebnet.«*[421]

Damit kommen die Charakteristika dieses Staatskonzepts, wie Stärkung und Zuwachs der Selbstverantwortung, Erbringung staatlicher Leistungen nur

417) §§ ohne nähere Gesetzesangabe sind im Folgenden solche des SGB XII.

418) Vgl. § 1 S. 2 SGB XII sowie *BT-Drucks.* 15/1514, S. 1, 52.

419) Vgl. *BT-Drucks.* 15/1514, S. 1, 50, siehe auch den Entschließungsantrag, *BT-Drucks.* 14/7293 vom 07.11.2001, der am 14.03.2002 vom Deutschen Bundestag angenommen wurde. Dieser Antrag hatte die Forderung einer grundlegenden Strukturreform der Sozialhilfe zum Inhalt und war bereits an dem Grundsatz des »Förderns und Forderns« sowie einer Verbesserung aktivierender Leistungen und einer Stärkung der Eigenverantwortung der Leistungsbezieher orientiert.

420) So *BT-Drucks.* 15/1514, S. 1, 52.

421) *BT-Drucks.* 15/1514, S. 52.

gegen erbrachte Gegenleistungen und ein die Ressourcen der Leistungsberechtigten aktivierendes Auftreten des Staates, bereits in den allgemeinen Darlegungen der Gesetzesmaterialien zum Ausdruck.

b) Die Regelungen im Einzelnen

aa) Aktivierende Leistungen

(1) Beratung und Unterstützung, Aktivierung, § 11

§ 11 enthält umfassende und insoweit weit über die vormals in § 17 Abs. 1 BSHG normierten Pflichten hinausgehende Beratungs- und Unterstützungsverpflichtungen der Sozialhilfeträger.[422] Wie sich im Umkehrschluss zu § 10 Abs. 2 ergibt, geht es in § 11 Abs. 2 nicht um eine rechtliche Beratung[423]. Vielmehr zielt die – die persönliche Situation des Hilfeempfängers in den Blick nehmende – Beratung des § 11 Abs. 2 in erster Linie auf alle dem Hilfeberechtigten zur Verfügung stehenden Selbsthilfemöglichkeiten ab.

Weiter ist in § 11 Abs. 2 S. 2 ein klares Bekenntnis zum Leitbild des aktivierenden Staates enthalten, der bestimmt, dass die aktive Teilnahme am Leben in der Gesellschaft und damit das sozio-kulturelle Existenzminimum im Sinne des § 27 Abs. 1 auch ein gesellschaftliches Engagement umfasst. Allerdings kann diese Norm nur als Programmsatz einer politischen und gesellschaftlichen Neuausrichtung auf einen aktivierenden Staat verstanden werden. Denn diese Normierung ist zum einen inhaltlich nur sehr unbestimmt formuliert; im Übrigen würde sie auch – soweit man ihr eine Verpflichtung der Leistungsberechtigten zu einem gesellschaftlichen Engagement entnehmen wollte – einen Verstoß gegen die grundrechtlichen Freiheitsrechte darstellen.[424]

Ebenfalls Ausdruck des neuen staatlichen Leitbildes ist die in § 11 Abs. 2 S. 4 normierte Verpflichtung zur Budgetberatung, die sich sowohl auf das trägerübergreifende persönliche Budget nach § 57 als auch auf die Regel-

422) Darüber hinaus ist § 11 nunmehr auch auf alle Leistungsarten im Sinne des § 8 anwendbar, während die Vorgängernorm des § 17 Abs. 1 BSHG nur auf die Hilfe zum Lebensunterhalt Anwendung fand.

423) So auch *Streichsbier,* in: Grube/Wahrendorf, SGB XII, § 11, Rn. 3.

424) Vgl. hierzu *Roscher,* in: LPK-SGB XII, § 11, Rn. 5.

satzleistungen bezieht.[425] Denn durch die Zurverfügungstellung eines bestimmten finanziellen Budgets und einer Beratung, die darauf abzielt, mit diesem Budget eigenverantwortlich und möglichst wirtschaftlich umzugehen, wird die Eigenverantwortlichkeit und Selbstständigkeit der Hilfebedürftigen gerade mit Hinblick auf ein von Sozialhilfe unabhängiges Leben gefördert.

In § 11 Abs. 3 wird die Unterstützungspflicht der Sozialhilfeträger näher bestimmt, die noch über die Beratungspflicht hinausgeht.[426] Nach § 11 Abs. 3 S. 1 umfasst diese Verpflichtung sowohl das Erteilen von Hinweisen als auch die Vorbereitung von Kontakten, die Begleitung zu sozialen Diensten sowie die Möglichkeiten der aktiven Teilnahme am Leben in der Gemeinschaft unter Einschluss des gesellschaftlichen Engagements.

Von besonderer Bedeutung im Zusammenhang mit aktivierenden Maßnahmen und dem sozialhilferechtlichen Selbsthilfegrundsatz ist weiter die in § 11 Abs. 3 S. 2 normierte Unterstützungsverpflichtung in Form des Angebotes einer zumutbaren Tätigkeit in den Fällen, in denen der Leistungsberechtigte zumutbar einer solchen Tätigkeit nachgehen kann. Damit korrespondiert die in diesen Fällen nach § 11 Abs. 3 S. 4 bestehende materiellrechtliche Verpflichtung der Leistungsberechtigten, eine solche Tätigkeit aufzunehmen sowie an einer für diese erforderlichen Vorbereitung teilzunehmen.

(2) Leistungsabsprache, § 12

Die Leistungsabsprache nach § 12 ist nicht wirklich eine aktivierende Leistung, sondern vielmehr ein Instrument, um die sozialhilferechtlichen Zielsetzungen zu erreichen. Sie wird sich in der Regel an die nach § 11 erfolgte Beratung, die Bestandsaufnahme der jeweiligen persönlichen Verhältnisse und die Unterstützung anschließen.[427] Im früheren Recht war mit § 17 Abs. 2 BSHG eine ähnliche Regelung enthalten, jedoch geht der jetzige § 12 inhaltlich weit über seine Vorgängernorm hinaus. § 12 begründet für die Sozialhilfeträger eine objektiv-rechtliche Verpflichtung, bei

---

425) *Dauber,* in: Mergler/Zink, SGB XII, § 11, Rn. 11; *Luthe,* in: Hauck/Noftz, SGB XII, § 11, Rn. 26; *Roscher,* in: LPK-SGB XII, § 11, Rn. 4; *Streichsbier,* in: Grube/Wahrendorf, SGB XII, § 11, Rn. 3.

426) *Roscher,* in: LPK-SGB XII, § 11, Rn. 6; *Streichsbier,* in: Grube/Wahrendorf, SGB XII, § 11, Rn. 5.

427) *Dauber,* in: Mergler/Zink, SGB XII, § 12, Rn. 2.

Gewährung sämtlicher, fortlaufend erbrachter Leistungen eine solche Leistungsabsprache herzustellen.[428] Mit dieser Verpflichtung korrespondiert allerdings kein subjektives öffentliches Recht der Leistungsberechtigten auf Abschluss einer solchen Vereinbarung.[429] Die Leistungsabsprache stellt weder einen Verwaltungsakt noch einen öffentlich-rechtlichen Vertrag dar[430], sondern vielmehr ein reines, auf Freiwilligkeit des Leistungsberechtigten basierendes Übereinkommen,[431] mit dem Klarheit über die einzuschlagenden Wege zur Überwindung der Notlage geschaffen wird.[432] In diesem Sinne ist auch der in § 12 S. 2 genannte Förderplan rechtlich zu qualifizieren.[433]

Da der Leistungsabsprache grundsätzliche vereinbarte Zielsetzungen zugrunde liegen, die während des Leistungsbezugs überprüft werden müssen, sind diese Ziele gemäß § 12 S. 3 in der Leistungsabsprache festzuschreiben. Nach § 12 S. 4 müssen diese Ziele, da die Leistungsabsprache grundsätzlich zukunftsorientiert ist[434], regelmäßig gemeinsam von den Beteiligten überprüft und fortgeschrieben werden.

Gesetzliches Ziel der Leistungsabsprache ist eine Stärkung der kooperativen Vorgehensweise zwischen Leistungsberechtigtem und Sozialhilfeträger.[435] Dem liegt die Überzeugung zu Grunde, dass nur durch eine aktive Mitwirkung des Leistungsberechtigten dessen Notlage überwunden und damit die sozialhilferechtliche Zielsetzung des § 1 S. 2 erreicht werden kann.[436] Damit konkretisiert das Instrument der Leistungsabsprache das in § 1 S. 3 normierte Gebot des Zusammenwirkens von Leistungsberechtigtem

428) *Grube,* in: Grube/Wahrendorf, SGB XII, § 12, Rn. 5, 6.

429) *Grube,* in: Grube/Wahrendorf, SGB XII, § 12, Rn. 6.

430) Vgl. *BT-Drucks.* 15/1514, S. 56, wo es in der Begründung zu § 12 ausdrücklich heißt:*»Um eine einfache und flexible Handhabung zu erreichen, soll der Begriff der Leistungsabsprache klarstellen, dass es sich nicht um einen öffentlich-rechtlichen Vertrag handelt.«* Siehe auch *Dauber,* in: Mergler/Zink, SGB XII, § 12, Rn. 5, 12; *Grube,* in: Grube/Wahrendorf, SGB XII, § 12, Rn. 10; *Roscher,* in: LPK-SGB XII, § 12, Rn. 4, sowie ausführlich *Luthe,* in: Hauck/Noftz, SGB XII, § 12, Rn. 4, 5.

431) *Fichtner,* in: Fichtner/Wenzel, Kommentar zur Grundsicherung, § 12, Rn. 5.

432) *Grube,* in: Grube/Wahrendorf, SGB XII, § 12, Rn. 1.

433) *Luthe,* in: Hauck/Noftz, SGB XII, § 12, Rn. 21; *Roscher,* in: LPK-SGB XII, § 12, Rn. 7.

434) Vgl. *Grube,* in: Grube/Wahrendorf, SGB XII, § 12, Rn. 8.

435) Vgl. *BT-Drucks.* 15/1514, S. 56.

436) *BT-Drucks.* 15/1514, S. 56, *Dauber,* in: Mergler/Zink, SGB XII, § 12, Rn. 4.

und Sozialhilfeträger, das Wesensmerkmal einer aktivierenden Politik ist.[437] Durch die mittels einer Leistungsabsprache praktizierte Kooperation zwischen den Beteiligten setzt somit der Gesetzgeber auf eine für den aktivierenden Staat charakteristische Handlungsweise. Denn all diese typischen Merkmale aktivierender Politikstrategien, wie Freiwilligkeit des Kooperationsverhältnisses, die vertragsähnlichen Elemente dieses Prozesses, die gemeinsame Problemdefinition und die daraus folgende Selbstbindung der Beteiligten,[438] finden sich in der Leistungsabsprache im Sinne des § 12 wieder.

bb) Passive Leistungen mit aktivierendem Ansatz

(1) Die Regelsatzleistungen, § 28

Nach der umfangreichen Pauschalierung der Regelsatzleistungen durch Einbeziehung nahezu aller bisherigen einmaligen Bedarfe in die Regelsätze wird auch durch diese passive Leistung die Eigenverantwortung der Leistungsberechtigten gestärkt. Denn die Bezieher dieser Unterstützungsleistung müssen nun selbstständig diesen monatlichen Betrag verwalten, sie müssen entscheiden, welche bisherigen einmaligen Leistungen sie mittels dieses Betrages finanzieren können, welchen Anteil der Leistung sie für spätere Anschaffungen ansparen und ähnliches. All diese damit eingeräumten Entscheidungsmöglichkeiten stellen einen Gewinn an Eigenverantwortung und einen Anreiz zu wirtschaftlichem Handeln dar.[439] Hinzu kommt, dass nach Wegfall nahezu aller bisherigen einmaligen Leistungen die Sozialhilfeberechtigten nun nicht mehr für jede einmalige Leistung Kontakt mit dem Sozialhilfeträger aufnehmen, diese Leistungen beantragen und damit unter Umständen umfangreiche Prüfungen ihrer finanziellen und persönlichen Verhältnisse über sich ergehen lassen müssen. Auch dies stellt einen zusätzlichen Gewinn an Selbstständigkeit und Freiheit dar. Somit trägt die jetzige Ausgestaltung der Regelsätze mit dazu bei, die Ziele des aktivierenden Staatskonzepts umzusetzen.

---

437) *BT-Drucks.* 15/1514, S. 56.

438) So *Dahme/Wohlfahrt,* in: Dahme/Otto, Soziale Arbeit für den aktivierenden Staat, S. 75 (89); diese Entwicklung charakterisiert etwa *Messner,* BldW 1996, 242 (242) demzufolge als einen Wandel von der *»hierarchischen Kontrolle zur horizontalen Koordination«*.

439) *BT-Drucks.* 15/1514, S. 59; siehe auch *Friedrich,* in: Deufel/Wolf, Ende der Solidarität?, S. 210 (213).

Der grundlegende Systemwechsel im Rahmen der Regelsatzbemessung durch Einbeziehung der bisherigen einmaligen Leistungen ist damit Teil eines weitaus umfassender angelegten Systemwechsels, nämlich dem Wechsel vom Versorgungsstaat hin zum aktivierenden Sozialstaat.

(2) Das trägerübergreifende Persönliche Budget, § 57

Das trägerübergreifende Persönliche Budget für behinderte und pflegebedürftige[440] Menschen stellt eine echte Neuerung im Sozialhilferecht dar und findet sein Vorbild in § 17 SGB IX, auf dessen Absätze 2 bis 4 in § 57 S. 2 auch verwiesen wird. Es dient den Leistungsberechtigten regelmäßig zur Finanzierung der von ihnen benötigten Dienstleistungen und wird in Form eines bestimmten Geldbetrages, in Ausnahmefällen auch in Form von Gutscheinen, gewährt.[441] Schon die Gesetzesbegründung qualifiziert das Persönliche Budget als aktivierende Maßnahme[442]; dies wird auch in der gesetzlich festgeschriebenen Zielsetzung bestätigt. Denn nach § 57 S. 2 SGB XII i.V.m. § 17 Abs. 2 S. 1 SGB IX soll dem Leistungsberechtigten durch dieses persönliche Budget die Ermöglichung eines möglichst selbstbestimmten Lebens in eigener Verantwortung ermöglicht werden. Mit der Regelsatzleistung hat das persönliche trägerübergreifende Budget gemeinsam, dass es sich auch bei ihm um eine pauschalierte und auf Bedarfsdeckung ausgerichtete Leistung handelt.[443]

Gemäß § 17 Abs. 2 S. 4 sind solche Leistungen budgetfähig, die sich auf alltägliche, regelmäßig wiederkehrende und regiefähige Bedarfe beziehen und die als Geldleistungen oder durch Gutscheine erbracht werden können. § 17 Abs. 2 S. 1 SGB IX beschränkt dabei die budgetfähigen Leistungen auf Leistungen zur Teilhabe. Der Begriff der Regiefähigkeit grenzt dabei die an den Leistungsberechtigten zu stellenden Voraussetzungen ein, indem nur solche Leistungen als budgetfähig angesehen werden, die der Leistungsberechtigte allein oder mit Unterstützung selbst bewerten und steuern kann,

---

440) Pflegebedürftigen Menschen kann gemäß § 61 Abs. 2 S. 3 und 4 die Hilfe zur Pflege als Teil eines trägerübergreifenden Persönlichen Budgets gewährt werden, auf das dann ebenfalls § 17 Abs. 2–4 SGB IX anwendbar ist.

441) Vgl. § 17 Abs. 3 S. 1 und 2 SGB IX, siehe auch *BT-Drucks.* 15/1514, S. 72 und *Wahrendorf,* in: Grube/Wahrendorf, SGB XII, § 57, Rn. 4.

442) Vgl. *BT-Drucks.* 15/1514, S. 1, sowie ähnlich S. 63.

443) *Neumann,* ZfSH/SGB 2003, 392 (398); *Wahrendorf,* in: Grube/Wahrendorf, SGB XII, § 57, Rn. 4; a. A. *Mrozynski,* SGB IX, § 17, Rn. 20, der im trägerübergreifenden Persönlichen Budget eine der Pauschalierung vorgelagerte Leistung sieht.

also über die er selbst entscheiden kann, wer auf welche Art und Weise und zu welchen Bedingungen die Leistungen für ihn erbringt.[444] Mit der Regiefähigkeit der budgetfähigen Leistungen wird gleichzeitig eine Aussage über die mit dem Budget für den Leistungsberechtigten verbundenen Kompetenzen und damit seinen Gewinn an Selbstbestimmung durch diese Leistungsgewährung getroffen.[445] Damit korrespondiert die Tatsache, dass der Anbieter der zu erbringenden Dienstleistungen zum Leistungsträger in keinerlei Rechtsbeziehung steht und die Verantwortung des Leistungsträgers mit der Auszahlung des monatlichen Budgets endet.[446] Mit der Leistungsgewährung in Form eines solchen Budgets geht die Pflicht der Sozialhilfeträger zur Budgetberatung nach § 11 Abs. 2 S. 4 einher. In Anbetracht der gerade dargestellten und mit dem Budget verbundenen Befugnisse ist solch eine Budgetberatung notwendig, damit der durch die Budgetierung aktivierte Leistungsberechtigte seine neue Selbstständigkeit auch bestmöglich nutzen kann. Selbstständigkeit und Eigenverantwortung als Ziel der Leistungsgewährung in Form eines Persönlichen Budgets sind damit gleichzeitig auch deren Voraussetzung. Dies wird deutlich, wenn § 17 Abs. 2 S. 1 SGB IX normiert, dass dem Leistungsberechtigten durch das Persönliche Budget ein möglichst selbstbestimmtes Leben **in eigener Verantwortung**[447] ermöglicht werden soll.

Sowohl die abzuschließende Zielvereinbarung als auch die Beteiligungsrechte in dem in diesem Zusammenhang durchzuführenden Bedarfsfeststellungsverfahren[448] greifen die für das aktivierende Sozialstaatskonzept charakteristischen Merkmale der Kooperation, der Ko-Produktion, des Dialogs und der vertragsähnlichen Ausgestaltung auf. Der Leistungsberechtigte erhält durch das Instrument des Persönlichen Budgets mehr Selbstständigkeit, mehr Eigenverantwortung und eine größere Dispositionsbefugnis. Der Gesetzgeber sieht in ihr einen Partner der Leistungsträger, der in

---

444) *Meusinger,* in: Fichtner/Wenzel, Kommentar zur Grundsicherung, § 57, Rn. 23; *Schmeller,* in: Mergler/Zink, SGB XII, § 57, Rn. 10.

445) Vgl. *Wahrendorf,* in: Grube/Wahrendorf, SGB XII, § 57, Rn. 9, der insoweit von der »Personal-«, der »Organisationskompetenz« und der sonstigen »Kontrolle« des Leistungsberechtigten spricht, siehe auch *BT-Drucks.* 15/1514, S. 72 sowie *Bieritz-Harder,* in: LPK-SGB XII, § 57, Rn. 5.

446) *Mrozynski,* SGB IX, § 17, Rn. 39; *Wahrendorf,* in: Grube/Wahrendorf, SGB XII, § 57, Rn. 9.

447) Hervorhebung durch Verf.

448) Siehe dazu ausführlich § 3 Abs. 3 Budget-VO (Verordnung zur Durchführung des § 17 Abs. 2 bis 4 des Neunten Buches Sozialgesetzbuch (Budgetverordnung – BudgetV) v. 27.05.2004, BGBl. I, S. 1055.)

die Entscheidungsprozesse einzubeziehen ist und mit dem verbindliche Absprachen über den Verlauf seiner Notsituation zu treffen sind.

cc) Sanktionen

Charakteristisch für ein aktivierendes Staatskonzept sind neben rein aktivierenden Maßnahmen auch diese begleitende Sanktionen und sonstige repressive Maßnahmen.[449] Als eine solche Sanktionsnorm, die zur Umsetzung des Leitbildes vom aktivierenden Sozialstaat beitragen soll, könnte § 39 in Betracht kommen. § 39 Abs. 1 S. 1 bestimmt, dass sich die Regelsatzleistung von Leistungsberechtigten, die entgegen ihrer Verpflichtung die Aufnahme einer Tätigkeit oder die Teilnahme an einer erforderlichen Vorbereitung ablehnen, in einer ersten Stufe um bis zu 25 % und bei wiederholten Ablehnungen in weiteren Stufen auch um jeweils bis zu 25 % des maßgebenden Regelsatzes vermindert. Damit übernimmt § 39 Abs. 1 in inhaltlich leicht veränderter Form die Regelung des bisherigen § 25 Abs. 1 BSHG.[450] Allerdings erscheint es fraglich, ob § 39 eine Sanktionsnorm darstellt, denn nach ständiger Rechtsprechung und herrschender Ansicht im Schrifttum wurde in § 25 Abs. 1 BSHG eine reine oder doch zumindest in erster Linie eine überwiegende Hilfenorm gesehen.[451] § 39 Abs. 1 müsste somit gegenüber seiner Vorgängernorm des § 25 Abs. 1 BSHG inhaltliche Verschärfungen erfahren haben, um als Sanktionsnorm qualifiziert werden zu können. Inhaltlich weicht der neue § 39 Abs. 1 an verschiedenen Stellen von § 25 Abs. 1 BSHG ab. Zwar enthält § 39 nunmehr auch einige Erleich-

---

449) Vgl. *Dahme/Wohlfahrt,* TuP 2001, 10 (12), siehe insoweit auch die Gesetzesbegründung zum SGB II, *BT-Drucks.* 15/1516, S. 44.

450) So auch *Conradis,* in: LPK-SGB XII, § 39, Rn. 3; *Streichsbier,* in: Grube/Wahrendorf, SGB XII, § 39, Rn. 1; *Wenzel,* in: Fichtner/Wenzel, Kommentar zur Grundsicherung, § 39 SGB XII, Rn. 1.

451) *BVerwG,* Urteil v. 31.01.1968, BVerwGE 29, 99 (105); *BVerwG,* Urteil v. 13.10.1983, BVerwGE 68, 91 (94); *BVerwG,* Urteil v. 17.05.1995, BVerwGE 98, 203 (205 f.); *OVG Koblenz,* Beschl. v. 10.02.1983, NVwZ 1983, 428 (428); *OVG Hamburg,* Beschl. v. 14.04.1998, FEVS 49, 44 (45); *OVG Münster,* Beschl. v. 09.01.2001, FEVS 52, 327 (328); *Schellhorn/Schellhorn,* BSHG, § 25, Rn. 2; *Schoch,* ZfF 1999, 127 (128); *ders.,* Sozialhilfe, S. 223; *Schulin/Igl,* Sozialrecht, Rn. 963; *Schulte/Trenk-Hinterberger,* Sozialhilfe, S. 213; etwas weitergehend *BVerwG,* Urteil v. 10.02.1983, DVBl 1983, 1189 (1189), in dem das Gericht in § 25 Abs. 1 BSHG auch eine Sanktionsnorm, aber in erster Linie eine Hilfenorm sieht; a. A. *OVG Hamburg,* Beschl. v. 24.05.1982, NVwZ 1982, 519 (521); *Oetker,* DVBl. 1983, 1175 (1177), ebenfalls kritisch *Burdenski,* Die »Hilfe zur Arbeit«, S. 189 ff.; ausführlich oben, S. 167 f.

terungen gegenüber seiner Vorgängernorm.[452] Jedoch normiert § 39 Abs. 1 gegenüber der bisher in § 25 Abs. 1 BSHG enthaltenen Regelung eine Verschärfung was die Leistungskürzung in weiteren Stufen, also bei wiederholter Ablehnung einer Arbeitsaufnahme bzw. Teilnahme an einer erforderlichen Vorbereitung betrifft.

Denn während nach § 25 Abs. 1 BSHG sowohl die Entscheidung über das »Ob« einer weiteren Leistungskürzung als auch über deren Höhe im Ermessen des Sozialhilfeträgers lag, besteht nun gemäß § 39 Abs. 1 S. 1 auch hinsichtlich des »Ob« einer Leistungsminderung in weiteren Stufen eine Kürzungsautomatik. Es steht lediglich die Entscheidung über die Höhe einer solchen Kürzung weiterhin im Ermessen des Sozialhilfeträgers.[453] Somit ist die vormals bestehende und sich aus dem Hilfecharakter der Norm begründende Praxis, dass, wenn der Hilfesuchende auf die Leistungskürzung nicht mit einer entsprechenden Verhaltensänderung reagierte, die Leistungen wieder ungekürzt zu gewähren waren, nunmehr nicht mehr aufrecht zu halten.[454] Da also nunmehr bei jeder Wiederholung des nach § 39 Abs. 1 S. 1 unerwünschten Verhaltens eine Leistungskürzung – und sei sie noch so gering – eintritt, wird ein der Norm anhaftender Sanktionscharakter betont. Daran ändert auch die Tatsache nichts, dass im Rahmen der Ermessensentscheidung über die Höhe der vorzunehmenden Leistungsminderung die Besonderheiten des Einzelfalles und die Intention der Regelung, nämlich den Leistungsberechtigten zur Aufgabe seiner ablehnenden Verhaltensweise

---

452) Genannt seien hier etwa Höhe und Umfang einer erstmaligen Leistungskürzung sowie der Umstand, dass § 25 Abs. 1 BSHG keine »reine Kürzungsvorschrift« war, sondern den Anspruch auf Hilfe zum Lebensunterhalt gänzlich entfallen ließ und es im Ermessen des Sozialhilfeträgers lag, ob und inwieweit dem Hilfesuchenden in einer um den Mindestumfang der Kürzung nach § 25 Abs. 1 S. 2 BSHG geminderten Höhe Hilfe zum Lebensunterhalt gewährt wurde; vgl. statt vieler *BVerwG,* Urteil v. 10.02.1983, BVerwGE 67, 1 (6).

453) *Streichsbier,* in: Grube/Wahrendorf, SGB XII, § 39, Rn. 6.

454) Weigert sich der Hilfeberechtigte allerdings auch während eines längeren Zeitraums einer gravierenden Regelsatzkürzung, eine Tätigkeit aufzunehmen bzw. an einer erforderlichen Vorbereitung teilzunehmen, so kann dies auch ein Indiz dafür sein, dass die Leistungseinschränkung nach § 39 nicht das geeignete Hilfsmittel in der konkreten Notlage ist und es müssen vom Sozialhilfeträger andere Maßnahmen der Hilfe in Betracht gezogen werden, was letztlich zu einer Wiedergewährung der ungekürzten Regelsatzleistung führen kann; allerdings scheint dies nunmehr aufgrund der Neufassung des § 39 erst nach mehreren praktizierten Kürzungsstufen möglich zu sein. Auch ändert dies nichts an der vorangegangenen sanktionierenden Funktion der einzelnen Leistungskürzungen. In diesem Sinne wohl auch *Streichsbier,* in: Grube/Wahrendorf, SGB XII, § 39, Rn. 7.

und zur Aufnahme des erwünschten Verhaltens zu bewegen,[455] mithin also Hilfeaspekte, zu berücksichtigen sind. Denn § 39 Abs. 1 S. 1 kommt durch seine Kürzungsautomatik ein Sanktionscharakter zu, der über die genannte Hilfefunktion der Norm hinausgeht.

Diese Entwicklung von einer reinen Hilfenorm hin zu einer Norm, die neben ihrem Hilfecharakter auch eine eindeutig sanktionierende Funktion hat, hat sich schon seit längerer Zeit abgezeichnet,[456] wurde jedoch, da ein Sanktionsgedanke dem Sozialhilferecht grundsätzlich fremd sei, bislang immer wieder ignoriert.[457] Neben der Tatsache, dass auch das bisherige Sozialhilferecht schon sanktionierende Elemente enthielt[458] und schon für den früheren § 25 Abs. 1 vertreten wurde, dass dieser neben einer Hilfefunktion auch die Aufgabe habe, den Nachrang der Sozialhilfe gegenüber einer möglichen Selbsthilfe durchzusetzen und damit die Akzeptanz der Sozialhilfe dauerhaft zu erhalten,[459] sind nunmehr mit der Verpflichtung zur Umsetzung eines aktivierenden Sozialstaatskonzeptes sanktionierende Elemente kein Fremdkörper mehr im SGB XII, sondern stellen typische Begleiterscheinungen dieses neuen Leitbildes dar. Damit kann, ja muss entgegen der bislang herrschenden Meinung in § 39 Abs. 1 sowohl eine Hilfe- als auch eine Sanktionsnorm gesehen werden.

Da die in der Kürzungsautomatik des § 39 Abs. 1 S. 1 enthaltene Sanktion dazu dient, den Leistungsberechtigten zur Selbsthilfe zu aktivieren, ist sie damit Teil des mit dem SGB XII nunmehr umgesetzten aktivierenden Sozialstaatskonzepts.[460]

---

455) Vgl. *Streichsbier,* in: Grube/Wahrendorf, SGB XII, § 39, Rn. 5.

456) So wurde bereits in der Gesetzesbegründung, *BT-Drucks.* 13/2440, S. 25, des durch das Sozialhilfe-Reformgesetz 1996 geänderten § 25 ausgeführt: *»Die Akzeptanz schwindet, wenn die Menschen, die mit ihrer Arbeit soziale Leistungen erst möglich machen, das Gefühl haben, dass sich andere auf ihre Kosten ausruhen. Soziale Leistungen dürfen nicht zu einer falschen Bequemlichkeit führen. Das zerstört Leistungsbereitschaft und höhlt das notwendige Arbeitsethos in der Gesellschaft aus.«*

457) Vgl. *Harks,* Kommunale Arbeitsmarktpolitik, S. 117 ff.

458) Vgl. etwa § 92a BSHG bzw. den jetzigen § 103, der die Pflicht zum Kostenersatz in den Fällen normiert, in denen der Leistungsempfänger die Voraussetzungen der Hilfebedürftigkeit schuldhaft herbeigeführt hat.

459) So *Harks,* Kommunale Beschäftigungspolitik, S. 119.

460) Dagegen kommt § 26 als eine weitere Sanktionsnorm hier nicht in Betracht. Denn bei dieser Vorschrift steht nach wie vor der Hilfecharakter im Vordergrund, vgl. dazu ausführlich oben, S. 167 f. Insbesondere ist in § 26 keine derartige Kürzungsautomatik normiert.

c) Das Verhältnis des Förderns zum Fordern

Fraglich ist, in welchem Verhältnis die jeweiligen Elemente des Förderns und Forderns zueinander stehen, ob also mittels dieses Grundsatzes ein echtes Gegenleistungsverhältnis zwischen Leistungsberechtigtem und Leistungsträger begründet wird und damit vom bisherigen Fürsorge- und Vorsorgecharakter der Sozialhilfe abgewichen wird. Mit Kenntniserlangung des Sozialhilfeträgers vom Vorliegen der Sozialhilfevoraussetzungen bzw. mit Antragstellung nach § 41 Abs. 1 im Rahmen der Grundsicherungsleistungen nach dem Vierten Kapitel entsteht zwischen Leistungsträger und Leistungsberechtigtem ein Sozialhilferechtsverhältnis. In diesem Sozialhilferechtsverhältnis stehen sich die Förderpflichten des Leistungsträgers, die da sind: Beratung und Unterstützung zu leisten sowie gegebenenfalls die Vorbereitung hin zu einer Arbeitsaufnahme und die Pflicht des Leistungsberechtigten, in dem ihm möglichen Umfang seine Arbeitskraft einzusetzen, gegenüber. Eine Verletzung dieser Verpflichtung zum Arbeitkrafteinsatz ist nach § 39 sanktionsbewehrt. Allerdings besteht im Verhältnis des Förderns zum Fordern ein Ungleichgewicht. Denn zum einen ist der Einsatz der Arbeitskraft – bedingt durch den nicht erwerbsfähigen Adressatenkreis des SGB XII – zur Beendigung der Notlage nicht mehr vorrangiges Ziel der Sozialhilfe, da dies den Leistungsberechtigten regelmäßig gar nicht möglich ist. Zum anderen wird das Element des Forderns dadurch relativiert, dass § 39 keine reine Sanktionsregelung ist, sondern ihr immer noch auch ein Hilfecharakter zukommt.[461] Damit sind im SGB XII nach der Sozialhilfereform nunmehr eindeutige Elemente des aktivierenden Sozialstaatskonzepts enthalten. Allerdings bezieht sich die Aktivierung hier weniger auf eine Überwindung der Notlage. Vielmehr erhält der Leistungsberechtigte in erster Linie im Zusammenhang mit den ihm gewährten passiven Leistungen mehr Eigen- und Selbstständigkeit. Trotz dieser aktivierenden Elemente ist das Verhältnis zwischen Leistungsträger und Leistungsberechtigtem nicht im Sinne eines echten Austauschverhältnisses von Leistung und Gegenleistung ausgestaltet worden; es überwiegt, trotz einzelner Elemente des Forderns und diese begleitender Sanktionsmöglichkeiten, nach wie vor der Fürsorgecharakter im SGB XII.

461) Vgl. oben, S. 236 ff.

2. Das aktivierende Staatskonzept im SGB II[462]

a) Allgemeines

Der Grundsatz »Fördern und Fordern« hat mit den §§ 2 und 14 explizit Eingang in den Gesetzestext gefunden. Dem entspricht, dass die Gesetzesbegründung diesem Grundsatz eine *»zentrale Rolle«*[463] beimisst. Demgemäß ist das vom Gesetzgeber erstrebte Ziel der Grundsicherung für Arbeitsuchende die Verantwortungsstärkung erwerbsfähiger Bürgerinnen und Bürger für sich selbst und ihre Angehörigen[464] sowie die Förderung von Eigeninitiative und die gleichzeitige Forderung von Eigenverantwortlichkeit.[465] Ausweislich der Gesetzesbegründung stellt das Arbeitslosengeld II nicht eine reine Versorgungsleistung dar, sondern vielmehr eine *»aktivierende Grundsicherung für Erwerbsfähige«*.[466] Somit wird bereits an der Intention des Gesetzgebers deutlich, dass die Grundsicherung für Arbeitsuchende Teil der Umsetzung des aktivierenden Sozialstaatskonzepts ist.

b) Die Regelungen im Einzelnen

aa) Aktivierende Leistungen

(1) Grundsatz des Förderns, § 14

Der aktivierende Aspekt des Förderns wird konkretisiert durch die in § 14 S. 1 normierte Verpflichtung der Leistungsträger, den erwerbsfähigen Hilfebedürftigen umfassend zu unterstützen. Durch die Wahl des Begriffs *»unterstützen«* wird bereits angezeigt, dass die eigentliche Verpflichtung zur Hilfe beim Hilfebedürftigen selbst liegt.[467] Ziel dieser Unterstützung ist immer die Eingliederung des Hilfebedürftigen in Arbeit. Das Gebot der umfassenden Unterstützung besagt weiter, dass, unter Zugrundelegung der individuellen Lebensverhältnisse, alle für eine Eingliederung in Arbeit erforderlichen Leistungen zu erbringen sind.[468] Erforderlich sind in diesem

---

462) §§ ohne weitere Gesetzesangabe sind im Folgenden solche des SGB II.
463) *BT-Drucks.* 15/1516, S. 44.
464) Vgl. *BT-Drucks.* 15/1516, S. 45.
465) *BT-Drucks.* 15/1516, S. 46.
466) *BT-Drucks.* 15/1516, S. 45
467) *Berlit,* in: LPK-SGB II, § 14, Rn. 1; *Zahn,* in: Mergler/Zink, SGB II, § 14, Rn. 10; siehe auch *BT-Drucks.* 15/1516, S. 54.
468) *Zahn,* in: Mergler/Zink, SGB II, § 14, Rn. 11.

Sinne all diejenigen Maßnahmen, durch die die Wiedereingliederung in den ersten Arbeitsmarkt zumindest gefördert werden kann und durch die somit die Hilfebedürftigkeit des Leistungsberechtigten verkürzt, gemindert oder sogar gänzlich beseitigt werden kann.[469] Das Gebot der umfassenden Unterstützung in Verbindung mit dem in § 3 Abs. 1 S. 2 enthaltenen Individualisierungsgrundsatz verpflichten den Leistungsträger, die jeweiligen Fähigkeiten, Kenntnisse und Vermittlungshemmnisse jedes einzelnen erwerbsfähigen Hilfebedürftigen in den Blick zu nehmen und die ihm zuteil werdende Unterstützung entsprechend auszurichten und zu gestalten.[470] Das Gebot einer umfassenden Unterstützung beinhaltet damit weitaus mehr als bloße Beratung und Vermittlung.[471] Allerdings schränkt diese Verpflichtung zur Unterstützung aufgrund der Spezialität des § 16 gegenüber § 14 nicht die den Leistungsträgern in § 16 eingeräumten Ermessensspielräume hinsichtlich des Ob und der Art einer Leistungserbringung ein.[472] Begrenzt wird diese umfassende Unterstützungspflicht gemäß § 14 S. 3 durch die Beachtung der Grundsätze von Wirtschaftlichkeit und Sparsamkeit.

Das Gebot umfassender Unterstützung wird ergänzt durch § 14 S. 2, wonach die Agentur für Arbeit jedem erwerbsfähigen Hilfebedürftigen einen persönlichen Ansprechpartner benennen soll. § 14 S. 2 stellt eine Sollvorschrift dar, so dass nur in Ausnahmefällen von dieser Verpflichtung abgewichen werden darf.[473] Auf diese Weise soll ein kompetentes Fallmanagement sichergestellt und durch die Schaffung eines Vertrauensverhältnisses zwischen dem Leistungsberechtigten und seinem persönlichen Ansprechpartner die Effizienz der jeweiligen Betreuung gesteigert werden.[474]

Der Begriff des persönlichen Ansprechpartners wird im Gesetz selbst nicht definiert, es handelt sich somit um einen offenen Begriff, der den zuständigen Leistungsträgern einen relativ weiten Handlungs- und Gestaltungsspielraum belässt.[475] Allerdings wird mit diesem Begriff und der Konzeption eines Fallmanagements generell auf das Konzept eines Case-Managements

469) *Berlit,* in: LPK-SGB II, § 14, Rn. 17.

470) *Berlit,* in: LPK-SGB II, § 14, Rn. 8, spricht insoweit von dem »*Gebot zielorientierter, auf das Notwendige beschränkter Diagnostik*«.

471) So *BT-Drucks.* 15/1516, S. 54.

472) *Berlit,* in: LPK-SGB II, § 14, Rn. 16.

473) *Zahn,* in: Mergler/Zink, SGB II, § 14, Rn. 14.

474) So die gesetzliche Zielsetzung, vgl. *BT-Drucks.* 15/1516, S. 54.

475) *Berlit,* in: LPK-SGB II, § 14, Rn. 11; *Zahn,* in: Mergler/Zink, SGB II, § 14, Rn. 20.

Bezug genommen, das vor allem im Bereich der Beschäftigungsförderung Einzug in die bundesdeutsche Praxis gefunden hat.[476] Ziel eines solchen Case-Managements ist dabei die Überwindung der zahlreichen zersplitterten sozialen Dienste, um so die Hilfe passgenau organisieren, die Hilfe effizient einsetzen und die Qualität der Hilfeleistung optimieren zu können.[477]

Mit der Einführung dieser persönlichen Ansprechpartner gelangt gleichzeitig ein für den aktivierenden Sozialstaat typisches Element in das SGB II: das der Koproduktion. Geht doch das Leitbild des aktivierenden Staates davon aus, dass die Beendigung einer sozialen Notlage nicht allein Aufgabe des Staates, sondern gleichermaßen auch Aufgabe des betroffenen Hilfebedürftigen sowie sonstiger gesellschaftlicher Beteiligter ist.[478] Durch diese umfassende Einbeziehung des Leistungsberechtigten in seinen eigenen Hilfeprozess unter Betonung seiner vorrangigen Eigenverantwortung wird der Hilfebedürftige aktiviert und in seiner Lebensführung und Entscheidungskompetenz gestärkt[479] und wird auf diese Weise – so die Vorstellung des Handlungskonzepts vom aktivierenden Staat – letztlich vom aktivierten zum aktiven Bürger.

(2) Eingliederungsvereinbarung, § 15

Dieser auf Kooperation und Koproduktion angelegte Hilfeprozess wird komplettiert durch das in § 15 niedergelegte Instrument der Eingliederungsvereinbarung, die das Herzstück der Hartz IV-Reformen darstellt.[480] Da nach § 15 S. 2 in dieser Eingliederungsvereinbarung die von beiden Parteien zu erbringenden Leistungen festgehalten werden, konkretisiert die Eingliederungsvereinbarung den Grundsatz des »Forderns und Förderns«[481] und verbindet somit die in § 2 und § 14 normierten jeweiligen Verpflichtungen. Bereits mit dem Job-AQTIV-Gesetz vom 10.12.2001[482] wurde dieses Kooperationselement erstmals mit § 6 und § 35 Abs. 4 in das

---

476) Siehe hierzu ausführlich *Pohrke-Petrovic,* BldW 2004, 57 ff.

477) Vgl. *Klein/Langnickel,* NDV 2004, 204 (204), ähnlich *Pohrke-Petrovic,* BldW 2004, 57 (59).

478) *Reis,* in: Deufel/Wolf, Ende der Solidarität?, S. 63 (65); vgl. auch § 1 S. 3 SGB XII.

479) Vgl. *Reis,* in: Deufel/Wolf, Ende der Solidarität?, S. 63 (65), der dieses Ziel jedoch insgesamt kritisch sieht.

480) *Luthe/Timm,* SGb 2005, 261 (261).

481) So *Zahn,* in: Mergler/Zink, SGB II, § 15, Rn. 1.

482) BGBl. I, S. 3443.

SGB III eingefügt, allerdings ohne den verbindlichen Charakter, den die Eingliederungsvereinbarung nunmehr im SGB II erfahren hat. Und auch im BSHG, aus dessen Adressatenkreis sich ja ebenso wie aus dem des SGB III nunmehr der unter das SGB II fallende Personenkreis rekrutiert, war mit dem Gesamtplan nach §§ 19 Abs. 4 S. 2 und 46 ein ähnliches, allerdings ebenfalls nicht derart verbindliches, Instrument vorgesehen.

Die Eingliederungsvereinbarung im Sinne des § 15 stellt einen subordinationsrechtlichen öffentlich-rechtlichen Vertrag dar.[483] Als subordinationsrechtlich im Sinne des § 53 Abs. 1 S. 2 SGB X einzustufen ist dieser Vertrag aufgrund der in § 15 Abs. 1 S. 6 normierten Möglichkeit des Erlasses eines entsprechenden Verwaltungsaktes bei Nichtzustandekommen der Eingliederungsvereinbarung.[484] In der Eingliederungsvereinbarung werden die für beide Vertragsparteien jeweils bestehenden Rechte und Pflichten festgelegt, so dass sie verbindliche Aussagen zum im Einzelfall erforderlichen Fordern und Fördern trifft.[485] Aufgrund der systematischen Stellung des § 15 dürfen in einer Eingliederungsvereinbarung nur Leistungen festgelegt werden, die der Hilfebedürftige zu seiner Eingliederung in Arbeit erhält. Die Eingliederungsvereinbarung trifft dagegen keine Regelungen über die Leistungen zur Sicherung des Lebensunterhalts.[486] Darüber hinaus dürfen wegen § 53 Abs. 2 SGB X nur Sozialleistungen zum Vertragsinhalt gemacht werden, die im Ermessen des Leistungsträgers stehen.[487]

Ganz im Sinne der vom Gesetzgeber beabsichtigten Kooperation sollen sich der erwerbsfähige Hilfebedürftige und die Agentur für Arbeit bzw. die Optionskommune im Falle einer Zuständigkeit nach § 6 a als gleichberech-

---

483) So die ganz h. M., vgl. *Berlit,* info also 2003, 195 (205); *ders.,* in: LPK-SGB II, § 15, Rn. 8; *Luthe/Timm,* SGb 2005, 261 (261); *Müller,* in: Hauck/Noftz, SGB II, § 15, Rn. 11; *Waibel,* NZS 2005, 512 (516); *Zahn,* in: Mergler/Zink, SGB II, § 15, Rn. 5.

484) *Luthe/Timm,* SGb 2005, 261 (261); siehe dazu allgemein auch *Maurer,* Allgemeines Verwaltungsrecht, S. 369, Rn. 12.

485) *Luthe/Timm,* SGb 2005, 261 (261); *Müller,* in: Hauck/Noftz, SGB II, § 15, Rn. 12; damit liegt gleichzeitig die für das Vorliegen eines öffentlich-rechtlichen Vertrages notwendige Voraussetzung, nämlich die Herbeiführung einer unmittelbaren Rechtsfolge, bei der Eingliederungsvereinbarung nach § 15 vor.

486) *Berlit,* info also 2003, 195 (205); *ders.,* in: LPK-SGB II, § 15, Rn. 18.

487) Ausgeschlossen als möglicher Inhalt einer Eingliederungsvereinbarung sind damit die besonderen Leistungen zur Förderung der Teilhabe behinderter Menschen am Arbeitsleben, da diese nach § 16 Abs. 1 S. 2 als Pflichtleistungen formuliert sind, siehe auch *Zahn,* in: Mergler/Zink, SGB II, § 15, Rn. 6 f.

tigte Partner bei dem Aushandeln und dem Abschluss der Eingliederungsvereinbarung gegenüberstehen. Dies sollte durch die vom 9. BT-Ausschuss geänderte Terminologie des § 15 klargestellt werden,[488] da die Begriffe *»festlegen«* durch *»vereinbaren«*, *»Festlegung«* durch *»Regelung«* und *»bestimmen«* durch *»regeln«* ersetzt wurden.

Allerdings stellt sich die Frage, inwieweit sich beide Vertragsparteien wirklich als gleichberechtigte Partner gegenüberstehen oder ob es sich tatsächlich nur um *»Vereinbarungen im Schatten der Macht«*[489] handelt. Dabei wirkt hinsichtlich der Annahme des Vorliegens einer gleichberechtigten Partnerschaft nicht in erster Linie die Tatsache störend, dass der Hilfebedürftige auf die Arbeitsagentur als Vertragspartner angewiesen ist und die Arbeitsagentur als Teil der öffentlichen Verwaltung nur einen begrenzten Handlungsspielraum für echte vertragliche Gestaltungen hat, da sie an Recht und Gesetz gebunden ist.[490] Denn diese Beschränkungen sind dem öffentlich-rechtlichen Vertragsverhältnis eigen, das insoweit nicht so frei wie das privatrechtliche Verhältnis ausgestaltet ist.[491] Vielmehr begründet der für den erwerbsfähigen Hilfebedürftigen im SGB II niedergelegte Zwang, eine solche Eingliederungsvereinbarung abzuschließen, diesen Zweifel am Bestehen einer gleichberechtigten Partnerschaft beider Vertragsparteien. Denn § 2 Abs. 1 S. 2 verpflichtet den Hilfebedürftigen, eine Eingliederungsvereinbarung abzuschließen und § 31 Abs. 1 S. 1 Nr. 1a) sanktioniert den Nichtabschluss einer Eingliederungsvereinbarung mit der Absenkung der Regelleistung um 30 %. Beide Regelungen zusammen stellen also faktisch einen Kontrahierungszwang für den Hilfebedürftigen dar.[492]

Es ist daher fraglich, wie dieses Spannungsverhältnis zwischen dem für eine Aktivierung zur Selbsthilfe erforderlichen und vom Gesetzgeber wohl auch erstrebten Konsensprinzip und dem faktisch bestehenden Kontrahierungszwang des Hilfebedürftigen aufgelöst werden kann. Zu klären ist also die Frage, unter welchen Voraussetzungen die Verwaltung die Vertragsverhandlungen abbrechen und statt dessen von ihrer Ermächtigung zum Erlass eines entsprechenden Verwaltungsaktes gemäß § 15 Abs. 1 S. 6 Gebrauch

---

488) Vgl. *BT-Drucks.* 15/1749, S. 32.

489) So *Berlit,* info also 2003, 195 (205); *Brühl,* info also 2004, 104 (106) spricht gar von einem *»Knebelungsmittel«*.

490) *Luthe/Timm,* SGb 2005, 261 (262); *Müller,* in: Hauck/Noftz, SGB II, § 15, Rn.16; siehe auch *Maurer,* Allgemeines Verwaltungsrecht, S. 379, Rn. 25.

491) So *Luthe/Timm,* SGb 2005, 261 (262).

492) *Luthe/Timm,* SGb 2005, 261 (262); *Müller,* in Hauck/Noftz, SGB II, § 15, Rn. 17.

machen muss und unter welchen Voraussetzungen sie, trotz Weigerung des Hilfebedürftigen, auf dem Abschluss einer Eingliederungsvereinbarung – auch unter Ausnutzung der Sanktionsmöglichkeiten nach § 31 Abs. 1 S. 1 Nr. 1a) – bestehen kann.

Bei der Beantwortung dieser Frage werden unterschiedliche Lösungsansätze vertreten. Teilweise wird vertreten, dass die gesetzliche Normierung grundsätzlich einen nicht gerechtfertigten Eingriff in die durch Art. 2 Abs. 1 GG geschützte Vertragsfreiheit darstelle und auch Art. 19 Abs. 4 GG aufgrund der geringen Rechtsschutzmöglichkeiten für den Hilfebedürftigen berührt sei.[493] Nach anderer Ansicht kann das Entstehen eines Kontrahierungszwanges vermieden werden, indem man bei der Weigerung des Hilfebedürftigen, die ihm angebotene Eingliederungsvereinbarung aus inhaltlichen Gründen abzuschließen, vom Vorliegen eines atypischen Falles im Sinne des ansonsten bestehenden gebundenen Ermessens nach § 15 Abs. 1 ausgeht. Ein solcher aber berechtige den Leistungsträger, sein Vertragsangebot zurückzunehmen und anstelle der Eingliederungsvereinbarung nach § 15 Abs. 1 S. 6 einen entsprechenden Verwaltungsakt zu erlassen, der einer umfassenden gerichtlichen Prüfung unterliege. Auch werde in diesem Fall kein Druck durch Anwendung des § 31 Abs. 1 S. 1 Nr. 1a) auf den Hilfebedürftigen ausgeübt, da diese Vorschrift aufgrund der Zurücknahme des Vertragsangebotes durch den Leistungsträger keine Anwendung mehr finden könne.[494] Gegen diese Ansicht spricht aber, dass ihr zufolge der § 31 Abs. 1 S. 1 Nr. 1a) ins Leere liefe, da entgegen seines insoweit eindeutigen Wortlautes eine Weigerung des Hilfebedürftigen immer schon einen atypischen Fall begründen und § 31 Abs. 1 S. 1 Nr. 1a) damit nie zur Anwendung käme.[495] Daneben könnte der Hilfebedürftige sich jeder weiteren Vertragsverhandlung und damit auch des durch diese begründeten gemeinschaftlichen Beratungs- und Unterstützungsprozesses durch eine einfache, und sei sie noch so unbegründete, Verweigerung des Vertragsabschlusses entziehen.

---

493) So *Berlit,* info also 2003, 195 (205); eine Weigerung im Sinne des § 31 Abs. 1 S. 1 Nr. 1a liegt danach aber erst dann vor, wenn der Leistungsträger die Vertragsverhandlungsphase unmissverständlich beendet und dem Hilfebedürftigen ein als solches unmissverständlich gekennzeichnetes »abschließendes Angebot« unterbreitet hat, das der Hilfebedürftige nach Ablauf einer angemessenen und konkret bestimmten Überlegungsfrist nicht angenommen hat; vgl. *Berlit,* in: LPK-SGB II, § 31, Rn. 25.

494) So *Müller,* in: Hauck/Noftz, SGB II, § 15, Rn. 21.

495) So auch *Luthe/Timm,* SGb 2005, 261 (262).

Nach einer anderen Ansicht[496] ist dieses Spannungsverhältnis zwischen Konsensprinzip und unzulässigem Kontrahierungszwang über eine sachgerechte Ausübung des dem Leistungsträger durch § 15 Abs. 1 eingeräumten Vertragsgestaltungsermessens zu lösen. Da Voraussetzung für das Vorliegen eines Vertrages eine Einigung mindestens zweier Rechtssubjekte über die Herbeiführung eines bestimmten Rechtserfolges ist,[497] ist einem solchen Vertragsgestaltungsermessen seitens des Leistungsträgers ein Mindestmaß an Vertragsabschluss- und Gestaltungsfreiheit des Hilfebedürftigen wesensimmanent;[498] ansonsten kann nicht von einem, für das Vorliegen eines Vertrages notwendigen Konsens gesprochen werden. Daher macht der Leistungsträger von seinem ihm in § 15 Abs. 1 eingeräumten Ermessen nur dann in rechtmäßiger Weise Gebrauch, wenn dem Hilfebedürftigen dieses Mindestmaß an Gestaltungsfreiheit im Rahmen der Vertragsverhandlungen auch zugestanden wird und die Vorstellungen und Wünsche des Hilfeberechtigten auch Eingang in die ausgehandelte Eingliederungsvereinbarung gefunden haben. Anderenfalls, also bei Missachtung dieses Mindestmaßes an Vertragsgestaltungsbefugnis und Vertragsabschlussfreiheit des Hilfebedürftigen, macht der Leistungsträger von dem ihm eingeräumten Ermessen in einer dem Zweck dieses Ermessens widersprechenden Weise Gebrauch, so dass gemäß § 40 VwVfG diese Ermessensausübung rechtswidrig ist.

Dieses Mindestmaß an eigener Gestaltungsfreiheit des Hilfebedürftigen wird durch die pflichtgemäße Ausübung des dem Leistungsträger eingeräumten Vertragsgestaltungsermessens gewahrt. Dieses Ermessen ist im Sinne der in § 3 normierten Leistungsgrundsätze auszuüben und seine rechtmäßige Ausübung setzt eine Abwägung der in § 2 enthaltenen Verpflichtungen des Hilfebedürftigen mit der ihm aufgrund der vorgesehenen Vertragsform zustehenden Vertragsabschluss- und Gestaltungsfreiheit voraus. Im Rahmen dieser Abwägung gilt, dass der einer Eingliederungsvereinbarung entgegenstehende Wille des Hilfebedürftigen umso größeres Gewicht erhält, je weniger die vertraglich vorgesehenen Eingliederungsleistungen der individuellen Lebenssituation entsprechen und geeignet sind, die Hilfebedürftigkeit zu verkürzen oder zu beenden und damit nicht in der Lage sind, das Ziel

496) Diese Auffassung wird vertreten von *Luthe/Timm,* SGb 2005, 261 (263 f.).

497) *Maurer,* Allgemeines Verwaltungsrecht, S. 362, *Wolff/Bachof/Stober,* Verwaltungsrecht I, § 54, Rn. 14.

498) *Luthe/Timm,* SGb 2005, 261 (263).

einer dauerhaften Eingliederung in Arbeit zu erreichen. Geht diese Abwägung zugunsten der vom Leistungsträger gewünschten Eingliederungsvereinbarung aus, so ist die Weigerung des Hilfebedürftigen sanktionsbewehrt im Sinne des § 31 Abs. 1 S. 1 Nr. 1a). Liefert die Abwägung dagegen kein eindeutiges Ergebnis oder schlägt gar zugunsten des Hilfebedürftigen aus, so darf diese Sanktion rechtmäßigerweise nicht verhängt werden; es liegt vielmehr ein wichtiger Grund im Sinne des § 31 Abs. 1 S. 2 vor und es ist vom Nichtzustandekommen der Eingliederungsvereinbarung gemäß § 15 Abs. 1 S. 6 auszugehen. Der Leistungsträger hat in diesem Falle also einen die Eingliederungsvereinbarung ersetzenden Verwaltungsakt zu erlassen, der allerdings der vollen Rechtmäßigkeitsüberprüfung unterliegt, so dass auch die Ermessensausübung zu überprüfen ist.[499]

Für diese Ansicht spricht, dass sie dem Konsensprinzip durch die Abwägung der widerstreitenden Interessen am ehesten gerecht wird. Weiter ignoriert sie nicht den eindeutigen gesetzlichen Wortlaut, sondern belässt § 31 Abs. 1 S. 1 Nr. 1a) noch Anwendungsfälle, ohne gleichzeitig einen jegliche Vertragsabschlussfreiheit des Hilfesuchenden ignorierenden Kontrahierungszwang zu begründen. Auch wird durch eine derartige Praxis der mit der Eingliederungsvereinbarung beabsichtigte Motivationseffekt nicht untergraben, da sich der Hilfebedürftige mit seinen Vorstellungen und Wünschen ernst genommen fühlen kann und die umfassende Abwägung eine auf seine konkrete Situation abgestimmte Hilfeleistung gewährleistet.

Unter Zugrundelegung dieser Rechtsansicht kann daher von der Beachtung des Konsensprinzips im Rahmen der Eingliederungsvereinbarung und damit von einer gleichberechtigten Partnerschaft der beiden Vertragsparteien ausgegangen werden.

---

499) Nach dieser Ansicht ist konsequenterweise auch der gerichtliche Kontrollumfang einer Eingliederungsvereinbarung zu erweitern für die Fälle, in denen sich der Hilfeberechtigte gegen diese Vereinbarung mit der Begründung wendet, dass das ihm zustehende Mindestmaß an Vertragsabschluss- und Gestaltungsfreiheit verletzt worden ist. Denn die beschränkte Wirksamkeitskontrolle öffentlich-rechtlicher Verträge setzt ja gerade das Vorliegen eines solchen Vertrages voraus. Folglich unterliegt auch die Frage, ob der Hilfebedürftige unter Abwägung der oben genannten Umstände mit der ihm zustehenden Gestaltungs- und Vertragsabschlussfreiheit auf die zur Überprüfung stehende Eingliederungsvereinbarung hat Einfluss nehmen können. Erst wenn das Gericht in dieser Frage zu einem positiven Ergebnis gekommen ist, richtet sich die weitere Wirksamkeit der Eingliederungsvereinbarung nach den eingeschränkten Nichtigkeitsgründen des § 58 SGB X; vgl. *Luthe/Timm*, SGb 2005, 261 (264).

Die Eingliederungsvereinbarung trägt somit zur kooperativen Ausgestaltung des Hilfeprozesses und einer durch Koproduktion geprägten Zusammenarbeit zwischen Hilfebedürftigem und Leistungsträger bei. Sie stellt somit ein das Leitbild des aktivierenden Sozialstaates förderndes Instrument dar.

(3) Leistungen zur Eingliederung in Arbeit, § 16

In Anbetracht der Zielsetzung des SGB II, den erwerbsfähigen Hilfebedürftigen wieder in das Erwerbsleben zu integrieren, stellt § 16 eine zentrale gesetzliche Norm dar, da sie den Katalog der möglichen Eingliederungsleistungen enthält. Insoweit ergänzt § 16 den allgemeiner gefassten § 3.[500] Der Leistungskatalog des § 16 stellt eine Kombination der vormals im Arbeitsförderungsrecht und im BSHG enthaltenen Leistungen dar.[501]

Mit dem in § 16 Abs. 1 enthaltenen umfangreichen Verweis auf Leistungsangebote nach dem SGB III werden diese zu Leistungen des SGB II gemacht,[502] allerdings mit dem Unterschied, dass sie nach § 16 Abs. 1 im Gegensatz zu ihrer Normierung im SGB III als Ermessensleistungen ausgestaltet sind.[503] Durch die umfangreiche Verweisung auf die Leistungen nach dem SGB III wird außerdem betont, dass das vorrangige Ziel auch des SGB II die Eingliederung der erwerbsfähigen Hilfebedürftigen in den ersten Arbeitsmarkt ist.[504]

§ 16 sieht in seinem Abs. 2 weitere, die Aktivierung und Eingliederung unterstützende Leistungen vor. In dessen S. 2 werden als derartige flankierende Leistungen insbesondere die Betreuung von Kindern oder pflegebedürftigen Angehörigen, die Schuldner- und Suchtberatung, die psychosoziale Betreuung, das Einstiegsgeld im Sinne des § 29 sowie die Leistungen nach dem Altersteilzeitgesetz genannt. Das Einstiegsgeld nach § 29 hat dabei eine Zwitterfunktion, da es sowohl den Leistungen zur Eingliederung in

---

500) *Niewald,* in: LPK-SGB II, § 16, Rn. 1.

501) *Niewald,* in: LPK-SGB II, § 16, Rn. 2.

502) Vgl. *Voelzke,* in: Hauck/Noftz, SGB II, § 16, Rn. 3, wonach es sich trotz der umfangreichen Verweisung auf das SGB III um *»›vollwertige‹ Leistungen der Grundsicherung für Arbeitsuchende i. S. v. § 4«* handelt.

503) *Löns* in: Löns/Herold-Tews, SGB II, § 16, Rn. 2; *Niewald,* in: LPK-SGB II, § 16, Rn. 6. Eine Ausnahme bilden insoweit aber die besonderen Leistungen zur Förderung der Teilhabe erwerbsfähiger, behinderter Hilfebedürftige am Arbeitsleben nach § 16 Abs. 1 S. 2, die auch im SGB II als Pflichtleistungen normiert sind.

504) *Voelzke,* in: Hauck/Noftz, SGB II, § 16, Rn. 4; zu § 16 siehe auch ausführlich oben, S. 216 ff.

Arbeit als auch denen zur Sicherung des Lebensunterhalts nach dem Zweiten Abschnitt des Dritten Kapitels des SGB II zuzuordnen ist.[505]

Als weitere flankierende Leistung, die allerdings nicht in § 16 Abs. 2 S. 2 ausdrücklich genannt ist, ist die Einräumung der in § 30 genannten Freibeträge zu nennen, um die das monatlich erzielte Erwerbseinkommen neben den in § 11 Abs. 2 Nr. 1 bis 5 genannten Absetzbeträgen bereinigt werden kann. Durch die Festsetzung dieser Freibeträge wird vermieden, dass das gesamte erzielte Erwerbseinkommen angerechnet wird und sich die Aufnahme einer Tätigkeit aus diesem Grunde für den Hilfebedürftigen nicht lohnen würde.[506]

bb) Passive Leistungen mit aktivierendem Ansatz, § 20 und § 28

Ähnlich wie die Regelsatzleistung nach dem SGB XII üben auch die Regel- und die Sozialgeldleistung eine aktivierende Wirkung auf ihre Empfänger aus. Sie werden daher auch als aktivierende Leistungen bezeichnet.[507] Denn da sie ebenso wie die Regelsatzleistungen umfangreiche Pauschalierungen darstellen, können die Leistungsberechtigten weitgehend selbstständig über ihren monatlichen Betrag verfügen, es müssen nahezu keine sonstigen Leistungen mehr beantragt werden, so dass die Dispositionsbefugnis und Entscheidungskompetenz der Leistungsbezieher auf diese Weise gestärkt und vergrößert werden.

cc) Sanktionen

Den aktivierenden Handlungskonzepten entsprechend, wonach aktivierende Maßnahmen immer mit Sanktionen einhergehen, um so auf mangelnde Aktivierung reagieren zu können,[508] ist auch in § 31 ein Sanktionskatalog

---

505) Dafür sprechen Gründe der Gesetzessystematik, da das Einstiegsgeld in § 16, also im Zusammenhang der Eingliederungsleistungen, erwähnt wird und seine eigentliche Normierung mit § 29 sich aber im Abschnitt über die Leistungen zur Sicherung des Lebensunterhalts befindet, dort wird es ausweislich der Überschrift des Unterabschnitts drei als Anreiz qualifiziert. Gerade dieser Umstand rechtfertigt es, im Einstiegsgeld eine, die Aktivierung des Bedürftigen flankierende Maßnahme zu sehen.

506) *BT-Drucks.* 15/1516, S. 59.

507) Vgl. etwa *BR-Drucks.* 558/03, S. 104.

508) Dies ergibt sich schon aus der Tatsache, dass im Mittelpunkt aktivierender Sozialpolitik die Arbeitsmarktpolitik steht, vgl. *Wohlfahrt,* NDV 2001, S. 82 (84); siehe

enthalten, mit Hilfe dessen auf mangelnde bzw. unterlassene Aktivierung seitens des Hilfebedürftigen zu reagieren ist. Im Rahmen dieser unterbliebenen Aktivierung spielt der unterlassene Einsatz der eigenen Arbeitskraft die bedeutendste Rolle und ist dementsprechend mit einer Leistungskürzung von 30 % der maßgebenden Regelleistung in der ersten Stufe auch am schärfsten sanktioniert. Bei erwerbsfähigen Jugendlichen zwischen 15 und 25 Jahren wird in diesen Fällen nach § 31 Abs. 5 sogar die Regelleistung gänzlich eingestellt und es werden lediglich Leistungen für Unterkunft und Heizung gemäß § 22 erbracht.[509]

Schon an der systematischen Stellung des § 31 im Unterabschnitt *»Anreize und Sanktionen«* wird der im Vordergrund stehende Sanktionscharakter dieser Vorschrift deutlich. Daher kann die Frage, ob § 31 ähnlich wie seine Vorgängernorm § 25 BSHG als Hilfenorm einzustufen ist, hier mit weitaus geringerem Diskussionsaufwand, als dies bei § 39 SGB XII der Fall ist, verneint werden.[510] Ein den Sanktionscharakter der Norm eindeutig betonendes Element ist zum einen die strikte Anordnung der Leistungskürzung bei Vorliegen der entsprechenden Voraussetzungen, die weder hinsichtlich des »Ob« noch des Umfangs der Kürzung dem Leistungsträger Ermessen einräumt. Damit besteht keinerlei Möglichkeit, auf die Art und Schwere der Pflichtverletzung, insbesondere deren Kausalität hinsichtlich der Nichtbeendigung oder Nichtverringerung der Hilfebedürftigkeit sowie die Höhe des durch sie verursachten Schadens für die Allgemeinheit angemessen reagieren zu können.[511] Auch liegt die Höhe der Leistungsabsenkung mit 30 % der maßgebenden Regelleistung deutlich über der nach § 39 Abs. 1

auch *Dahme/Wohlfahrt,* in: Dahme/Otto, Soziale Arbeit für den aktivierenden Staat, S. 75 (91).

509) Diskutiert wird derzeit, ob aufgrund der Höhe der nach § 31 Abs. 1 vorgesehenen Leistungskürzung das Recht auf Berufsfreiheit nach Art. 12 GG verletzt ist, insbesondere wenn die Leistungskürzung aufgrund der abgelehnten Übernahme einer Arbeitsgelegenheit nach § 16 Abs. 3 erfolgt. Die h. M. lehnt insoweit jedoch das Vorliegen eines verfassungsrechtlich nicht gerechtfertigten Grundrechtseingriffs ab. Beachtlich dürfte weiter jedoch ein möglicher Verstoß gegen Art. 3 Abs. 1 GG in den Fällen sein, in denen von der Absenkung auch der befristete Zuschlag nach § 24 betroffen ist. Insoweit liegt eine Ungleichbehandlung gegenüber den Leistungsberechtigten vor, die diesen Zuschlag nicht erhalten. Vgl. zu diesem Meinungsstand *Brühl,* in: LPK-SGB II, § 31, Rn. 13 ff.; *Däubler,* info also 2005, 51 (52 ff.).

510) Siehe hierzu S. 236 ff.

511) Siehe auch *Berlit,* in: LPK-SGB II, § 31, Rn. 4; *Däubler,* info also 2005, 51 (53).

SGB XII möglichen Leistungskürzung. Hinzu kommt, dass nach § 31 Abs. 3 S. 2 bei wiederholter Pflichtverletzung von der Leistungsminderung auch die Leistungen nach den §§ 21 bis 23 betroffen sein können. Dagegen ist von einer Leistungskürzung nach § 39 Abs. 1 SGB XII ausschließlich die Regelsatzleistung betroffen.

Zum anderen wird der Sanktionscharakter auch durch die in § 31 Abs. 6 festgelegte starre Absenkungsdauer hervorgehoben, die in jedem Fall drei Monate beträgt, unabhängig davon, ob der Hilfebedürftige während dieser Zeit sein Verhalten ändert.[512]

Allerdings weist die Norm auch einige helfende Aspekte auf. So beispielsweise das dem Leistungsträger eingeräumte Ermessen im Rahmen seiner Entscheidung nach § 31 Abs. 3 S. 3 über die Gewährung ergänzender Sachleistungen oder geldwerter Leistungen bei einer Leistungsminderung um mehr als 30 %. Auch die Anordnung einzelner Kürzungsstufen ist ein solch helfendes Element, da sie auf eine Verhaltensänderung seitens des Hilfebedürftigen angelegt und ihr damit eine erzieherische Funktion zu eigen ist.[513]

Trotz dieser auch helfenden Ausrichtung überwiegt aber eindeutig der Sanktionscharakter der Norm und als solche wird sie wohl auch ausschließlich von den Hilfebedürftigen empfunden.[514]

c) *Das Verhältnis des Förderns zum Fordern*

Fraglich ist auch im Bereich des SGB II, wie sich die soeben aufgeführten Elemente des Förderns und Forderns zueinander verhalten, ob und inwieweit sie also in einem Gegenseitigkeitsverhältnis zueinander stehende Verpflichtungen der Beteiligten begründen.

Bei Vorliegen der gesetzlichen Voraussetzungen auf Grundsicherung wird mit Stellung des Antrags nach § 37 ein Sozialrechtsverhältnis zwischen dem Leistungsträger und dem Hilfeberechtigten begründet. Bei diesem Sozialrechtsverhältnis handelt es sich, da sich die dadurch begründeten Verpflichtungen der Beteiligten wechselseitig gegenüberstehen, um ein zweiseitiges

512) So auch *Herold-Tews,* in: Löns/Herold-Tews, SGB II, § 31, Rn. 86.

513) Vgl. *Berlit,* in: LPK-SGB II, § 31, Rn. 4.

514) Gegen eine reine Strafvorschrift spricht sich *Berlit* aus, vgl. LPK-SGB II, § 31, Rn. 2.

öffentlich-rechtliches, nämlich sozialrechtliches Schuldverhältnis.[515] Bezogen auf den Grundsatz des »Förderns und Forderns« stehen sich in diesem Schuldverhältnis die Verpflichtung zur Übernahme einer zumutbaren Arbeit und zur Mitwirkung am Abschluss einer Eingliederungsvereinbarung als Elemente des Forderns sowie der Anspruch auf eine fehlerfreie Ermessensausübung über die Gewährung von Eingliederungsmaßnahmen[516] und die Verpflichtung zum Angebot einer sachgerechten Eingliederungsvereinbarung als Elemente des Förderns gegenüber.

Gerade in der Tatsache, dass erwerbsfähige Hilfebedürftige, mit Ausnahme derjenigen unter 25 Jahren, keinen Anspruch auf Eingliederungsmaßnahmen nach § 16 haben, sondern nur einen Anspruch auf fehlerfreie Ermessensausübung über die Gewährung derartiger Maßnahmen, könnte ein Ungleichgewicht im Verhältnis des Forderns zum Fördern begründet sein. Dies umso mehr, als Verletzungen der für den Hilfebedürftigen statuierten Hauptpflichten des Grundsicherungsverhältnisses Sanktionen nach § 31 in Gestalt von einschneidenden Leistungskürzungen nach sich ziehen. Aus diesem Grunde herrscht Einigkeit im sozialrechtlichen Schrifttum, dass eine Asymmetrie zwischen dem Fördern und dem Fordern besteht.[517]

Diese Sichtweise blendet jedoch einen Teil der aus dem Sozialrechtsverhältnis begründeten Verpflichtungen aus. Denn neben diesen genannten Verpflichtungen begründet das Grundsicherungsverhältnis auch einen – und für den Hilfebedürftigen sicherlich im Vordergrund stehenden – Anspruch auf die existenzsichernden Leistungen nach §§ 19 ff., also in erster Linie auf Arbeitslosengeld II und Sozialgeld.[518] Diese Verpflichtung des Leistungsträgers zur Zahlung der entsprechenden Unterstützungsleistungen ist ebenfalls eine Hauptpflicht des sozialrechtlichen Schuldverhältnisses;[519] sie

515) *Waibel,* NZS 2005, 512 (515); vgl. auch *Krahmer/Spindler,* NDV 2005, 17 (17).

516) Anders allerdings bei erwerbsfähigen Hilfebedürftigen unter 25 Jahren; diese haben nach § 3 Abs. 2 S. 1 einen Anspruch auf Vermittlung in Arbeit, Ausbildung oder in eine Arbeitsgelegenheit.

517) Vgl. *Berlit,* info also 2003, 195 (205); *ders.,* in: Deufel/Wolf, Ende der Solidarität?, S. 192 (196); *Trube,* in: Dahme/Otto, Soziale Arbeit für den aktivierenden Staat, S. 177 (183), so wohl auch *Brühl,* info also 2004, 104 (106).

518) *Waibel,* NZS 2005, 512 (515).

519) Als Hauptpflicht kann sie zusammen mit den genannten Verpflichtungen deshalb qualifiziert werden, weil sie dem Sozialleistungsverhältnis dessen prägenden Inhalt gibt; vgl. *Waibel,* NZS 2005, 512 (516); siehe auch *Heinrichs,* in: Palandt, Einf. v. § 320, Rn. 5.

steht zusammen mit den genannten Verpflichtungen des Förderns in einem Gegenseitigkeitsverhältnis zu den Verpflichtungen des Forderns des Hilfeberechtigten. Denn die passiven Leistungen der Existenzsicherung werden auch zu dem Zwecke geleistet, dass der Hilfebedürftige seinen genannten Verpflichtungen nachkommt, also vor allem seine Arbeitskraft zur Bestreitung seines Lebensunterhalts einsetzt. Diese synallagmatische Verknüpfung zeigt sich unter anderem in der Sanktionsregelung des § 31, da sie eine empfindliche Kürzung der passiven Leistungen vorsieht, wenn der Hilfeberechtigte seinen Verpflichtungen zur Integration in die Erwerbstätigkeit nicht nachkommt. Weiter wird dieses Gegenseitigkeitsverhältnis an der aktivierenden Ausrichtung auch der passiven Leistungen deutlich. Damit handelt es sich bei dem Grundsicherungsverhältnis um ein vollkommen zweiseitiges sozialrechtliches Schuldverhältnis,[520] bei dem sowohl die aktiven als auch die passiven Leistungen des Grundsicherungsträgers synallagmatisch mit den die Eigeninitiative fördernden Verpflichtungen des Hilfebedürftigen verknüpft sind.[521] Somit sind im Rahmen des Förderns auch die passiven Leistungspflichten des Grundsicherungsträgers mit zu berücksichtigen.

Bezieht man diese aber ein, so kann von einer Asymmetrie der Verpflichtungen nicht mehr die Rede sein.[522] Vielmehr ist im Unterschied zum SGB XII im SGB II der Grundsatz des »Förderns und Forderns« gleichberechtigt zwischen den Beteiligten verwirklicht. Die Grundsicherungsleistungen nach dem SGB II besitzen im Unterschied zum SGB XII somit nicht einen vorrangigen Versorgungscharakter, sondern stellen eine im Gegenseitigkeitsverhältnis stehende Leistung dar, deren Wert der Leistungsberechtigte anhand der für ihn mit diesem Leistungsbezug verbundenen Pflichten bemessen kann. Aufgrund der Einführung des im Gegenseitigkeitsverhältnis stehenden *»Förderns und Forderns«* erhält der Selbsthilfegrundsatz im SGB II eine wesentlich stärkere Betonung als dies im SGB XII der Fall ist[523]. Denn im SGB II stellen die Selbsthilfemöglichkeiten des Leistungsberechtigten die für die begehrten Grundsicherungsleistungen zu erbringende Gegenleistung dar.

520) Siehe hierzu allgemein *Heinrichs,* in: Palandt, Einf. v. § 320, Rn. 5; *Larenz,* Lehrbuch des Schuldrechts, Bd. 1, S. 202 f.

521) *Waibel,* NZS 2005, 512 (519).

522) So wohl auch *Müller,* in: Hauck/Noftz, SGB II, § 14, Rn. 5.

523) Siehe auch *Waibel,* ZfF 2005, 49 (54).

D. Auswirkungen des aktivierenden Sozialstaatskonzepts auf den Inhalt des Selbsthilfegrundsatzes

I. Auswirkungen auf den im Selbsthilfegrundsatz enthaltenen Solidaritätsgedanken

Im Unterschied zu Leistungen der Sozialversicherung wird Sozialhilfe ohne Vorleistung, etwa Beitragszahlungen, erbracht,[524] sondern sie ist eine steuerfinanzierte Sozialleistung.[525] Zwar spielen für ihre Finanzierung die Sozialversicherungsbeiträge nur eine untergeordnete Rolle, jedoch sind die Steuereinnahmen zumindest indirekt von der wirtschaftlichen Entwicklung des Landes abhängig.[526] Damit ist das System der Sozialhilfe darauf angewiesen, dass möglichst viele Menschen in Arbeit sind, die Sozialhilfeleistungen nicht mißbraucht werden und ihre Bezieher möglichst schnell wieder von ihr unabhängig werden, um so seine Finanzierung zu gewährleisten. Die Leistung von Sozialhilfe ist daher auf Dauer nur möglich, wenn die ihrer Bedürftigen diese Unterstützungsleistungen nicht überbeanspruchen, wenn sie also die eigenen Möglichkeiten und Kräfte angemessen einsetzen und die Sozialhilfeleistungen nicht missbräuchlich beanspruchen.[527] Damit aber *»sitzen alle Mitglieder der Gesellschaft in einem Boot«,* sie bilden also eine Solidargemeinschaft,[528] die wesensmäßig Selbsthilfe voraussetzt.[529]

---

524) *Schoch,* Sozialhilfe, S. 2.

525) *Berlit,* in: Rothkegel, Sozialhilferecht, Teil I, Kap. 4, Rn. 1; *Friedrich,* in: Deufel/Wolf, Ende der Solidarität?, S. 210 (213).

526) *Berlit,* in: Rothkegel, Sozialhilferecht, Teil I, Kap. 4, Rn. 3.

527) In diesem Sinne erklärt *Baur,* ZFSH/SGB 2004, 707 (714) den Zusammenhang zwischen Solidarität und Subsidiarität, wie er gerade im Bereich der Sozialhilfeleistungen Anwendung findet; ähnlich *Lampert/Althammer,* Lehrbuch der Sozialpolitik, S. 451 f. In diesem Sinne auch *Nothelle-Wildfeuer,* Soziale Gerechtigkeit und Zivilgesellschaft, S. 259, wenn sie ausführt, dass »der wohlverstandene, subsidiäre Sozialstaat notwendig angewiesen ist auf den einzelnen Menschen, der seine Freiheit wahrnimmt, Verantwortung ausübt, Initiativen, Anstrengungen und Leistungen einbringt«.

528) Bereits *v. Nell-Breuning* führte aus, dass einer solidarischen Einstellung die Tatsache zugrunde liegt, die mit dem Ausdruck *»Alle sitzen in einem Boot«* charakterisiert werden kann, vgl. *v. Nell-Breuning,* in: Boettcher, Sozialpolitik und Sozialreform, S. 213 (213). Zum Wortursprung des Begriffs »Solidarität«, der Verbundenheit, Zusammengehörigkeit bedeutet, vgl. auch *Mäder,* Subsidiarität und Solidarität, S. 25.

529) Vgl. *Homeyer,* in: Deufel/Wolf, Ende der Solidarität?, S. 217 (222); i. d. S. auch *Schröder,* in: Deufel/Wolf, Ende der Solidarität?, S. 25 (27), wenn er behauptet, dass es *»Solidarität ohne Eigenverantwortung nicht geben [kann]«.*

Veränderungen erfährt durch das aktivierende Staatskonzept dieser im Selbsthilfegrundsatz enthaltene Aspekt der Solidarität. Dieser wird in seiner gesamtgesellschaftlichen Ausrichtung gestärkt, indem die Anforderungen an solidarische Leistungen nach dem SGB II oder dem SGB XII erhöht werden. Denn der Solidaritätsgedanke rückte aufgrund der Struktur der vormaligen Leistungssysteme Sozialhilfe und Arbeitslosenhilfe als *»einseitige Gebenssysteme«*[530] in den Hintergrund. Die Tatsache, dass Selbsthilfe auch notwendig ist, um das gesamte Hilfesystem überhaupt aufrechterhalten zu können, hatte nur eine untergeordnete Bedeutung. Vielmehr stand aufgrund der eindeutigen Ausrichtung der Sozialhilfe als reine Hilfeleistung allein der Bedürftige und seine Notlage im Vordergrund. Nunmehr aber ist durch die Umsetzung des Leitbildes vom aktivierenden Staat dieses einseitige Gebenssystem von einem Sozialkontrakt[531] des *»Förderns und Forderns«* abgelöst worden. Das ist im SGB II noch wesentlich umfassender geschehen als im SGB XII, da die Verpflichtungen des Hilfebedürftigen entsprechend seiner vorhandenen Erwerbsmöglichkeiten im SGB II und SGB XII unterschiedlich stark ausgestaltet sind. Diese Betonung des Solidaritätsgedankens geht – vor allem im SGB II – einher mit der Verlagerung der Schwerpunktsetzung von den rein passiven Leistungen der Existenzsicherung hin zu aktiven Leistungen der Arbeitsvermittlung sowie einer Ausgestaltung der passiven Leistungen zur Existenzsicherung dergestalt, dass sie einen hohen Anreiz zur Arbeitsaufnahme darstellen.[532] Gleichzeitig steigen für den jeweiligen Hilfebedürftigen die Anforderungen für die Inanspruchnahme solidarischer Leistungen und werden von der Erbringung bestimmter Gegenleistungen abhängig gemacht.

Insgesamt wird durch das Konzept des aktivierenden Sozialstaates also der Solidaritätsgedanke auf gesamtgesellschaftlicher Ebene gestärkt, während er für den einzelnen Hilfebedürftigen durch die erhöhten Anforderungen an die Gewährung solidarischer Leistungen eine Schwächung erfährt.

Gleichzeitig kann allerdings die Umsetzung des aktivierenden Staatskonzeptes auch zu einer Minderung an gesamtgesellschaftlicher Solidarität führen. Diese Gefahr besteht vor allem im Anwendungsbereich des SGB II.

---

530) So *Zacher,* DÖV 1970, 3 (6); ähnlich *Haverkate,* Verfassungslehre, S. 307, der die Sozialhilfe als *»einseitig gewährte Hilfe an den Bedürftigen«* qualifiziert.

531) *Schulze-Böing,* in: Mezger/West, Aktivierender Sozialstaat und politisches Handeln, S. 51 (59).

532) *Schulze-Böing,* in: Mezger/West, Aktivierender Sozialstaat und politisches Handeln, S. 51 (60).

Denn die umfassende Aktivierungspolitik blendet bei den Gründen für bestehende Arbeitslosigkeit die Situation des ersten Arbeitsmarktes völlig aus und macht ausschließlich die bestehenden individuellen Vermittlungshemmnisse des Hilfebedürftigen für dessen Notlage verantwortlich. Das aber führt zu einer Individualisierung des Problems der Arbeitslosigkeit und somit zur sozialen Exklusion und Stigmatisierung, was zwangsläufig eine Schwächung der gesellschaftlichen Solidarität mit dieser Personengruppe nach sich zieht.[533]

II. Auswirkungen auf den im Selbsthilfegrundsatz enthaltenen Gedanken der Persönlichkeitsentfaltung

Das Konzept des aktivierenden Sozialstaates hat gleichzeitig auch Auswirkungen auf die im Selbsthilfegrundsatz enthaltene Zielsetzung, den Selbsthilfewillen des Hilfebedürftigen zu aktivieren, damit dieser ein von der Sozialhilfe bzw. dem Arbeitslosengeld II/Sozialgeld unabhängiges und somit selbstbestimmtes Leben führen und durch Erwerbstätigkeit seine eigene Persönlichkeit frei entfalten kann. Insoweit achtet der Selbsthilfegrundsatz den Leistungsempfänger in seiner Persönlichkeit und ermöglicht ihm, durch die Führung eines selbstbestimmten Lebens und der Entfaltung der eigenen Persönlichkeit Würde zu erlangen[534]. Das Leitbild des aktivierenden Sozialstaates zielt durch die Stärkung und den Zuwachs einer ganz neuen Eigenverantwortung[535] in besonderem Maße auf die Möglichkeit ab, ein von öffentlichen Unterstützungsleistungen unabhängiges Leben führen und die eigene Persönlichkeit frei entfalten zu können. Diese Stärkung der Eigenverantwortung zeigt sich insbesondere in der Einführung des Gegenleistungsprinzips, da der Bürger nunmehr selbst entscheiden kann, aber auch muss, was ihm die staatlichen Unterstützungsleistungen wert sind und was er für diese zu erbringen bereit ist.[536]

---

533) Ähnlich *Butterwegge,* Krise und Zukunft des Sozialstaates, S. 245; *Trube,* in: Dahme/Otto, Soziale Arbeit für den aktivierenden Staat, S. 177 (182).

534) So auch *Badura,* DÖV 1989, 491 (493); *Hering,* DÖV 1975, 8 (9); so auch schon *v. Nell-Breuning,* in: Boettcher, Sozialpolitik und Sozialreform, S. 213 (220).

535) Vgl. *Trube,* GuS 2005, 11 (18); von einem neuen Verständnis individueller Verantwortung aufgrund der Umsetzung des aktivierenden Sozialstaates spricht auch *Articus,* in: Deufel/Wolf, Ende der Solidarität?, S. 256 (259).

536) So *Dahme/Wohlfahrt,* in: Dahme/Otto, Soziale Arbeit für den aktivierenden Staat, S. 75 (96 f.).

Darüber hinaus hat diese Förderung von Eigenverantwortung und damit Freiheit auch Auswirkungen auf die Demokratie. Denn ein demokratischer Staat hat den freien, selbstbestimmten Bürger zur Voraussetzung,[537] der durch den aktivierenden Staat im besonderen Maße geschaffen werden soll. Mehr Eigenverantwortung bedeutet gleichzeitig aber immer mehr Partizipation und somit mehr Demokratie.

Gleichzeitig birgt das Konzept des aktivierenden Staates aber auch Gefahren sowohl für die Möglichkeit der persönlichen Freiheitsentfaltung als auch für die demokratische Partizipation derjenigen Bürger, die öffentliche Unterstützungsleistungen erhalten. Denn auch wenn die Stärkung der Eigenverantwortung und damit die Führung eines selbstbestimmten Lebens das zu verwirklichende Endziel dieses Staatskonzeptes ist und auch mit verschiedenen Instrumenten des SGB II und des SGB XII schon teilweise beabsichtigt wird[538], so werden mittels Umsetzung dieses Staatskonzeptes die individuellen Freiheiten durch verstärkte Kontrollen, Disziplinierungen und Sanktionen, die Teil des Konzeptes sind, auch beschnitten.[539] Besonders deutlich wird dies an der Einführung des Gegenleistungsprinzips in beiden Gesetzeswerken und die dadurch bedingte Zurückdrängung des reinen Hilfecharakters der Unterstützungsleistungen.

Und auch für die Demokratie bringt dieses Konzept nicht nur positive Effekte mit sich. Denn die umfassende Aktivierung täuscht darüber hinweg, dass bestehende Arbeitslosigkeit nicht nur auf individuellen Defiziten der Hilfebedürftigen beruht, sondern auch auf dem Mangel an Arbeitsplätzen auf dem ersten Arbeitsmarkt.[540] Damit aber wird das Problem der Arbeitslosigkeit individualisiert, was automatisch zur gesellschaftlichen Exklusion dieser Leistungsempfänger führt.[541] Diese Gefahr besteht vor allem im Anwendungsbereich des SGB II. Die Bildung solcher sozialen Randgruppen und die damit einhergehende Stigmatisierung stellt aber immer eine Gefahr

---

537) Vgl. *Starck,* ZRP 1981, 97 (98); *Erichsen,* DVBl. 1983, 289 (297).

538) Vgl. beispielsweise die weitgehende Einbeziehung der bisherigen einmaligen Leistungen in die Regelsätze/Regelleistungen oder die Einführung eines Persönlichen Budgets.

539) *Butterwegge,* Krise und Zukunft des Sozialstaates, S. 245; *Dahme/Wohlfahrt,* TuP 2001, 10 (12); *dies.,* in: Dahme/Otto, Soziale Arbeit für den aktivierenden Staat, S. 75 (91); *Wölfle/Schöller,* PROKLA 2004, 339 (352 f.).

540) *Butterwegge,* Krise und Zukunft des Sozialstaates, S. 246; in diesem Sinne auch *Dahme/Wohlfahrt,* TuP 2001, 10 (14).

541) *Trube,* in: Dahme/Otto, Soziale Arbeit für den aktivierenden Staat, S. 177 (182, 200).

für ein demokratisches Staatswesen dar, da mit der Ausgrenzung dieser Personengruppen automatisch ein Defizit an gesellschaftlicher und somit auch demokratischer Teilhabe verbunden ist.[542]

Bei aller Popularität des Leitbildes vom aktivierenden Sozialstaat sollen die mit ihm verbundenen Kritikpunkte daher nicht unerwähnt bleiben und es dürfen die mit ihm verbundenen Gefahren nicht außer Betracht gelassen werden.

Insgesamt ist damit festzustellen, dass durch die Implementierung des aktivierenden Sozialstaatskonzepts das Verhältnis der beiden im Selbsthilfegrundsatz enthaltenen Aspekte – Solidarität und Gewinnung von Eigenständigkeit – in eine neue Balance gebracht worden sind.[543]

---

542) Ähnlich *Wölfle/Schöller,* PROKLA 2004, 339 (354).

543) Vgl. *Heinze/Strünck,* TuP 2001, 163 (164), die darauf hinweisen, dass unter *»der Maxime ›Fördern und Fordern‹ die Rechte und Pflichten gesellschaftlicher Akteure in eine neue Balance [gebracht werden].«*

§ 7: Der Grundsatz der institutionellen Subsidiarität

A. Der Grundsatz der institutionellen Subsidiarität im SGB XII[544]

Mit § 5 wurde die bisherige Regelung des § 10 BSHG inhaltsgleich in das SGB XII übernommen. Lediglich § 5 Abs. 6, der die Erhebung, Verarbeitung und Nutzung personenbezogener Daten betrifft, ist neu in das Gesetz eingefügt worden.[545] Indem § 5 Abs. 1 bestimmt, dass die Stellung der Kirchen und Religionsgesellschaften des öffentlichen Rechts sowie der Verbände der freien Wohlfahrtspflege als Träger eigener sozialer Aufgaben und ihre Tätigkeit zur Erfüllung dieser Aufgaben durch das SGB XII nicht berührt werden, findet eine Privilegierung dieser freien Träger gegenüber privat-gewerblichen Trägern, die von dieser Vorschrift nicht erfasst werden, statt.[546] Die Privilegierung der Kirchen und Religionsgesellschaften des öffentlichen Rechts begründet sich aus ihrer verfassungsrechtlichen Stellung nach Art. 4, Art. 140 GG i. V. m. Art. 137 Abs. 3 WRV, die der freien Wohlfahrtspflege aus deren historischer Entwicklung und Bedeutung.[547]

Fraglich ist, wie der Verbandsbegriff in Abs. 1 auszulegen ist.[548] In Betracht kommen hier drei unterschiedliche Auslegungen. So könnten nach einem engen Verständnis als Verband nur solche Zusammenschlüsse angesehen werden, die föderativ und überregional organisiert sind und die ambulante, teilstationäre und auch stationäre Hilfen anbieten. Demgegenüber wäre auch eine etwas weitere Auslegung denkbar, die unter den Verbandsbegriff nur solche Organisationen fasst, die ihrerseits zu einem Spitzenverband der freien Wohlfahrtspflege gehören. Weiter ist auch eine noch darüber hinausgehende Auslegung möglich, die als Verband sämtliche gemeinnützigen Organisationen ansieht, die aufgrund ihres Verbandszwecks Wohlfahrtsleistungen an hilfebedürftige Personen erbringen. Für die weite Auslegung des Verbandsbegriffs spricht § 17 Abs. 3 SGB I, der den Verbandsbegriff meidet und der, indem er sowohl gemeinnützige und freie

---

544) §§ ohne weitere Gesetzesangabe sind im Folgenden solche des SGB XII.

545) *BT-Drucks.* 15/1514, S. 55.

546) *Münder,* in: LPK-SGB XII, § 5 Rn. 9; *Wahrendorf,* in: Grube/Wahrendorf, SGB XII, § 5, Rn. 5.

547) Siehe dazu oben § 2 der Darstellung.

548) Siehe hierzu *Münder,* NDV 1996, 350 ff.

Einrichtungen als auch Organisationen erfasst, ebenfalls von einer solch weiten Auslegung ausgeht. Da nach § 37 S. 2 SGB I der Vorbehalt abweichender Regelungen nicht für § 17 SGB I gilt, geht § 5 SGB XII dem § 17 Abs. 3 auch nicht als speziellere Norm vor; vielmehr ist § 5 im Sinne des § 17 Abs. 3 SGB I zu interpretieren.[549] Daher ist als Verband der freien Wohlfahrtspflege im Sinne des § 5 Abs. 1 jede gemeinnützige Organisation zu verstehen, die Wohlfahrtsleistungen erbringt.[550]

§ 5 Abs. 2 formuliert das Gebot der Zusammenarbeit zwischen den Trägern der Sozialhilfe und der freien Wohlfahrtspflege, das von gegenseitigem Respekt gekennzeichnet sein soll. Gemäß § 5 Abs. 3 S. 1 soll diese Zusammenarbeit in erster Linie dem Hilfesuchenden dienen und in keinem Fall einen bloßen Selbstzweck darstellen. Das in § 5 Abs. 3 S. 2 formulierte Unterstützungsgebot der freien Wohlfahrtspflege durch die Sozialhilfeträger umfasst sowohl personelle als auch finanzielle als auch sächliche Unterstützung.[551] Insbesondere die finanzielle Unterstützung nach § 5 Abs. 3 S. 2 ist dabei von der Leistungsvergütung nach § 75 zu unterscheiden. Denn die finanzielle Unterstützung nach § 5 Abs. 3 S. 2 wird gerade nicht für erbrachte Leistungen seitens der freien Wohlfahrtspflege gewährt; sie stehen damit – anders als bei § 75 – nicht im Verhältnis von Leistung und Gegenleistung. Daher handelt es sich bei der finanziellen Unterstützung nach § 5 Abs. 3 S. 2 regelmäßig um öffentliche Zuwendungen und Subventionen. Bei solchen Zuwendungen handelt es sich um freiwillig geleistete[552] *»öffentlich-rechtliche Leistungen des Staates, die zur Erreichung eines bestimmten, im öffentlichen Interesse gelegenen Zweckes geleistet werden«*[553]. Auf diese Zuwendungen haben die Verbände der Freien Wohlfahrtspflege ebenso wenig einen Rechtsanspruch wie auf die sonstigen Unterstützungen in Form von Sach- oder Personalleistungen.[554] Vielmehr

549) So *Münder,* in: LPK-SGB XII, § 5, Rn. 8.

550) So die h. M., vgl. etwa *Dauber,* in: Mergler/Zink, § 5, Rn. 8; *Wahrendorf,* in: Grube/Wahrendorf, SGB XII, § 5, Rn. 4, der ausdrücklich auch darauf hinweist, dass ein rein korporatives Verständnis des Verbandsbegriffs den neuen Initiativen und Bewegungen, wie etwa den zahlreichen Selbsthilfebewegungen, nicht mehr gerecht werden kann und daher zu eng ist.

551) *Münder,* in: LPK-SGB XII, § 5, Rn. 26; *Wahrendorf,* in: Grube/Wahrendorf, § 5, Rn. 8.

552) *Boeßenecker,* Spitzenverbände der Freien Wohlfahrtspflege, S. 266.

553) *BVerwG,* Urteil v. 19.12.1958, NJW 1959, 1098 (1098).

554) *Boeßenecker,* Spitzenverbände der Freien Wohlfahrtspflege, S. 266; *Neumann,* in: Rothkegel, Sozialhilferecht, Teil III, Kap. 32, Rn. 52; *Wahrendorf,* in: Grube/Wahrendorf, SGB XII, § 5, Rn. 9.

haben die Sozialhilfeträger über die Unterstützung nach § 5 Abs. 3 S. 2 nach pflichtgemäßem Ermessen zu entscheiden. Dabei haben sie in Anbetracht der großen Anzahl von unterschiedlichen Wohlfahrtsverbänden insbesondere den Gleichheitsgrundsatz zu beachten. Die Bedeutung dieser Zuschüsse zeigt sich in der Tatsache, dass solche öffentlichen Zuschüsse zusammen mit den Leistungsentgelten über 85 % der Finanzierung der Wohlfahrtsverbände ausmachen.[555] Gerade durch diese finanziellen Unterstützungen verlieren die freien Wohlfahrtsverbände jedoch ihre Selbstständigkeit und Unabhängigkeit. Denn es werden so Abhängigkeiten begründet und den öffentlichen Trägern wird mittels der finanziellen Verflechtungen die Möglichkeit der Einflussnahme auf die Verbände eingeräumt, da insbesondere mit der Gewährung von öffentlichen Zuwendungen auch bestimmte Nebenbestimmungen verbunden sein können sowie Auskunfts- und Rechenschaftspflichten der Wohlfahrtsverbände über die Mittelverwendung.[556]

Der eigentliche Grundsatz der institutionellen Subsidiarität ist in § 5 Abs. 4 niedergelegt, der bestimmt, dass die Träger der Sozialhilfe von der Durchführung eigener Maßnahmen absehen sollen, wenn die Leistung im Einzelfall durch die freie Wohlfahrtspflege erbracht wird. Damit wird jedoch keine Funktionssperre der öffentlichen Träger begründet. Vielmehr besteht seit dem Grundsatzurteil des Bundesverfassungsgerichts vom 18. Juli 1967[557] Einigkeit dahingehend, dass diese *»Regelung nur eine Abgrenzung der Aufgaben zwischen Gemeinde und privaten Trägern [begründet], die lediglich eine vernünftige Aufgabenverteilung und eine möglichst wirtschaftliche Verwendung der zur Verfügung stehenden öffentlichen und privaten Mittel sicherstellen soll.«*[558] Die Gesamtverantwortlichkeit im Bereich der Sozialhilfe sah das Bundesverfassungsgericht aber trotz des gesetzlich verankerten Subsidiaritätsgrundsatz weiterhin bei den öffentlichen Trägern.[559] Dieses Urteil des Bundesverfassungsgerichts beendete den in den 60er Jahren bestehenden Streit hinsichtlich des Verhältnisses zwischen öffentlichen und freien Trägern und dieses Verhältnis wurde in der Folgezeit ganz im Sinne des Bundesverfassungsgerichts als eine partnerschaftliche

555) Vgl. *Boeßenecker,* Spitzenverbände der Freien Wohlfahrtspflege, S. 257 f., dort auch mit weiterführendem Zahlenmaterial.

556) *Wahrendorf,* in: Grube/Wahrendorf, SGB XII, § 5, Rn. 9.

557) Vgl. *BVerfG,* Urteil v. 18.07.1967, BVerfGE 22, 180 ff.

558) So *BVerfG,* Urteil v. 18.07.1967, BVerfGE 22, 180 (206).

559) *BVerfG,* Urteil v. 18.07.1967, BVerfGE 22, 180 (206).

Zusammenarbeit bezeichnet. Neu ist an dieser Regelung, dass § 5 Abs. 4 nunmehr darauf abstellt, dass die Leistung von der freien Wohlfahrtspflege **erbracht** wird, während unter Geltung des BSHG nur von einer Leistungs**gewährleistung** die Rede war. Somit besteht die Vorrangstellung der freien Träger nach § 5 Abs. 4 S. 1 nur in den Fällen, in denen diese die jeweilige Leistung auch tatsächlich erbringen.[560]

Ob die freien Wohlfahrtsverbände ausreichende Hilfe leisten und daher die Sozialhilfeträger nach § 5 Abs. 4 S. 1 von eigenen Hilfeleistungen absehen sollen, ist eine Rechtsfrage, über die die Sozialhilfeträger zu entscheiden haben.[561]

Nach § 5 Abs. 4 S. 2 gilt dieser Nachrang staatlicher Hilfe jedoch nicht bei der Erbringung von Geldleistungen. Diese Ausnahme ist insbesondere bei der Anrechnung von Einkommen und Vermögen zu beachten, da Geldleistungen der freien Träger in eine solche Anrechnung einzubeziehen sind.[562]

§ 5 Abs. 5 regelt die Beteiligung und Übertragung von Aufgaben an die Verbände der freien Wohlfahrtspflege durch die Sozialhilfeträger. Diese Regelung greift nur dann ein, wenn die Durchführung von Maßnahmen grundsätzlich bei den Sozialhilfeträgern liegt, also die freien Träger nicht schon von sich aus tätig werden und damit nicht die Voraussetzungen des § 5 Abs. 4 vorliegen.[563] Nach § 5 Abs. 5 S.1 müssen die freien Träger mit einer solchen Beteiligung oder Übertragung einer Aufgabendurchführung einverstanden sein, so dass dieses, zwischen den freien und den öffentlichen Trägern bestehende Innenverhältnis als ein kooperatives gekennzeichnet werden kann. Wie sich aus § 5 Abs. 5 S. 2 ergibt, bleibt die Letztverantwortung gegenüber den Hilfeberechtigten trotz Einschaltung der freien Wohlfahrtspflege aber bei den öffentlichen Trägern.

Eine weitere wichtige Erwähnung finden die freien Träger im Leistungserbringungsrecht: § 75 übernimmt insoweit die vorherige Regelung des § 93

560) *Dauber,* in: Mergler/Zink, SGB XII, § 5, Rn. 41 f.

561) So zu Recht *Münder,* in: LPK-SGB XII, § 5, Rn. 45; a. A. *Dauber,* in: Mergler/Zink, SGB XII, § 5, Rn. 42; *Schellhorn/Schellhorn,* BSHG, § 10, Rn. 24, die insoweit von einer Ermessensentscheidung der Sozialhilfeträger ausgehen. Dagegen aber spricht, dass den Trägern der Sozialhilfe nur hinsichtlich der Rechtsfolge, also des Absehens eigener Maßnahmen, ein gebundenes Ermessen eingeräumt wird, nicht dagegen auf der Tatbestandsseite im Rahmen der Frage, ob ausreichende Hilfe seitens der freien Wohlfahrtspflege geleistet wird.

562) So schon zur alten Rechtslage *Gottschick/Giese,* § 10, Rn. 5.2; ebenso *Wahrendorf,* in: Grube/Wahrendorf, SGB XII, § 5, Rn. 10.

563) *Wahrendorf,* in: Grube/Wahrendorf, SGB XII, § 5, Rn. 11.

BSHG weitgehend inhaltsgleich. Lediglich die in Abs. 1 enthaltene Definition der Einrichtungen sowie das in Abs. 3 S. 3 enthaltene Prüfungsrecht der Sozialhilfeträger stellen eine Neuerung dar.[564] Wichtig im Zusammenhang mit dem Subsidiaritätsgrundsatz ist die Regelung in § 75 Abs. 2 S. 1, die bestimmt, dass die Sozialhilfeträger zur Erfüllung ihrer Aufgaben eigene Einrichtungen nicht neu schaffen sollen, soweit geeignete Einrichtungen anderer Träger vorhanden sind, ausgebaut oder geschaffen werden können. Mit dieser Normierung macht der Gesetzgeber deutlich, dass er in diesem Bereich eine Trennung zwischen Leistungsträger und Leistungserbringer will; die Leistungserbringung soll in der Regel durch Dritte erfolgen.[565]

Bis 1996 stand diese Regelung in inhaltlichem Kontext zum jetzigen § 5. Durch das am 01.08.1996 in Kraft getretene Gesetz zur Reform des Sozialhilferechts ist die in § 75 Abs. 2 S. 1 enthaltene Subsidiarität aber nicht mehr auf gemeinnützige Träger beschränkt. Sondern sie bezieht sich seitdem generell auf geeignete Einrichtungen *»anderer Träger«,* somit werden also auch gewerbliche Träger erfasst.[566] Damit entscheidet sich die Frage, mit welchen freien Trägern entsprechende Vereinbarungen nach § 75 Abs. 3 abzuschließen sind, rein nach wirtschaftlichen Gesichtspunkten. Dieser Umstand schränkt die in § 5 enthaltene Privilegierung der freien gemeinnützigen Wohlfahrtsverbände erheblich ein. Hinzu kommt, dass im Rahmen des Vergütungsvergleichs der jeweiligen Träger die nach § 5 Abs. 3 S. 2 gewährten öffentlichen Zuwendungen berücksichtigt werden müssen.[567]

B. Der Grundsatz der institutionellen Subsidiarität im SGB II[568]

Anders als im SGB XII sind im SGB II keine derart detaillierten Regelungen die institutionelle Subsidiarität betreffend normiert. Lediglich § 17 Abs. 1 enthält Aussagen über das Verhältnis der öffentlichen zu den freien Trägern. So entspricht § 17 Abs. 1 S. 1 inhaltlich dem § 75 Abs. 2 S. 1 SGB XII. Auch § 17 Abs. 1 S. 1 grenzt die dort formulierte Subsidiarität nicht mehr auf freie-gemeinnützige Träger ein, sondern bezieht sich allgemein auf »Dritte«, somit also auch auf privat-gewerbliche Anbieter.[569]

564) *Münder,* in: LPK-SGB XII, § 75, Rn. 3.
565) *Münder,* in: LPK-SGB XII, § 75, Rn. 9; *ders.,* in: Rothkegel, Sozialhilferecht, Teil III, Kap. 33, Rn. 9.
566) Siehe auch *Schulte,* NVwZ 1997, 956 (964 f.).
567) *Münder,* in: LPK-SGB XII, § 75, Rn. 17.
568) §§ ohne weitere Gesetzesangabe sind im Folgenden solche des SGB II.
569) *Münder,* in: LPK-SGB II, § 17, Rn. 5 und 22.

Satz 2 dieser Vorschrift entspricht der in § 5 Abs. 3 S. 2 SGB XII enthaltenen Regelung; er bezieht sich ebenso wie die Parallelvorschrift ausschließlich auf die Verbände der freien Wohlfahrtspflege und bestimmt, dass die zuständigen Leistungsträger nach dem SGB II die Träger der freien Wohlfahrtspflege in deren Tätigkeit auf dem Gebiet der Grundsicherung für Arbeitsuchende angemessen unterstützen sollen. Diese in Satz 2 enthaltene Normierung ist somit eher allgemeiner Art, da sie sich auf die grundsätzliche Stellung der freien Wohlfahrtspflege bezieht. Sie stellt damit durch ihre systematische Stellung im Leistungserbringungsrecht einen Fremdkörper dar.[570]

Insgesamt ist somit das Verhältnis der freien Wohlfahrtspflege zu den öffentlichen Trägern und auch die Einschaltung privater, sei es gemeinnütziger wie gewerblicher, Träger bei der Leistungserbringung in Einrichtungen den im SGB XII enthaltenen Regelungen entsprechend ausgestaltet.

Der Grundsatz der institutionellen Subsidiarität ist damit sowohl im SGB II als auch im SGB XII gleichermaßen gesetzlich normiert.

C. Inhaltliche Veränderungen des Grundsatzes der institutionellen Subsidiarität aufgrund des Konzepts vom aktivierenden Sozialstaat

Da das Konzept des aktivierenden Sozialstaates die gesetzlichen Bestimmungen des SGB II und des SGB XII wesentlich beeinflusst hat, stellt sich die Frage, ob und inwieweit durch die Implementierung dieses Staatskonzeptes auch der Grundsatz der institutionellen Subsidiarität eine inhaltliche Neuausrichtung erfährt und dies, obwohl der Wortlaut seiner gesetzlichen Normierungen gegenüber der Regelung im BSHG keine Veränderung erfahren hat. Auswirkungen auf dieses sozialhilferechtliche Strukturprinzip sind schon deshalb wahrscheinlich, weil neben dem Abbau der staatlichen Leistungstiefe die Aktivierung der Zivilgesellschaft ein wesentlicher Programmpunkt dieses Leitbildes ist. Beide Inhalte bedingen sich gegenseitig, da überall dort, wo der Staat sich aus Aufgaben zurückzieht, Lücken entstehen,

570) Allerdings wurde Satz 2 erst nachträglich dem Gesetzesentwurf eingefügt, nachdem seitens des Deutschen Vereins das Fehlen einer hervorgehobenen Stellung der Freien Wohlfahrtspflege im SGB II kritisiert worden war; vgl. *Deutscher Verein,* NDV 2003, 496 (503).

die durch neue Organisationen gefüllt werden müssen; zu Recht spricht man daher von zwei Seiten einer Medaille.[571]

Ausgehend von dem lateinischen Begriff *»subsidium«* im Sinne von Beistand oder Hilfe, lässt sich dieser sozialhilferechtliche Grundsatz als ein *»Grundsatz des hilfreichen Beistandes«* begreifen.[572] Dementsprechend wies der katholische Sozialethiker Oswald von Nell-Breuning bereits Ende der 50er Jahre darauf hin, dass das in der katholischen Soziallehre entwickelte Subsidiaritätsprinzip bezogen auf einen modernen Sozialstaat nur so verstanden werden könne, dass der Staat und die Gesellschaft die Voraussetzungen dafür schaffen müssen, dass der Einzelne Selbsthilfebestrebungen überhaupt anstellen könne. Soweit der einzelne Bürger sich dann aber selbst helfen könne, dürfe die Gesellschaft und letztlich der Staat nicht einspringen, da eine solche Einmischung keine echte Hilfe darstelle, sondern vielmehr eine Verkürzung der Persönlichkeitsentfaltung, die ja immer an das Anstrengen der eigenen Kräfte gebunden sei.[573] Dieses Verhältnis von staatlicher Hilfe gegenüber dem jeweiligen Einzelmenschen aber lässt sich nach v. Nell-Breuning auch auf das Verhältnis des Staates oder großer Gemeinschaften gegenüber den von diesen umfassten kleineren Gemeinschaftsgebilden übertragen. Denn kleinere Organisationen, in denen die Mitglieder einander kennen, entfalten ein vielfältigeres Leben als Großorganisationen, in denen das einzelne Mitglied in die Anonymität absinkt. Solchen kleineren gesellschaftlichen Gebilden steht der einzelne Bürger daher sehr viel näher. Auch ist die Entfaltungsmöglichkeit des Einzelnen in kleineren Gemeinschaften wesentlich größer, da die einzelnen Mitglieder an den Entscheidungen dieser kleineren gesellschaftlichen Organisationen viel unmittelbarer beteiligt sind.[574] Erst wenn der kleinere Lebenskreis nicht

---

571) So *Dahme/Wohlfahrt,* TuP 2001, 10 (11).

572) So *v. Nell-Breuning,* TuP 1976, 6 (7).

573) *v. Nell-Breuning,* in: Boettcher, Sozialpolitik und Sozialreform, S. 213 (220 f.); siehe auch *ders.,* TuP 1976, 6 (8). v. Nell-Breuning führt in diesem Zusammenhang zur Verdeutlichung dessen, was echte Hilfe ausmacht, das Beispiel eines Kleinkindes an, das immer hilflos bleiben wird, wenn die Mutter ihm alle Dienste abnimmt; nimmt die Mutter dagegen ihre Tätigkeiten immer in dem Maße zurück, wie das Kind selbst zur Aufgabenerledigung imstande ist, fördert sie das Kind und führt es zur Selbstständigkeit. Nur solche unterstützende Hilfe sei echte Hilfe zur Selbsthilfe, vgl. TuP 1976, 6 (10 f.).

574) *v. Nell-Breuning,* TuP 1976, 6 (9).

mehr leistungsfähig ist, muss der jeweils größere einspringen und so die notwendige Hilfe leisten.[575]

Bei diesem Verständnis des Subsidiaritätsgrundsatzes aber stellt sich die Frage, ob er durch die Umsetzung des aktivierenden Sozialstaatskonzepts inhaltliche Veränderungen erfahren hat, da schon in dieser ursprünglichen Bedeutung die aktivierende Unterstützung des Staates für ihn wesentlich war.

I. Die »neue Subsidiarität« der 90er Jahre

Zur Beantwortung dieser Frage kann auf die in den 90er Jahren ausgetragene Debatte um eine *»neue Subsidiarität«* Bezug genommen werden, die anlässlich der Entstehung einer Vielzahl von Selbsthilfegruppen und anderen selbstorganisierten Bürgerinitiativen geführt wurde.[576] Denn schon damals setzte sich die Ansicht durch, dass es in einem modernen und komplex strukturierten Sozialstaat bei der institutionellen Subsidiarität um mehr gehen müsse als um die Abgrenzung von Zuständigkeiten öffentlicher und privater Träger, also um ein rein formales Zuständigkeitsprinzip.[577] Vielmehr sei im Verständnis einer *»neuen Subsidiarität«* auch eine gewichtige inhaltliche Komponente enthalten, insoweit nämlich, als es um die so genannten *»kleinen Netze«*, wie Selbsthilfegruppen und andere Bürgerinitiativen, als inhaltliche Alternative und Weiterentwicklung zu den bestehenden, bürokratisch organisierten Großorganisationen gehe.[578] Als eine echte Alternative zu den großen Wohlfahrtsverbänden wurden diese kleinen Netze vor allem deshalb gesehen, weil sie nicht die an den großen Verbänden geübten Kritikpunkte mit diesen teilten. Denn bei diesen handelte es sich um bürokratisch organisierte Großorganisationen, die weder flexibler und bürgernaher arbeiteten als die öffentlichen Träger noch, aufgrund der finanziellen Verflechtungen, wirklich frei und unabhängig gegenüber diesen

575) *Herzog,* Der Staat 1963, 399 (402 f.) weist zu Recht darauf hin, dass zwischen den einzelnen, einander übergeordneten Gemeinschaften sowohl Homogenität des potentiellen Aufgabenkreises als auch des Mitgliederkreises bestehen muss. Nur bei Vorliegen dieser Voraussetzungen seien die Kriterien höher – niedriger bzw. größer – kleiner überhaupt anwendbar.

576) Vgl. hierzu allgemein die Beiträge in *Münder/Kreft,* Subsidiarität heute.

577) *Dettling,* in: Münder/Kreft, Subsidiarität heute, S. 62 (63); *Münder,* in: Münder/Kreft, Subsidiarität heute, S. 72 (74); *Sachße,* in: Münder/Kreft, Subsidiarität heute, S. 32 (38).

578) *Münder,* in: Münder/Kreft, Subsidiarität heute, S. 72 (74); *Sachße,* in: Münder/Kreft, Subsidiarität heute, S. 32 (38).

öffentlichen Trägern waren.[579] Bei all diesen Kritikpunkten handelte es sich um Defizite, die in der Organisationsform, im Professionalisierungsgrad und in der hohen Arbeitsteiligkeit der öffentlichen Träger wie der großen Wohlfahrtsverbände gleichermaßen begründet waren und auch noch sind.[580]

Da sich diese Defizite aber nicht länger mit dem Anspruch auf eine Vorrangstellung der freien Wohlfahrtspflege in den ihr traditionsgemäß obliegenden Arbeitsfeldern vertrugen, wurde bereits in den 90er Jahren ein neuer Schwerpunkt des Gedankens der institutionellen Subsidiarität in der Stärkung neuer, bürgernaher, innovativer Formen und Initiativen gegenüber den Verbänden der freien Wohlfahrtspflege gesehen.[581] Gleichzeitig boten diese neuen Initiativen die Möglichkeit, bestehende Lücken in einzelnen Wohlfahrtsbereichen zu schließen. Bei aller positiven Resonanz dieser neuen Formen der Subsidiarität wurde aber dennoch gesehen, dass diese neuen Initiativen keinen Ersatz der bisherigen Organisationen darstellten, sondern diese vervollkommneten und dort ergänzten, wo Defizite der traditionellen Träger bestanden.[582]

II. Die institutionelle Subsidiarität im Lichte des aktivierenden Sozialstaatskonzepts

1. Inhaltliche Neuausrichtung der institutionellen Subsidiarität

Ausgehend von dieser inhaltlichen Neuausrichtung, die das Subsidiaritätsprinzip im Rahmen der Debatte um eine *»neue Subsidiarität«* in den 90er Jahren erfahren hat, stellt sich die Frage, ob durch das aktivierende Staatskonzept weitere Neuerungen mit dem Grundsatz der institutionellen Subsidiarität verbunden sind. Welcher Umstand ist es also, der eine Verschiebung vom bislang aktiven Staat hin zum nunmehr aktivierenden Staat bedingt?

In dem das neue staatliche Leitbild umsetzende »Fördern und Fordern« kann auch hier wieder die Antwort gefunden werden. Denn so wie der

579) Vgl. zu dieser Kritik *Bittscheidt-Peters,* in: Münder/Kreft, Subsidiarität heute, S. 82 (85); *Mann,* in: Münder/Kreft, Subsidiarität heute, S. 87 (87 f.); *Sachße,* in: Münder/Kreft, Subsidiarität heute, S. 32 (36).

580) So *Bittscheidt-Peters,* in: Münder/Kreft, Subsidiarität heute, S. 82 (85).

581) *Sachße,* in: Münder/Kreft, Subsidiarität heute, S. 32 (38).

582) *Bittscheidt-Peters,* in: Münder/Kreft, Subsidiarität heute, S. 82 (85 f.).

aktivierende Staat sich einerseits dadurch auszeichnet, dass er der Gesellschaft Raum schafft, *»ihre Belange selbst zu regeln«*,[583] so fordert der Staat auf der anderen Seite *»zugleich den Beitrag jedes Einzelnen zur Gestaltung seines eigenen und des gesellschaftlichen Lebens [ein]«*[584]. Fordern im Zusammenhang mit dem Grundsatz der institutionellen Subsidiarität bedeutet also, dass die Bürger sich ihrer gesellschaftlichen Verantwortung bewusst werden müssen und dass sie gleichzeitig vom Staat zum gesellschaftlichen Engagement aufgefordert werden müssen.[585]

Doch erschöpft sich dieses Fordern nicht in der Betonung bestehender Verpflichtungen zum gesellschaftlichen Engagement. Vielmehr steht hinter dem Fordern das Leitbild einer Bürgergesellschaft im Sinne eines Gemeinwesens, *»in dem die Bürgerinnen und Bürger auf der Basis gesicherter Grundrechte und im Rahmen einer politisch verfassten Demokratie durch das Engagement in selbstorganisierten Vereinigungen und durch die Nutzung von Beteiligungsmöglichkeiten die Geschicke des Gemeinwesens wesentlich prägen können.«*[586] Damit zeichnet sich die Bürgergesellschaft durch selbstbewusste und selbstverantwortliche Bürger aus und sie verabschiedet sich von der Vorstellung einer Allzuständigkeit des Staates. Diese wird vielmehr ersetzt durch eine gleichberechtigte Wechselbeziehung zwischen einem aktivierenden Staat und den Verantwortung übernehmenden Bürgern.[587] Im Zusammenhang mit dem Grundsatz der institutionellen Subsidiarität ist daher mit dem Konzept des aktivierenden Sozialstaats die Implementierung eines ausgewogenen Systems von öffentlicher, gesellschaftlicher und eigener Verantwortung beabsichtigt.[588]

Diese, im Rahmen einer grundsätzlich neuen Ausrichtung des Verhältnisses zwischen Staat und Bürgern, von den Bürgern zu übernehmende Verantwortung kann allerdings nicht vom Staat erzwungen werden.[589] Sowohl das

583) So *Schröder*, Neue Gesellschaft – Frankfurter Hefte 2000, 200 (203).

584) *Schröder,* Neue Gesellschaft – Frankfurter Hefte 2000, 200 (203).

585) Vgl. *Heinze/Strünck,* TuP 2001, 163 (164).

586) So die Definition des Berichts der Enquete-Kommission *»Zukunft des Bürgerschaftlichen Engagements«,* vom 03.06.2002, *BT-Drucks.* 14/8900, S. 24. Diese Enquete-Kommission ist am 15. Dezember 1999 durch Beschluss des Deutschen Bundestages (*BT-Drucks.* 14/2351) mit dem Auftrag eingesetzt worden, konkrete politische Strategien und Maßnahmen zur Förderung des freiwilligen, gemeinwohlorientierten, nicht auf materiellen Gewinn ausgerichteten bürgerschaftlichen Engagements in Deutschland zu erarbeiten.

587) *BT-Drucks.* 14/8900, S. 25, 33.

588) *Articus,* in: Deufel/Wolf, Ende der Subsidiarität?, S. 256 (263).

589) *BT-Drucks.* 14/8900, S. 33.

SGB II als auch das SGB XII sehen dementsprechend auch keine speziellen Instrumente oder gar Sanktionen vor, mit denen dieses gesellschaftliche Engagement des einzelnen Bürgers gefördert oder erzwungen werden kann. Sondern jedes bürgerschaftliche Engagement ist gerade durch eine freiwillige Verantwortungsübernahme gekennzeichnet, so dass die Freiheit eines jeden Einzelnen auch die Entscheidung beinhaltet, sich **nicht** gesellschaftlich zu engagieren. Vielmehr entspringt eine freiwillige Verantwortungsübernahme in Gestalt eines gesellschaftlichen Engagements immer einer entsprechenden inneren Überzeugung des Bürgers und belegt gleichzeitig, dass der sich engagierende Bürger sich als ein Mitglied des politischen Gemeinwesens begreift.[590] Die Enquete-Kommission bezeichnet diese innere Einstellung des Bürgers zutreffend als *»Bürgertugend«,* die, bezogen auf unser modernes Staats- und Gesellschaftsverständnis, auch als *»freiwillige Selbstverpflichtung«* bezeichnet werden könne.[591] Und sie weist zu Recht darauf hin, dass bürgerschaftliches Engagement demzufolge immer einen *»Gradmesser für die demokratische Qualität eines Gemeinwesens«*[592] darstellt. Denn bürgerschaftliches Engagement zeichnet sich gerade durch die Übernahme von Eigenverantwortung, von Selbstorganisation aus. Die Beteiligten erwerben durch derartiges freiwilliges Engagement, egal in welchen gesellschaftlichen Bereichen, die Kompetenz, Lösungen und Entscheidungen mit anderen Partnern oder Institutionen auszuhandeln. Damit wird durch eine solche Tätigkeit demokratisches Verhalten erlernt[593] und die Bürger werden zur Übernahme von mehr Eigenverantwortung, wie es gerade für die Bürgergesellschaft kennzeichnend ist, befähigt.

Diese Ausrichtung auf eine Bürgergesellschaft, die mit dieser verbundene neue Verantwortungsteilung zwischen Staat und Gesellschaft und die dazu notwendige innere Haltung der Bürger im Sinne einer Bereitschaft zur freiwilligen Selbstverpflichtung sind es, die dem Grundsatz der institutionellen Subsidiarität seine gänzlich neue Ausrichtung geben.

Damit werden also nicht nur im Rahmen des Selbsthilfegrundsatzes, sondern auch in Verbindung mit dem Grundsatz der institutionellen Subsidiari-

---

590) *BT-Drucks.* 14/8900, S. 33.

591) *BT-Drucks.* 14/8900, S. 34.

592) Vgl. *BT-Drucks.* 14/8900, S. 33.

593) Vgl. die Ausführungen im Bericht der Kommission »Impulse für die Zivilgesellschaft« vom 15.01.2004, S. 18 f., abrufbar im Internet unter www.bmfsfj.de/RedaktionBMFSFJ/Broschuerenstellet/Pdf-Anlagen/perspektiven-f_C3_BCr-freiwilligendienste; abgerufen am 16.06.2006.

tät die Rechte und Pflichten der Bürger in eine neue Balance gebracht.[594] Es wird nunmehr das zivilgesellschaftliche Engagement nicht mehr lediglich erlaubt, sondern dieses wird eingefordert, wenn es auch nicht erzwungen werden kann, und es erhält in dem komplexen System von staatlicher Wohlfahrt und den Tätigkeitsfeldern der traditionellen freien Wohlfahrtspflege seine eigene Stellung. Auf diese Weise verdeutlicht das Leitbild der Bürgergesellschaft, dass politische Gestaltung nicht ausschließlich eine Aufgabe von Verwaltung, Staat und professioneller Politik ist, sondern auch eine Angelegenheit der Bürger selbst.[595] Damit wird auch im Zusammenhang mit der institutionellen Subsidiarität das Verhältnis von Eigenverantwortung, gesamtgesellschaftlicher Solidarität und staatlichem Eintreten in eine ganz neue Balance gebracht. Die gesamtgesellschaftliche Solidarität erlangt insoweit eine gewichtigere Bedeutung, als durch bürgerschaftliches Engagement im Verhältnis der Bürger zueinander Vertrauen, Solidarität und die Bereitschaft zur Zusammenarbeit entsteht, also das, was in der Forschung als *»soziales Kapital«* bezeichnet wird.[596] Dieses soziale Kapital ist wiederum Voraussetzung dafür, dass Bürger bereit sind, sich für andere einzusetzen und zu engagieren, mithin also dafür, dass die so genannte *»Bürgertugend«* gestärkt wird. Gleichzeitig ist es auch Voraussetzung für eigene Selbsthilfebestrebungen im Sinne des Selbsthilfegrundsatzes. Denn eigenverantwortliche und engagierte Bürger sind weitaus besser in der Lage, eine soziale Notlage aus eigener Kraft zu überwinden.

Sowohl der Staat als auch die Politik haben dieses bürgerschaftliche Engagement im Sinne des *»Grundsatzes vom hilfreichen Beistand«* zu fördern. Derartige Hilfeleistungen sind in Form von finanzieller Unterstützung und rechtlichen Absicherungen möglich. Daneben müssen institutionelle Rahmenbedingungen in Form von beteiligungsfreundlichen Organisationsformen, einer stärkeren Bürgerorientierung und Offenheit der Verwaltungen und eines generellen Bürokratieabbaus geschaffen werden.[597] Weiter ist ein Umdenken auf Seiten der öffentlichen Träger und der freien Wohlfahrtsverbände notwendig; diese müssen die verschiedenen bürgerschaftlichen

594) So *Heinze/Strünck,* TuP 2001, 163 (164).

595) Vgl. *BT-Drucks.* 14/8900, S. 25.

596) Vgl. *Bericht der Kommission »Impulse für die Zivilgesellschaft«* v. 15.01.2004, S. 18.

597) So die Empfehlungen der Enquete-Kommission, vgl. *BT-Drucks.* 14/8900, S. 7, 26, 34.

Initiativen als gleichberechtigte Partner akzeptieren und den politischen Dialog mit ihnen erlernen.[598]

Daneben müssen Kooperationsmodelle geschaffen werden, die eine enge Zusammenarbeit zwischen gesellschaftlichen Organisationen und staatlichen Institutionen ermöglichen und fördern. Insgesamt sind also die Teilhaberechte der Bürger zu erweitern, denn diese sind Grundvoraussetzung dafür, dass der Einzelne sich seiner Bürgerrolle und damit seiner gesellschaftlichen Verantwortung bewusst wird. Diese Bewusstwerdung und damit das Erlernen eines Gemeinschaftsempfindens und einer Gemeinschaftsfähigkeit aber sind zur Realisierung einer Bürgergesellschaft notwendig. Dies insbesondere aufgrund der Tatsache, dass eine subjektiv empfundene Verantwortung für die Gemeinschaft nicht staatlicherseits erzwingbar ist, sondern im Sinne einer neuen politischen Kultur erlernt werden muss.

Daran wird ebenfalls deutlich, dass sich das Leitbild einer Bürgergesellschaft nicht ausschließlich auf den Sozialbereich bezieht, sondern vielmehr sämtliche zentralen Lebens- und Politikbereiche erfasst und auch erfassen muss, wenn es wirklich erfolgreich umgesetzt werden soll. Damit stellt die Förderung des bürgerschaftlichen Engagements eine Art *»Umerziehung«* der Bürger hin zu einer neuen politischen Kultur dar und von dieser *»Umerziehung«* werden sämtliche gesellschaftlichen und politischen Bereiche erfasst.[599]

Auf der anderen Seite bedeutet das Einfordern des privaten Engagements, dass der Staat dem bürgerschaftlichen Engagement auch eigene Betätigungsfelder zugesteht. Er muss sich also überall dort eigener Aktivitäten enthalten bzw. entledigen, wo diese durch private Initiativen für den jeweils Leistungsberechtigten besser erbracht werden können.[600] Mit dieser Ausrichtung bewegt sich der Grundsatz ganz im Sinne seiner klassischen Zielausrichtung: nämlich dem personennäheren Lebenskreis der Betroffenen den Vorrang der Aufgabenerfüllung zuzugestehen,[601] um so eine *»unbürokra-*

598) Vgl. hierzu *Evers/Leggewie,* GMH 1999, 331 (338).

599) *Evers/Leggewie,* GMH 1999, 331 (333) sprechen in diesem Zusammenhang von einem *»Prozess des Umlernens«*. Dass von diesem Prozess alle Lebensbereiche erfasst werden, verdeutlicht der Bericht der Enquete-Kommission v. 03.06.2002, *BT-Drucks.* 14/8900, der in seinem Abschnitt B die Bestandsaufnahme des bürgerschaftlichen Engagements in die unterschiedlichen Lebensbereiche unterteilt.

600) *Dahme/Wohlfahrt,* in: Dahme/Otto, Soziale Arbeit für den aktivierenden Staat, S. 75 (84 f.).

601) Vgl. *Mann,* in: Münder/Kreft, Subsidiarität heute, S. 87 (87).

tische, gemeindenahe, bedarfs- und betroffenengerechte und autonomiestärkende Hilfe«[602] leisten zu können. Entsprechend dem *»Grundsatz vom hilfreichen Beistand«* müssen allerdings die größeren Organisationen überall dort die Aufgabenerfüllung übernehmen, wo die kleineren Initiativen nach Ausschöpfung ihrer vollen Leistungskraft dazu nicht mehr in der Lage sind. Im Idealfall wird so eine neue Art der bereits vom Bundesverfassungsgericht als wünschenswert erachteten *»partnerschaftlichen Zusammenarbeit«*[603] erreicht, nämlich eine, die um die zivilgesellschaftliche Komponente ergänzt ist.

Diese grundlegenden Veränderungen im Verhältnis des Staates zu seinen Bürgern rechtfertigen es, auch im Bereich der institutionellen Subsidiarität von einem Paradigmenwechsel zu sprechen.[604]

2. Bestandsaufnahme des bürgerschaftlichen Engagements in der Bundesrepublik Deutschland

a) Allgemeines bürgerschaftliches Engagement

In Anbetracht der Bedeutung des bürgerschaftlichen Engagements zur Realisierung einer Bürgergesellschaft, stellt sich die Frage, ob es sich hierbei nur um ein politisches Theoriengebäude handelt, oder inwieweit eine Bürgergesellschaft mit freiwillig engagierten Bürgern bereits in der Entstehung ist. Ausgegangen werden soll in diesem Zusammenhang von der Definition des bürgerschaftlichen Engagements, die auch jüngsten wissenschaftlichen Forschungsprojekten zu Grunde liegt. Danach zeichnet sich bürgerschaftliches Engagement dadurch aus, dass es

– freiwillig ausgeübt wird,

– nicht auf materiellen Gewinn gerichtet ist,

– gemeinwohlorientiert ist,

– öffentlich ist bzw. im öffentlichen Raum stattfindet und

– in der Regel gemeinschaftlich ausgeübt wird.[605]

---

602) *Häussler* in: Münder/Kreft, Subsidiarität heute, S. 121 (121).

603) Siehe hierzu *BVerfG,* Urteil v. 18.07.1967, BVerfGE 22, 180 ff.

604) So *Dahme/Wohlfahrt,* in: Dahme/Otto, Soziale Arbeit für den aktivierenden Staat, S. 75 (95).

605) Vgl. *BT-Drucks.* 14/8900, S. 38, ebenso Bericht der Kommission »Impulse für die Zivilgesellschaft« v. 15.01.2004, S. 18.

Eine verlässliche Aussage über die Entwicklung des gesellschaftlichen Engagements in Deutschland zu machen, ist schwierig. Dies zum einen aufgrund der Fülle von möglichem bürgerschaftlichen Engagement, das nur schwer komplett zu erfassen ist. Zum anderen aufgrund der Tatsache, dass es keine Langzeitstudien hinsichtlich des Aufkommens von bürgerschaftlichem Engagement gibt. Als wichtige empirische Untersuchungen in diesem Bereich sind zum einen der *»Freiwilligensurvey«* von 1999 zu nennen[606], daneben sind die Daten des Sozioökonomischen Panels (SOEP) bedeutsam, die auf seit 1985 regelmäßig durchgeführten Haushaltsbefragungen beruhen. Gemäß der Ergebnissen des Freiwilligensurveys von 1999 betrug der Prozentsatz der Bundesbürger, die im Sinne eines freiwilligen Engagements eine oder mehrere Tätigkeiten ausübten 34 %.[607] Der Begriff des freiwilligen Engagements ist dabei enger gefasst als eine bloß aktive Beteiligung in Vereinen oder sonstigen Organisationen, da er beinhaltet, dass neben einer aktiven Beteiligung auch freiwillige, ehrenamtliche Aufgaben und Arbeiten in diesen Organisationen übernommen werden.[608] Entsprechend den zahlreichen möglichen Betätigungsfeldern unterteilte die Untersuchung alle möglichen Aktivitäten des freiwilligen Engagements in 15 Lebens- und Gesellschaftsbereiche. Auf den hier interessierenden sozialen Bereich entfiel dabei ein Anteil von elf Prozent der Bundesbürger, die sich in diesem Bereich aktiv beteiligten und von vier Prozent, die sich darüber hinaus freiwillig engagierten.[609] Ob diese Zahlen im Vergleich zu den Vorjahren einen Anstieg des bürgerschaftlichen Engagements gerade in diesem Bereich darstellten, lässt sich schwer sagen, da es keine verlässlichen Vergleichsdaten bezogen auf die Vergangenheit gibt.[610] Ausweislich des Sozioökonomischen Panels kann aber bis 1999 von einem Wachstum ausgegangen werden, da die im Rahmen des SOEP erfolgten Befragungen ergaben, dass von Mitte der 80er Jahre bis Mitte der 90er Jahre der Anteil ehrenamtlich

606) Es handelt sich hierbei um den Ergebnisbericht einer Repräsentativerhebung zu Ehrenamt, Freiwilligenarbeit und bürgerschaftlichem Engagement. Diese Studie wurde im Auftrag des Bundesministeriums für Familie, Senioren, Frauen und Jugend (BMfSFJ) erstellt und ist in der Schriftenreihe des Ministeriums veröffentlicht worden.

607) Etwas andere Zahlen liefern die Daten der SOEP-Befragungen: Danach betrug 1998 der Anteil der Bundesbürger, die sich ehrenamtlich engagierten nur 29 %, siehe insoweit *Enste,* Die Wohlfahrtsverbände in Deutschland, S. 42 f.

608) Vgl. *BMfSFJ,* Freiwilligensurvey 1999, S. 44.

609) *BMfSFJ,* Freiwilligensurvey 1999, S. 45.

610) Siehe zu diesen methodischen Problemen ausführlich *BMfSFJ,* Freiwilligensurvey 1999, S. 52 ff.

tätiger Bundesbürger insgesamt um etwa fünf Prozent angestiegen ist.[611] Allerdings ist den Daten des SOEP zufolge nunmehr wieder ein Rückgang des bürgerschaftlichen Engagements auf 26 % für das Jahr 2003 zu verzeichnen. Im westeuropäischen Vergleich liegt Deutschland damit weit hinter den anderen Ländern zurück, der Mittelwert der westeuropäischen Staaten lag für das Jahr 2003 bei 33 %.[612]

b) Bürgerschaftliches Engagement in der Arbeitsmarkt- und Sozialpolitik

Eine wichtige Form des bürgerschaftlichen Engagements im Rahmen der Arbeitsmarktpolitik stellen private Beschäftigungsangebote an Langzeitarbeitslose dar, daneben aber auch soziale und anwaltschaftliche Initiativen und Einzelprojekte, wie Arbeitslosen- oder Sozialhilfeinitiativen[613], die Beratung oder praktische Lebenshilfe leisten. Insgesamt existieren rund 1000 Erwerbslosengruppen, die in acht bundesweiten Zusammenschlüssen organisiert sind und etwa 10.000 Mitglieder umfassen.[614] Eine wichtige Funktion kommt auch so genannten Beschäftigungs- und Qualifizierungsgesellschaften zu, deren Anzahl bundesweit auf circa 1500 geschätzt wird.[615] Darüber hinaus spielt bürgerschaftliches Engagement im Arbeitsmarktsektor bei der Bildung privater Netzwerke und Bündnisse für Arbeit und Beschäftigung eine wichtige Rolle. Die Möglichkeiten des bürgerschaftlichen Engagements sind hier vielfältig und es bilden sich permanent neue und vielfältige Initiativen, mit denen auf die aktuellen gesellschaftlichen Entwicklungen reagiert wird.

Insgesamt ist der *»Umerziehungsprozess«* der Gesellschaft hin zu einer Bürgergesellschaft also in vollem Gange. Schon die Tatsache, dass damit ein ganz neues Staats- und Gesellschafts-, aber auch Bürgerverständnis verbunden ist, machen deutlich, dass ein solcher Bewusstseinswandel nur langsam zu vollziehen ist. Unterstützt wird dieser Prozess durch verstärkte

---

611) Vgl. *BMfSFJ,* Freiwilligensurvey 1999, S. 54.

612) Siehe *Enste,* Die Wohlfahrtsverbände in Deutschland, S. 42, 46.

613) Beispielhaft sei hier die Bundesarbeitsgemeinschaft der Erwerbslosen- und Sozialhilfeinitiativen e. V. genannt. Sie ist Interessenvertretung für BezieherInnen von Leistungen nach dem SGB XII und SGB II. Vorrangige Ziele dieses Vereins sind die Rechtsdurchsetzung, Vernetzung, Öffentlichkeitsarbeit, Fortbildung und politische Selbstorganisierung. Vgl. insoweit den Internetauftritt des Vereins www.bag-shi.de, abgerufen am 16.06.2006.

614) Diese Zahlen sind zitiert nach *BT-Drucks.* 14/8900, S. 257.

615) *BT-Drucks.* 14/8900, S. 257.

Öffentlichkeitsarbeit auf dem Sektor zur Förderung des bürgerschaftlichen Engagements[616] sowie durch die mehr und mehr erfolgende Einforderung des privaten Engagements in sämtlichen Lebens- und Gesellschaftsbereichen.

616) So wurde beispielsweise im Juni 2002 als Ergebnis des Internationalen Jahres der Freiwilligen das *»Bundesnetzwerk bürgerschaftliches Engagement«* gegründet. Gerade dessen träger- und bereichsübergreifende Öffentlichkeitsarbeit machen bürgerschaftliches Engagement in der Öffentlichkeit sichtbarer und tragen zu dessen Anerkennung bei. Arbeitsschwerpunkt dieses Netzwerks ist die Weiterentwicklung des bürgerschaftlichen Engagement, die Forschung und der internationale Austausch. Gleichzeitig bietet es die Möglichkeit, Erfahrungen auszutauschen, gemeinsame Anliegen zu beraten und neue Formen der Zusammenarbeit zu erproben.

§ 8: Der Kenntnisgrundsatz

A. Der Kenntnisgrundsatz im SGB XII[617]

Das SGB XII hält mit § 18 weiterhin an der Geltung des Kenntnisgrundsatzes fest. § 18 übernimmt den bisherigen § 5 BSHG fast wörtlich, lediglich § 18 Abs. 2 S. 2 wurde etwas umformuliert, was allerdings keine inhaltlichen Veränderungen bedingt. Somit gilt im Sozialhilferecht nach wie vor, dass mit Kenntniserlangung des zuständigen Leistungsträgers im Sinne des § 18 ein Verwaltungsverfahren einzuleiten ist und die Amtsermittlungspflicht des Leistungsträgers ausgelöst wird. Allerdings findet der Kenntnisgrundsatz gemäß § 18 Abs. 1 keine Anwendung im Rahmen der Leistungen der Grundsicherung im Alter und bei Erwerbsminderung; diese werden nach § 41 Abs. 1 nur auf Antrag erbracht. Der Antrag nach § 41 Abs. 1 ist dabei für die Grundsicherungsleistungen nach den §§ 41 ff. eine materiell-rechtliche Leistungsvoraussetzung.[618]

Der Grund für die Normierung des Antragserfordernisses im Bereich dieser Grundsicherungsleistungen ist die Tatsache, dass insoweit einfach der frühere § 1 GSiG, der die Antragsabhängigkeit dieser Leistungen normierte, in das SGB XII übernommen worden ist. Allerdings ist dies sowohl sozialpolitisch als auch gesetzessystematisch zu beanstanden. Aus sozialpolitischer Sicht ist dieses Antragserfordernis zu kritisieren, da mit dem vormals eigenständigen und nun im SGB XII inkorporierten Grundsicherungsgesetz im Alter und bei Erwerbsminderung gerade eine Besserstellung dieses Personenkreises erstrebt war sowie die Vermeidung von verschämter Altersarmut, von der gerade dieser Personenkreis aus Angst vor einem Gang zum Sozialamt und einem eventuellen Unterhaltsrückgriff auf ihre Kinder besonders betroffen war.[619] Bei dieser Zielsetzung ist aber die Aufgabe des Offizialprinzips, das ja gerade einen möglichst niedrigschwelligen Zugang zu den Sozialhilfeleistungen ermöglicht,[620] kontraproduktiv, zumal Leistungsberechtigte nach den §§ 41 ff. Personen sind, die aufgrund ihres Alters oder einer bestehenden Behinderung in noch stärkerem Maße auf einen derart

617) §§ ohne weitere Angabe sind im Folgenden solche des SGB XII.

618) *Dauber* in: Mergler/Zink, SGB XII, § 18, Rn. 7.

619) *BT-Drucks.* 14/5150, S. 48; vgl. auch *Deibel,* NWVBl. 2003, 44 (44 f.); *Ruland,* NJW 2000, 3257 (3257); *Tänzer,* info also 2003, 243 (243); *Veldtrup/Schwabe,* ZfF 2003, 265 ff.

620) *Rothkegel,* in: Rothkegel, Sozialhilferecht, Teil II, Kap. 4, Rn. 2.

einfachen Zugang zu den Sozialhilfeleistungen angewiesen sind.[621] Aus gesetzessystematischer Sicht ist das Antragserfordernis des § 41 Abs. 1 ebenfalls kritisch zu betrachten, da die Antragstellung nach § 1 GSiG eine Form der möglichen Selbsthilfe nach § 2 Abs. 1 BSHG darstellte, die im Falle einer unterlassenen Antragstellung auch den Anspruch auf Sozialhilfe entfallen ließ.[622] Nunmehr stellen die Leistungen der Grundsicherung im Alter und bei Erwerbsminderung aber nach § 8 Nr. 2 eine der Leistungen der Sozialhilfe dar, so dass die Antragstellung keine Form der Selbsthilfe mehr darstellt.[623]

Bedenklich ist das Absehen von dem Kenntnisgrundsatz für Grundsicherungsberechtigte jedoch vor allem deshalb, weil dadurch die Gefahr von auftretenden Bedarfsdeckungslücken begründet wird. Fraglich ist daher, ob mit dem in § 41 Abs. 1 normierten Antragserfordernis auch die antragsunabhängige Amtsermittlungspflicht des Sozialhilfeträgers aufgegeben wurde. Dies könnte dann zu verneinen sein, wenn bei Vorliegen der Voraussetzungen des § 18 einer Antragstellung nach § 41 Abs. 1 nur noch materiell-rechtliche Wirkung zukäme; eine darüber hinausgehende verfahrensrechtliche Wirkung des Antrags jedoch nicht mehr erforderlich wäre, da ein Verwaltungsverfahren bereits durch die nach § 18 erforderliche Kenntniserlangung eingeleitet wurde. Bejaht man dies, so läge zu diesem Zeitpunkt ein Sozialhilferechtsverhältnis vor, lediglich ein Grundsicherungsverhältnis nach den §§ 41 ff. wäre aufgrund der fehlenden Antragstellung noch nicht gegeben. Im Kern geht es also um die Frage, ob jedes Grundsicherungsverhältnis bereits als ein Minus immer auch ein Sozialhilferechtsverhältnis, damit also kein aliud, sondern nur ein Mehr als das Sozialhilferechtsverhältnis darstellt. Dies ist in Anbetracht der Tatsache, dass die Grundsicherungsleistung im Alter und bei Erwerbsminderung nunmehr gemäß § 8 Nr. 2 eine Leistung der Sozialhilfe ist, zu bejahen.[624]

Für eine grundsätzliche Anwendbarkeit des in § 18 normierten Kenntnisgrundsatzes spricht meines Erachtens, dass die unterschiedlichen Leistungen der Sozialhilfe i. S. d. § 8 nur verschiedene Rechtsfolgen sind, die sich

621) So auch *Rothkegel,* in: Rothkegel, Sozialhilferecht, Teil II, Kap. 4, Rn. 15.

622) *Deibel,* NWVBl. 2003, 44 (46); *Wahrendorf,* in: Grube/Wahrendorf, SGB XII, § 41, Rn. 9, vertritt diese Ansicht auch noch für die gegenwärtige Gesetzeslage.

623) Ebenso *Rothkegel,* in: Rothkegel, Sozialhilferecht, Teil II, Kap. 4, Rn. 18; a. A. *Wahrendorf,* in: Grube/Wahrendorf, SGB XII, § 41, Rn. 9.

624) So auch *Rothkegel,* in: Rothkegel, Sozialhilferecht, Teil II, Kap. 4, Rn. 18.

jedoch in jedem Fall aus einem bestehenden Sozialhilferechtsverhältnis ergeben. Dieses Sozialhilferechtsverhältnis wird jedoch nicht einmal schon mit Kenntniserlangung begründet, das andere Mal erst mit Antragsstellung. Vielmehr entsteht das Sozialhilferechtsverhältnis bei Vorliegen der gesetzlichen Voraussetzungen in jedem Falle schon mit Kenntniserlangung durch den Sozialhilfeträger.[625] Nur für die spezielle Rechtsfolge einer Leistungsgewährung in Form der Grundsicherungsleistungen ist daneben noch eine Antragstellung erforderlich. Damit kommt einer Antragstellung nach § 41 Abs. 1 neben ihrer materiell-rechtlichen nur in den Fällen auch eine verfahrensrechtliche Wirkung zu, in denen der zuständige Leistungsträger noch keine Kenntnis im Sinne des § 18 hat. Die Grundsicherungsleistungen erfordern somit ein Mehr an Voraussetzungen als die übrigen Leistungen der Sozialhilfe. Sie stellen jedoch gegenüber diesen kein aliud dar, so dass in den Fällen, in denen dieses Mehr in Form eines Antrags nach § 41 Abs. 1 nicht vorliegt, die übrigen, sich aus dem Sozialhilferechtsverhältnis ergebenden Rechtsfolgen dennoch zur Anwendung gelangen. Dafür spricht auch die Regelung des § 41 Abs. 3, wonach Personen, die in den letzten zehn Jahren ihre Bedürftigkeit vorsätzlich oder grob fahrlässig herbeigeführt haben, keinen Anspruch auf Leistungen **nach diesem Kapitel** haben. Dies macht deutlich, dass der Leistungsanspruch auf die in den übrigen Kapiteln des SGB XII enthaltenen Leistungen dennoch bestehen bleibt und den Grundsicherungsleistungen nur eine Vorrangstellung gegenüber den anderen Leistungsformen zukommt.[626]

Damit besteht auch im Anwendungsbereich der Grundsicherungsberechtigten eine allein durch die Kenntniserlangung ausgelöste Amtsermittlungspflicht des Sozialhilfeträgers. Allerdings wird von dieser Amtsermittlungspflicht wegen des materiell-rechtlichen Antragserfordernisses nach § 41 Abs. 1 nicht das antragsunabhängige Abhelfen der Notlage durch Grundsicherungsleistungen erfasst, wie es bei den übrigen Sozialhilfeleistungen der Fall ist. Vielmehr hat der Sozialhilfeträger aufgrund seiner Amtsermittlungspflicht der sozialhilferechtlichen Notlage nachzugehen, insbesondere den Grundsicherungsberechtigten über seinen Leistungsanspruch und das Antragsrecht nach § 41 aufzuklären. Da sich jedoch auch unter Geltung dieser antragsunabhängigen Amtsermittlungspflicht eine Hilfeleistung gegen den

---

625) In diesem Sinn auch schon *OVG Münster,* Urteil v. 30.10.1997, NVwZ-RR 1998, 756 (757); *OVG Münster,* Urteil v. 16.05.2000, DVBl. 2001, 578 (578).

626) Dies insbesondere aufgrund der in § 43 Abs. 2 enthaltenen großzügigen Regelung des Unterhaltsrückgriffs auf Kinder und Eltern der Grundsicherungsberechtigten.

Willen des Berechtigten verbietet, und da weiter ein derartiger Wille im Rahmen der Amtsermittlung gerade festzustellen ist und da ein Antrag nach § 41 Abs. 1 formlos, insbesondere auch mündlich gestellt werden kann,[627] wird das in § 41 Abs. 1 normierte materiell-rechtliche Antragserfordernis regelmäßig zu keinen Bedarfsdeckungslücken führen. Denn die Ermittlung des Willens des Grundsicherungsberechtigten wird regelmäßig zumindest eine solche formlose Kundgabe seines Willens und damit einen Antrag nach § 41 Abs. 1 darstellen.

Trotz bestehender antragsunabhängiger Amtsermittlungspflicht auch im Bereich der Grundsicherung können jedoch in den Fällen Bedarfsdeckungslücken auftreten, in denen der zuständige Leistungsträger bereits Kenntnis von einer Notlage hat, ein entgegenstehender Wille des Leistungsberechtigten nicht anzunehmen ist, der Hilfeberechtigte aber nicht in der Lage ist, seinen Willen, Grundsicherungsleistungen erhalten zu wollen, zu bekunden und damit auch keinen erforderlichen Antrag stellen kann. In diesen Fällen hilft die Amtsermittlungspflicht des Leistungsträgers nicht weiter, da infolge des in § 41 Abs. 1 normierten Antragserfordernisses eine materiell-rechtliche Voraussetzung für die Gewährung der erforderlichen Leistungen nicht gegeben ist. In derartigen Konstellationen besteht kein Anspruch auf Grundsicherungsleistungen nach § 42, da für diese eine materiell-rechtliche Leistungsvoraussetzung fehlt.[628]

Der Gefahr, dass den Grundsicherungsberechtigten in diesen Fällen nicht ihr sozio-kulturelles Existenzminimum geleistet wird, kann nur dann begegnet werden, wenn zur Deckung des in diesen Fällen bestehenden Bedarfs subsidiäre Hilfeleistungen zugelassen werden. Fraglich ist somit, ob in solchen Ausnahmefällen die antragsunabhängige Hilfe zum Lebensunterhalt geleistet werden kann. Das Verhältnis beider Leistungssysteme zueinander ist in § 19 Abs. 2 S. 3 geregelt, der bestimmt, dass die Grundsicherungsleistungen der Hilfe zum Lebensunterhalt nach dem Dritten Kapitel des SGB XII vorgehen; ein grundsätzlicher Leistungsausschluss ist damit jedoch nicht normiert. Für eine Anwendbarkeit der Hilfe zum Lebensunterhalt spricht weiter, dass die Grundsicherungsleistungen ebenso wie die Hilfe zum Lebensunterhalt Leistungen der Sozialhilfe sind, vgl. § 8 Nr. 2. Darüber hinaus wurde ja mit Kenntniserlangung des Sozialhilfeträgers im

---

627) Vgl. *Brühl/Schoch,* in: LPK-SGB XII, § 41, Rn. 21; *Wahrendorf,* in Grube/Wahrendorf, SGB XII, § 41, Rn. 9.

628) Vgl. *Rothkegel,* in: Rothkegel, Sozialhilferecht, Teil II, Kap. 4, Rn. 19.

Sinne des § 18 das Sozialhilferechtsverhältnis begründet und die Amtsermittlungspflicht des Sozialhilfeträgers ausgelöst, die den Leistungsträger verpflichtet, der Notlage abzuhelfen, allerdings unter Nichtberücksichtigung der Grundsicherungsleistungen. Da also trotz der in § 19 Abs. 2 S. 3 normierten Vorrangstellung der Grundsicherung nach den §§ 41 ff. gegenüber der Hilfe zum Lebensunterhalt die Möglichkeit subsidiärer Hilfeleistung nach dem Dritten Kapitel des SGB XII besteht, begründet das Antragserfordernis des § 41 Abs. 1 nicht die Gefahr ungedeckter Bedarfe der Hilfebedürftigen.

Allerdings ergibt sich aus diesem in Ausnahmesituationen gebotenen Rückgriff auf die Hilfe zum Lebensunterhalt nach den §§ 27 ff., dass die Grundsicherung im Alter und bei Erwerbsminderung gerade kein der Hilfe zum Lebensunterhalt nach dem Dritten Kapitel des SGB XII vollkommen gleichberechtigtes Leistungssystem der untersten sozialen Sicherung ist. Dieses Ergebnis wird bestätigt durch die in § 41 Abs. 3 normierte Ausnahme vom Faktizitätsgrundsatz. Gleichzeitig wird deutlich, dass bei einem Absehen vom Offizialprinzip in sämtlichen Leistungssystemen der Existenzsicherung die Deckung des sozio-kulturellen Existenzminimums nicht mehr in jedem einzelnen Fall gewährleistet wäre.

B. Der Kenntnisgrundsatz im SGB II[629]

Mit dem in § 37 normierten Antragserfordernis hat sich der Gesetzgeber für das SGB II ganz klar gegen den Kenntnisgrundsatz und damit gegen das Amtsprinzip entschieden. Da einem solchen Antrag konstitutive Wirkung zukommt,[630] entsteht das Grundsicherungsverhältnis, aus dem sich dann die einzelnen Rechtsfolgen ergeben, erst im Zeitpunkt der Antragstellung, zu dem selbstverständlich auch die übrigen, nach dem SGB II erforderlichen gesetzlichen Voraussetzungen vorliegen müssen.[631] Ebenso wie bei der Grundsicherung im Alter und bei Erwerbsminderung ist auch nach § 37 Abs. 1 kein förmlicher Antrag erforderlich. Ausreichend ist vielmehr schon eine formlose mündliche Antragstellung, etwa per Telefon.[632]

---

629) §§ ohne nähere Angaben sind im Folgenden solche des SGB II.

630) Vgl. *BT-Drucks.* 15/1516, S. 62.

631) In diesem Sinne auch *Waibel,* NZS 2005, 512 (514).

632) Vgl. *Schoch,* in: LPK-SGB II, § 37, Rn. 10; *Zeitler,* in: Mergler/Zink, SGB II, § 37, Rn. 3.

Das Antragserfordernis im Rahmen des SGB II entspricht darüber hinaus dem in diesem Gesetz besonders zum Ausdruck kommenden Aktivierungsstreben der Leistungsberechtigten und dem im Gesetz enthaltenen Leistungs- und Gegenleistungsgedanken. Denn durch das Antragserfordernis werden die Leistungsberechtigten mithin aktiviert, das eigene Schicksal in die Hand zu nehmen. Damit steht das Absehen vom Amtsprinzip im SGB II ganz im Zeichen des Leitbildes vom aktivierenden Sozialstaat und passt zur Gesamtkonzeption des SGB II.

Da nach dem Willen des Gesetzgebers das SGB II für den ihm unterfallenden Personenkreis das unterste Existenzsicherungssystem darstellt,[633] ist jedoch aufgrund des für Grundsicherungsleistungen geltenden Antragserfordernisses fraglich, ob im Anwendungsbereich des SGB II in jedem Einzelfall das sozio-kulturelle Existenzminimum gewährleistet ist. Dies ist insbesondere aufgrund der Tatsache problematisch, dass eine antragsunabhängige Amtsermittlungspflicht im Anwendungsbereich des SGB II nicht besteht, es auf eine eventuelle Kenntnis des Grundsicherungsträgers vom Bestehen einer Notlage gerade nicht ankommt.[634] Vielmehr kommt dem nach § 37 Abs. 1 erforderlichen Antrag neben der materiell-rechtlichen immer auch verfahrensrechtliche Wirkung zu. Dies insoweit, als ein Antrag nach § 37 Abs. 1 i. V. m. § 40 Abs. 1 S. 1, der für das Verfahren in der Grundsicherung die Vorschriften des SGB X für anwendbar erklärt, den Grundsicherungsträger zur Einleitung eines Verwaltungsverfahrens nach § 8 SGB X i. V. m. § 18 SGB X verpflichtet.[635] Da der Antragstellung nach § 37 Abs. 1 konstitutive Wirkung zukommt,[636] darf ohne einen solchen Antrag kein Verwaltungsverfahren begonnen werden.[637] Erst der Beginn des Verwaltungsverfahrens lost aber die nach § 20 SGB X geltende

---

633) Vgl. *BT-Drucks.* 15/1516, S. 56: *»Die Regelungen zum Arbeitslosengeld stellen außerdem sicher, dass der erwerbsfähige Hilfebedürftige neben dem Arbeitslosengeld II grundsätzlich keine ergänzenden Leistungen der Hilfe zum Lebensunterhalt außerhalb von Einrichtungen mehr nach dem Sozialhilferecht benötigt«* Und: *»Die Regelleistung bildet also im Rahmen des Arbeitslosengeldes II das ›sozio-kulturelle‹ Existenzminimum der insoweit als Referenzsystem für alle bedarfsorientierten und bedürftigkeitsabhängigen staatlichen Fürsorgeleistungen fungierenden Sozialhilfe ab.«* Siehe auch *Lühmann,* Die Zusammenführung von Arbeitslosen- und Sozialhilfe, S. 88.

634) So ausdrücklich *BT-Drucks.* 15/1516, S. 62.

635) *Armborst,* in: LPK-SGB XII, Anh. Verfahren, Rn. 5.

636) Vgl. *BT-Drucks.* 15/1516, S. 62.

637) *Schoch,* in: LPK-SGB II, § 37, Rn. 5.

Amtsermittlungspflicht aus, im Vorfeld des Verwaltungsverfahrens besteht diese Pflicht gerade noch nicht.

Auch § 17 Abs. 1 Nr. 1 SGB I, der bestimmt, dass die Leistungsträger verpflichtet sind, darauf hinzuwirken, dass jeder Berechtigte die ihm zustehenden Sozialleistungen in zeitgemäßer Weise, umfassend und zügig erhält, dehnt die Amtsermittlungspflicht nicht auf den Zeitraum vor einer Antragstellung aus. Denn er regelt nicht den Zeitraum einer Amtsermittlung, sondern nur deren Intensität.[638] Im Vorfeld einer Antragstellung gelten vielmehr nur die allgemeinen Aufklärungs-, Beratungs- und Auskunftspflichten nach §§ 13 bis 15 SGB I, die jedoch keine Pflicht zur Amtsermittlung begründen.[639]

Zwar entspricht das Fehlen einer antragsunabhängigen Amtsermittlungspflicht der Intention des Gesetzgebers, den Hilfebedürftigen zu aktivieren und im Sinne des »Förderns und Forderns« Leistungen nur noch bei erbrachter Eigeninitiative des Hilfeberechtigten – hier in Form einer Antragstellung – zu erbringen. Jedoch stellt das SGB II damit keine verfahrensrechtliche Ausgestaltung bereit, die die Absicherung des sozio-kulturellen Existenzminimums in jedem Einzelfall gewährleisten. Insbesondere in den Fällen einer Unwissenheit über die Berechtigung zum Leistungsbezug oder im Falle einer bestehenden Unfähigkeit, den nach § 37 Abs. 1 erforderlichen Antrag zu stellen, besteht die Gefahr von Bedarfsdeckungslücken.[640] Zu deren Vermeidung muss also auch im Bereich des SGB II grundsätzlich die Möglichkeit subsidiärer Hilfeleistung eröffnet sein.

Somit ist fraglich, ob die § 21 S. 1 SGB XII und § 5 Abs 2 S. 1 SGB II, die das Verhältnis der Leistungen nach dem SGB II zu denen nach dem Dritten Kapitel des SGB XII im Sinne eines Ausschlussverhältnisses normieren, solche subsidiären Hilfeleistungen zulassen. Eine entsprechende Auslegung dieser Normen ist hier möglich, insbesondere steht ihr nicht der jeweilige Gesetzeswortlaut der Vorschriften entgegen. Denn § 5 Abs. 2 S. 1 SGB II bestimmt, dass ein **Anspruch**[641] auf Leistungen zur Sicherung des Lebensunterhalts nach diesem Buch Leistungen nach dem Dritten Kapitel

638) Vgl. *Hauck/Noftz,* SGB X, § 20, Rn. 11.

639) *Schoch,* in: LPK-SGB II, § 37, Rn. 5.

640) Das Auftreten derartiger Bedarfsdeckungslücken in einem untersten Existenzsicherungssystem, wie dem SGB II, aber wirft zahlreiche verfassungsrechtliche Fragen auf, auf die an dieser Stelle nicht näher eingegangen werden soll; vgl. insoweit die Hinweise auf S. 127, Fn. 116.

641) Hervorhebung durch Verf.

des Zwölften Buches, also die Hilfe zum Lebensunterhalt nach §§ 27 ff. SGB XII, ausschließt. Ein Anspruch auf die Grundsicherungsleistungen nach dem SGB II besteht jedoch vor Antragstellung noch gar nicht. Denn der Anspruch entsteht erst mit Begründung des Grundsicherungsverhältnisses. Dieses aber wird erst bei Vorliegen aller gesetzlichen Voraussetzungen begründet, zu denen eben auch die Antragstellung nach § 37 gehört.[642] Eine solche Auslegung findet auch in § 31 Abs. 6 S. 3 SGB II eine Stütze, der bestimmt, dass **während** der Absenkung oder des Wegfalls der Leistung kein Anspruch auf ergänzende Hilfe zum Lebensunterhalt nach dem SGB XII besteht. Eine solche Sanktion nach § 31 und damit ein Anspruchsausschluss aber setzt somit schon ein bestehendes Grundsicherungsverhältnis voraus.

Ähnlich verhält es sich mit der Regelung des § 21 S. 1 SGB XII, die normiert, dass Personen, die nach dem Zweiten Buch als Erwerbsfähige oder als Angehörige dem Grunde nach leistungsberechtigt sind, grundsätzlich keine Leistungen für den Lebensunterhalt erhalten. Zur Vermeidung ungedeckter Bedarfe ist es daher geboten, die Leistungsberechtigung dem Grunde nach erst nach der Antragstellung anzunehmen. Dafür spricht auch, dass vor dem Zeitpunkt der Antragstellung noch kein Grundsicherungsverhältnis, das den Rechtsgrund für Grundsicherungsleistungen darstellen könnte, besteht. Eine solche Auslegung leistet auch nicht der Möglichkeit Vorschub, dass Leistungsberechtigte durch das Unterlassen einer Antragstellung die Anwendbarkeit der SGB II-Regelungen vermeiden können und dass statt dessen für diese Personen die vorteilhafteren Normierungen des SGB XII zur Anwendung kommen. Denn eine Antragstellung nach § 37 SGB II stellt, wenn auch alle übrigen Voraussetzungen für eine Leistungsgewährung nach dem SGB II vorliegen, eine Möglichkeit der Selbsthilfe im Sinne des § 2 Abs. 1 SGB XII dar, die, wenn sie pflichtwidrig nicht genutzt wird, zur Einstellung der Sozialhilfeleistungen führt.[643]

Das subsidiäre Eingreifen der Leistungen zum Lebensunterhalt nach dem SGB XII zur Vermeidung ansonsten entstehender Bedarfsdeckungslücken macht aber deutlich, dass die vom Gesetzgeber beabsichtigte Zielsetzung, mit dem SGB II ein der Hilfe zum Lebensunterhalt nach dem SGB XII gleichrangiges unterstes soziales Existenzsicherungssystem zu schaffen, nicht erreicht wurde. Da zur Vermeidung von ungedeckten Bedarfen Hilfe

---

642) Ebenso *Rothkegel,* in Rothkegel, Sozialhilferecht, Teil II, Kap. 4, Rn. 21.
643) Vgl. *Rothkegel,* in: Rothkegel, Sozialhilferecht, Teil II, Kap. 4, Rn. 22.

zum Lebensunterhalt nach den §§ 27 ff. SGB XII geleistet werden muss, besteht zwischen beiden Leistungssystemen tatsächlich ein Rangverhältnis.

Die Hilfe zum Lebensunterhalt nach dem SGB XII bleibt somit auch nach der Sozialreform 2005 das unterste soziale Existenzsicherungssystem.

§ 9: Der Grundsatz »Keine Sozialhilfe für die Vergangenheit«

A. Der Grundsatz »Keine Sozialhilfe für die Vergangenheit« im SGB XII[644]

I. Relevanz des Grundsatzes »Keine Sozialhilfe für die Vergangenheit«

Dieser Grundsatz, der fordert, dass eine sozialhilferechtliche Notlage von deren Kenntniserlangung an im Sinne des § 18 bis zur anschließenden Bewilligungsentscheidung bzw. im Falle einer Hilfeversagung bis zum Zeitpunkt der letzten gerichtlichen Tatsachenverhandlung fortbestehen muss,[645] grenzt die Gegenwärtigkeit einer Notlage ein.[646] Denn die Sozialhilfe ist ihrem Wesen nach staatliche Hilfe in einer gegenwärtigen Notlage mit dem Ziel, ihrem Empfänger die Führung eines menschenwürdigen Lebens zu ermöglichen[647], so dass im Zeitpunkt einer Entscheidung über die Bewilligung einer Sozialhilfeleistung die sozialhilferechtliche Notlage grundsätzlich noch bestehen muss. An diesem Wesen der Sozialhilfe aber hat sich durch die Sozialhilfereform 2005 nichts geändert. Daher wurde auch dieses Strukturprinzip in das SGB XII übernommen.

Soweit es sich im SGB XII um antragsunabhängige Leistungen handelt, bestimmt dieses Strukturprinzip nach wie vor die Gegenwärtigkeit der Notlage. Denn der Zeitpunkt der Kenntniserlangung im Sinne des § 18, auf den es bei diesen antragsunabhängigen Leistungen ankommt, fixiert das Bestehen einer gegenwärtigen sozialhilferechtlichen Notlage nicht in dem Sinne, dass eine solche auch noch automatisch im Zeitpunkt der auf die Kenntniserlangung logischerweise zeitlich nachfolgenden Entscheidung über die Bewilligung von Hilfeleistungen angenommen werden kann.[648] Vielmehr lässt ein Wegfall der sozialhilferechtlichen Notlage nach Kenntniserlangung, aber vor der Bewilligungsentscheidung des Sozialhilfeträgers,

---

644) §§ ohne weitere Gesetzesangabe sind nachfolgend solche des SGB XII.

645) Std. Rspr., vgl. *BVerwG,* Urteil v. 22.02.1967, BVerwGE 26, 217 (220); *BVerwG,* Urteil v. 23.06.1994, BVerwGE 96, 152 (154); siehe auch *Paul,* ZfF 2002, 217 (220); *Rothkegel,* in: Rothkegel, Sozialhilferecht, Teil II, Kap. 5, Rn. 3.

646) Vgl. oben, S. 12 f.

647) *BVerwG,* Urteil v. 14.09.1972, BVerwGE 40, 343 (346); *BVerwG,* Urteil v. 18.01.1979, BVerwGE 57, 237 (239); *BVerwG,* Urteil v. 10.05.1979, BVerwGE 58, 68 (70 f.); *BVerwG,* Urteil v. 19.06.1980, BVerwGE 60, 236 (238).

648) *Rothkegel,* in: Rothkegel, Sozialhilferecht, Teil II, Kap. 5, Rn. 3.

den Sozialhilfeanspruch ganz entfallen, dies mit Verweis darauf, dass eine der Vergangenheit angehörende Notlage nicht durch gegenwärtige Hilfeleistungen überwunden werden kann.[649] Aufgrund der Tatsache, dass die Kenntniserlangung den einmal entstandenen sozialhilferechtlichen Bedarf also nicht fortschreibt und damit dessen Gegenwärtigkeit aufrecht erhält und infolge des Umstandes, dass Sozialhilfe nach wie vor Hilfe in einer gegenwärtigen Notlage ist, bedarf es bei den antragsunabhängigen Leistungen nach wie vor des Strukturprinzips »Keine Sozialhilfe für die Vergangenheit«, um die Gegenwärtigkeit einer Notlage bestimmen zu können.

Anders verhält es sich dagegen bei den antragsabhängigen Leistungen, also insbesondere den Grundsicherungsleistungen im Alter und bei Erwerbsminderung. Bei diesen bemisst sich die Gegenwärtigkeit der Notlage ausschließlich nach der Antragstellung. So formuliert § 44 S. 2, dass bei der Erstbewilligung oder bei der Änderung der Leistung der Bewilligungszeitraum am Ersten des Monats beginnt, in dem der Antrag gestellt worden ist oder die Voraussetzungen für die Änderung eingetreten oder mitgeteilt worden sind. Damit ist gesetzlich festgelegt, in welchem Zeitpunkt eine gegenwärtige sozialhilferechtliche Notlage bestanden haben muss, um die Leistungsgewährung auszulösen. Durch diese ausdrückliche gesetzliche Normierung fixiert ein Antrag auf die entsprechenden Leistungen den Beginn des Bewilligungszeitraums.[650] Ein nach der Antragstellung eintretender Wegfall dieser sozialhilferechtlichen Notlage führt damit nur noch zur Beendigung des Bewilligungszeitraumes der Grundsicherungsleistungen, er lässt den einmal mit der Antragsstellung entstandenen Anspruch aber im Übrigen unberührt.[651] Besteht daher zum Zeitpunkt der Entscheidung über den zuvor gestellten Antrag kein Hilfebedarf mehr, so werden bei Vorliegen der übrigen gesetzlichen Voraussetzungen, Leistungen ab Antragstellung bzw. gemäß § 44 Abs. 1 S. 2 ab dem Ersten des Antragsmonats bis zum Tag des Bedarfswegfalls bewilligt.[652] Bei diesen antragsabhängigen

649) *BVerwG,* Urteil v. 22.02.1967, BVerwGE 26, 217 (220); *BVerwG,* Urteil v. 15.06.1970, BVerwGE 35, 287 (288); *BVerwG,* Urteil v. 14.09.1972, BVerwGE 40, 343 (346); *BVerwG,* Urteil v. 10.05.1979, BVerwGE 58, 68 (71); *BVerwG,* Beschl. v. 30.04.1992, NVwZ 1993, 369 (370); *BVerwG,* Urteil v. 03.12.1992, NVwZ 1993, 994 (994); siehe auch *Paul,* ZfF 2002, 217 (220).

650) So *Rothkegel,* in: Rothkegel, Sozialhilferecht, Teil II, Kap. 5, Rn. 1.

651) *Waibel,* ZfF 2005, 49 (56), spricht insoweit davon, dass dem Antragserfordernis als selbstbestimmendem Element die weitgehende Stärkung des Anspruchs des Hilfebedürftigen auf Grundsicherung entspreche.

652) Vgl. *Rothkegel,* in: Rothkegel, Sozialhilferecht, Teil III, Kap. 15, Rn. 2.

Leistungen wurde somit aufgrund ausdrücklicher gesetzlicher Festlegung des Beginns des Bewilligungszeitraumes das Strukturprinzip »Keine Sozialhilfe für die Vergangenheit« insoweit aufgegeben, als es dazu dient, die Gegenwärtigkeit einer Notlage zu bestimmen.

Aus der Beibehaltung dieses Strukturprinzips im Rahmen der antragsunabhängigen Leistungen bzw. mit dessen Aufgabe bei den antragsunabhängigen Leistungen lassen sich jedoch auch Rückschlüsse auf das Wesen dieser Leistungen selbst ziehen. Durch das Festhalten am Kenntnisgrundsatz und an dem Strukturprinzip, dass grundsätzlich[653] keine Sozialhilfe für die Vergangenheit geleistet wird, behalten die antragsunabhängigen Sozialhilfeleistungen ihren Charakter als zeitgebundene und damit *»existenzschwache«*[654] Ansprüche. Gleichzeitig macht gerade diese Existenzschwäche die Gegenwartsbezogenheit dieser Leistungen aus. Sie sind damit als vorübergehende Leistungen zu charakterisieren,[655] die gerade keine rentengleichen Dauerleistungen darstellen,[656] sondern der jeweilige Sozialhilfefall bleibt *»gleichsam täglich regelungsbedürftig«*[657] und es kommt nur eine zeitabschnittsweise Hilfegewährung in Betracht.[658] Dies gilt auch dann, wenn gesetzlich ein längerer Bewilligungszeitraum angeordnet wird, wie dies für die Regelsatzleistungen mit dem Monatsprinzip der Fall ist.[659] Damit sind die antragsunabhängigen Sozialhilfeleistungen wesentlich stärker am Gegenwärtigkeitsprinzip orientiert und bedarfsabhängiger als dies die antragsabhängigen Leistungen sind, die nach § 44 S. 1 in der Regel für einen Zeitraum von zwölf Monaten bewilligt werden.

Die antragsabhängigen Leistungen der Grundsicherung nach §§ 41 ff. sind somit auf Dauer angelegt, ihnen liegt die Annahme zugrunde, dass sich die einmal festgestellten Verhältnisse in der Regel kurzfristig nicht ändern werden. Diesen Leistungen ist somit ein Versorgungscharakter eigen,[660]

---

653) Zu den Ausnahmen von diesem Strukturprinzip siehe unten, S. 288 ff.

654) So *BVerwG,* Urteil v. 05.05.1994, BVerwGE 96, 18 (20); *Rothkegel,* in: Rothkegel, Sozialhilferecht, Teil II, Kap. 5, Rn. 7.

655) So auch *Conradis,* info also 2004, 51 (53).

656) Siehe *BVerwG,* Urteil v. 18.01.1979, BVerwGE 57, 237 (239).

657) So *BVerwG,* Urteil v. 30.11.1966, BVerwGE 25, 307 (309).

658) *BVerwG,* Urteil v. 13.01.1983, BVerwGE 66, 342 (344).

659) *Rothkegel,* in: Rothkegel, Sozialhilferecht, Teil II, Kap. 6, Rn. 3.

660) So auch *Waibel,* ZfF 2005, 49 (56), der diesbezüglich ausführt: *»Damit trägt die Grundsicherung ihren Namen zu Recht – sie ist nicht mehr (»fürsorgende«) Hilfe, sondern eine, vom Bürger voraussehbare [...] feste ›Vorsorge‹-Zusage einer sozialen (vorleistungsunabhängigen) Mindestsicherung [...].«*

während den antragsunabhängigen Leistungen ein Hilfe- und Überbrückungscharakter zukommt, sie sind darauf ausgerichtet, eine **vorübergehende** Notlage zu überwinden.[661]

II. Ausnahmen vom Grundsatz »Keine Sozialhilfe für die Vergangenheit«

1. Notwendigkeit einer Zulassung von Ausnahmen vom Grundsatz »Keine Sozialhilfe für die Vergangenheit«

Das Erfordernis, Ausnahmen von diesem Grundsatz zuzulassen, ergibt sich immer dann, wenn eine Hilfeleistung durch den zuständigen Leistungsträger nicht abgewartet werden kann, weil es sich um Eilfälle handelt oder aber der Träger nicht rechtzeitig leistet, und daher infolge anderweitiger Bedarfsdeckung seitens des Leistungsberechtigten zwischenzeitlich der Hilfebedarf weggefallen ist. Da in solchen Fällen der ursprüngliche Hilfebedarf im Zeitpunkt seiner anderweitigen Bedarfsdeckung erloschen ist, geht es um die Erstattung der dem Hilfeberechtigten entstandenen Aufwendungen, die ihm im Rahmen dieser anderweitigen Bedarfsdeckung entstanden sind. An diesem Erfordernis, Ausnahmen vom Grundsatz, dass für die Vergangenheit keine Sozialhilfe geleistet wird, zuzulassen, hat sich durch die Sozialhilfereform 2005 bei den antragsunabhängigen Leistungen nichts geändert, da für sie dieser Grundsatz zusammen mit dem Kenntnisgrundsatz uneingeschränkte Anwendung findet.

Jedoch stellt sich auch bei den antragsabhängigen Leistungen, also insbesondere denen der Grundsicherung nach den §§ 41 ff. das Problem, dass Leistungen für einen in der Vergangenheit liegenden Bedarf begehrt werden können. Denn auch bei diesen Leistungen kann im Falle einer anderweitigen Bedarfsdeckung bei nicht rechtzeitiger Hilfeleistung durch den Sozialhilfeträger oder in Eilfällen, fraglich sein, ob der Leistungsträger für diese anderweitige Bedarfsdeckung, durch die gleichzeitig der Bewilligungszeitraum beendet wurde, aufkommen muss. Zwar ist der Grundsatz »Keine

661) In diese Richtung auch *Veldtrup/Schwabe,* ZfF 2003, 265 (265); a. A. *Conradis,* info also 2004, 51 (53), der aufgrund des in § 44 Abs. 1 S. 1 normierten langen Bewilligungszeitraumes folgert, dass nunmehr nicht mehr vertreten werden könne, dass Sozialhilfe nicht auf Dauer geleistet werde. Dem ist nur insoweit zuzustimmen, als damit die Möglichkeit des Erlasses von Dauerverwaltungsakten auch im Rahmen der antragsunabhängigen Sozialhilfeleistungen gemeint ist.

Sozialhilfe für die Vergangenheit« durch das Antragserfordernis bei diesen Leistungen in dem Sinne obsolet geworden, dass er nicht mehr die Gegenwärtigkeit einer Notlage eingrenzt, sondern dass diese allein durch die Antragstellung bestimmt wird.[662] Beendet der Leistungsberechtigte jedoch in Eilfällen oder bei Untätigkeit des Leistungsträgers den durch die Antragstellung in Gang gesetzten Bewilligungszeitraum selbst, indem er mittels anderweitiger Bedarfsdeckung die ursprüngliche Notlage zum Erlöschen bringt, so stellt sich auch bei den antragsabhängigen Leistungen die Frage, ob der Leistungsträger durch diese anderweitige Bedarfsdeckung endgültig von seiner Leistungspflicht frei wird oder ob er dem Leistungsberechtigten die entstandenen Aufwendungen zu ersetzen hat.

Nach der Rechtsprechung des Bundesverwaltungsgerichts sind im Sinne *»der Effektivität der gesetzlichen Gewährung des Rechtsanspruchs [...] auf Sozialhilfe«*[663] Ausnahmen vom Grundsatz »Keine Sozialhilfe für die Vergangenheit« zuzulassen. Dem liegt die Überlegung zugrunde, dass »*es gegen die gesetzliche Gewährung des Rechtsanspruchs auf Sozialhilfe verstoßen würde, wenn der Hilfebedürftige seinen Anspruch wegen anderweitiger Bedarfsdeckung allein deshalb verlieren würde, weil er die ihm zustehende Hilfe nicht rechtzeitig vom Sozialhilfeträger erhalten hat.*«[664] Die in § 17 Abs. 1 S. 1 gewährleistete Rechtsposition des Leistungsberechtigten, dem ein Anspruch auf die Sozialhilfeleistungen zusteht, bedarf aufgrund der dem Sozialhilfeanspruch infolge seines Gegenwärtigkeitsbezuges anhaftenden Existenzschwäche eines besonderen Schutzes, der durch diese Ausnahmen vom Grundsatz »Keine Sozialhilfe für die Vergangenheit« hergestellt wird.[665]

Durch solche Ausnahmen, die gleichzeitig auch Ausnahmen vom eine gegenwärtige Notlage erfordernden Bedarfsdeckungsgrundsatz darstel-

---

662) Daher hat der Sozialhilfeträger im Fall einer anderweitigen Bedarfsdeckung unstreitig für den Zeitraum ab der Antragstellung bzw. ab dem Beginn des Antragsmonats bis zum Bedarfswegfall infolge der anderweitigen Bedarfsdeckung Leistungen zu bewilligen, vgl. dazu auch *Rothkegel,* in: Rothkegel, Sozialhilferecht, Teil III, Kap. 15, Rn. 2.

663) So *BVerwG,* Urteil v. 05.05.1994, BVerwGE 96, 18 (19).

664) *BVerwG,* Urteil v. 05.05.1994, BVerwGE 96, 18 (20); so auch schon *BVerwG,* Urteil 22.02.1967, BVerwGE 26, 217 (220); *BVerwG,* Beschl. v. 30.04.1992, NVwZ 1993, 369 (370).

665) *BVerwG,* Urteil v. 05.05.1994, BVerwGE 96, 18 (20).

len,[666] wird die Existenzschwäche von Sozialhilfeansprüchen im Sinne effektiver Hilfeleistung kompensiert.[667] Einer solchen effektiven Hilfeleistung können aber auch Leistungsberechtigte der antragsabhängigen Leistungen nach §§ 41 ff. bedürfen, wenn der Leistungsträger nicht rechtzeitig Hilfe leistet oder es sich um Eilfälle handelt. Die Notwendigkeit einer effektiven Hilfeleistung ergibt sich dabei auch aus dem Umstand, dass die Grundsicherung im Alter und bei Erwerbsminderung für den ihr unterfallenden Personenkreis grundsätzlich das unterste Existenzsicherungssystem darstellt.[668]

2. Die einzelnen Fallgruppen

Nach der Rechtsprechung des Bundesverwaltungsgerichts sind um der Effektivität der gesetzlichen Gewährung des Rechtsanspruchs auf Sozialhilfeleistungen willen bei den folgenden Fallgruppen Ausnahmen vom Grundsatz »Keine Sozialhilfe für die Vergangenheit« zuzulassen:

a) *Säumiges Verhalten des Leistungsträgers*

Hat ein Leistungsberechtigter einen vorhandenen sozialhilferechtlichen Bedarf anderweitig gedeckt, weil infolge des säumigen Verhaltens des Sozialhilfeträgers eine rechtzeitige Bedarfsdeckung durch diesen nicht erfolgt ist, so steht dem Leistungsberechtigten nach der Rechtsprechung des Bundesverwaltungsgerichts ein Anspruch gegen den Sozialhilfeträger auf Ersatz der ihm durch die anderweitige Bedarfsdeckung entstandenen Kosten zu.[669] Hat das Bundesverwaltungsgericht zu Beginn seiner Säumigkeitsrechtsprechung diesen Begriff nicht näher bestimmt, sondern ihn einfach zugrunde gelegt, so führte es später aus, eine Behörde sei nicht schon dann

666) *Rothkegel,* in: Rothkegel, Sozialhilferecht, Teil III, Kap. 15, Rn. 5; auf den Zusammenhang mit dem Bedarfsdeckungsgrundsatz weist auch *Atzler,* ZfF 1991, 54 (54) hin.

667) So *Rothkegel,* in: Rothkegel, Sozialhilferecht, Teil III, Kap. 15, Rn. 5.

668) Daran ändert auch die Tatsache nichts, dass vor einer möglichen Antragstellung grundsätzlich Leistungen der Hilfe zum Lebensunterhalt gewährt werden können, vgl. oben, S. 277 f.

669) *BVerwG,* Urteil v. 02.06.1965, BVerwGE 21, 208 (209); *BVerwG,* Urteil v. 23.02.1966, BVerwGE 23, 255 (257); BVerwG, Urteil v. 22.02.1967, BVerwGE 26, 217 (220); *BVerwG,* Urteil v. 15.12.1983, NVwZ 1984, 441 (442); *BVerwG,* Beschl. v. 30.04.1992, NVwZ 1993, 369 (370); *BVerwG,* Urteil v. 05.05.1994, BVerwGE 96, 18 (19 f.); *BVerwG,* Urteil v. 23.06.1994, BVerwGE 96, 152 (157 f.).

säumig, *»wenn sie in Verkennung der Rechtslage Sozialhilfe abgelehnt habe, sondern erst dann, wenn sie einen gerichtlich zuerkannten Anspruch nicht befriedige.«*[670] Als säumiges Verhalten ist danach eine Untätigkeit des Sozialhilfeträgers zu verstehen, der trotz Vorliegens eines Hilfegesuchs des Leistungsberechtigten oder trotz anderweitig erlangter Kenntnis von einer sozialhilferechtlichen Notlage keine Entscheidung über die Bewilligung von Sozialhilfeleistungen trifft.[671] Dabei richtet es sich nach den Umständen des jeweiligen Einzelfalles, insbesondere nach der Art des geltend gemachten Bedarfs, welche Zeitspanne dem Hilfeberechtigten zuzumuten ist, die er abwarten muss, ehe er der Notlage anderweitig abhelfen kann, ohne dadurch den Sozialhilfeträger von seiner Leistungspflicht zu befreien.[672]

b) Einlegung eines erfolgreichen Rechtsmittels

Weiter wird vom Bundesverwaltungsgericht eine Ausnahme vom Grundsatz »Keine Sozialhilfe für die Vergangenheit« für die Fälle anerkannt, in denen der Leistungsberechtigte die Gewährung von zuvor abgelehnten Hilfeleistungen durch die Einlegung von Rechtsmitteln erstreitet.[673] Dem liegt die Zielsetzung der Gewährung eines effektiven Rechtsschutzes auch im Sozial-

---

670) *BVerwG,* Urteil v. 15.12.1983, NVwZ 1984, 441 (442); auf dieses Verständnis der »Säumigkeit« weist auch *Atzler,* ZfF 1992, 75 (75) ausdrücklich hin und führt aus, dass es einen solchen Fall der Säumigkeit durch den Sozialhilfeträger nicht gebe. Denn wenn der Hilfeberechtigte ein für ihn günstiges verwaltungsgerichtliches Urteil erstritten habe, sei es Sache der Vollstreckung, dieses Urteil durchzusetzen. Habe der Hilfeberechtigte dagegen eine ablehnende Entscheidung bestandskräftig werden lassen, so bestehe, auch wenn dieser Entscheidung ein unzutreffender Sachverhalt zugrunde liege oder das Recht falsch angewandt worden sei, keine Verpflichtung des Sozialhilfeträgers, das Verwaltungsverfahren wieder aufzugreifen. Denn § 44 SGB X ist auf das Leistungsrecht der Sozialhilfe gerade nicht anwendbar. Zur Verneinung der Anwendbarkeit des § 44 SGB X auf das Sozialhilferecht siehe die diesbezügliche Entscheidung des *BVerwG,* Urteil v. 15.12.1983, NVwZ 1984, 441 (441 f.); so auch *Paul,* ZfF 2002, 217 (226).

671) Vgl. *BVerwG,* Urteil v. 22.02.1967, BVerwGE 26, 217 (220); siehe auch *Atzler,* ZfF 1992, 75 (76).

672) Siehe *BVerwG,* Urteil v. 30.04.1992, NVwZ 1993, 369 (370); in diesem Sinne auch *Grube,* in: Grube/Wahrendorf, SGB XII, § 18, Rn. 39, ebenso *Rothkegel,* in: Rothkegel, Sozialhilferecht, Teil III, Kap. 15, Rn. 33; strikter dagegen *Atzler,* ZfF 1992, 75 (76), der unter Berufung auf § 75 VwGO immer auf das Verstreichenlassen der dort genannten Drei-Monats-Frist abstellt.

673) *BVerwG,* Urteil v. 14.09.1972, BVerwGE 40, 343 (346); siehe auch *BVerwG,* Urteil v. 10.05.1979, BVerwGE 58, 68 (74); *BVerwG,* Urteil v. 30.04.1992, NVwZ 1993, 369 (370); *BVerwG,* Urteil v. 23.06.1994, BVerwGE 96, 152 (155).

hilferecht zugrunde[674]; darüber hinaus hätten es die Sozialhilfeträger anderenfalls auch in der Hand, durch ein Verschleppen der Verfahren, die Bewilligung rechtmäßig zu erbringender Leistungen willkürlich hinauszuschieben.[675]

c) Vorliegen eines Eilfalles

Als eine weitere Fallgruppe, die eine Ausnahme vom Grundsatz »Keine Sozialhilfe für die Vergangenheit« begründet, hat das Bundesverwaltungsgericht das Vorliegen eines Eilfalles anerkannt. Ein solcher Eilfall liegt immer dann vor, wenn der Sozialhilfeträger zwar zum frühestmöglichen Zeitpunkt Kenntnis von der sozialhilferechtlichen Notlage erlangt hat,[676] es dem Hilfeberechtigten aber nicht zuzumuten ist, die Entscheidung des Sozialhilfeträgers abzuwarten.[677] In diesen Fällen gebiete es die Effektivität der gesetzlichen Gewährung des Rechtsanspruchs auf Sozialhilfe, eine Ausnahme von diesem Grundsatz zuzulassen.[678]

Durch die Sozialhilfereform 2005 hat sich an der Berechtigung dieser drei Fallgruppen, Ausnahmen vom Grundsatz »Keine Sozialhilfe für die Vergangenheit« zuzulassen, nichts geändert. Sie gelten daher im Anwendungs-

674) Vgl. *BVerwG,* Urteil v. 23.06.1994, BVerwGE 96, 152 (155).

675) So *Paul,* ZfF 2002, 217 (224), ebenso *BVerwG,* Urteil v. 02.09.1993, BVerwGE 94, 127 (133).

676) Hat der Sozialhilfeträger dagegen noch keinerlei Kenntnis von der sozialhilferechtlichen Notlage, dann liegt im Falle einer anderweitigen Bedarfsdeckung kein Fall einer möglichen Ausnahme vom Grundsatz »Keine Sozialhilfe für die Vergangenheit« vor, da dies einen Verstoß gegen § 18 darstellen würde. Ausnahmen vom Grundsatz »Keine Sozialhilfe für die Vergangenheit« sind vielmehr nur möglich, wenn die anderweitige Bedarfsdeckung nach Kenntniserlangung im Sinne des § 18 erfolgt; vorher ist noch gar kein Sozialhilfeanspruch begründet worden, der infolge des zwischenzeitlichen Bedarfswegfalls wieder untergegangen sein kann. Dies verkennt *Paul,* ZfF 2002, 217 (221 f.), der in Fällen, in denen ein unaufschiebbarer Bedarf vorliegt, Ausnahmen vom Grundsatz »Keine Sozialhilfe für die Vergangenheit« zulassen will, da es oft nur vom Zufall abhinge, ob der Sozialhilfeträger bereits Kenntnis erlangt habe oder überhaupt erlangt haben könne. Zudem würde anderenfalls eine Schlechterstellung derjenigen Leistungsberechtigten, die in solchen »Eilfällen« ihre Rechnungen selbst bezahlen, gegenüber denjenigen erfolgen, die dies nicht tun. Diese Ansicht widerspricht jedoch der eindeutigen gesetzlichen Regelung, die eine Erstattung von Aufwendungen, die vor Kenntniserlangung im Sinne des § 18 entstanden sind, nur dem »Nothelfer« nach § 25 zubilligt; so auch *Rothkegel,* in: Rothkegel, Sozialhilferecht, Teil II, Kap. 5, Rn. 13.

677) Vgl. *BVerwG,* Urteil v. 30.04.1992, NVwZ 1993, 369 (370).

678) *BVerwG,* Urteil v. 23.06.1994, BVerwGE 96, 152 (155).

bereich des SGB XII sowohl im Rahmen der antragsunabhängigen Leistungen als auch der antragsabhängigen Leistungen unverändert fort.

Für alle drei Fallgruppen gilt gleichermaßen, dass eine Ausnahme vom Grundsatz »Keine Sozialhilfe für die Vergangenheit« in Form einer Erstattung der Aufwendungen, die dem Hilfeberechtigten im Rahmen seiner anderweitigen Bedarfsdeckung entstanden sind, nur dann möglich ist, wenn es sich um einen unaufschiebbaren Bedarf des Hilfebedürftigen handelt. Denn in Fällen, in denen kein dringlicher Bedarf des Hilfeberechtigten besteht, kann diesem zugemutet werden, die Entscheidung des Sozialhilfeträgers oder auch den Ausgang eines gerichtlichen Klageverfahrens abzuwarten.[679] Will der Hilfebedürftige das Risiko, auf den Kosten seiner anderweitigen Bedarfsdeckung »sitzen zu bleiben« vermeiden, dann muss er den Sozialhilfeträger auf die Unaufschiebbarkeit seiner Bedarfsdeckung hinweisen.[680] Dies folgt schon aus dem Kenntnisgrundsatz, da dem Sozialhilfeträger nach § 18 Abs. 1 die konkrete Notlage bekannt sein muss, zu dieser gehört aber auch die Art des Bedarfs und damit die Frage, ob dieser unaufschiebbar ist oder nicht.[681] Gleiches gilt auch für die antragsabhängigen Leistungen. Bei diesen muss sich die Unaufschiebbarkeit des Bedarfs aus dem diesbezüglich gestellten Antrag ergeben.[682] Handelt es sich dagegen um einen aufschiebbaren Bedarf, so liegt streng genommen gar kein Fall einer Ausnahme vom Grundsatz »Keine Sozialhilfe für die Vergangenheit« vor. Denn es bleibt dann der ursprüngliche Sozialhilfeanspruch[683] bestehen, der, da er aufschiebbar ist und ihm noch nicht abgeholfen wurde, auch noch ein gegenwärtiger Bedarf ist.

Liegen all diese Voraussetzungen für eine zulässige Ausnahme vom Grundsatz »Keine Sozialhilfe für die Vergangenheit« vor, so ist im Fall einer anderweitigen Bedarfsdeckung immer noch zu überprüfen, ob diese nicht eine Form der Selbsthilfe nach § 2 darstellt, so dass aufgrund des Nachrangs der Sozialhilfe ein Sozialhilfeanspruch nicht besteht, damit also auch keine Kosten der anderweitigen Bedarfsdeckung zu erstatten sind.[684] Ist

679) *Paul,* ZfF 2002, 217 (223 f.); *Rothkegel,* in: Rothkegel, Sozialhilferecht, Teil III, Kap. 15, Rn. 10, 33 ff.

680) *Paul,* ZfF 2002, 217 (224); *Rothkegel,* in: Rothkegel, Sozialhilferecht, Teil III, Kap. 15, Rn. 11.

681) *Rothkegel,* in: Rothkegel, Sozialhilferecht, Teil III, Kap. 15, Rn. 10.

682) *Rothkegel,* in: Rothkegel, Sozialhilferecht, Teil III, Kap. 15, Rn. 10.

683) *Grube,* in: Grube/Wahrendorf, SGB XII; § 18, Rn. 35 f. spricht insoweit vom »Primäranspruch«.

684) *Rothkegel,* in: Rothkegel, Sozialhilferecht, Teil III, Kap. 15, Rn. 12.

dies nicht der Fall und liegen auch die übrigen Voraussetzungen für eine Kostenerstattung der dem Leistungsberechtigten durch die anderweitige Bedarfsdeckung entstandenen Aufwendungen vor, so ist ihm auch Schonvermögen zu ersetzen, das er zur anderweitigen Bedarfsdeckung eingesetzt hat. Auf diese Weise wird dem Leistungsberechtigten nachträglich wieder der wirtschaftliche Freiraum geschaffen, dessen Absicherung das Schonvermögen dient.[685]

3. Umfang des Anspruchs auf Kostenerstattung

Der Anspruch auf Erstattung der dem Leistungsberechtigten infolge der anderweitigen Bedarfsdeckung entstandenen Kosten richtet sich grundsätzlich auf Ersatz der tatsächlich entstandenen Aufwendungen, er ist also nicht auf den Wert des ursprünglich bestehenden Sozialhilfeanspruchs beschränkt.[686] Allerdings sind die tatsächlich entstandenen Aufwendungen nur in dem Umfang zu ersetzen, in dem sie erforderlich und sozialhilferechtlich angemessen waren.[687] Im Unterschied zum ursprünglichen Sozialhilfeanspruch sind im Rahmen dieser Kostenerstattung auch Teilleistungen möglich, die die Höhe des sozialhilferechtlich Angemessenen abdecken, für die darüber hinaus entstandenen Kosten trägt der Leistungsberechtigte das Risiko.[688] Die Verpflichtung auf Ersatz der tatsächlich entstandenen Aufwendungen kann allerdings in Fällen eines *»verlorenen Zuschusses«*, also in denen ein Dritter, beispielsweise in Form einer Schenkung, endgültige Hilfe geleistet hat, dazu führen, dass der Sozialhilfeträger von seiner Kostenerstattungspflicht befreit ist.[689] Handelt es sich bei dem ursprünglichen Sozialhilfeanspruch, für dessen anderweitige Deckung nunmehr Kostenersatz zu leisten ist, um einen Anspruch auf Hilfe zum Lebensunterhalt[690], so beläuft sich der Kostenersatz in der Regel auf die Höhe der pauschalierten Regelsatzleistung.[691] Der Leistungsberechtigte braucht diesbezüglich nicht nachzuweisen, dass ihm Aufwendungen in eben dieser Höhe

685) *BVerwG,* Urteil v. 05.05.1994, BVerwGE 96, 18 (21).

686) *BVerwG,* Urteil v. 02.09.1993, BVerwGE 94, 127 (133).

687) *Rothkegel,* in: Rothkegel, Sozialhilferecht, Teil III, Kap. 15, Rn. 43 f.

688) *Rothkegel,* in: Rothkegel, Sozialhilferecht, Teil III, Kap. 15, Rn. 44.

689) *BVerwG,* Urteil v. 23.06.1994, BVerwGE 96, 152 (157), siehe auch *Paul,* ZfF 2002, 217 (224).

690) Bei der Hilfe zum Lebensunterhalt handelt es sich immer um einen unaufschiebbaren Bedarf, vgl. *Paul,* ZfF 2002, 217 (224).

691) Gleiches gilt für die Leistungen der Grundsicherung im Alter und bei Erwerbsminderung, soweit auch hier ursprünglich eine Pauschalleistung geschuldet war.

entstanden sind. Insbesondere aber darf er nicht darauf verwiesen werden, dass er ja *»irgendwie überlebt«* habe.[692] Allerdings ist es dem Leistungsberechtigten auch möglich, ihm entstandene höhere notwendige Aufwendungen, die über den Betrag der Regelsatzleistung hinausgehen, geltend zu machen.[693]

B. Der Grundsatz »Keine Sozialhilfe für die Vergangenheit« im SGB II[694]

I. Relevanz des Grundsatzes »Keine Sozialhilfe für die Vergangenheit«

Auch bei den nach § 37 Abs. 1 antragsabhängigen Leistungen der Grundsicherung nach dem SGB II wird der Beginn ihres Bewilligungszeitraumes durch die Antragstellung fixiert. So normiert § 37 Abs. 2 S. 1, dass Leistungen der Grundsicherung für Arbeitsuchende nicht für Zeiten vor der Antragstellung erbracht werden. Nur ausnahmsweise wirkt ein Antrag gemäß § 37 Abs. 2 S. 2, der mangels Dienstbereitschaft des Leistungsträgers nicht zeitgerecht an dem Tag, an dem die Anspruchsvoraussetzungen vorliegen, gestellt werden kann, auf eben diesen Tag zurück, wenn die Antragstellung unverzüglich nachgeholt wird, das heißt ohne schuldhaftes Zögern.[695] Gemäß § 41 Abs. 1 S. 4 beträgt der Bewilligungszeitraum in der Regel sechs Monate. Somit hat der Gesetzgeber für die Grundsicherungsleistungen nach dem SGB II neben dem Kenntnisgrundsatz auch das mit diesem eng zusammenhängende Strukturprinzip »Keine Sozialhilfe für die Vergangenheit« insoweit verworfen, als es die Gegenwärtigkeit einer Notlage bestimmt. Ebenso wie die Grundsicherungsleistungen nach dem SGB XII sind damit auch die Leistungen nach dem SGB II auf eine gewisse, wenn auch etwas kürzere Dauer angelegt. Sie sind ebenfalls weniger am Gegenwärtigkeitsprinzip orientiert und ihnen ist damit gleichfalls ein Versorgungscharakter eigen.

---

692) *Paul,* ZfF 2002, 217 (223 f.); *Rothkegel,* in: Rothkegel, Sozialhilferecht, Teil III, Kap. 15, Rn. 45 f.

693) *Rothkegel,* in: Rothkegel, Sozialhilferecht, Teil III, Kap. 15, Rn. 46.

694) §§ ohne weitere Gesetzesangabe sind im Folgenden solche des SGB II.

695) Vgl. *Zeitler,* in: Mergler/Zink, SGB II, § 37, Rn. 8.

II. Ausnahmen vom Grundsatz »Keine Sozialhilfe für die Vergangenheit«

Kommt dem Grundsatz »Keine Sozialhilfe für die Vergangenheit« bei den antragsabhängigen Leistungen nun nicht mehr die Funktion zu, die Gegenwärtigkeit einer sozialhilferechtlichen Notlage zu bestimmen, so kann er doch in den Fällen relevant werden, in denen der Leistungsberechtigte den Bewilligungszeitraum der Leistungen durch eine anderweitige Bedarfsdeckung selbst beendet. Dem können die in den zuvor genannten Fallgruppen[696] aufgeführten Gründe zugrunde liegen: ein säumiges Verhalten des Leistungsträgers, das Vorliegen eines Eilfalles oder auch das Erstreiten der Hilfeleistung durch Einlegung der entsprechenden Rechtsmittel. In all diesen Fällen stellt sich gleichermaßen wie bei den antragsunabhängigen Leistungen die Frage, ob dem Leistungsberechtigten Ersatz seiner Aufwendungen zu leisten ist, die ihm im Rahmen dieser anderweitigen Bedarfsdeckung entstanden sind. Für diese Fälle gelten die zum SGB XII gemachten Ausführungen hinsichtlich der Voraussetzungen von Ausnahmen zu diesem Strukturprinzip für die Regelungen im SGB II. entsprechend.

696) Siehe oben, S. 288 ff.

Zusammenfassung der Ergebnisse in Leitsätzen

Erster Teil:

1) Bei den sozialhilferechtlichen Strukturprinzipien handelt es sich nicht um Rechtsprinzipien, sondern um Rechtsregeln. Die Bezeichnung »Grundsatz des Sozialhilferechts« oder »Strukturprinzip« ist daher im rechtstechnischen Sinne falsch und sollte durch die Bezeichnung »Struktur*regel*« oder »Leit*regel*« ersetzt werden.
2) Der Bedarfsdeckungs-, der Individualisierungs- und der Selbsthilfegrundsatz sind mit dem Wandel der Fürsorge während der Wende vom Mittelalter zur Neuzeit hin zu einer persönlichen Fürsorge entstanden. Sie sind Ausdruck der Tatsache, dass der einzelne Hilfebedürftige und seine konkrete Situation in den Blick zu nehmen sind und mit der Hilfeleistung dem Bedürftigen die Führung eines menschenwürdigen Lebens ermöglicht werden soll. Bei diesen sozialhilferechtlichen Strukturprinzipien handelt es sich somit um Gestaltungsmittel, durch die das in § 1 S. 1 SGB XII[697] normierte Ziel der Sozialhilfe, die Führung eines menschenwürdigen und auf Dauer von Sozialhilfe unabhängigen Lebens, verwirklicht werden soll.

Zweiter Teil:

1) Der Bedarfsdeckungsgrundsatz ist in § 28 Abs. 3 S. 1 SGB XII im Rahmen der Hilfe zum Lebensunterhalt gesetzlich verankert. Die Leistungen der Hilfe zum Lebensunterhalt sind bedarfsdeckend ausgerichtet und gewährleisten das sozio-kulturelle Existenzminimum.
2) Im Rahmen der Regelsatzleistungen nach § 28 SGB XII und auch der Regelleistungen gemäß § 20 SGB II hat ein Paradigmenwechsel dergestalt stattgefunden, dass nunmehr nahezu alle bisherigen einmaligen Bedarfe in diese monatlichen Pauschalleistungen einbezogen wurden. Durch diese Einbeziehung haben die Regelsätze und auch die ihnen entsprechenden Regelleistungen eine noch größere Bedeutung erhalten.

697) Bislang § 1 Abs. 2 BSHG.

3) Die Vorstellung des Gesetzgebers, wonach die Sozialhilfe das Referenzsystem für das Arbeitslosengeld II darstellen soll, wurde durch die deduktiv erfolgende Regelsatzfestsetzung tatsächlich in ihr Gegenteil verkehrt.

4) Die Festsetzung der Regelsätze in der Regelsatzverordnung vom 03.06.2004 enthält insoweit willkürliche Festsetzungen des regelsatzrelevanten Verbrauchsverhaltens als Erhöhungen in der Bedarfsabteilung Gesundheitspflege durch entsprechende ergebnisorientierte Reduzierungen anderer Festsetzungen kompensiert wurden.

5) Die Regelsätze sind um die durch das Gesundheitsmodernisierungsgesetz entstandenen Mehrbelastungen in Form von Zuzahlungen und Gebühren zu niedrig bemessen. Für diese Tatsache sind die Regelungen der Absätze 3 bis 5 des § 35 ein Indiz.

6) Die neue Ausgestaltung des Verhältnisses von einmaligen Bedarfen und den durch die Regelsatzleistung/Regelleistung abgedeckten Bedarfen entspricht wieder einem geschlossenen Regelsatzsystem. Die vormals unter Geltung des BSHG existierende umfangreiche und unübersichtliche Kasuistik die einmaligen Bedarfe betreffend ist damit hinfällig geworden.

7) Soweit durch die umfassende Leistungspauschalierung im Bereich der Regelsätze/der Regelleistungen von dem bislang geltenden sozialhilferechtlichen Bestimmtheitsgebot abgesehen wurde, ist dies unschädlich.

8) Aufgrund der Öffnungsklauseln des § 28 Abs. 1 S. 2 und des § 37 Abs. 1 SGB XII ist im Anwendungsbereich der Sozialhilfe mit einer Gesamtpauschale als neuer Form der Leistungspauschalierung keine Gefahr von auftretenden Bedarfsdeckungslücken verbunden. Es wird somit trotz der umfassenden Leistungspauschalierung an einer ausreichenden und den individuellen Verhältnissen entsprechenden Bedarfsdeckung festgehalten.

9) Dagegen ist aufgrund des Fehlens einer Öffnungsklausel zur Bemessung eines regelmäßig abweichenden Bedarfs im Anwendungsbereich des SGB II die Gefahr derartiger Bedarfsdeckungslücken begründet. Die Regelleistungen nach dem SGB II können somit keine ausreichende und den jeweiligen Umständen des Einzelfalles angepasste Bedarfsdeckung gewährleisten.

10) Die in den Regelsätzen/der Regelleistung enthaltene Ansparpauschale begründet aufgrund der Möglichkeit der Gewährung eines ergänzenden Darlehens nach § 37 bzw. § 42 S. 2 i.V. m. § 37 SGB XII bzw. gemäß § 23 Abs. 1 SGB II nicht die Gefahr von ungedeckten Bedarfslücken. Damit wird auch durch diese Form der Leistungspauschalierung die Gewährleistung des sozio-kulturellen Existenzminimums sichergestellt.

11) Die frühere Aufspaltung der Hilfe in Einrichtungen in Hilfe zum Lebensunterhalt und Hilfe in besonderen Lebenslagen ist nunmehr mit § 35 SGB XII einer einheitlichen Regelung unterstellt. Damit gilt für diese Hilfe nicht mehr die günstige Einkommensgrenze des § 85 SGB XII.

12) Der Umfang des notwendigen Lebensunterhalts in Einrichtungen ist aufgrund der unterschiedlichen Lebensumstände nicht mit dem notwendigen Lebensunterhalt außerhalb von Einrichtungen vergleichbar. Aus diesem Grund stellt die Verweisungsvorschrift des § 35 Abs. 1 S. 2 eine gesetzgeberische Fehlentscheidung dar, der wohl der Umstand zugrunde liegt, dass für Grundsicherungsberechtigte nach den §§ 41 ff. keine spezielle Regelung der Hilfe in Einrichtungen besteht. Die Verweisungsvorschrift des § 35 Abs. 1 S. 2 aber ist insoweit nicht der richtige Weg zur Lösung dieser Unstimmigkeit. Sinnvoller wäre es, den § 35 SGB XII auf grundsicherungsberechtigte Heimbewohner für anwendbar zu erklären.

13) Der angemessene Barbetrag im Sinne des § 35 Abs. 2 SGB XII sollte dem Hilfeberechtigten ausschließlich zur Deckung seiner persönlichen Bedürfnisse, deren Entstehung von seinem Willen abhängig sind, zur Verfügung stehen. Alle anderen Bedarfe sollten entweder durch den in der Einrichtung gewährten Lebensunterhalt im Sinne des § 35 Abs. 1 SGB XII oder durch den weiteren notwendigen Lebensunterhalt des § 35 Abs. 2, der nicht zum Barbetrag gehört, abgedeckt werden.

14) Die ergänzende Darlehensgewährung nach § 35 Abs. 3 SGB XII kann eine ungerechtfertige Bereicherung der zuständigen Krankenkasse auf Kosten des Leistungsberechtigten zur Folge haben. Zur Vermeidung derart unbilliger Ergebnisse sollten entsprechende Zuzahlungen entweder aus dem weiteren notwendigen Lebensunterhalt im Sinne des § 35 Abs. 2 S. 1 zu bestreiten sein oder zumindest durch eine entsprechende Erhöhung des Barbetrages abgefedert werden.

15) Angesichts des Verweises in § 42 S. 1 Nr. 1 SGB XII auf den gesamten § 28 SGB XII ist auch die in § 28 Abs. 1 S. 2 SGB XII normierte Öffnungsklausel für die pauschalierten Grundsicherungsleistungen anwendbar. Damit werden auch im Bereich der Grundsicherung im Alter und bei Erwerbsminderung die Leistungspauschalen dem Bedarfsdeckungsgrundsatz in dessen Ausgestaltung als Gegenwärtigkeits- und Faktizitätsgrundsatz und dem Individualisierungsgrundsatz gerecht. Sie sind daher bedarfsdeckend angelegt.

16) Die in § 41 Abs. 3 SGB XII normierte Ausnahme vom Bedarfsdeckungsgrundsatz in seiner Ausgestaltung als Faktizitätsgrundsatz hat zur Folge, dass auch nach der Sozialhilfereform 2005 die Hilfe zum Lebensunterhalt nach dem Dritten Kapitel des SGB XII gegenüber der Grundsicherung nach den §§ 41 ff. SGB XII das unterste Existenzsicherungssystem darstellt.

17) Die Leistungen zur Sicherung des Lebensunterhalts nach den § 20 und § 28 SGB II sind aufgrund des Fehlens einer dem § 28 Abs. 1 S. 2 SGB XII entsprechenden Öffnungsklausel nicht bedarfsdeckend, sondern lediglich bedarfsorientiert angelegt. Weiter wird durch das Fehlen einer solchen Öffnungsklausel von einer auf den konkreten Einzelfall angepassten Bedarfsdeckung abgesehen. Dies trägt mit dazu bei, dass das SGB II nicht als ein dem SGB XII gleichgestelltes unterstes Existenzsicherungssystem eingestuft werden kann.

18) Eine Ungleichbehandlung von Sozialgeldempfängern und haushaltsangehörigen Sozialhilfeempfängern bei der Hilfe zum Lebensunterhalt stellt in all den Fällen einen verfassungsrechtlich nicht gerechtfertigten Verstoß gegen Art. 3 Abs. 1 GG dar, in denen die Ungleichbehandlung sich ausschließlich auf die materielle Bedarfsdeckung dieser beiden Personengruppen bezieht.

19) Soweit eine solche Ungleichbehandlung sich dagegen auf Normierungen bezieht, die mit dazu beitragen, dass der erwerbsfähige Hilfebedürftige schnellstmöglich in den Arbeitsmarkt integriert wird, rechtfertigt sie sich aus dem speziellen Gesetzeszweck des SGB II und stellt somit keinen Verstoß gegen Art. 3 Abs. 1 GG dar.

20) Der Individualisierungsgrundsatz wurde mit § 9 Abs. 1 SGB XII und § 3 Abs. 1 S. 2 und § 1 Abs. 1 S. 4 SGB II in beiden Gesetzen gesetzlich verankert. Im SGB II bezieht sich der Individualisierungs-

grundsatz allerdings ausdrücklich nur auf die Leistungen zur Eingliederung in Arbeit.

21) Trotz inhaltlicher Umformulierungen der §§ 9 Abs. 1 und 19 Abs. 1 gegenüber ihren Vorgängernormen im BSHG verbleibt es bei der Einzelanspruchszuordnung im SGB XII.

22) Der Selbsthilfegrundsatz ist mit § 2 Abs. 1 SGB XII und § 9 Abs. 1 und § 2 SGB II in beiden Gesetzen gesetzlich verankert. Im SGB II hat die Selbsthilfemöglichkeit durch Einsatz der eigenen Arbeitskraft aufgrund der mit dem SGB II verfolgten Zielsetzung eine besondere Gewichtung erfahren.

23) Im Bereich der Grundsicherung im Alter und bei Erwerbsminderung enthält § 43 Abs. 2 SGB XII eine großzügige Ausnahme vom Nachranggrundsatz für Unterhaltsansprüche des Grundsicherungsberechtigten gegenüber seinen Eltern und Kindern.

24) Einen Widerspruch zu den entsprechenden Regelungen des SGB XII stellt die Tatsache dar, dass die erwerbsbezogenen Selbsthilfeobliegenheiten des § 2 SGB II nach dem Gesetzeswortlaut ausschließlich für die erwerbsfähigen Hilfebedürftigen gelten. Zur Vermeidung dieses Widerspruchs und eventueller verfassungsrechtlich relevanter Ungleichbehandlungen gegenüber den Sozialhilfeempfängern, müssen diese erwerbsbezogenen Obliegenheiten jedoch auch für die nichterwerbsfähigen Sozialgeldempfänger in dem Umfang gelten, wie dieser Personengruppe noch die Ausübung einer Erwerbstätigkeit möglich ist.

25) Die Sozialhilfereform 2005 stellt einen bedeutenden Meilenstein in der Entwicklung vom bisherigen Wohlfahrtsstaat hin zum aktivierenden Sozialstaat dar.

26) Der die Sozialhilfereform 2005 charakterisierende Grundsatz des *»Förderns und Forderns«* ist nicht lediglich eine neue Bezeichnung der gesetzlich normierten Selbsthilfeobliegenheiten. Sondern er stellt das *»Markenzeichen aktivierender Sozialstaatlichkeit«* und einen entscheidenden Handlungsgrundsatz bei der Umsetzung des aktivierenden Sozialstaatskonzepts dar.

27) Mit dem Grundsatz des *»Förderns und Forderns«* setzt sich der aktivierende Staat in einen klaren Gegensatz zum bisherigen Versorgungsstaat. Dieser Grundsatz macht deutlich, dass staatliche Leistungen nunmehr in Abhängigkeit von Gegenleistungen erbracht werden.

28) Die eine aktivierende Sozialpolitik kennzeichnenden Merkmale sind mit der Sozialhilfereform in die neuen Gesetze SGB XII und SGB II aufgenommen worden. Als solche sind zu nennen:

- aktivierende, auf Koproduktion und Partnerschaft angelegte Leistungen, die die Eigeninitiative und Selbstverantwortung der Berechtigten stärken,
- passive Leistungen mit aktivierendem Ansatz, die dem Berechtigten mehr Dispositionsfreiheit einräumen,
- Sanktionen, mit denen auf mangelnde Aktivierung reagiert werden kann.

29) Die umfassende Pauschalierung der Regelsätze/Regelleistungen stellt einen aktivierenden Ansatz dieser passiven Leistungen dar. Daher ist der Paradigmenwechsel im Zusammenhang mit der Regelsatzbemessung Teil eines viel umfassenderen Paradigmenwechsels: nämlich des Wandels vom Versorgungsstaat hin zum aktivierenden Sozialstaat.

30) Im SGB XII ist trotz zahlreicher Elemente das Verhältnis zwischen Leistungsträger und Leistungsberechtigtem nicht im Sinne eines echten Austauschverhältnisses von Leistung und Gegenleistung ausgestaltet worden. Es überwiegt noch immer der Fürsorge- und Versorgungscharakter dieses Gesetzes.

31) Dagegen wurde im SGB II der Grundsatz des *»Förderns und Forderns«* gleichberechtigt zwischen Leistungsträger und Leistungsberechtigtem verwirklicht. Damit besitzen die Grundsicherungsleistungen nach dem SGB II nicht in erster Linie Versorgungscharakter, sondern stellen eine im Gegenseitigkeitsverhältnis stehende Leistung dar, deren Wert der Leistungsberechtigte mittels der für ihn mit diesem Leistungsbezug verbundenen Pflichten bemessen kann.

32) Durch die Implementierung des aktivierenden Sozialstaatskonzepts in den Gesetzen SGB XII und SGB II wurden die bisherigen *»einseitigen Gebenssysteme«* der Sozial- und Arbeitslosenhilfe von einem Sozialkontrakt des *»Förderns und Forderns«* abgelöst. Damit ist eine Stärkung der gesamtgesellschaftlichen Solidarität verbunden.

33) Durch die Stärkung des Solidaritätsgedankens mittels Umsetzung des aktivierenden Staatskonzepts hat dieser Aspekt des Selbsthilfegrundsatzes eine größere Gewichtung erhalten.

34) Gleichzeitig beinhaltet die Umsetzung des aktivierenden Sozialstaates auch Gefahren für die gesamtgesellschaftliche Solidarität, soweit durch sie das Problem bestehender Arbeitslosigkeit individualisiert wird.

35) Daneben erfährt auch der im Selbsthilfegrundsatz enthaltene Gesichtspunkt der Persönlichkeitsentfaltung und des Gewinns an Eigenständigkeit durch das neue Sozialstaatskonzept eine Stärkung. Denn der aktivierende Sozialstaat zielt auf eine Stärkung und den Zuwachs von Eigenverantwortung. Verbunden ist damit zugleich eine Zunahme an Demokratie.

36) Gleichzeitig birgt das Konzept des aktivierenden Sozialstaates auch Gefahren für die freie Entwicklung der Persönlichkeit, da es auf ein Mehr an Kontrollen und Disziplinierung angelegt ist. Daneben können mit dem neuen Staatskonzept auch für die Demokratie negative Auswirkungen verbunden sein, da eine Individualisierung des Problems der Arbeitslosigkeit zu gesellschaftlicher Ausgrenzung und damit zu einem Defizit an gesellschaftlicher Teilhabe führen kann.

37) Der Grundsatz der institutionellen Subsidiarität ist inhaltlich unverändert sowohl im SGB XII, §§ 5, 75 Abs. 2 S. 1, als auch im SGB II, § 17 Abs. 1, gesetzlich verankert.

38) Der Grundsatz der institutionellen Subsidiarität hat durch die Umsetzung des aktivierenden Staatskonzepts ebenfalls eine neue inhaltliche Ausrichtung erhalten: Er beinhaltet nunmehr eine Verantwortungsteilung zwischen Staat und Gesellschaft und die dazu notwendige innere Haltung der Bürger im Sinne einer Bereitschaft zur freiwilligen Selbstverpflichtung. Der Grundsatz der institutionellen Subsidiarität beinhaltet somit heute mehr als eine bloße Zuständigkeitsregelung.

39) Der Grundsatz der institutionellen Subsidiarität im Sinne eines *»Grundsatzes vom hilfreichen Beistand«* beinhaltet damit eine Förderung des bürgerschaftlichen Engagements durch den Staat und die Politik sowie eine Übernahme der Aufgabenerfüllung durch die jeweils größere Organisation, wo die kleineren gesellschaftliche Initiativen nach Ausschöpfung ihrer vollen Leistungskraft dazu nicht mehr in der Lage sind.

40) Aufgrund dieser einschneidenden Veränderungen im Verhältnis des Staates zu den gesellschaftlichen Organisationen und seinen Bürgern insgesamt kann auch im Bereich der institutionellen Subsidiarität von einem Paradigmenwechsel gesprochen werden.

41) Der *»Umerziehungsprozess«* der Gesellschaft hin zu einer Bürgergesellschaft ist bereits in vollem Gang. Dieser Prozess erfasst sämtliche Lebens- und Gesellschaftsbereiche.

42) Der Kenntnisgrundsatz ist gesetzlich in § 18 SGB XII verankert und gilt danach weiterhin für alle Leistungen des SGB XII mit Ausnahme der Grundsicherungsleistungen nach §§ 41 ff. SGB XII.

43) Da die Grundsicherung im Alter und bei Erwerbsminderung nach § 8 Nr. 2 SGB XII eine Form der Sozialhilfe darstellt, wird trotz des in § 41 Abs. 1 SGB XII normierten Antragserfordernisses mit Kenntniserlangung im Sinne des § 18 SGB XII ein Sozialhilferechtsverhältnis begründet. Dies hat zur Folge, dass die Hilfe zum Lebensunterhalt nach dem Dritten Kapitel des SGB XII eine der Grundsicherung im Alter und bei Erwerbsminderung subsidiäre Hilfeleistung bleibt. Auch aus diesem Grund stellt die Hilfe zum Lebensunterhalt nach den §§ 27 ff. SGB XII daher im Verhältnis zur Grundsicherung im Alter und bei Erwerbsminderung das unterste Existenzsicherungssystem dar.

44) Das SGB II hat in § 37 das Antragserfordernis normiert und damit den Kenntnisgrundsatz nicht übernommen. Aus diesem Grund wird ein Grundsicherungsverfahren immer erst infolge einer Antragstellung nach § 37 SGB II eingeleitet; vor diesem Zeitpunkt besteht für den Grundsicherungsträger somit keine Amtsermittlungspflicht im Sinne der § 40 Abs. 1 S. 1 SGB II i. V. m. § 20 SGB X.

45) Aufgrund des Fehlens einer antragsunabhängigen Amtsermittlungspflicht im SGB II ist die Gewährleistung des sozio-kulturellen Existenzminimums im SGB II nicht ausreichend abgesichert. Zur Vermeidung ansonsten entstehender Bedarfsdeckungslücken ist damit auch im Anwendungsbereich des SGB II subsidiär Hilfe zum Lebensunterhalt nach dem SGB XII zu leisten. Diese Tatsache verdeutlicht ebenfalls, dass das SGB II kein dem SGB XII gleichrangiges unterstes Existenzsicherungssystem darstellt.

46) Der Grundsatz »Keine Sozialhilfe für die Vergangenheit« bestimmt bei den antragsunabhängigen Leistungen des SGB XII nach wie vor die Gegenwärtigkeit einer Notlage.

47) Bei den antragsabhängigen Leistungen sowohl der §§ 41 ff. SGB XII als auch bei denen des SGB II bemisst sich dagegen die Gegenwärtigkeit einer Notlage ausschließlich nach der Antragstellung.

48) Die antragsunabhängigen Leistungen behalten durch das Festhalten am Kenntnisgrundsatz und an dem Strukturprinzip »Keine Sozialhilfe für die Vergangenheit« ihren Charakter als zeitgebundene Ansprüche. Daraus resultiert gleichzeitig der Charakter der Sozialhilfeleistungen als vorübergehende Leistungen.

49) Durch ihre stärkere Orientierung am Gegenwärtigkeitsprinzip sind die antragsunabhängigen Sozialhilfeleistungen auch bedarfsabhängiger ausgerichtet.

50) Die antragsabhängigen Leistungen nach §§ 41 ff. SGB XII und nach dem SGB II sind nicht derart gegenwärtigkeitsbezogen; damit auch nicht in gleichem Maße bedarfsabhängig. Dies wird auch daran deutlich, dass sie in der Regel für zwölf bzw. sechs Monate gewährt werden. Diesen Leistungen kommt damit eher ein Versorgungscharakter zu.

51) Sowohl bei den antragsunabhängigen als auch den antragsabhängigen Leistungen nach dem SGB XII und dem SGB II sind die unter Geltung des BSHG entwickelten Ausnahmen vom Grundsatz »Keine Sozialhilfe für die Vergangenheit« weiterhin anwendbar.

Literaturverzeichnis

Alexy, Robert, Zum Begriff des Rechtsprinzips, in: Rechtstheorie, 1979, Beiheft 1, S. 59–87

Alexy, Robert, Theorie der Grundrechte, Frankfurt am Main 1996

Alexy, Robert, Begriff und Geltung des Rechts, Freiburg/München 2002

Articus, Stephan, Subsidiarität. Sozialpolitische Verantwortlichkeiten klären, in: Deufel, Konrad/Wolf, Manfred (Hrsg.), Ende der Solidarität? – Die Zukunft des Sozialstaates, Freiburg im Breisgau 2003, S. 256–263

Atzler, Bernhard, Hilfe für die Vergangenheit und Effektivität des Rechtsschutzes, in: Zeitschrift für das Fürsorgewesen 1991, S. 54–55

Atzler, Bernhard, Hilfe für die Vergangenheit, in: Zeitschrift für das Fürsorgewesen 1992, S. 75–77

Baader, Joseph (Hrsg.), Nürnberger Polizeiordnungen aus dem XIII bis XV Jahrhundert, Stuttgart 1861

Baath, Peter A., Verordnung über die Fürsorgepflicht vom 15. Februar 1924, Berlin 1925

Baath, Peter A., Verordnung über die Fürsorgepflicht vom 15. Februar 1924, Berlin 1928

Baath, Peter A./*Kneip,* Gustav Wilhelm, Verordnung über die Fürsorgepflicht vom 13. Februar 1924, Berlin 1937

Badura, Peter, Der Sozialstaat, in: Die Öffentliche Verwaltung 1989, S. 491–499

von *Bandemer,* Stephan/*Hilbert,* Joseph, Vom expandierenden zum aktivierenden Staat, in: von Bandemer, Stephan/Blanke, Bernhard/Nullmeier, Frank/Wewer, Göttrik (Hrsg.), Handbuch zur Verwaltungsreform, Opladen 1998, S. 25–32.

Baur, Fritz, Subsidiarität und Solidarität, in: Zeitschrift für die Sozialhilfe und Sozialgesetzbuch 2004, S. 707–717

Behrens, Fritz, Der aktivierende Staat, Von der Allzuständigkeit zur Selbstregierung, in: von Alemann, Ulrich/Heinze, Rolf G./Wehrhöfer, Ulrich (Hrsg.), Bürgergesellschaft und Gemeinwohl, S. 47–59, Opladen 1999

Berger, Giovanna, Die ehrenamtliche Tätigkeit in der Sozialarbeit – Motive, Tendenzen, Probleme – Dargestellt am Beispiel des »Elberfelder Systems«, Frankfurt am Main, Bern 1979

Berlit, Uwe, Rechtssicherheit. Die Balance zwischen Eigenverantwortung und Solidarität, in: Deufel, Konrad/Wolf, Manfred (Hrsg.), Ende der Solidarität? – Die Zukunft des Sozialstaats, Freiburg im Breisgau 2003, S. 192–198

Berlit, Uwe, Zusammenlegung von Arbeitslosen- und Sozialhilfe, in: Informationen zum Arbeitslosenrecht und Sozialhilferecht 2003, S. 195–208

Birk, Ulrich-Arthur/*Brühl,* Albrecht/*Conradis,* Wolfgang/*Hofmann,* Albert u.a. (Hrsg.), Bundessozialhilfegesetz Lehr- und Praxiskommentar (LPK-BSHG), Baden-Baden 1989

Bittscheidt-Peters, Dorothee, Neue Subsidiarität – Weiterentwicklung im Trägerlabyrinth?, in: Münder, Johannes/Kreft, Dieter, Subsidiarität heute, Münster 1990, S. 82–86

Boeßenecker, Karl-Heinz, Spitzenverbände der Freien Wohlfahrtspflege. Eine Einführung in die Organisationsstrukturen und Handlungsfelder der deutschen Wohlfahrtsverbände, Weinheim und München 2005

Breuer, Rüdiger, Grundrechte als Anspruchsnormen, in: Bachof, Otto/Heigl, Ludwig/Redeker, Konrad (Hrsg.), Verwaltungsrecht zwischen Freiheit, Teilhabe und Bindung, Festgabe aus Anlaß des 25jährigen Bestehens des Bundesverwaltungsgerichts, München 1978

Brühl, Albrecht, Die Hilfe zur Arbeit nach dem BSHG-Reformgesetz (Teil 2), in: Informationen zum Arbeitslosenrecht und Sozialhilferecht 1997, S. 117–125

Brühl, Albrecht, SGB II: Zurück in die Arbeitsfürsorge, in: Informationen zum Arbeitslosenrecht und Sozialhilferecht 2004, S. 104–110

Bryde, Brun-Otto/*Kleindieck,* Ralf, Der allgemeine Gleichheitssatz, in: JURA 1999, S. 36–44

Buck, Gerhard, Die Entwicklung der freien Wohlfahrtspflege von den ersten Zusammenschlüssen der freien Verbände im 19. Jahrhundert bis zur Durchsetzung des Subsidiaritätsprinzips in der Weimarer Fürsorgegesetzgebung, in: Landwehr, Rolf/Baron, Rüdeger (Hrsg.), Geschichte der Sozialarbeit, S. 139–173, Weinheim, Basel 1983

Bundesministerium des Inneren (Hrsg.), Die Freie Wohlfahrtspflege, Köln 1956

Bundesministerium für Gesundheit und Soziale Sicherung, Fragen und Antworten zur Auslegung und praktischen Anwendung des Gesetzes über eine bedarfsorientierte Grundsicherung im Alter und bei Erwerbsminderung (GSiG), in: Zeitschrift für Sozialhilfe und Sozialgesetzbuch 2003, S. 298–307

Bundesministerium für Familie, Senioren, Frauen und Jugend, Freiwilliges Engagement in Deutschland – Freiwilligensurvey 1999 –, Ergebnisse der Repräsentativerhebung zu Ehrenamt, Freiwilligenarbeit und bürgerschaftlichen Engagement, Stuttgart 2001

Bundesverband der Katholischen Arbeitnehmerbewegung Deutschlands (Hrsg.), Texte zur katholischen Soziallehre – Die sozialen Rundschreiben der Päpste und andere kirchliche Dokumente –, Kevelaer 1977

Burdenski, Wolfhart, Die »Hilfe zur Arbeit« nach den §§ 18–20, 25 I BSHG (Diss.), Frankfurt am Main 1987

Butterwegge, Christoph, Krise und Zukunft des Sozialstaates, Wiesbaden, Oktober 2005

Canaris, Claus-Wilhelm, Systemdenken und Systembegriff in der Jurisprudenz, Berlin 1983

Conradis, Wolfgang, Die neue Sozialhilfe: Kuriositäten bei der Gesetzgebung zum SGB II und SGB XII, in: Informationen zum Arbeitslosenrecht und Sozialhilferecht 2004, S. 51–54

Däubler, Wolfgang, Absenkung und Entzug des ALG II – ein Lehrstück zur Verfassungsferne des Gesetzgebers, in: Informationen zum Arbeitslosenrecht und Sozialhilferecht 2005, S. 51–55

Dahme, Heinz-Jürgen/*Wohlfahrt,* Norbert, Zur Theorie eines aktivierenden Sozialstaates (I). Aktivierender Staat: Neues Leitbild für die Sozial- und Gesellschaftspolitik?, in: Theorie und Praxis der Sozialen Arbeit 2001, S. 10–14

Dahme, Heinz-Jürgen/*Wohlfahrt,* Norbert, Aktivierungspolitik und Umbau des Sozialstaates, Gesellschaftliche Modernisierung durch angebotsorientierte Sozialpolitik, in: Dahme, Heinz-Jürgen/Otto, Hans-Uwe/Trube, Achim/Wohlfahrt, Norbert, Soziale Arbeit für den aktivierenden Staat, Opladen 2003, S. 75–100

Dauber, Gerlinde, Pauschalierung von Sozialhilfeleistungen, in: Eildienst 2004, S. 122–130

Deibel, Klaus, Einführung in das Grundsicherungsgesetz, in: Nordrhein-Westfälische Verwaltungsblätter 2003, S. 44–53

Dettling, Warnfried, Die neue Subsidiarität – 7 Thesen, in: Münder, Johannes/Kreft, Dieter (Hrsg.), Subsidiarität heute, Münster 1990, S. 62–66

Deutscher Verein für öffentliche und private Fürsorge, Neues Bedarfsbemessungssystem für die Regelsätze in der Sozialhilfe: Ableitung der Regelsätze für sonstige Haushaltsangehörige, Frankfurt am Main 1989

Deutscher Verein für öffentliche und private Fürsorge, Hinweise des Deutschen Vereins zur Anwendung des Gesetzes über eine bedarfsorientierte Grundsicherung im Alter und bei Erwerbsminderung (GsiG), in: Nachrichtendienst des Deutschen Vereins für öffentliche und private Fürsorge 2002, S. 341–345

Deutscher Verein, Stellungnahme des Deutschen Vereins zu dem Entwurf eines Vierten Gesetzes für moderne Dienstleistungen am Arbeitsmarkt, in: Nachrichtendienst des Deutschen Vereins für öffentliche und private Fürsorge 2003, S. 496–506

Deutscher Verein, Stellungnahme des Deutschen Vereins zum Entwurf einer Verordnung zur Durchführung des § 28 des Zwölften Buches Sozialgesetzbuch (Regelsatzverordnung – RSV), in: Nachrichtendienst des Deutschen Vereins für öffentliche und private Fürsorge 2004, S. 109–110

Deutscher Verein für öffentliche und private Fürsorge, Erste Änderungsbedarfe zum SGB II, in: Nachrichtendienst des Deutschen Vereins für öffentliche und private Fürsorge 2005, S. 261–264

Dreier, Horst (Hrsg.), Grundgesetz Kommentar, Band I, Präambel, Artikel 1–19, Tübingen 2004

Dworkin, Ronald, Taking Rights Seriously, London 1978

Eckhoff, T., Guiding Standards in Legal Reasoning, in: Current Legal Problems, 1976, S. 205–219

Eichler, Helga, Zucht- und Arbeitshäuser in den mittleren und östlichen Provinzen Brandenburg-Preußens – Ihr Anteil an der Vorbereitung des Kapitalismus. Eine Untersuchung für die Zeit vom Ende des 17. bis zum Ausgang des 18. Jahrhunderts –, in: Jahrbuch für Wirtschaftsgeschichte 1970, Teil I, S. 127–147

Enste, Dominik H., Die Wohlfahrtsverbände in Deutschland, Eine ordnungspolitische Analyse und Reformagenda, Köln 2004

Erichsen, Hans-Uwe, Freiheit – Gleichheit – Teilhabe, in: Deutsches Verwaltungsblatt 1983, S. 289–297

Esser, Josef, Grundsatz und Norm in der richterlichen Fortbildung des Privatrechts, Tübingen 1990

Evers, Adalbert/*Leggewie* Claus, Der ermunternde Staat. Vom aktiven Staat zur aktivierenden Politik, in: Gewerkschaftliche Monatshefte 1999, S. 331–340

Eylert, Mario, Rechtliche Probleme der schematisierenden materiellen Sozialhilfeleistungen, Frankfurt am Main 1990

Fichtner, Otto/*Wenzel,* Gerd (Hrsg.), Kommentar zur Grundsicherung, München 2005

Fischer, Thomas, Städtische Armut und Armenfürsorge im 15. und 16. Jahrhundert, Göttingen 1979

Fischer, Thomas, Die Anfänge frühbürgerlicher Sozialpolitik, in: Marzahn, Christian/Ritz, Hans-Günter (Hrsg.), Zähmen und Bewahren – Die Anfänge bürgerlicher Sozialpolitik –, Bielefeld, 1984

Flesch, Sociale Ausgestaltung der Armenpflege, S. 4 ff. in: Schriften DV, Heft 54, Leipzig 1901

Foerstl, Johannes Nepomuk, Das Almosen – Eine Untersuchung über die Grundsätze der Armenfürsorge in Mittelalter und Gegenwart, Paderborn 1909

Friedrich, Ursula, Selbsthilfe, in: Deufel, Konrad/Wolf, Manfred (Hrsg.), Ende der Solidarität? – Die Zukunft des Sozialstaats, Freiburg im Breisgau 2003, S. 210–214

Frings, Peter, Sozialhilferechtliche Heranziehung unterhaltspflichtiger Verwandter von schwangeren Hilfesuchenden, in: Zeitschrift für das Fürsorgewesen 1993, S. 209–210

Frings, Peter, (Minderjährige) Schwangere und deren Kinder im elterlichen Haushalt – Sozialhilfeleistungen ja oder nein?, in: Zeitschrift für Sozialhilfe und Sozialgesetzbuch 2002, S. 723–725

Frommann, Matthias, Warum nicht 627 Euro?, in: Nachrichtendienst des Deutschen Vereins für öffentliche und private Fürsorge 2004, S. 246–251

Fuchs, Maximilian, Das Subsidiaritätsprinzip im deutschen Recht und im EWG-Vertrag, in: Zeitschrift für Sozialhilfe und Sozialgesetzbuch 1993, S. 393–405

Gatz, Erwin, Caritas und soziale Dienste, in: Rauscher, Anton (Hrsg.), Der soziale und politische Katholizismus, Band II, S. 312–351, München 1982

Geremek, Bronislaw, Geschichte der Armut, München, Zürich 1988

Giddens, Anthony, Der dritte Weg, Die Erneuerung der sozialen Demokratie, Frankfurt am Main 1999

Giese, Dieter, Über Individualisierungsprinzip, Frauenhäuser und »Warenkorb« in der Sozialhilfe, in: Zeitschrift für Sozialhilfe 1981, S. 321–327

Giese, Dieter, Das Regelsatzsystem des Sozialhilferechts, in: Zeitschrift für Sozialhilfe und Sozialgesetzbuch 1987, S. 505–528

Gömmel, Rainer, Die Entwicklung der Wirtschaft im Zeitalter des Merkantilismus 1620–1800, München 1998

Goerlich, Helmut/*Dietrich,* Jörg, Fürsorgerisches Ermessen, Garantie des Existenzminimums und legislative Gestaltungsfreiheit - BVerfGE 1, 97; BVerwGE 1, 159 - in: JURA 1992, S. 134–142

Gottschick, Hermann/*Giese,* Dieter, Das Bundessozialhilfegesetz, Kommentar, Köln 1985

Gross, H., Standards as Law, in: Annual Survey of American Law 1968/1969, S. 575–580

Grube, Christian, Das geschlossene Regelsatzsystem und seine neuen »(Schlupf-) Löcher«, in: Nachrichtendienst des Deutschen Vereins für öffentliche und private Fürsorge 1998, S. 298–305

Grube, Christian/*Wahrendorf,* Volker (Hrsg.), SGB XII, Sozialhilfe, Kommentar, München 2005

Gusy, Christian, Der Gleichheitssatz, in: Neue Juristische Wochenschrift 1988, S. 2505–2512

Häussler, Ingrid, Thesen zu: »Vorstellungen zur Gestaltung des Verhältnisses von öffentlichen und freien Trägern der Jugend- und Sozialhilfe«, in: Münder, Johannes/Kreft, Dieter (Hrsg.), Subsidiarität heute, Münster 1990, S. 121–122

Hammerschmidt, Peter, Die Wohlfahrtsverbände im NS-Staat – Die NSV und die konfessionellen Verbände Caritas und Innere Mission im Gefüge der Wohlfahrtspflege des Nationalsozialismus –, Opladen 1999

Hansen, Eckhard, Wohlfahrtspolitik im NS-Staat – Motivationen, Konflikte und Machtstrukturen im »Sozialismus der Tat« des Dritten Reiches –, Augsburg 1991

Harks, Thomas, Kommunale Arbeitsmarktpolitik – Rechtliche Vorgaben und Grenzen, Stuttgart 2003

Hauck, Karl/*Noftz,* Wolfgang (Begründer des Gesamtkommentars Sozialgesetzbuch), SGB II, Grundsicherung für Arbeitsuchende, Kommentar, Loseblatt, Stand: November 2005

Hauck, Karl/*Noftz,* Wolfgang (Begründer des Gesamtkommentars Sozialgesetzbuch), SGB X, Verwaltungsverfahren, Kommentar, Loseblatt, Stand: Dezember 2005

Hauck, Karl/*Noftz,* Wolfgang (Begründer des Gesamtkommentars Sozialgesetzbuch), SGB XII, Sozialhilfe, Kommentar, Loseblatt, Stand: Januar 2006

Haverkate, Görg, Verfassungslehre – Verfassung als Gegenseitigkeitsordnung, München 1992

Heinze, Rolf G./*Strünck,* Christoph, Aktivierender Staat (III) – Politik zur Entfaltung des bürgerschaftlichen Engagements, in: Theorie und Praxis der Sozialen Arbeit 2001, S. 163–166

Hering, Eugen, Die verfassungsrechtlichen Grundlagen der Sozialhilfe und ihre Grenzen, in: Die öffentliche Verwaltung 1975, S. 8–15

Herzog, Roman, Subsidiaritätsprinzip und Staatsverfassung, in: Der Staat 1963, S. 399–423

Hombach, Bodo, Die Balance von Rechten und Pflichten, Für eine Neujustierung des sozialdemokratischen Modells, in: von Alemann, Ulrich/Heinze, Rolf G./ Wehrhöfer, Ulrich (Hrsg.), Bürgergesellschaft und Gemeinwohl, S. 61–68, Opladen 1999

Homeyer, Josef, Solidarität, in: Deufel, Konrad/Wolf, Manfred, Ende der Solidarität?, S. 217–222, Freiburg im Breisgau 2003

Jarass, Hans D./*Pieroth,* Bodo, Grundgesetz für die Bundesrepublik Deutschland – Kommentar –, München 2006

Jehle, Otto, Fürsorgerecht, Handkommentar zur Reichsverordnung über die Fürsorgepflicht v. 13. Februar 1924, München 1954

Karasch, Jürgen, So genannte Ein-€-Jobs, Königsweg oder Sackgasse, in: Arbeit und Arbeitsrecht 2004, S. 42–43

Kelch, Egon (Hrsg.), Das Reichsgesetz betreffend die Aenderung des gesetzes über den Unterstützungswohnsitz und die Ergänzung des Strafgesetzbuches vom 15. März 1894 mit einer Geschichte der auf die Reform des Armenrechts gerichteten Bestrebungen und dem neuen Text des Unterstützungswohnsitz-Gesetzes, Berlin 1894

Klein, Martin/*Langnickel,* Hans, Case Management in der Bundesagentur für Arbeit: Schnittstellenmanagement als erfolgskritischer Faktor, in: Nachrichtendienst des Deutschen Vereins für öffentliche und private Fürsorge 2004, S. 204–209

Koch, Hans-Joachim, Die normtheoretische Basis der Abwägung, in: Erbguth, Wilfried/Oebbecke, Janbernd/Rengeling, Hans-Werner/Schulte, Martin (Hrsg.), Abwägung im Recht, Symposium zur Verabschiedung von Werner Hoppe am 30. Juni 1995 in Münster aus Anlaß seiner Emeritierung, Köln, Berlin, Bonn 1996, S. 9–24

Koch, Hans-Joachim/*Rüßmann,* Helmut, Juristische Begründungslehre – Eine Einführung in Grundprobleme der Rechtswissenschaft –, München 1982

Köbler, Gerhard, Juristisches Wörterbuch, München 2005

Koenig, Christian, Die gesetzgeberische Bindung an den allgemeinen Gleichheitssatz – Eine Darstellung des Prüfungsaufbaus zur Rechtssetzungsgleichheit, in: Juristische Schulung 1995, S. 313–318

Korenke, Thomas, Das neue SGB II: Grundsicherung für Arbeitssuchende (Hartz IV), in: Die Sozialgerichtsbarkeit 2004, S. 525–532

Krahmer, Utz, Verfassungsrechtliche Bedenken gegen die Hartz-IV-Gesetze (SGB II und SGB XII): Insbesondere das Beispiel ungedeckten Bedarfs der Hilfe zum Lebensunterhalt bei nicht angespartem oder abhanden gekommenem Arbeitslosengeld II – zugleich ein Beitrag zu § 5 Abs. 2 S.1 SGB II sowie zu § 21 S. 1 SGB XII, in: Zeitschrift für das Fürsorgewesen 2004, S. 178–110

Krech, Johannes, Die Reichsgesetze über den Unterstützungswohnsitz in der Fassung der Novelle vom 12. März 1894, Berlin 1901

Lampert, Heinz/*Althammer,* Jörg, Lehrbuch der Sozialpolitik, Berlin, Heidelberg, New York 2004

Larenz, Karl, Lehrbuch des Schuldrechts, Band I, Allgemeiner Teil, München 1987

Larenz, Karl, Methodenlehre der Rechtswissenschaft, Berlin, Heidelberg u.a., 1995

Larenz, Karl, Richtiges Recht – Grundzüge einer Rechtsethik –, München 1979

Leibfried, Stephan/*Hansen,* Eckhard/*Heisig,* Michael, Geteilte Erde? Bedarfsprinzip und Existenzminimum unter dem NS-Regime: Zu Aufstieg und Fall der Regelsätze in der Fürsorge, in: Neue Praxis 1984, S. 3–20

Leisering, Lutz/*Hilkert,* Bernhard, Von Grossbritannien lernen? Wohlfahrtsstaatsreform im Zeichen des Dritten Weges – Das Beispiel aktivierender Sozialhilfepolitik unter Blair, London (Anglo-German Foundation) 2000

Lindlahr, Karl-Otto, Neues Bedarfsbemessungssystem für die Regelsätze in der Sozialhilfe, in: Der Landkreis 1989, S. 310–314

Löns, Martin/*Herold-Tews,* Heike, SGB II, Grundsicherung für Arbeitsuchende, München 2005

Löschau, Martin, Die neue Grundsicherung für Arbeitsuchende nach dem SGB II – »Hartz IV«, in: Die Angestelltenversicherung 2005, S. 20–30

Lühmann, Hans, Die Zusammenführung von Arbeitslosen- und Sozialhilfe im Sozialgesetzbuch II (SGB II), Sozial- und organisationsrechtliche Aspekte des Hartz IV-Gesetzes für die kommunale Sozialpolitik, Stuttgart 2005

Luthe, Ernst-Wilhelm/*Dittmar,* Falko, Das Existenzminimum der Gegenwart, in: Die Sozialgerichtsbarkeit 2004, S. 272–278

Luthe, Ernst-Wilhelm/*Dittmar,* Christa, Das neue Fürsorgerecht in der Praxis, Anwendung der Vorschriften SGB II und SGB XII, Berlin 2005

Luthe, Ernst-Wilhelm/*Timm,* Markus A., Die Eingliederungsvereinbarung des SGB II, in: Die Sozialgerichtsbarkeit 2005, S. 261–264

Lutter, Heinrich, Grundsicherung und Hilfe zum Lebensunterhalt, in: Zeitschrift für Sozialhilfe und Sozialgesetzbuch 2003, S. 131–144

Mäder, Ueli, Subsidiarität und Solidarität, Bern 2000

Mann, Matthias, »Subsidiarität«, in: Münder, Johannes/Kreft, Dieter, Subsidiarität heute, Münster 1990, S. 87–91

Martens, Rudolf, Expertise: Die ab Januar 2005 gültige Regelsatzverordnung (RSV) und der Vorschlag des Paritätischen Wohlfahrtsverbandes für einen sozial gerechten Regelsatz als sozialpolitische Grundgröße, Berlin 2004

Marzahn, Christian, das Zucht- und Arbeitshaus, Die Kerninstitution frühbürgerlicher Sozialpolitik, in: Marzahn, Christian/Ritz, Hans-Günther (Hrsg.), Zähmen und Bewahren – Die Anfänge bürgerlicher Sozialpolitik –, Bielefeld 1984

Maunz, Theodor/*Dürig,* Günter/*Herzog,* Roman/*Scholz,* Rupert u.a. (Hrsg.), Grundgesetz – Kommentar –, Band I, München, Loseblattausgabe, Stand: 2005

Maurer, Hartmut, Allgemeines Verwaltungsrecht, München 2004

Mehlich, Michael, Regelsatz und Statistik, Das Statistikmodell – ein System zur Objektivierung der Bedarfsfestsetzung in der Sozialhilfe?, in: Zeitschrift für Sozialreform 1992, S. 77–98

Mergler, Otto/*Zink,* Günther, Sozialgesetzbuch II – Grundsicherung für Arbeitsuchende, Kommentar, Loseblatt, Stand: Juli 2005

Mergler, Otto/*Zink,* Günther, Sozialgesetzbuch XII und Asylbewerberleistungsgesetz, Kommentar, Loseblatt, Stand: Januar 2005

Messner, Dirk, Von hierarchischer Kontrolle zu horizontaler Koordination, in: Blätter der Wohlfahrtspflege 1996, S. 242–244

Mrozynski, Peter, SGB IX, Teil 1, Regelungen für behinderte und von Behinderung bedrohte Menschen, Kommentar, München 2002

Mrozynski, Peter, Grundsicherung für Arbeitsuchende, im Alter, bei voller Erwerbsminderung und die Sozialhilfereform, in: Zeitschrift für Sozialhilfe und Sozialgesetzbuch 2004, S. 198–221

Müller-Tochtermann, Helmut, Die wichtigsten dogmatischen Grundsätze des Bundessozialhilfegesetzes, in: Juristische Schulung 1962, S. 449–455

von Münch, Ingo, Urlaub im Sozialstaat, in: Neue Juristische Wochenschrift 1996, S. 2349–2351

Münder, Johannes/*Kreft,* Dieter (Hrsg.), Subsidiarität heute, Münster 1990

Münder, Johannes, Neue Subsidiarität: Ausgangslagen und Perspektiven, in: Münder, Johannes/Kreft, Dieter (Hrsg.), Subsidiarität heute, Münster 1990, S. 72–79

Münder, Johannes, Das SGB II – Die Grundsicherung für Arbeitsuchende, in: Neue Juristische Wochenschrift 2004, S. 3209–3214

Münder, Johannes (Hrsg.), Sozialgesetzbuch II, Grundsicherung für Arbeitsuchende, Lehr- und Praxiskommentar, Baden-Baden 2005

Münder, Johannes/*Armborst,* Christian/*Berlit,* Uwe/*Bieritz-Harder,* Renate u.a. (Hrsg.), Sozialgesetzbuch XII, Sozialhilfe, Lehr- und Praxiskommentar, Baden-Baden 2005

Münsterberg, Emil, Generalbericht über die Tätigkeit des Deutschen Vereins für Armenpflege und Wohltätigkeit während der ersten 25 Jahre seines Bestehens – 1880–1905 –, Leipzig 1905

Musielak, Hans-Joachim, Grundkurs BGB, München 2005

Muthesius, Hans, Fürsorgerecht, Berlin 1928

Naegele, Gerhard, Zur aktuellen Reform des Sozialhilfe-Warenkorbes, in: Theorie und Praxis der sozialen Arbeit 1984, S. 242–255

Naegele, Gerhard, Zur Geschichte der verhinderten Warenkorb-Reform, in: Blätter der Wohlfahrtspflege 1985, S. 36–39

von Nell-Breuning, Oswald, Solidarität und Subsidiarität im Raume von Sozialpolitik und Sozialreform, in: Boettcher, Erik (Hrsg.), Sozialpolitik und Sozialreform, Tübingen 1957, S. 213–226

von Nell-Breuning, Oswald, Das Subsidiaritätsprinzip, in: Theorie und Praxis der sozialen Arbeit 1976, S. 6–17

Neumann, Volker, Menschenwürde und Existenzminimum, in: Neue Zeitschrift für Verwaltungsrecht 1995, S. 426–432

Neumann, Volker, Selbstbestimmte Leistungsgestaltung im SGB IX: Wunsch- und Wahlrecht, Geldoption und persönliches Budget, in: Zeitschrift für Sozialhilfe und Sozialgesetzbuch 2003, S. 392–400

Niemann, Peter, Sozialhilfe im Heim nach dem SGB XII – insbesondere für verheiratete Bewohner, in: Nachrichtendienst des Deutschen Vereins für öffentliche und private Fürsorge 2006, S. 35–40

Nothelle-Wildfeuer, Ursula, Soziale Gerechtigkeit und Zivilgesellschaft, Paderborn, München u. a. 1999

Oberbracht, Dirk, Die Parlamentarisierung des sozialhilferechtlichen Regelsatzes, Baden-Baden 1993

Oetker, Hartmut, Anwendbarkeit von § 25 Abs. 1 BSHG bei Verweigerung gemeinnütziger Arbeiten im Sinne von § 19 Abs. 2 BSHG, in: Deutsches Verwaltungsblatt 1983, S. 1175–1179

Palandt, Bürgerliches Gesetzbuch, München 2006

Paul, Reinhard, Hilfe für die Vergangenheit – § 5 BSHG und das Bedarfsdeckungsprinzip, in: Zeitschrift für Sozialhilfe und Sozialgesetzbuch 1996, S. 124–131

Paul, Reinhard, Der Bedarfsdeckungsgrundsatz – Der Kenntnisgrundsatz und wann setzt die Sozialhilfe tatsächlich ein? – Keine Sozialhilfe für die Vergangenheit – Keine Schuldentilgung aus Sozialhilfemitteln, in: Zeitschrift für das Fürsorgewesen 2002, S. 217–226

Penski, Ulrich, Rechtsgrundsätze und Rechtsregeln – Ihre Unterscheidung und das Problem der Positivität des Rechts –, in: Juristische Zeitung 1989, S. 105–114

Pieroth, Bodo/*Schlink,* Bernhard, Grundrechte Staatsrecht II, Heidelberg 2005

Pohrke-Petrovic, Siglinde, Case Management in der Beschäftigungsförderung, in: Blätter der Wohlfahrtspflege 2004, S. 57–59

Renn, Heribert/*Schoch,* Dietrich, Grundsicherungsgesetz, Lehr- und Praxiskommentar (LPK-GSiG), Baden-Baden 2003

Reichsarbeitsministerium, Deutsche Sozialpolitik 1918–1928 – Erinnerungsschrift des Reichsarbeitsministeriums, Berlin 1929

Reis, Claus, Beratung. Entscheidungsfreiheit oder Aktivitätszwang, in: Deufel, Konrad/Wolf, Manfred (Hrsg.), Ende der Solidarität?, Freiburg im Breisgau 2003, S. 63–68

Retzbach, Anton, Die Armenpflege der Stadt Freiburg im 16. Jahrhundert, in: Zeitschrift der geschichtsfördernden Gesellschaft Freiburgs, 1917, S. 107–158

Ritz, Hans-Günther/*Stamm,* Volker, Funktionen staatlicher Sozialpolitik im Übergang zum Frühkapitalismus, in: Marzahn, Christian/Ritz, Hans-Günther (Hrsg.), Zähmen und Bewahren – Die Anfänge bürgerlicher Sozialpolitik –, Bielefeld 1984

Rothkegel, Ralf, Der Bedarfsdeckungsgrundsatz der Sozialhilfe, in: Zeitschrift für Sozialhilfe und Sozialgesetzbuch 2000, S. 259 ff.

Rothkegel, Ralf, Der sozialhilferechtliche Kenntnisgrundsatz und der Grundsatz »Keine Sozialhilfe für die Vergangenheit«, in: Zeitschrift für Sozialhilfe und Sozialgesetzbuch 2000, S. 3–16

Rothkegel, Ralf, Die Strukturprinzipien des Sozialhilferechts – Bestand, Bedeutung und Bewertung, Baden-Baden 2000

Rothkegel, Ralf, Der rechtliche Rahmen für die Pauschalierung von Sozialhilfeleistungen – insbesondere zur Experimentierklausel des § 101a BSHG (Teil 1), in: Zeitschrift für Sozialhilfe und Sozialgesetzbuch 2002, S. 585–593

Rothkegel, Ralf, Der rechtliche Rahmen für die Pauschalierung von Sozialhilfeleistungen – insbesondere zur Experimentierklausel des § 101a BSHG (Teil 2), in: Zeitschrift für Sozialhilfe und Sozialgesetzbuch 2002, S. 657–668

Rothkegel, Ralf/*Berlit,* Uwe/*Bieritz-Harder,* Renate/*Conradis,* Wolfgang, Sozialhilferecht – Existenzsicherung, Grundsicherung –, Baden-Baden 2005

Ruland, Franz, Sozialhilfe als Grundsicherung?!, in: Neue Juristische Wochenschrift 2000, S. 3257–3258

Sachs, Michael, Die Maßstäbe des allgemeinen Gleichheitssatzes – Willkürverbot und sogenannte neue Formel, in: Juristische Schulung 1997, S. 124–130

Sachße, Christoph/*Tennstedt,* Florian, Band 1: Geschichte der Armenfürsorge in Deutschland – Vom Spätmittelalter bis zum Ersten Weltkrieg, Stuttgart, Berlin, Köln 1980

Sachße, Christoph/*Tennstedt,* Florian, Band 2: Geschichte der Armenfürsorge in Deutschland – Fürsorge und Wohlfahrtspflege 1871–1929, Stuttgart, Berlin, Köln 1988

Sachße, Christoph, Zur aktuellen Bedeutung des Subsidiaritätsstreits der 60er Jahre, in: Münder, Johannes/Kreft, Dieter, Subsidiarität heute, Münster 1990, S. 32–41

Sachße, Christoph/*Tennstedt,* Florian, Band 3: Geschichte der Armenfürsorge in Deutschland – Der Wohlfahrtsstaat im Nationalsozialismus –, Stuttgart, Berlin, Köln 1992

Schellhorn, Walter, Ausgewählte Fragen des Sozialhilferechts, in: Nachrichtendienst des Deutschen Vereins für öffentliche und private Fürsorge 1989, S. 223–228

Schellhorn, Walter, Verweigerte Hilfe, in: Blätter der Wohlfahrtspflege 1996, S. 157–160

Schellhorn, Walter, Einordnung des Sozialhilferechts in das Sozialgesetzbuch – das neue SGB XII, in: Nachrichtendienst des Deutschen Vereins für öffentliche und private Fürsorge 2004, S. 167–176

Scherpner, Hans, Theorie der Fürsorge, Göttingen 1974

Schlüsche, Helmut, Die Grundsatzbestimmungen des Bundessozialhilfegesetzes, in: Zeitschrift für das Fürsorgewesen 1972, S. 123–127

Schmidt-Jortzig, Edzard/*Schink,* Alexander, Subsidiaritätsprinzip und Kommunalordnung, Köln, Stuttgart, Berlin 1982

Schoch, Dietrich, Die Bedarfsgemeinschaft bei der Hilfe zum Lebensunterhalt, in: Nachrichtendienst des Deutschen Vereins für öffentliche und private Fürsorge 1984, S. 431–436

Schoch, Dietrich, Der Einzelanspruch in der Sozialhilfe und die Einkommensberücksichtigung innerhalb einer zusammenlebenden Familie, in: Zentralblatt für Sozialversicherung, Sozialhilfe und Versorgung 1989, S. 297–306

Schoch, Dietrich, Die sozialhilferechtliche Einkommensberücksichtigung in Haushaltsgemeinschaften, in: Informationen zum Arbeitslosenrecht und Sozialhilferecht 1997, S. 107–113

Schoch, Dietrich, Hilfe zur Arbeit, Verlust des Anspruches auf Sozialhilfe oder Kürzung der Sozialhilfe?, in: Zeitschrift für das Fürsorgewesen 1999, S. 127–131

Schoch, Dietrich, Vereinbarungen zur qualitätsorientierten Arbeit bei der Hilfe in Einrichtungen, in: Zeitschrift für das Fürsorgewesen 2000, S. 1–13

Schoch, Dietrich, Der Barbetrag zur persönlichen Verfugung, in: Zeitschrift für das Fürsorgewesen 2000, S. 145–155

Schoch, Dietrich, Sozialhilfe, Köln, Berlin, Bonn 2001

Schoch, Dietrich, Einzelanspruch und Bedarfsgemeinschaft, in: Nachrichtendienst des Deutschen Vereins für öffentliche und private Fürsorge 2002, S. 8–16

Schoch, Dietrich, Zur Umsetzung des Grundsicherungsgesetzes (Teil 1), in: Informationen zum Arbeitslosenrecht und Sozialhilferecht 2002, S. 157–163

Schoch, Dietrich, Zur Umsetzung des Grundsicherungsgesetzes (Teil 2), in: Informationen zum Arbeitslosenrecht und Sozialhilferecht 2002, S. 205–218

Schoch, Dietrich, Selbstbehalt in einer Einsatzgemeinschaft, in: Informationen zum Arbeitslosenrecht und Sozialhilferecht 2003, S. 147–148

Schoch, Dietrich, Die Bedarfsgemeinschaft, die Einsatzgemeinschaft und die Haushaltsgemeinschaft nach dem SGB II und SGB XII, in: Zeitschrift für das Fürsorgewesen 2004, S. 169–177

Schoen, Paul, Armenfürsorge im Nationalsozialismus – Die Wohlfahrtspflege in Preußen zwischen 1933 und 1939 am Beispiel der Wirtschaftsfürsorge –, Weinheim, Basel, Beltz 1985

Schröder, Gerhard, Die zivile Bürgergesellschaft – Anregungen zu einer Neubestimmung der Aufgaben von Staat und Gesellschaft, in: Neue Gesellschaft – Frankfurter Hefte 2000, S. 200–207

Schröder, Gerhard, Das Ziel der sozialen Gerechtigkeit und die Herausforderungen moderner Demokratie, in: Deufel, Konrad/Wolf, Manfred (Hrsg.), Ende der Solidarität?, Freiburg im Breisgau 2003

Schulin, Bertram/*Igl,* Gerhard, Sozialrecht, Düsseldorf 2002

Schulte, Bernd/*Trenk-Hinterberger,* Peter, Sozialhilfe, Heidelberg 1986

Schulte, Bernd, Der Nachrang der Sozialhilfe gegenüber Möglichkeiten der Selbsthilfe und Leistungen von dritter Seite – Einsatz der Arbeitskraft, Einsatz von Einkommen und Vermögen, Inanspruchnahme Dritter –, in: Neue Juristische Wochenschrift 1989, S. 1241–1246

Schulte, Bernd, Das Gesetz zur Reform des Sozialhilferechts, in: Neue Zeitschrift für Verwaltungsrecht 1997, S. 956–966

Schulte, Stefan, Zur Anrechnung tatsächlicher Unterhaltsleistungen im Grundsicherungsrecht, in: Zeitschrift für Sozialhilfe und Sozialgesetzbuch 2004, S. 195–197

Schulze-Böing, Matthias, Leitbild »aktivierender Staat«, Konzepte zur aktivierenden Sozialpolitik und Arbeitsförderung auf kommunaler Ebene, in: Mezger, Erika/West, Klaus-W. (Hrsg.), Aktivierender Sozialstaat und politisches Handeln, S. 51–62, Marburg 2000

Schulze-Böing, Matthias, Fördern durch Fordern – Fordern durch Fördern? Aktivierende Arbeitsmarktpolitik und die Rolle der Kommunen, in: Sozialer Fortschritt 2002, S. 160–164

Schulze-Böing, Matthias, Leitbild »aktivierende Stadt«. Konzepte zur aktivierenden Sozialpolitik und Arbeitsförderung auf kommunaler Ebene, in: Mezger, Erika/West, Klaus-W. (Hrsg.), Aktivierender Sozialstaat und politisches Handeln, Marburg 2000, S. 51–62

Schwabe, Bernd-Günter, Die Berechnung des Einzelanspruchs bei der Hilfe zum Lebensunterhalt außerhalb von Anstalten, Heimen und gleichartigen Einrichtungen, in: Zeitschrift für das Fürsorgewesen 1993, S. 201–209

Schwabe, Bernd-Günter, Praktische Hinweise zur Berechnung des Einzelanspruchs bei der Hilfe zum Lebensunterhalt außerhalb von Anstalten, Heimen und gleichartigen Einrichtungen, in: Zeitschrift für das Fürsorgewesen 1994, S. 217–224

Spranger, Tade Matthias, Grundrechtliche Dimensionen des Barbetrages nach § 21 III BSHG, in: Betreuungsrechtliche Praxis 1999, S. 19–20

Starck, Christian, Ist der kategorische Imperativ ein Prinzip des Sozialstaats?, in: Zeitschrift für Rechtspolitik 1981, S. 97–101

Starck, Christian, Menschenwürde als Verfassungsgarantie im modernen Staat, in: Juristische Zeitschrift 1981, S. 457–464

Statistik des Deutschen Reichs, Band 512, Die öffentliche Fürsorge im Deutschen Reich in den Rechnungsjahren 1932 bis 1936, Heft 1, Berlin 1938

Steinmeyer, Horst, Fördern und Fordern – Arbeitsvermittlung und Weiterbildung nach dem Job-AQTIV-Gesetz, in: Informationen zum Arbeitslosenrecht und Sozialhilferecht 2002, S. 4–11

Stolleis, Michael, Geschichte des Sozialrechts in Deutschland – Ein Grundriß –, Stuttgart 2003

Stree, Walter, in: Schönke, Adolf/Schröder, Horst (Hrsg.), Strafgesetzbuch, Kommentar, München 2001

Syrup, Friedrich, Hundert Jahre Staatliche Sozialpolitik 1839–1939, Stuttgart 1957

Tänzer, Jörg, Grundsicherung: macht nicht immer unabhängig von Sozialhilfe, in: Informationen zum Arbeitslosenrecht und Sozialhilferecht 2003, S. 243–245

Trube, Achim, Vom Wohlfahrtsstaat zum Workfarestate – Sozialpolitik zwischen Neujustierung und Umstrukturierung, in: Dahme, Heinz-Jürgen/Otto, Hans-Uwe/Trube, Achim/Wohlfahrt, Norbert (Hrsg.), Soziale Arbeit für den aktivierenden Staat, Opladen 2003, S. 177–203

Trube, Achim, Vom Wandel des Sozialstaats und den absehbaren Auswirkungen eines Paradigmenwechsels für die Soziale Arbeit und die Wohlfahrtspflege, in: Gesundheits- und Sozialpolitik 2005, S. 11–19

Tschoepe, Armin, Neues Bedarfsbemessungssystem für die Regelsätze in der Sozialhilfe nach § 22 BSHG, in: Nachrichtendienst des Deutschen Vereins für öffentliche und private Fürsorge 1987, S. 433–442

Veldtrup, Kai/*Schwabe,* Bernd-Günter, Die bedarfsorientierte Grundsicherung – ein zusammenfassender Überblick, in: Zeitschrift für das Fürsorgewesen 2003, S. 265–271

Wache, Daniel, Der Begriff des Rechtsprinzips und seine Bedeutung für die Rechtsprechung des Bundesverfassungsgerichts auf dem Gebiete des Strafrechts und Strafprozeßrechts, Freiburg i. Br. 1997

Waibel, Christoph, Die Grundsicherung für Arbeitsuchende, im Alter und bei Erwerbsminderung als besonderer Leistungstypus der Sozialhilfe, in: Zeitschrift für das Fürsorgewesen 2005, S. 49–59

Waibel, Christoph, Die Anspruchsgrundlage im SGB II, in: Neue Zeitschrift für Sozialrecht 2005, S. 512–519

Weber, Heinrich, Jugendfürsorge im Deutschen Reich – Einführung in Wesen und Aufgaben der Jugendfürsorge und das neue Reichsjugendwohlfahrtsgesetz, Freiburg im Breisgau 1923

Wienand, Manfred, Regelsatzfestsetzung nach dem Statistikmodell auf dem gerichtlichen Prüfstand, in: Nachrichtendienst des Deutschen Vereins für öffentliche und private Fürsorge 1997, S. 196–198

Winckelmann, Otto, Das Fürsorgewesen der Stadt Straßburg vor und nach der Reformation bis zum Ausgang des sechzehnten Jahrhunderts – Ein Beitrag zur deutschen Kultur- und Wirtschaftsgeschichte –, Leipzig 1922

Wölfle, Tobias/*Schöller,* Oliver, Soziale Disziplinierung im flexiblen Kapitalismus, Die kommunale »Hilfe zur Arbeit«, in: PROKLA Zeitschrift für kritische Sozialwissenschaft 2004, S. 339–356

Wohlfahrt, Norbert, Der aktivierende Sozialstaat: Konzept und Konsequenzen einer veränderten Sozialpolitik, in: Nachrichtendienst des Deutschen Vereins für öffentliche und private Fürsorge 2001, S. 82–86

Wolff, Hans Julius, Rechtsgrundsätze und verfassungsgestaltende Grundentscheidungen als Rechtsquellen, in: Bachof, Otto/Drath, Martin/Gönnenwein, Otto, Festschrift für Werner Jellinek, 1955, S. 33–52

Wolff, Hans J./*Bachof,* Otto/*Stober,* Rolf, Verwaltungsrecht I, München 1999

Wollasch, Hans Josef, Caritasverband und Katholische Kirche in Deutschland, in: Jahrbuch des Deutschen Caritasverbandes 1972, S. 59–77

Zacher, Hans F., Zur Rechtsdogmatik sozialer Umverteilung, in: Die Öffentliche Verwaltung 1970, S. 3–14

Zeitler, Helmut, Das Gesetz über eine bedarfsorientierte Grundsicherung im Alter und bei Erwerbsminderung (Teil 2), in: Nachrichtendienst des Deutschen Vereins für öffentliche und private Fürsorge 2002, S. 421–427

Zwanziger, Bertram, Rechtliche Rahmenbedingungen für »Ein-Euro-Jobs«, in: Arbeit und Recht 2005, S. 8–15

Sachverzeichnis

Aktivierende Leistungen 230 ff., 240 ff., 253, 255, 302
Aktivierender Sozialstaat **222 ff.**, 264, 267 ff., 281, 301 ff.
– Inhalt 225 ff.
– Konkretisierung im SGB II 240 ff., 281
– Konkretisierung im SGB XII 229 ff.
– Ursprung 223 ff.
Allgemeines Gleichheitsgebot 151 ff., **178 ff.**, 188 ff., 193
Almosen 14 ff., 23 f., 26
– Almosenkasse 20 f.
– Almosenlehren 15 f.
Altersarmut 214, 276
Amtsermittlungsgrundsatz 11, 24, 52, 74, **276 ff.**, 304
Analogie 167 f.
Ansparpauschale 131 f., 299
Anspruchszuordnung 8, 49 f., 194 ff., 204 f., 207, 301
– *s. a. Einzelanspruch*
Arbeiterversicherung 30
Arbeiterwohlfahrt 55 f., 58, 73
Arbeitsbeschaffungsmaßnahmen 220
Arbeitsgelegenheit **219 ff.**, 250, 252
Arbeitslosengeld II 115, 118, 147 ff., 151, 156, 167, 184, 221, 252, 256, 281, 298
Arbeitsmarkt 1, 52, 193, 209, 218 ff., 226, 241, 248, 256 f.
– *s. a. Erster Arbeitsmarkt*
Arbeitspflicht 16, 20, 22 f., 25 f., 28 f., 33, 35, 41, 51, 71, 85, **208 f.**, 239
– Zumutbarkeit 50, 71, 208 f., 218, 221, 231
Arbeitsverweigerung 45
Armenanstalt 29
Armenfürsorge 14, 28, 31, 33 f., 61

Barbetrag 119, 132, **135 ff.**, 299
Bedarf 5 ff., 21, 30, 40, 43, 69, 95, 96 ff., 105, 114, 118 f., 122, 125, 127 f., 130 ff., 139 f., 141 f., 147 ff., 157, 173 f., 180, 186, 194, 199 ff., 205 f., 211, 213, 279, 293, 299
– Regelbedarf 102, 120, **121 ff.**, 126
– regelsatzrelevanter Bedarf 99, 101, 107, 118 ff.
– sozialhilferechtlicher Bedarf 5 ff., 12, 85 f., **95**, 112, 123, 125, 130, 133, 143, 147, 197, 199, 203 ff., 210, 286
– unabweisbarer Bedarf 129, 139 f., 157
– unaufschiebbarer Bedarf 293

Bedarfsdeckung 7, 15, 21 f., 30, 42, 47, 70, 126, 129 f., 139, 143, 145 f., 148, 150, 187, 189, 192 f., 197, 201, 203 ff., 211, 289
Bedarfsdeckungsgrundsatz 5 f., 7, 90, **95 ff.**, 113, 127, 129 ff., 143, 145 f., 185 ff., 192 f., 197, 201 ff., 211, 289, 297, 300
– als Gestaltungsmittel 92
– als Rechtsprinzip 85 ff.
– bis zum Erlass des BSHG 69 f.
– in der NS-Zeit 59 f.
– in der Weimarer Republik 39 f., **42 ff.**
– im 16. Jahrhundert 22
– im SGB II 146 ff.
– im SGB XII 95 ff.
– im Spätmittelalter 15
– im Zeitalter der Industrialisierung 30 ff.
– zu Beginn der Neuzeit 20
Bedarfsermittlung 7, 199 ff., 235
Bedarfsgemeinschaft 1, 149 ff., 159, 180 ff., 184 ff., 215 f., 222
Bedarfsgruppen 98 f., 114, 116, 118 f., 122, 127, 164
Bedarfslücken 128 ff., 144 ff., 149, 197, 201, 202, 206 f., 277, 279, 282 f., 298 f., 304
Bedürftigkeit 6, 15, 21, 24, 145, 186 f., 211, 213, 229
– Kontrolle 15 f., 18 f., 21 f., 24 f., 49

Befristeter Zuschlag 147, 150, 250
Beratung 212, **230 f.**, 235, 239, 241
Berufsbettler 16 f.
Bettelverbot 20
Bettelzeichen 18, 22
Bettlergesetzgebung 17 ff., 25
Bewilligungszeitraum 76, **286 ff.**, 295 f.
Bürgergesellschaft 268 ff., 304
– *s. a. Zivilgesellschaft*
Bürgerschaftliches Engagement 227, 269 ff., 303
– allgemeines bürgerschaftliches Engagement 272 ff.
– bürgerschaftliches Engagement in der Arbeitsmarkt- und Sozialpolitik 274 f.

Caritas 17, 36, 53 f., 56, 58, 64, 67, 72 f.
Case-Management 241 f.

Darlehen 119, 124, 129 f., 132, 139 f., 148 f., 153, 156 ff., 177, 187 ff., 212, 299
– Aufrechnung 148, 158 f., 177, 188
Dauerverwaltungsakt 156
Demokratie 257 f., 303
Deutsche Liga 55 f.
Deutscher Paritätischer Wohlfahrtsverband 55, 58, 73
Deutscher Verein für öffentliche und private Fürsorge 56, 66 f., 69, 99, 101
Deutsches Rotes Kreuz 38, 54 f., 56, 58, 64, 73
Diakonisches Werk 72
Dienstleistung 153, 212, 235

Eilfall **288 f.**, 292, 296
»Ein-Euro-Job« 221
Eingliederung in Arbeit 29, 155, 175, 180, 183 f., 188 ff., 194, 209, 215 f., 218 f., 240, 248 f., 301
Eingliederungsvereinbarung 218 f., 224, **242 ff.**, 252
Einkommen 9, 30, 47, 50, 71, 132, 160 f., 196 ff., 208, **210 ff.**, 299
Einkommens- und Verbrauchsstichprobe 101 f., 106 ff., 118 f., 127, 138
Einmalige Leistungen 69, 107, **119 ff.**, 136 f., 153 ff., 163, 183 ff., 234, 297 f.
– im SGB II 150
– im SGB XII 123 ff.
Einsatz der Arbeitskraft 9, 50, 61, **208 f.**, 215 f., **217 ff.**, 250
Einsatzgemeinschaft 215
Einschätzungsprärogative 109, 117, 126
Einzelanspruch 8, 49 f., 75, **194 ff.**, 207, 301
– *s. a. Anspruchszuordnung*
Elberfelder System **29 f.**, 32 ff.
Erster Arbeitsmarkt 209, 219 f., 221, 241, 256 f.
»Erweiterte Hilfe« 212, 215
Erwerbsfähigkeit 173, 184 f., 208 f., 216, 229
Existenzminimum 30 f., 33, 43, 47, 59 f., 70, 95, 97, 131 f.
– sozio-kulturelles Existenzminimum **97**, 113, 126 f., 130, 134, 145, 148, 192, 197, 230, 279 ff., 297, 299, 304
Experimentierklausel 119

Faktizitätsprinzip 6, 129 f., 131, 145 f., 280, 300
Fördern und Fordern 168, **222**, 224, 227, 229, 239, 242 f., **251 ff.**, 267 f., 282, 301 f.
Freie Wohlfahrtspflege
– *s. Wohlfahrt*
»Freiwilligensurvey 1999« 273 f.
Fürsorge
– Einheitsfürsorge 44, 69, 71
– Gehobene Fürsorge 43, 45, 48, 60, 69 f.
– Schematische Fürsorge 48
– Soziale Fürsorge 43
Fürsorgeänderungsgesetz 69 f., 71
Fürsorgereformen 20 ff.
Fürsorgerichtsätze 32

Gegenwärtigkeitsprinzip 6, 12, 76, 129 f., 131, 211, 300
Geldleistung 47, 153
Gesamtfallgrundsatz 11
Gesamtpauschale 126 ff.
Geschlossene Armenpflege 34 f.
Geschlossenes Regelsatzsystem 120 ff.
Gesundheitsmodernisierungsgesetz 114, 118, 139 f., 298
Grundsatz der institutionellen Subsidiarität 9 f., **259 ff.**, 264 ff., 303
- als Gestaltungsmittel 92 f.
- als Rechtsprinzip 88
- bis zum Erlass des BSHG 69, 72 ff.
- im SGB II 263 f.
- im SGB XII 259 ff.
- im Zeitalter der Industrialisierung 36 ff.
- in der NS-Zeit 62 ff.
- in der Weimarer Republik 53 ff.

Grundsatz der Soforthilfe 11
Grundsatz des Förderns 222, 240 ff.
Grundsatz des Forderns 222
Grundsatz »Keine Sozialhilfe für die Vergangenheit« 12 f., **285 ff.**, 304 f.
- als Gestaltungsmittel 92 f.
- als Rechtsprinzip 88
- bis zum Erlass des BSHG 75 f.
- im SGB XII 285 ff.

Grundsicherung im Alter und bei Erwerbsminderung 1, 95, 134, **142 ff.**, 150 f., 194, 209, 213 f., 225, 276 ff., 288 ff., 300 f., 304
- in Einrichtungen 143 ff.

Haushaltsgemeinschaft 169 ff., 195, 210, 213
»Haushalts-Klausel« 195 ff., 207
Hilfe zum Lebensunterhalt 9, 95, 113, 142, 145 f., 148 f., 151, 153, 156, 164, 205 f., 209 f., 279 f., 283 f., 294, 297, 304
- außerhalb von Einrichtungen 97 ff.
- in Einrichtungen 132 ff.

Hilfegestaltung 199 ff.

Individualisierungsgrundsatz 6 ff., 69, 90, 133, **194 ff.**, 241, 297, 300 f.
- als Gestaltungsmittel 92
- als Rechtsprinzip 87
- bis zum Erlass des BSHG 69 ff.
- im 16. Jahrhundert 23
- im SGB XII 194 ff.
- im Spätmittelalter 15
- im Zeitalter der Industrialisierung 32
- in der NS-Zeit 60 f.
- in der Weimarer Republik 39, 41, 46, **48 ff.**
- zu Beginn der Neuzeit 20

Innere Mission 37, 53 f., 56, 58, 64, 67, 72

Job-AQTIV-Gesetz 224, 242

Kenntnisgrundsatz 10 ff., **276 ff.**, 287 f., 293, 295, 304 f.
- als Gestaltungsmittel 92
- als Rechtsprinzip 87
- bis zum Erlass des BSHG 69, 74
- im SGB II 280 ff.
- im SGB XII 276 ff.
- im 16. Jahrhundert 24
- in der Weimarer Republik 42, **52**

Kommunales Optionsgesetz 156
Kosten für Unterkunft und Heizung 144 f., 147, 150, 160, 163, 250
Kostenerstattungsanspruch 294 ff.

Laufende Leistungen 69, 107, 120, 131, 205 f.
Lebensbedarf
- notwendiger Lebensbedarf 44, 48, 50

Lebensunterhalt 27, 44 ff., 52, 146 f., 161, 164, 173, 188, 196, 215, 221, 243, 299
- notwendiger Lebensunterhalt 45 f., 59, **95 ff.**, 105, 122, 126, 128, 132 ff., 143 f., 164, 205 f., 299
- unerlässlicher Lebensunterhalt 43, 161, **164 f.**
- weiterer notwendiger Lebensunterhalt 135 f., 141, 143, 299

Leipziger Armenordnung 25
Leistungsabsprache 231 ff.

Leistungskürzung 51, **160 ff.**, 177 f., 189 ff., 236 ff., 250 f., 283
Leistungspauschalierung 123 f., **125 ff.**, 157, 233 f., 249, 297 f., 300, 302
– *s. a. Ansparpauschale*
– *s. a. Gesamtpauschale*
Liga der freien Wohlfahrtspflege 55 f., 63
Lohnabstandsgebot 44

Mehrbedarf 70, 150, 160, 163, **173 ff.**, 178, 193
– Mehrbedarf für allein Erziehende 173 ff.
– Mehrbedarf für behinderte Hilfebedürftige 175 f.
– Mehrbedarf für werdende Mütter 173
Meldepflicht 160 f., 189

Nationalsozialistische Volkswohlfahrt e.V. 62 ff.
Neue Subsidiarität 266 f.
Nürnberger Armenordnung 20, 24

Öffentlich-rechtlicher Vertrag 243 ff.
Öffnungsklausel 131 f., 139, 144, 146 ff., 173 f., 176, 178, 193, 206, 298, 300
Optimierungsgebot 79, 82

Paritätischer Wohlfahrtsverband 55
Passive Leistungen 228, **233 ff.**, **249 ff.**, 253, 255, 302
Persönliche Bedürfnisse 98, 119, **121 ff.**, 135 ff., 164, 299
Pflegesatz 133 f., 144

Rechtsgrundsatz *s. Rechtsprinzip*
Rechtsprinzip **77 ff.**, 85 ff., 91 f., 297
– Definition des Rechtsprinzips 77 ff.
– Übergesetzlicher Bezug 89 ff.
Rechtsregel **77 ff.**, 88 ff., 297
Regelleistung 113 ff., **147 ff.**, 159 f., 166 f., 174, 205 f., 249 f., 297 f.
Regelsätze 46, 95, 102 ff., **105 ff.**, 120 ff., 134, 139 f., 143 ff., 152, 157, 160, 163 f., 191, 197, 205 f., 211, 230, **233 f.**, 287, 294 f., 297 f.
– Deckelung 100, 103 f., 111
– Eckregelsatz **106 ff.**, 114 f., 127, 137 f., 143, 159, 174
Regelsatzfestsetzung 97 ff.
– Rechtmäßigkeit der Regelsatzfestsetzung 109 ff.
Regelsatzverordnung 101, **105 ff.**, 114 f., 120 ff., 164, 298
Reichsfürsorgeverordnung 39 ff., 49, 57 f., 61, 68 f.
Reichsgrundsätze über Voraussetzung, Art und Maß der Öffentlichen Fürsorge 39 ff.
– »endgültige« Reichsgrundsätze **42 ff.**, 48 ff., 58, 61, 69 ff., 91, 195
– »vorläufige« Reichsgrundsätze 40 ff.
Richtsätze 46 ff., 59 ff., 70

Sachleistungen 13, 47, 153 ff., 160, 165 f., 177, 183, 186 f., 191 f., 206
Sanktionsnorm 160 ff., 168, 190, 218, 236 ff., 244 f., 247, 249 ff., 253, 283
Selbsthilfe 28 f., 33, 41 f., 50, 61, 168, 198, 208 f.
– Formen 9, 208
– Hilfe anderer 208, **212 f.**, 215
Selbsthilfegrundsatz 8 f., 69, 90, **208 ff.**, 222, 228, 231, 253, 255 f., 258, 270, 297, 301 ff.
– als Gestaltungsmittel 92
– als Rechtsprinzip 85 f.
– bis zum Erlass des BSHG 69, 71
– im Absolutismus 25 ff.
– im 16. Jahrhundert 21, 23 f.
– im SGB II 215 ff.
– im SGB XII 208 ff.
– im Spätmittelalter 16
– im Zeitalter der Industrialisierung 33 f.
– in der Grundsicherung im Alter und bei Erwerbsminderung 213 f.
– in der NS-Zeit 61 f.
– in der Weimarer Republik 39, 41 f., 50 ff.
– zu Beginn der Neuzeit 20

Selbsthilfeobliegenheit 9, 42, 50 f., 61, 92, 208, **216 ff.**, 301
– allgemeine Selbsthilfeobliegenheit 216 f.
– erwerbsbezogene Selbsthilfeobliegenheit 216, **217 ff.**, 301
Solidarität **254 ff.**, 270, 302 f.
Sozialdisziplinierung 19, 27, 35, 302
Sozialgeld **150 ff.**, 160 f., 166, 169, 183 f., 190, 192, 252
Sozialgesetzgebung 16 ff.
Sozialhilferechtlicher Grundsatz 71, 77
– als Gestaltungsmittel 91 ff.
Sozialhilferechtliches Bestimmtheitsgebot 127 ff., 298
Sozialhilferechtsverhältnis 10 f., 133, **251 ff.**, 277 ff., 304
Sozialhilfereform 2005 1, 3, 95, 105, 132, 146, 157, 194, 196 f., 211, 222, 284 f., 288, 292, 300 ff.
Sozialstaat 75, 223, 226, 265 f.
– Sozialstaatsprinzip 117
Sperrklausel 57
Statistik-Modell 100, **101 ff.**, 111 ff., 164
Straßburger System 34
Strukturmerkmal 71, 92
Strukturprinzip 2 f., 5, 14, 77, 146, 206, 264, 285 f., 287, 295 ff.
Subjektives öffentliches Recht 75 f.
Subsidiaritätsprinzip 9, 56 ff., 62, 65, 71, 74, 266

Trägerübergreifendes persönliches Budget 230 f., **234 ff.**

Ungerechtfertigte Bereicherung 140, 299
Ungleichbehandlung 152 ff., 300
– verfassungsrechtliche Rechtfertigung 178 ff., 300
– *s. a. allgemeines Gleichheitsgebot*
Unterstützungswohnsitzgesetz 31 f., 42, 49, 75, 86
Untersuchungstermin 160 f., 189

Vermögen 9, 50, 71, 157, 160 f., 196 ff., 208, **210 ff.**
Vermutung der Bedarfsdeckung 143, **169 ff.**, 178, 192 f., 213

Warenkorb-Modell **98 ff.**, 112, 115, 164
Weltwirtschaftskrise 47, 49, 52
Wichtiger Grund 160
Wohlfahrt
– freie Wohlfahrt 9 f., **36 ff.**, 53 ff., 62 ff., 72 ff., 101, 212, **259 ff.**, 267, 270
– konfessionelle Wohlfahrt 63 ff., 67 f.
– öffentliche Wohlfahrt 36, 38, 52, 56, 62 f., 65 ff.
– Spitzenverbände 53 f., 58, 63 f., 73, 259
Wohlfahrtsstaat 54, 72, 225, 301
Wohlfahrtsverband 54, 63, 65, 259 ff., 266

Zentralwohlfahrtsstelle der deutschen Juden e.V. 53 f., 58, 63, 73
Zivilgesellschaft 227, 264
– *s. a. Bürgergesellschaft*
Zucht- und Arbeitshaus **26 ff.**, 35
»Zuflusstheorie« 210 f.
Zuzahlungen zur Krankenbehandlung 139 ff., 298 f.

Schriftenreihe des Freiherr-vom-Stein-Instituts im Deutschen Gemeindeverlag, Verlag W. Kohlhammer

Band 1 Janbernd *Oebbecke,* Zweckverbandsbildung und Selbstverwaltungsgarantie, 1982, 104 Seiten, kartoniert, € 10,50.
ISBN 3-555-00530-8

Band 2 Edzard *Schmidt-Jortzig* und Alexander *Schink,* Subsidiaritätsprinzip und Kommunalordnung, 1982, 168 Seiten, kartoniert, € 14,50.
ISBN 3-555-00535-9

Band 3 Ingolf *Deubel,* Der kommunale Finanzausgleich in Nordrhein-Westfalen, 1984, 264 Seiten, kartoniert, € 17,90.
ISBN 3-555-00592-8

Band 4 Alexander *Schink,* Rechtsnachfolge bei Zuständigkeitsveränderungen in der öffentlichen Verwaltung, 1984, 340 Seiten, kartoniert, € 18,40.
ISBN 3-555-00593-6

Band 5 Janbernd *Oebbecke,* Gemeindeverbandsrecht Nordrhein-Westfalen, Eine systematische Darstellung, 1984, 168 Seiten, kartoniert, € 15,50.
ISBN 3-555-00623-1

Band 6 Hans-Jürgen *Fischedick,* Die Wahl der Benutzungsform kommunaler Einrichtungen, 1986, 121 Seiten, kartoniert, € 15,50.
ISBN 3 555-00689-4

Band 7 Janbernd *Oebbecke,* Weisungs- und unterrichtungsfreie Räume in der Verwaltung, 1986, 324 Seiten, kartoniert, € 19,50.
ISBN 3-555-00693-2

Band 8 Werner *Hauser,* Die Wahl der Organisationsform kommunaler Einrichtungen, Kriterien für die Entscheidung zwischen möglichen Organisationsformen, 1987, 300 Seiten, kartoniert (vergriffen).

Band 9 Elke *Bartels,* Abfallrecht – Eine systematische Darstellung, 1987, 224 Seiten, kartoniert (vergriffen).

Band 10 Ansgar *Müller,* Schulorganisationsrecht Nordrhein-Westfalen – Eine systematische Darstellung, 1988, 174 Seiten, kartoniert, € 23,00.
ISBN 3-555-00766-1

Band 11 Hans-Uwe *Erichsen,* Werner *Hoppe* und Adalbert *Leidinger* (Hrsg.), Kommunalverfassungen in Europa, 1988, 182 Seiten, kartoniert, € 25,50.
ISBN 3-555-00780-7

Band 12 Alexander *Schink,* Naturschutz- und Landschaftspflegerecht Nordrhein-Westfalen, 1989, 563 Seiten, kartoniert (vergriffen).

Band 13 H. Jürgen *Wolff,* Bedarfsgerechte Struktur der Kreiseinnahmen, 1990, 388 Seiten, kartoniert, € 20,35.
ISBN 3-555-00799-8

Band 14 Hans-Uwe *Erichsen,* Die Vertretung der Kommunen in den Mitgliederorganen von juristischen Personen des Privatrechts, 1990, 184 Seiten, kartoniert, € 20,35.
ISBN 3-555-00832-3

Band 15 Paul-Peter *Humpert,* Genehmigungsvorbehalte im Kommunalverfassungsrecht, 1990, 276 Seiten, kartoniert, € 22,90.
ISBN 3-555-00833-1

Band 16 Werner *Hoppe* und Alexander *Schink* (Hrsg.), Kommunale Selbstverwaltung und europäische Integration, 1990, 145 Seiten, kartoniert, € 20,35.
ISBN 3-555-00857-9

Band 17 Werner *Hoppe* / Hans-Uwe *Erichsen* / Adalbert *Leidinger* (Hrsg.), Aktuelle Probleme der kommunalen Selbstverwaltung – 10 Jahre Freiherr-vom-Stein-Institut –, 1991, 210 Seiten, kartoniert, € 20,35.
ISBN 3-555-00910-9

Band 18 Hans *Vietmeier,* Die staatlichen Aufgaben der Kommunen und ihrer Organe – Auftragsverwaltung und Organleihe in Nordrhein-Westfalen – 1992, 378 Seiten, kartoniert, € 25,50.
ISBN 3-555-00913-3

Band 19 Angela *Faber,* Europarechtliche Grenzen kommunaler Wirtschaftsförderung – Die Bedeutung der Art. 92 - 94 EWGV für die kommunale Selbstverwaltung – 1992, 260 Seiten, kartoniert (vergriffen)

Band 20 Werner *Hoppe* und Martin *Schulte,* Rechtsschutz der Länder in Planfeststellungsverfahren des Bundes – Dargestellt am Beispiel des Denkmalschutzes in Nordrhein-Westfalen – 1993, 101 Seiten, kartoniert, € 12,70.
ISBN 3-555-00994-X

Band 21 Jan *Bodanowitz,* Organisationsformen für die kommunale Abwasserbeseitigung, 1993, 196 Seiten, kartoniert, € 20,35.
ISBN 3-555-00995-8

Band 22 Jürgen *Brügge,* Bodendenkmalrecht unter besonderer Berücksichtigung der Paläontologie, 1993, 222 Seiten, kartoniert, € 22,50.
ISBN 3-555-01015-8

Band 23 Ute *Adam,* Veterinärrecht – Eine systematische Darstellung unter besonderer Berücksichtigung der Rechtslage in Nordrhein-Westfalen, 1993, 284 Seiten, kartoniert, € 23,00.
ISBN 3-555-01024-7

Band 24 Werner *Hoppe* / Joachim *Bauer* / Angela *Faber* / Alexander *Schink* (Hrsg.), Rechts- und Anwendungsprobleme der neuen Bauordnung NW, 1996, 170 Seiten, kartoniert, € 15,30.
ISBN 3-555-01095-6

Band 25 Andrea *Krebs,* Rechtliche Grundlagen und Grenzen kommunaler Elektrizitätsversorgung, 1996, 370 Seiten, kartoniert, € 25,50.
ISBN 3-555-01102-2

Band 26 Margit *Twehues,* Rechtsfragen kommunaler Stiftungen, 1996, 366 Seiten, kartoniert, € 23,60.
ISBN 3-555-01107-3

Band 27 Werner *Hoppe* / Joachim *Bauer* / Angela *Faber* / Alexander *Schink* (Hrsg.), Auswirkungen des Kreislaufwirtschafts- und Abfallgesetzes auf die öffentlich-rechtlichen Entsorgungsträger, 1996, 220 Seiten, kartoniert, € 18,00.
ISBN 3-555-01120-0

Band 28 Olaf *Otting,* Neues Steuerungsmodell und rechtliche Betätigungsspielräume der Kommunen, 1997, 333 Seiten, kartoniert, € 22,50.
ISBN 3-555-01134-0

Band 29 Heidrun *Schnell,* Freie Meinungsäußerung und Rederecht der kommunalen Mandatsträger unter verfassungsrechtlichen, kommunalrechtlichen und haftungsrechtlichen Aspekten, 1997, 250 Seiten, kartoniert, € 20,35.
ISBN 3-555-01159-6

Band 30 Janbernd *Oebbecke* / Joachim *Bauer* / Angela *Faber* (Hrsg.), Umweltrecht und Kommunalrecht – Kolloquium aus Anlaß des Ausscheidens von Werner Hoppe als Geschäftsführender Direktor des Freiherr-vom-Stein-Instituts, 1998, 161 Seiten, kartoniert, € 10,20.
ISBN 3-555-01166-9

Band 31 Anke *Freisburger,* Public Private Partnership in der kommunalen Museumsarbeit, 2000, 296 Seiten, kartoniert, € 20,35.
ISBN 3-555-01210-X

Band 32 Janbernd *Oebbecke* / Joachim *Bauer* / Hermann *Pünder* (Hrsg.), Perspektiven der kommunalen Sparkassen – Symposium des Freiherr-vom-Stein-Instituts und des Westfälisch-Lippischen Sparkassen- und Giroverbandes am 24. Februar 2000, 2000, 121 Seiten, kartoniert, € 10,20.
ISBN 3-555-01228-2

Band 33 Holger *Obermann,* Die kommunale Bindung der Sparkassen – Verfassungsrechtliche Möglichkeiten und Grenzen ihrer Ausgestaltung, 2000, 224 Seiten, kartoniert, € 19,40.
ISBN 3-555-01229-0

Band 34 Raphael *Lohmiller,* Kapitalbeteiligungsgesellschaften der Sparkassen – Eine Untersuchung über die Rechtsgrundlagen der Beteiligungsfinanzierung durch kommunale Sparkassen, 2000, 318 Seiten, kartoniert, € 20,20.
ISBN 3-555-01231-2

Band 35 Olaf *Schefzyk,* Der kommunale Beteiligungsbericht - Ein Instrument zur verbesserten Berichterstattung über die Unternehmenstätigkeit der Kommunen, 2000, 391 Seiten, kartoniert, € 21,45.
ISBN 3-555-01234-7

Band 36 Angela *Faber,* Gesellschaftliche Selbstregulierungssysteme im Umweltrecht – unter besonderer Berücksichtigung der Selbstverpflichtungen, 2001, 501 Seiten, kartoniert, € 29,65.
ISBN 3-555-01240-1

Band 37 Klaus *Schulenburg,* Die Kommunalpolitik in den Kreisen Nordrhein-Westfalens: Eine empirische Bestandsaufnahme, 2001, 484 S., kartoniert, € 25,10.
ISBN 3-555-01250-9

Band 38 Janbernd *Oebbecke* / Dirk *Ehlers* / Alexander *Schink* / Hermann *Pünder* (Hrsg.), Kommunalfinanzen, Symposium aus Anlaß des 75. Geburtstages von Adalbert Leidinger am 8. März 2001 in Münster, 2001, 155 S., kartoniert, € 13,75.
ISBN 3-555-01251-7

Band 39 Janbernd *Oebbecke* / Dirk *Ehlers* / Alexander *Schink* / Hermann *Pünder* (Hrsg.), Die nordrhein-westfälische Gemeindeprüfung in der Diskussion / Kolloquium des Freiherr-vom-Stein-Instituts und des Innenministeriums Nordrhein-Westfalen am 2. Februar 2001, 2001, 79 S., kartoniert, € 11,22.
ISBN 3-555-01252-5

Band 40 Peter *Lüttmann,* Aufgaben und Zusammensetzung der Verwaltungsräte der kommunalen Sparkassen, 2002, 407 S., kartoniert, € 24,85.
ISBN 3-555-01274-6

Band 41 Janbernd *Oebbecke* / Dirk *Ehlers* / Alexander *Schink* / Hermann *Pünder* (Hrsg.), Aktuelle Fragen der Sparkassenpolitik / Wissenschaftliches Kolloquium des Freiherr-vom-Stein-Instituts am 8. März 2002 zu Ehren von Herrn Dr. Kuhr anlässlich seines Ausscheidens als Vorsitzender des Kuratoriums des Freiherr-vom-Stein-Instituts, 2002, 70 S., kartoniert, € 7,85.
ISBN 3-555-01278-9

Band 42 Ansgar *Hörster,* Die Wahrnehmung der Sozialhilfeaufgaben im kreisangehörigen Raum in Nordrhein-Westfalen, 2002, 342 S., kartoniert, € 23,85.
ISBN 3-555-01279-7

Band 43 Hermann *Pünder,* Haushaltsrecht im Umbruch – eine Untersuchung der Erfordernisse einer sowohl demokratisch legitimierten als auch effektiven und effizienten Haushaltswirtschaft am Beispiel der Kommunalverwaltung, 2003, 665 S., kartoniert, € 29,85.
ISBN 3-555-01289-4

Band 44 Thomas *Harks*, Kommunale Arbeitsmarktpolitik – Rechtliche Vorgaben und Grenzen, 2003, 295 S., kartoniert, € 19,80.
ISBN 3-555-01302-5

Band 45 Volker *Schepers,* Internet-Banking und sparkassenrechtliches Regionalprinzip, 2003, 275 S., kartoniert, € 19,80.
ISBN 3-555-01308-4

Band 46 Marco *Kulosa,* Die Steuerung wirtschaftlicher Aktivitäten von Kommunen – eine betriebswirtschaftliche Analyse, 2003, 290 S., kartoniert, € 20,20.
ISBN 3-555-01316-5

Band 47 Frank *Placke,* Interkommunale Produktvergleiche als Basis für den kommunalen Finanzausgleich, 2003, 433 S., kartoniert, € 24,60.
ISBN 3-555-01321-1

Band 48 Antje *Wittmann,* Der Sparkassenverbund, 2004, 294 S., kartoniert, € 22,00.
ISBN 3-555-01328-9

Band 49 Barbara *Lübbecke,* Das Kommunalunternehmen – neue Organisationsform im kommunalen Wirtschaftsrecht von Nordrhein-Westfalen, 2004, 343 S., kartoniert, € 24,80.
ISBN 3-555-01329-7

Band 50 Sven Oliver *Hoffmann,* Gewässerschutzrecht Nordrhein-Westfalen – eine systematische Darstellung unter besonderer Berücksichtigung der europarechtlichen und bundesrechtlichen Vorgaben, 2004, 500 S., kartoniert, € 26,80.
ISBN 3-555-01330-0

Band 51 Janbernd *Oebbecke* / Dirk *Ehlers* / Alexander *Schink* / Dörte *Diemert* (Hrsg.), Kommunalverwaltung in der Reform / Wissenschaftliche Fachtagung des Freiherr-vom-Stein-Instituts am 2. Juli 2004 in Münster, 2004, 165 S., kartoniert, € 14,20.
ISBN 3-555-01339-4

Band 52 Hans *Lühmann*, Die Zusammenführung von Arbeitslosen- und Sozialhilfe im Sozialgesetzbuch II (SGB II) – Sozial- und organisationsrechtliche Aspekte des Hartz IV-Gesetzes für die kommunale Sozialpolitik, 2005, 223 S., kartoniert, € 17,80.
ISBN 3-555-01349-1

Band 53 Jörg *Niggemeyer,* Zulässigkeit und Grenzen von Sparkassenfusionen – eine Untersuchung am Beispiel von Zusammenschlüssen nordrhein-westfälischer Sparkassen, 2005, 476 S., kartoniert, € 26,80.
ISBN 3-555-01350-5